普通高等教育"十二五"规划教材

21世纪教师教育系列教材
学科教学论系列

新理念生物教学论（第二版）

崔鸿　郑晓蕙　主编

北京大学出版社
PEKING UNIVERSITY PRESS

图书在版编目(CIP)数据

新理念生物教学论/崔鸿，郑晓蕙主编. —2 版. —北京：北京大学出版社，2016.2
（21 世纪教师教育系列教材·学科教学论系列）
ISBN 978-7-301-26700-4

Ⅰ.①新… Ⅱ.①崔… ②郑… Ⅲ.①中学–生物课–教学研究–师范大学–教材 Ⅳ.①G633.912

中国版本图书馆 CIP 数据核字（2015）第 314461 号

书　　　名	新理念生物教学论（第二版） XINLINIAN SHENGWU JIAOXUELUN
著作责任者	崔　鸿　郑晓蕙　主编
丛书策划	周雁翎
丛书主持	陈　静　郭　莉
责任编辑	于　娜
标准书号	ISBN 978-7-301-26700-4
出版发行	北京大学出版社
地　　　址	北京市海淀区成府路 205 号　100871
网　　　址	http://www.pup.cn　　新浪微博：@北京大学出版社
电子信箱	zyl@pup.pku.edu.cn
电　　　话	邮购部 62752015　发行部 62750672　编辑部 62767857
印刷者	河北涿县鑫华书刊印刷厂
经销者	新华书店
	787 毫米×1092 毫米　16 开本　21 印张　470 千字 2009 年 3 月第 1 版 2016 年 2 月第 2 版　2020 年 1 月第 3 次印刷
定　　　价	45.00 元

未经许可，不得以任何方式复制或抄袭本书之部分或全部内容。
版权所有，侵权必究
举报电话：010-62752024　电子信箱：fd@pup.pku.edu.cn
图书如有印装质量问题，请与出版部联系，电话：010-62756370

编委会

主　编　崔　鸿　郑晓蕙
副主编　李　娟　张秀红　刘家武　李高峰　杨红丽　文　静
编　委（按姓氏笔画排序）
　　　　　王　沁　文　静　朱家华　刘家武　李高峰
　　　　　李　娟　杨红丽　汪劲松　张秀红　郑晓蕙
　　　　　项　俊　袁　红　唐为萍　崔　鸿　翟心慧

内 容 简 介

《新理念生物教学论》(第二版)以新课程的实施为背景,以"怎样做一名21世纪的新型生物教师"和"如何成长为一名优秀的生物教师"为目标,按照"主题案例—理论探讨—实践(活动、案例分析等)—发展(名师论教、阅读视野等)"的思路构建全书的体系和框架,有助于学习者深刻领会生物教学论中的理论与实践,并在今后的学习与研究活动中自觉地运用它们以解决生物教学实践中所面临的真实而有价值的问题。本书内容涵盖生物课程论、生物教学论、生物学习论、生物教师论四大部分共八章。对于生物科学(师范)专业本科、学科教学论专业研究生以及生物教师的在职培训具有较强的实用价值。

主 编 简 介

崔鸿,女,河南南阳人,1963年5月出生。现任华中师范大学生命科学学院教授、博士生导师,生命科学学院生物科学系主任,教育部华中师范大学基础教育课程研究中心副主任。先后任教育部基础教育课程教材专家工作委员会委员,中国教育技术协会微格教学专业委员会副理事长、常务理事,中国教育学会生物学专业委员会常务理事,中国教育学会科学教育分会理事,湖北省暨武汉市动物学会常务理事,湖北省教育学会生物专业委员会副理事长等。《7—9年级科学课程标准》研制组核心成员、中小学幼儿园教师培训课程标准研制工作综合指导专家组成员、"国培计划"首批专家库成员、中国基础教育质量评价与提升协同创新中心骨干成员。主要从事生物课程与教学论、科学课程与教学论、环境教育以及信息技术与课程深度融合的理论研究与实践工作。近年来先后主持国家级、省部级科研项目二十余项,主持编写国家义务教育课程标准实验教科书《科学》(7—9年级)《中学生物课程标准与教材分析》《中学生物课教学设计》《新理念生物教学技能训练》(第二版)等教材十余部,公开发表教学改革研究论文三十余篇。

郑晓蕙,女,上海市人,1962年12月出生。华东师范大学生命科学学院教授,课程与教学论硕士生导师。长期从事教师教育及生物学教育与实践研究。出版《生物学教育心理学》《生物课程与教学论》《生物学实验教学与研究》《生命科学课程标准解读》等著作。近年来在全国核心期刊上发表论文十余篇。自2000年起,担任中国教育学会生物教学专业委员会副理事长,中国教育学会上海生物教学专业委员会常务理事,全国教育类核心期刊《生物学教学》副主编。

第二版修订说明

本书自 2009 年出版以来,成为不少高等师范院校生物科学专业师范生的专业课程教材,深受好评。使用以来,一些学校的教师和读者提出了不少好的建议,新的教育政策相继出台,教育思想和理念亦有所更新,我们综合了多方面的意见,对本书进行了修订。

本次修订主要集中在以下几个方面:一是将第一版教材中过时的数据、文件进行了更新,使其更接近教育现状,体现时代性,并具有更高的普适性;二是对第一版教材中的部分案例进行了替换和完善,使案例更能够结合教材和教学实际,强化教材实用价值;三是规范了第一版教材中的图片、表格样式,增加教材的可阅读性,帮助读者拥有更好的阅读体验。

此次修订是在华中师范大学科学教育研究组同仁的共同努力下完成的,编委会成员亦有所调整。

限于作者的水平,此次修订版可能还会有错误或者不妥之处,恳请广大读者和各位专家、学者继续批评指正!

前 言

21世纪,科学技术迅猛发展,国际竞争日趋激烈,国力的强弱,越来越取决于国民的素质,而要提高国民的素质,造就有责任感、适应能力强且富有理性的一代新人,教师是毋庸置疑的推动者和中介者。

21世纪是生物的世纪,生物学正以无比迅猛的速度向前发展,生物科学和技术不仅影响着人类的生活方式、社会文明和经济活动,还深刻地影响着人们的思想观念和思维方式。生物科学素养是公民科学素养构成中重要的组成部分,我国《普通高中生物课程标准(实验)》《义务教育生物学课程标准(2011年版)》都明确提出了提高全民生物科学素养的课程理念。

21世纪中学生物教师要承担起提高公民生物科学素养的重任,任重而道远。21世纪的生物课堂应该是一个能量场,是一个令人兴奋和充满惊奇的地方。但是,这种充满能量、令人兴奋的课堂并不是一蹴而就的,它们的缔造有赖于教师的教学技巧和深刻而成熟的思考。教师的教学,不仅是一种技术,更是一门艺术,它要求教师从"工匠型"向"专家型"转变,它要求教师(包括作为准教师的师范生)能深刻理解课程与教学论。

课程与教学论是教育理论中最重要、最活跃的组成部分,它上承教育基本原理,下启课堂教学技能,是教育理论转换为教学实践的关键和核心。因此,生物教师(及师范生)学习和掌握生物课程与教学论,是教师应对新时期教育发展的必要前提。

本书首先对"生物教学论的形成与发展、课程目标以及学习与研究的方法"进行了探讨;其后在探讨"中学生物课程设置及其发展"的基础上,从中学生物教与学的角度对"中学生物课程教学过程与模式""中学生物学生学习活动与学习策略""中学生物教学设计""中学生物教学实施技能"进行了讨论与研究;接下来,从中学生物教师教学与学生学习的检测角度对"中学生物教育测量与评价"进行了探讨;最后,从教师教育发展的角度研究了"中学生物教师专业发展"。

本书在编写过程中,注重理论与实践的结合,每章均设置了"学习目标""本章内容结构图""本章序幕""本章小结""关键术语""学习链接""检测—拓展""阅读视野"等栏目,力求使本书不仅能满足课堂学习的需要,而且能使读者清楚地掌握知识的脉络,进行自主学习和研究。

本书在内容的编写方面,将"案例"和"活动"作为反思的诱发物和理论探讨的实践背景,鼓励作为实践者的(准)教师对其中的理论和研究反复斟酌。同时,我们也提供了经验丰富的中小学教师的反思,进一步揭示教学实践的多样性和教学理论灵活运用的魅力。这些丰富、真实的生物教学领域的综合研究案例,有助于学习者将所学的生物教学论的相关理论知识融会贯通,透过生物教学论的综合研究案例,深刻领会生物教学论的理论与实践,并在今后的学习与研究活动中,自觉地运用生物教学论的相关理论与方法,解决生物教学实践中所面临的真实而有价值的问题。

本书是为生物科学(师范)专业本科"生物教学论"课程定制的一本教材,不仅可以满足学习者对生物教学论基本理论学习的需求,而且还给学习者提供了丰富的实践案例以及可以亲自实践的活动机会,因而具有较强的实用价值。此外,本书还可以作为学科教学论专业研究生的主要学习参考书以及中学教师在职培训用书。

本书由华中师范大学生命科学学院崔鸿教授、华东师范大学生命科学学院郑晓蕙教授任主编,华中师范大学生命科学学院李娟、张秀红、刘家武,陕西师范大学生命科学学院李高峰,西南大学生命科学学院杨红丽、湛江师范学院生命科学与技术学院文静任副主编。苏州大学袁红、河南师范大学生命科学学院翟心慧、湖北师范学院生命科学学院汪劲松、黄冈师范学院生命科学与工程学院项俊、江汉大学生命科学学院王沁、广东韩山师范学院生物系唐为萍、华中师范大学生命科学学院朱家华担任编委。

辽宁省铁岭市高级中学刘艳燕,广东省中山纪念中学李红利,江苏省南京市第十三中学宋光丽,江西省抚州市临川一中余小敏,湖南省株洲市第二中学张琳娜,湖北省宜昌市夷陵中学杨元璋,华中师范大学万红霞,湖北省武汉市常青第一中学汪琴,湖北省武汉市第一高级中学易兰,湖北省武汉市卓刀泉中学马文净,湖北省宜昌市夷陵中学黄靖,广东省东莞中学程瑶,河北省张家口第一中学时宝茹,广东省深圳市沙头角中学宋汉萍,广东省广州市第十六中学吴琼,福建省厦门市音乐学校李义义,襄阳市第五中学王晶晶、李云云,杭州市东城小学李佳涛、王玉洁,贵州省铜仁市第一中学文芳,成都新都一中陈胜良,成都棠湖中学涂宽,陕西省汉中市西乡县第二中学李巧利,湖北省蕲春县李时珍中医药职业技术学校高源,广东省佛山市禅城区环湖小学段珊,华中师范大学陈院豪等参与了本书案例的搜集、编写与修改等工作。

当然,由于本书编者时间、精力和水平的限制,书中难免挂一漏万,种种不妥的情况,甚至谬误之处在所难免,恳请广大读者和各位专家批评指正。

在教材编写过程中,我们引用了国内外学者大量的研究成果,书中所引文献的绝大部分已经在参考文献中一一列举,在此对它们的作者表示诚挚的谢意,如有遗漏,恳请原谅。最后,还要感谢北京大学出版社对本书的出版所给予的大力支持与帮助。正是由于他们的努力,本书才得以按时付梓,在此一并致以诚挚的谢意。

崔 鸿

2009 年 2 月于华中师范大学

目 录

第1章 生物教学论概述 ·· (1)
  1.1 生物教学论的形成与发展 ·· (2)
  1.2 生物教学论的课程目标 ·· (8)
  1.3 学习和研究生物教学论的方法 ·· (13)

第2章 中学生物课程设置及其发展 ·· (17)
  2.1 课程概论 ·· (19)
  2.2 课程目标 ·· (34)
  2.3 生物课程 ·· (48)
  2.4 生物课程标准 ··· (60)
  2.5 生物教科书 ·· (69)

第3章 中学生物课程教学过程与模式 ·· (86)
  3.1 中学生物课程教学策略 ·· (87)
  3.2 中学生物课程教学模式 ·· (122)
  3.3 新课程生物教学模式研究 ··· (134)

第4章 中学生物学生学习活动与学习策略 ·· (146)
  4.1 学习理论概述 ··· (147)
  4.2 学习理论和生物教育改革 ··· (153)
  4.3 中学生物学生学习活动与学习策略简介 ·· (157)
  4.4 新课程与学习方式的变革 ··· (161)

第5章 中学生物教学设计 ··· (168)
  5.1 中学生物教学设计概述 ·· (169)
  5.2 中学生物理论课教学设计实施 ·· (186)
  5.3 中学生物实验课教学设计实施 ·· (190)
  5.4 中学生物活动课教学设计实施 ·· (194)

第6章 中学生物教学实施技能 ·· (200)
  6.1 生物教学基本技能 ·· (201)
  6.2 创设教学情境的技能 ··· (221)

6.3　学习指导的技能 ………………………………………………………（225）
　6.4　新课程中教学技能的变化 ……………………………………………（226）
　6.5　信息技术与生物教学整合的技能 ……………………………………（229）
　6.6　中学生物课程资源开发与利用的技能 ………………………………（230）

第 7 章　中学生物教育测量与评价 …………………………………………（237）
　7.1　教育测量与评价概述 …………………………………………………（238）
　7.2　学生学业成绩的测量与评价 …………………………………………（243）
　7.3　学生学业成绩的统计与处理 …………………………………………（255）
　7.4　测评的质量指标 ………………………………………………………（262）
　7.5　生物课堂教学的评价 …………………………………………………（269）

第 8 章　中学生物教师专业发展 ……………………………………………（281）
　8.1　生物教师专业发展 ……………………………………………………（282）
　8.2　现代生物教师的素质 …………………………………………………（293）
　8.3　生物教师的教学艺术 …………………………………………………（302）
　8.4　中学生物教育教学研究 ………………………………………………（310）

第1章　生物教学论概述

学习目标

1. 掌握生物教学论的概念与研究内容。
2. 了解生物教学论发展简史。
3. 了解生物教学论研究重点领域及其趋势。
4. 了解生物教学论学习方法。
5. 调查"中学生最喜欢哪种类型的生物教师和最喜欢上什么样的生物课",感受学好生物教学论的必要性。

本章内容结构图

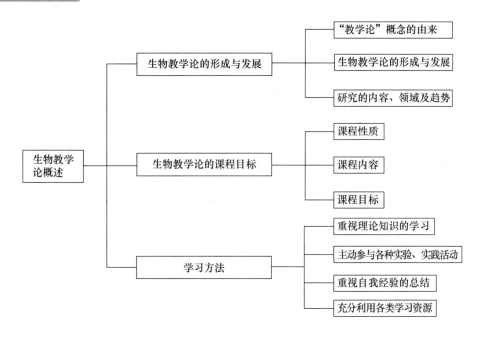

本章序幕

京师名校的熏陶[①]

三生有幸,我一工作就在京师名校——北京师范大学附属中学。四十五个春秋,一直没有离开,虽曾任校长10年(1984—1994),但未离开讲台,执著于中学的生物科学教育。

名校之名,固然有诸多因素,但就我的体会而言,最重要的是名师荟萃,各领风骚,在改革和发展

---

① 朱正威.我和中学生物科学教育[M].北京:北京教育出版社,2004:9-13.文字有改动。

的进程中,形成良好的教风和学风,于是,人才辈出而享誉社会。让我感受最深、对我成长起了重要作用的是以下几点。

一是对教师的严格要求。师大附中历史上就有一批名师,如钱玄同、林琴南、右评梅、杨秀峰等,现如今,各教研组都有若干位著名教师,包括前来兼课的教授,这都是榜样。新教师大多从优秀生源中选拔而来,但如果不胜任就会调离,没有铁饭碗之说,这就颇有压力,再加上一整套严格的教学管理制度,缺少经验、功底不足的年轻教师,唯有专心学习、专心工作、付出更多的艰辛,才能有一席之地。

二是提倡教学上的百花齐放。这是严格要求的另一面:宽松。只要不违背总的教育方针和课程要求,教学方式、方法、风格和流派应互相尊重,相互借鉴,以教学效果的优劣为准。现在还健在的10名特级教师,都在教学上各有特色,在学科教育学领域各有创造,还活跃在教育教学改革的前沿。

三是要求对教育工作的全面适应,也可以称之为多面手吧。作为任课教师,无论是哪个年级的课,都能胜任,能对课程的不同学段都很熟悉,对不同年龄段的学生的身心发展都有较好的了解。不仅要任课,还要当班主任,教师还要能指导、组织学生的课外活动,包括小组活动、社团活动以及各种讲座。

四是鼓励教师的学者化,要在学术领域里有所成就,成为专家。北京师大附中的校长、教师和学生中成为中华人民共和国教育部部长、副部长的就多达五名,而九十多年的历史中,学生成为两院院士的多达数十人,其他各类专家遍布国内外。

京师名校的熏陶和培育是不能也不应该忘怀的,历时四十五年的缘分也是很难得的。不尽的缘分,并不限于恩师的教诲、名校的熏陶,还有许许多多老一代的、同辈的同行们的扶持和帮助,还有许许多多北京的、外地的青年教师的期盼和督促,还有一届又一届风华正茂的学生们不断高涨的求知欲望的激励和鞭策。华东师范大学的叶澜教授曾把教和学比之为教师和学生两个生命体的交流,我非常同意她的富有哲理和艺术韵味的见解,从某种意义上说,成就教师的是莘莘学子。

不尽的缘分,还意味着"夕阳无限好",她的余晖,仍将洒在苗儿青青的教育园地之上。

1.1 生物教学论的形成与发展

建设我们自己的教学论学科体系是目前国内教学论界不少人关心的问题。很多人认为,我国现行教学论的学科体系主要还是属于传统教学论的体系,这种教学论体系主要是吸收赫尔巴特、凯洛夫等人的教学理论而形成的。因此,有些人主张要建设新的教学理论体系,就要完全打破传统教学论的体系结构,吸收欧美现代教学思想。可问题在于,传统教学思想中也有很多精华,而现代教学思想中也有不少与我国的教育情境不相适应的东西;而且,传统教学思想与现代教学思想确有很多方面是针锋相对的。如何在一种体系中使它们能相互补充、共存共荣,对于这些问题,迄今为止的研究只是提出了一些笼统的原则,而没有具体的解决方案。①

1.1.1 关于"教学论"概念的由来

教学作为一个独立的研究领域,早在17世纪就确立起来,比课程研究领域的独立早了整整300年。但是,教学研究科学化进程的长足发展还是在20世纪。我国教学论较多地受到西方教学论的影响,因此,探讨教学论概念的由来,有必要从西方教学论思想源流的考察入手。

---

① 裴娣娜.教学论[M].北京:教育科学出版社,2007:52-53.

在教育史上,第一个倡导教学论的是德国教育家拉特克(W. Ratke,1571—1635)。拉特克1612年在向法兰克福诸侯呈交的学校改革的奏书中,自称是"教学论者",称自己新的教学技术为"教学论"。拉特克认为,教育是人与生俱来的天赋的权利。要保障每一个人享有这一权利,要使所有国民共享统一的语言、学术和文化,以实现国家和民族的统一、和平与独立。为此,拉特克致力于探求"教授之术",开拓教学论。

1632年,捷克著名教育家夸美纽斯(J. A. Comenius,1592—1670)出版了《大教学论》一书,目的是阐明"把一切事物教给一切人类的全部艺术"。本书标志着理论化、系统化的教学论的确立。在《大教学论》中,夸美纽斯根据《圣经》的《创世纪》、传统的神学目的论以及他自己关于人的理论,提出了教育目的论:第一,"博学",即人要"熟悉万物";第二,"德行或恰当的道德",即人要"具有管束万物和自己的能力";第三,"宗教或虔信",即人要"使自己与万物均归于万有之源的上帝"。为了达到这种教育目的,夸美纽斯确立起了其教学原理。夸美纽斯的教学论以自然主义作为其立论基础,作为教学论的思想方法,甚至作为教学论的文本风格。在夸美纽斯眼中,自然是上帝的作品,代表着全部的智慧,遵从自然就是遵从上帝的意志。

卢梭(J. J. Rousseau,1712—1778),启蒙时期法国著名思想家、社会哲学家、教育理论家。他的旷世教育名著《爱弥尔》被认为是继柏拉图《理想国》之后西方最完整、最系统的教育论著,影响深远。《爱弥尔》是一部教育小说,卢梭通过描述其虚构的小说主人公爱弥尔从出生至成人的教育历程,表达了其教育理念、教学思想。

德国著名哲学家、心理学家、教育学家赫尔巴特(J. F. Herbart,1776—1841)认为:"教育作为一种科学,是以实践哲学和心理学为基础的。前者指明目的,后者指明途径、手段以及对教育成就的阻碍。"赫尔巴特开创了作为"教学的科学"的教学论,科学的教学论是包含在"普通教育学"中的。科学的教学论是从批判以培养自然人为目标的夸美纽斯教学理论与实践开始的。赫尔巴特提出了"教育性教学"这一术语,将以往对立的"教学"与"教育"统一在"教育性教学"中。"任何教学都应当是教育性的,而任何教育都需要把教学作为其主要手段,因为教学能使儿童建立正确的精神生活。"

赫尔巴特的教育学建立在系统的实践哲学(伦理学)和心理学假设体系的基础之上,他由此确立起西方近代教育史上最严整的教育学、教学论体系。赫尔巴特有选择地继承了前人尤其是裴斯泰洛齐(J. H. Pestalozzi,1746—1827)的教学论遗产,但他的贡献主要在于对前人的超越。这种超越突出表现在重视文化知识在人的发展中的作用,把教学内容作为教学论体系的有机构成部分。他在其代表作《普通教育学》中曾这样写道:"把人交给'自然',甚至于把人引向'自然',并在'自然'中锻炼,这是一件蠢事。"他又说:"贡献积累起来的知识宝藏(用精选的方式)于少年一代,乃是人们在任何时代对其后继者所能做到的最崇高的服务。"这样他就超越了夸美纽斯、卢梭、裴斯泰洛齐所确立起的"教育适应自然的原则",从而建构起一个很独特的教学论体系。

美国著名的哲学家、心理学家、社会学家、教育哲学家约翰·杜威(John Dewy,1859—1952)作为古典实用主义的代表人物之一,开创了以"经验的改造"为核心的教学论,他的教学论建立在实用主义或经验自然主义哲学的基础之上。杜威总结了西方自古希腊、古罗马以来的教育遗产,确立了四个教育哲学命题:"教育即生活""教育即生长""教育即经验的不断改造""教育是一个社会化的过程"。这四个命题是内在统一的,杜威的教学论就是这四个基本哲学命题的引申和具体化。在杜威的教学论中,一方面,"经验"具有儿童理解的性质;另一方面,"经验"具有社会理解的性质。在儿童理解方面,经验由主动的因素和被动的因素构成,"在主动的方面,经验就是尝试;在被动的方面,经验就是承受结果"。两者结合在一起对个体的生长才有意义,才构成经验。

我国历史上对教学论曾有过众多的研究。孔子曾对教学论作过一些有益的贡献。孔子主张"有教无类",就是要让每一个人都有受教育的权利,教师要一视同仁,不加歧视。"学而不厌,诲人不倦"是孔子一生教育成功的要素。他有一句名言:"不愤不启,不悱不发,举一隅不以三隅反,则不复也。"他认为知识的掌握和道德信念的确立,必须以自觉性为基础,只有当学生有求得知识的要求和愿望时,教师进行启发、诱导或提问,才能收到事半功倍的效果。启发式教学是孔子的一条重要的教学原则,也是我国古代教育史上的一个创造。

孟子主要发展了孔子思想中"内圣"的一面,提倡"仁政",强调教育的目的在于"明人伦"。荀子则主要发展了孔子思想"外王"的一面,提倡王道,尊君重礼。第一个与儒家相对抗并与之并称"显学"的是墨家,其中心思想是要实现"兼相爱,交相利"。墨子的教育思想具有浓厚的功利主义色彩,他说"凡天下群百工……使各从事其能",强调科技知识与形式逻辑方面的教育。道家提倡"无为",希望人们顺应自然规律,不强行说教,不乱加说教,"处无为之事,行不言之教",以达到"无为而无不为"的境界。法家代表人物韩非提出"废先王之教""禁儒家私学""息文学而明法度",实行"以法为教,以吏为师",培养"智术之士""能法之士""耿介之士"。民国时期,教育总长蔡元培认为,应该根据军国民主义、实利主义、德育主义、世界观、美育主义等"五主义"设置学科,并将文理二科互相沟通。

 活动 1-1

请参阅"学习链接""参考文献"以及其他资源,按照历史发展顺序,制作表格,列举出在教学论发展历程中的重要代表人物,了解他们的观点。

1.1.2 生物教学论的形成与发展

 **小资料 1-1**

学科教学论的缘起①

师范院校曾有一门必修课,叫作教材教法。它是一门培养教师技能的专业课程,但是历来不受人们所重视。在一些专业学科教师、专家们的眼里,似乎教材教法不过是剖析中小学的教学大纲和教科书,教会师范生如何上好一堂课,没有什么学术性。他们认为,上好一堂课,保证教学质量的关键是有高的学术水平。这是一种误解,但这种误解不是没有缘由的。原因之一是,这些专家们不懂得,教育既是一门科学,又是一门艺术,只有高深的学问,不懂教育规律,没有掌握教育教学的艺术,课就上不好,或者事倍功半。原因之二是,过去的教材教法课确实存在着不少问题,它只分析现有教材,不对学科、课程及教育教学规律进行研究。因此,要解决这个问题,除了改变专家们的误解之外,更重要的是研究这门学科的发展,提高学科的理论水平。我认为,师范院校的教材教法不能只分析一门课如何讲授,更重要的是要研究、分析一门科学的发展历史和现状以及其发展的内在逻辑,结合学生的认知特点,遵循教育规律,把它组织成一门学科。学科并不等于科学。一门科学要变成学校里的学科,要经过一番改造。改造的理论就是一门学问,本身也应是一门学科。这门学科是跨学科的,它既要研究某门学科的科学规律,又要研究教育规律,要把两者有机地结合起来,从这个意义上来讲,教材教法的名称显得落后了。因此,把它改为学科教学论或学科教育学是适宜的。

---

① 顾明远.学科现代教育理论书系·总序[M].南宁:广西教育出版社,1996:1.

学习和研究生物教学论,首先应当了解生物教学论的历史。生物教学论的形成和发展,经历了曲折的道路:

在世界教育史上,中学开设生物课程只有一百多年的历史。我国把生物作为一门独立的课程是从1912年开始的。从对生物教学发表零散的和不成系统的见解、主张或经验事实来总结生物教育和教学,发展到从分析教学过程入手,把生物教学作为一门学科来进行考察与研究,以构建学科教学体系,并用"法"的概念来予以概括和表述,并指导生物教学实践,则是20世纪30年代后期才出现的事。[1]

生物在我国作为学校科学教育的组成部分,是在鸦片战争以后,由英国传教士传入。最先在教会学校中开设,后来逐渐列入清政府制定的中学课程章程,逐渐由中国学者执教。在漫长的一个多世纪的生物课程的教育、教学历程中,生物教育工作者在实践中运用教育理论、遵循教育规律,使生物学科的教育和教学日趋科学化,使生物教学论逐渐充实,并且迅速得到发展。

1902年和1903年,清光绪政府在《奏定优级师范学堂章程》中明文规定,高师的生物学系学生要学习教育学,内容包括"生物教授法"。1913年民国政府公布的《高等师范学校课程标准》规定,只设"普通教授法"。

1917年,我国教育家陶行知先生认为"教授法"脱离学生实际,教的方法应该既要考虑学生是如何学的,又要使学生学会如何学习,他提出以"教学法"代替"教授法"。此后,"教授法"就逐渐被"教学法"所代替。

20世纪30年代后期,学科名称又更改为"生物学教材教法研究"。在1946年颁布的《修正师范学院规程》中,进一步明确规定"生物学教材教法研究"是高师生物学系专业训练科目,学习内容为教材选择与评述、课程标准研究、教学研究、课程组织、教具设置与应用等方面。从此,"生物学教材教法"这门学科的内容有了明确的范围。

20世纪50年代初,《师范院校教学计划》中规定开设"生物学教学法",并聘请苏联专家讲学,在上海华东师范大学举办"生物学教学法"教师进修班,为全国高师院校培养了一大批师资,为"生物学教学法"课程在全国兴起发挥了重要的作用。但到了1957年修订高等师范院校教学计划时,则又被更改为"生物学教材教法"课程。

由于种种原因,20世纪60年代初期,这门能鲜明地体现师范性特点的必修课程,却从高等师范院校的教学计划中被取消了。"文化大革命"后的1977年秋,我国恢复了全国高等学校招生考试制度,随着教学计划的重新制订,"生物学教学法"课程又被列入高等师范院校(包括教育学院)生物学专业的教学计划,从此这门课程又逐渐引起人们的重视,普遍受到有志从事中学生物教学和研究工作的人员的欢迎,被人们视为最能指导中学生物教学实践的专业课程。然而,也有人对"生物教学法"课程产生偏见,认为高师院校的这门课程可有可无,把教学法课程片面理解为只是传授教学方法的一门课程。其实不然,教学方法仅是教学法课程中的一个组成部分。有一位外国教育家曾经这样评价说:"一国的教育系统,若对教学法和职业的效率注意不足,这一国就必然处于劣势地位,必然仰赖他国教育体系的鼻息。"[2]

20世纪80年代中期,有人试图将"生物学教学法"易名为"生物学教学论",借以提高课程的层次水平,但由于多种原因,未能真正建立起自己的学科体系,仅作了一些资料的汇集。随着社会的进步、科学技术的发展、教育事业的突飞猛进和生活现代化进程的加快,形势对各学科教学法的研究提出了

---

[1] 汪忠.新编生物学教学论[M].上海:华东师范大学出版社,2006:1.
[2] 张汉光,周淑美.生物学教学论[M].南宁:广西教育出版社,2001:3-4.

更高的要求,使其必然要朝着时代要求的方向变革,这是一个带有世界性的趋势。

1986年10月在济南山东师范大学召开的全国高师理科教学法建设讨论会上,首次提出了发展学科教育学的问题。会议认为:"学科教育学的孕育和诞生是教学法学科的发展和升华。"此后,又先后在北京师范大学、辽宁师范大学、湖南师范大学等院校召开过多次研讨会。多年来,全国许多高等师范院校相继成立了专门的教育研究机构,如学科教育学研究中心、学科教育学研究所等,许多省市开展了学科教育重点课题研究。①

请就"生物教学法""生物教材教法"更名为"生物教学论"发表你的看法。

小资料1-2

奏定中学堂章程(摘录)②
光绪二十九年
学科程度章第二

第一节　中学堂学科目凡分十二:一、修身,二、读经讲经,三、中国文学……八、博物……

第二节　中学堂学习年数以五年为限。

第四节　中学堂各学科分科教法如下:

一、修身……

……

八、博物　其植物当讲形体构造,生理分类功用;其动物当讲形体构造,生理习性特质,分类功用;其人身生理当讲身体内外之部位,知觉运动之机关及卫生之重要事宜;其矿物当讲重要矿物之形象性质功用,现出法、鉴识法之要略。

凡教博物者,在据实物标本得真确之知识,使适于日用生计及各项实业之用,尤当细审植物动物相互之关系,及植物动物与人生之关系。

……

第五节　各学科程度及每星期教授时刻表见表1-1。

表1-1　各学科程度及每星期教授时刻表

	学　科	程　度	每星期钟点
第一年	博物	植物　动物	2
第二年	博物	同前学年	2
第三年	博物	生理　卫生　矿物	2
第四年	博物	同前学年	2

* 此处仅摘录博物学科的内容。

---

① 张汉光,周淑美.生物学教学论[M].南宁:广西教育出版社,2001:5.
② 课程教材研究所.20世纪中国中小学课程标准·教学大纲汇编:生物卷[M].北京:人民教育出版社,2001:2.

1.1.3 生物教学论的研究内容、研究重点领域及其趋势

1. 生物教学论的研究内容

生物教学论是随着生命科学和教育科学的飞速发展应运而生的,得益于广大教师和研究人员的持续研究。其研究内容主要包括:中学生物学科的概念、性质和地位(是什么),中学生物课程目标的把握与落实(为什么教学),中学生物课程的主要内容(教学什么),中学生物教学规律和技艺(怎样教学),教学评价(教学得怎样),教师必须具备的素质等。这一系列的研究促进了该学科的快速发展。

2. 生物教学论研究重点领域及其趋势

随着教育教学研究的发展和科学技术的不断进步,人们开始用新的观点和方法来审视已经构建的生物教学法学科体系,并在理论研究的深度和广度上明显地感觉到它的不足。现阶段生物教学论研究开始转向科学、技术与社会(STS)教育,生物科学素养教育,前概念及概念转变,以及科学史、科学哲学和科学社会学(HPS)教育等方面。

(1) 科学、技术与社会(STS)对生物教学的要求

STS 是在 20 世纪 60 年代末 70 年代初诞生于美国的一个新兴学科。我国从 20 世纪 80 年代开始 STS 研究。现阶段,我国专门研究 STS 的学者这样定义 STS:STS 是一门研究科学、技术和社会相互关系的新兴学科。它认为科学技术的发展不是孤立的,它和社会其他子系统(比如政治、经济、文化、教育等)有一定的相互作用。因此研究科学、技术也应该研究作为社会子系统的科学和技术的性质、结构、功能及它们之间的相互关系,还要研究科学、技术和社会在整体上的性质、特点、结构和相互关系及其协调发展的动力学机制。

在国外,学者们对 STS 有广义与狭义两种理解。在广义的理解中,STS 体现为一个学科群,是科学史、科学哲学等(还包括技术史、技术哲学、科学社会学、技术社会学、科技政策研究等)学科对科学、技术与社会的相互关系研究的总称。在狭义的理解中,STS 则是以传统的科学史、科学哲学、技术哲学等学科为基础,在更高的水平上进行理论综合而形成的融合了上述传统学科之基本内容的一门新兴的交叉学科,它追求对科学、技术与社会相互关系的新理解。[1]

科学、技术与社会在许多国家已经形成一门新的课程,并且作为每个将在现代社会中生活的未来公民必须学习的"新的公民课",它对教育和教学,尤其是生物教学提出了更高的要求。

(2) 对科学素养教育的研究

科学素养主要体现了对科学本质的理解,它的核心是指一个人具有的科学世界观、科学探索精神和科学方法。一般认为,科学素养应被看作社会公民应具有的最基本的对于科学技术的理解。科学素养的概念并不是指对科学已经达到一种很好的理解,而是指一种基本的程度。一般来说,公众同时达到对科学知识、过程和科学技术对社会影响的基本理解,就可以被认为是具备了基本的科学素养。

生物科学素养是公民科学素养构成中重要的组成部分。生物科学素养是指公民参加社会生活、经济活动、生产实践和个人决策所需的生物科学知识、探究能力以及相关的情感态度与价值观。它反映了一个人对生物科学领域中核心的基础内容的掌握和应用水平,以及在已有基础上不断提高自身科学素养的能力。[2]

生物科学素养教育研究主要涉及:生物科学素养教育的理论研究、内容研究、生物科学素养教育与生物课程改革的关系问题研究、生物科学素养教育的教学模式和教学策略研究、生物科学素养教育

---

[1] 刘兵,韩燕丽.科学、技术与社会和基础科学教育[J/OL].(2006-02-14).http://www.studa.net/shehui/060214/11383219-3.html.
[2] 中华人民共和国教育部.普通高中生物课程标准(实验)[M].北京:人民教育出版社,2004:2.

的教学评价研究。

对生物科学素养教育研究,可以进一步完善科学素养教育理论,不仅可以促进中学生物教学改革的深入发展,还可以发展学生的科学素养。

(3) 对前概念及概念转变的研究

学生通过日常生活的各种渠道和自身的实践,对客观世界中的各种事物已经形成了自己的看法,并在无形中养成他们独特的思维方式,这种在接受正规教育之前形成的概念一般称为前科学概念或前概念,也称为另类概念。学生的这些前科学概念由来已久、根深蒂固,有些是对客观世界的朴素观念,有些则完全与科学概念相悖(错误概念)。①

教学论对前概念及概念转变的研究包括前概念的研究、概念转变理论的研究、概念转变教学策略系统研究。通过对前概念及其转变过程的探讨,有利于揭示科学学习的本质与规律,具有重要的理论意义。同时,从学习与教学实践来看,学生只有了解自己的另类概念及其转变的规律,才能据此更好地学习科学概念,教师才能选择适当的教学策略促进学生的概念转变。②

(4) 对 HPS 教育的研究

HPS 原先是"科学史和科学哲学"(history and philosophy of science)的英文缩写词,但近年来有些科学教育专家把"科学社会学"(sociology of science)也纳入其中,于是 HPS 就变成了"科学史、科学哲学和科学社会学"(history, philosophy and sociology of science)的缩写词了。把科学史、科学哲学和科学社会学的有关内容纳入科学课程中以提高科学教育的质量,是近年来国际科学教育界高度重视的一个课程理论课题。科学史、科学哲学和科学社会学是科学学(science studies)的三个分支学科,它们共同担负起阐述科学的本质、提高科学教育质量的使命。

HPS 教育研究的主要内容为理论基础研究、价值取向研究、HPS 与生物课程教学研究,以及 HPS 教育与生物教师教育研究。

通过对 HPS 教育的教育价值、科学本质的内涵与发展的研究,通过探索生物课程融入 HPS 主题的方式、教学策略的研究,以及探索基于 HPS 素养的科学教师专业发展的新途径,不仅能丰富我国生物教学论的理论宝库,而且能提高生物课程中 HPS 教育的可操作性,进而促进学生理解科学本质、发展生物科学素养。③

1.2 生物教学论的课程目标

案例 1-1

顾巧英老师的知识结构④

顾巧英老师的生物课,严谨朴实而又生动活泼,把别人通常认为抽象、难懂或枯燥乏味的课上得深入浅出,有趣易懂而且学生记得牢。不仅如此,她对中学生物课的教学目的、教学内容、教学方法、教学模式等大都有自己独特的设想和尝试。早在建国之初,苏联教育科学院副院长麦尔尼科夫来华访问,在偶然之中听了顾巧英一节植物课,就深深地被她的教学艺术所折服。后来,教育部委托华东师范大学研究和总结顾巧英的先进教学经验,其中,我国著名教育家瞿葆奎先生是研究小组的核心成

---

① 字文忠,李荣玲.极限概念前概念及其转变的教学策略研究[J].楚雄师范学院学报,2007:89-90.
② 袁维新.生物课程与教学论的研究领域与发展方向探析.http://bio.cersp.com/Channel07/UploadFiles_4552/200611/20061107165541405.ppt.
③ 袁维新.科学教学概论——建构主义观点[M].徐州:中国矿业大学出版社,2007:234-235.
④ 山东师范大学精品课程网 http://www.lsc.sdnu.edu.cn/guawang/swjxf/skja.asp.

员之一。瞿葆奎老先生对顾巧英的生物课至今还是赞赏不已,并对顾巧英老师本人作了高度评价。瞿老先生认为,顾巧英的课之所以具有如此的魅力,这与她深厚的素养是分不开的。她既有丰富的理论性知识,又有优秀的实践才能。

1.2.1 生物教学论课程性质

生物教学论,是以生物学科教育为研究对象的一门学科,具体地说,即以全面实现生物教育目标为目的、以相关学科研究成果为理论支撑,研究生物教育目标、课程、学习、教学和评价等全过程及其内在规律的一门学科。生物教学论是由生物学、教育学、心理学和教育技术学等诸多学科相互交叉、渗透形成的,兼有文、理学科特点的学科课程,课程内容主要涉及中学生物教学的基本规律、教学手段及方法。

在21世纪的新形势下,中学生物教学的目的与任务已经发生重大变化,新的教育理论和现代教育技术下的教学过程和教学方法不断产生。生物教学论的教学必须体现学科的基础性、时代性和专业技能的实用性,必须注重为高师学生将来独立从事生物教学工作奠定良好的基础,并指导未来的生物教师如何面对新课程的挑战,如何将鲜活的学科教学实践经验提升到理论的高度,从而形成学科教学特有的新理论,进一步提高生物教学的工作能力。

1.2.2 生物教学论课程的基本内容

生物教学论具体针对中学生物教学,是一门重点研究中学生物课程怎样教学的学问。具体地讲,生物教学论课程的研究内容主要包括以下七个部分。

1. 中学生物课程设置及其发展

课程是学校教育教学的基础,是教师教和学生学的主要对象和依据。中学生物课程的研究包括:课程概论、课程目标、生物课程、生物课程标准、生物教科书等部分。其内容主要有:课程的产生和发展;基础教育课程改革;课程目标概述;中学生物课程目标;科学的本质与科学素养;生物课程发展概述;生物课程及其设计;生物教学大纲与生物课程标准;中学生物课程目标与生物科学素养;生物课程标准简介;生物教科书设计的基础;教科书内容与框架的设计;生物新课程教科书比较等。

2. 中学生物课程教学过程与模式

生物教学过程是一种复杂的控制过程,在教学过程中教学信息由教师以一定的方式传递给学生,再以一定的方式将学生的学习情况反馈给教师,教学信息的高效传递是提高教学质量的关键。因此,生物教学过程是生物教学论研究的核心之一。[①] 中学生物课程教学过程与模式的主要内容有:中学生物课程教学策略、中学生物课程教学模式、新课程生物教学模式研究。具体包括:中学生物课程教学策略概述;中学生物教学策略研究;中学生物教学方法简介;中学生物课程教学模式概述;理论课教学模式;实验课教学模式;活动课教学模式;新课程提倡的现代教学模式观;生物教学模式的重建;教学模式选择的衡量标准等。

3. 中学生物学生学习活动与学习策略

面对科学技术的迅猛发展和知识总量的爆炸式增长,世界各国不约而同地将学会学习定为21世纪教育的核心,学会学习也成为21世纪生物课程改革关注的焦点。这就为广大生物教育工作者提出了一个重要的研究课题——生物学学习。中学生物学生学习活动与学习策略的内容有:学习理论概述、学习理论和生物教育改革、中学生物学生学习活动与学习策略简介、新课程与学习方式的变革。主要包括:"学"的渊源;学习的含义;学习理论;行为主义和生物教育改革;认知主义和生物教育改

[①] 陈继贞,张祥沛,曹道平.生物学教学论[M].北京:科学出版社,2003:5.

革;建构主义和生物教育改革;学习活动的基本含义;学习策略的基本含义;中学生学习活动的特点;中学生物学习活动与学习策略类型;新课程强调学习方式的改变;新课程倡导的学习方式的主要特征;让学生在"自主·探究·合作"学习中成长。

4. 中学生物教学设计

教学设计是教师为达到一定的教学目标,对教学活动所进行的系统规划、安排和决策。中学生物教学设计的内容包括:中学生物教学设计概述、中学生物理论课教学设计实施、中学生物实验课教学设计实施、中学生物活动课教学设计实施。具体为:中学生物教学设计理论概述;前端分析与学习目标设计;教学策略设计;教学媒体与学习环境的设计;教学过程的设计与成果的评价;信息化环境下的教学设计;中学生物实验教学概述;中学生物实验课的组织与实施;中学生物演示实验教学;中学生物活动课概述;中学生物活动课的设计与实施;生物活动课的评价方法;活动课与探究性学习之间的相互渗透;生物活动课实施案例及分析;等等。

5. 中学生物教学实施技能

教学实施是教学活动赖以实现的物质基础,中学生物教学实施技能包括:创设教学情境的技能、学习指导的技能、生物教学基本技能、新课程中教学技能的变化、信息技术与生物教学整合的技能、中学生物课程资源开发与利用的技能。具体为:创设情境的方法;创设情境的原则;新课程背景下的教师学习指导技能;学习指导实施案例;教态变化技能;教学语言技能;导入技能;讲授技能;提问技能;板书技能;演示技能;变化技能;结束技能;实现知识与技能、过程与方法、情感态度与价值观的统一的技能;统整学生的生活世界和科学世界的技能;有效地与学生交往互动的技能;转变角色,做学生学习的组织者、引导者、参与者的技能;按照学生学习规律进行教学,指导学生学习的技能;有效地进行学生学习过程性评价的技能;充分开发和利用课程资源的技能;实现现代信息技术与学科课程整合,为学生的学习和发展提供丰富多彩的教育环境和有力的学习工具的技能;信息技术与生物教学整合的要求;实施方法;生物课程资源概述;开发生物课程资源的基本方式;生物课程资源的开发和整合等。

6. 中学生物教育测量与评价

生物学科教学测量与评价是现代教学测量与评价在学科教学领域内的应用。通过教学测量与评价可以全面掌握教学的各种情况,发现教学过程中存在的问题和不足,并及时加以解决;还可以为被评者指明努力的方向,激励他们进一步改进和完善教学工作,提高教学质量。中学生物教育测量与评价的内容主要有:教育测量与评价概述、学生学业成绩的测量与评价、学生学业成绩的统计与处理、测评的质量指标、生物课堂教学的评价。具体包括:教育测量与评价的概念;教育测量与评价的类型;教育测量与评价的功能;教育评价的发展与改革;生物试题的编制;表现性评价;算术平均数(arithmetic mean);频数分布表(frequency distribution);方差(variance)和标准差(standard deviation);标准分(standard marks);难度;区分度;信度;效度;生物课堂教学评价的目的;生物课堂教学评价的方法;生物课堂教学评价的实施。

7. 中学生物教师专业发展

教师是决定教育成功的重要因素。信息时代的到来,知识更新速度加快,现代教育技术的强烈冲击,社会对教师的期望和要求越来越高,当前世界各国教育改革的焦点都瞄准了提高师资水平。[①] 中学生物教师专业发展的主要内容有:生物教师专业发展、现代生物教师的素质、生物教师的教学艺术、中学生物教育教学研究。具体包括:教师专业化和教师专业发展;中学生物教师的专业发展;生物教师专业素质的含义;生物教师专业素质的内容;现代生物教师的时代素质;教学艺术概述;教师教

---

① 陈继贞,张祥沛,曹道平.生物学教学论[M].北京:科学出版社,2003:7.

学艺术风格;教师的教育教学研究的目的;中学生物教育教学研究的内容;中学生物教育教学研究的类型;中学生物教育教学科研的方法;教育教学研究的一般步骤;中学生物教师怎样深入教育科研领域;中学生物教育教学科研资源简介等。

活动 1-3

你头脑里是否对我们这门课程有了一个基本的框架,你将从这门课程中学到些什么,对你有什么用处?

1.2.3 生物教学论的课程目标

小资料 1-3

杜威的回答

为什么当教师的还要熟悉心理学、教育学和学科教学法?杜威对这个问题的回答是:"一种理由是,他能凭借这类知识观察学生的反应,迅速而准确地解释学生的言行,否则,学生的反应,可能觉察不出来;另一个理由是,这些知识是别人用过而且又有成效的方法,在需要的时候,他能凭这些知识给学生以适当的指导。"①

不同历史时期、不同国家的生物教育价值观,对生物教学目标的确立有至关重要的影响。生物教学论应探讨大科学时代中生命科学的地位,大教育体系中生物教育的意义,生物教育与素质教育以及STS教育的关系等问题,确定生物教育教学的价值取向。② 总体来说,生物教学论课程目标就是全面提高生物教师的素养,提高教学理论和技能的专业水平。

要胜任当代中学生物教师的工作,除了具有广博而深厚的生物科学知识和技能之外,还应该具有以下专业知识和技能。

1. 理解中学生物课程的性质和价值,理解生物科学和技术的本质和特征

对中学生物课程性质价值的认识反映了教师对自身工作、任务特点和实质的理解,这种理解会影响教师工作中的努力方向,是对生物教师专业素养的基本要求。生物教育工作者对中学生物课程的认识会随着时代的前进和生物科学技术的进步而不断的深入和变化。

中学生物课程包含了生物科学和技术的内容,所以生物教师对生物科学和技术本质和特征的认识,有助于教师在教学工作中根据学科特点有针对性地组织学习活动,有效地培养学生的生物科学和技术素养。

2. 掌握学生的学习规律,掌握生物教学的客观规律和技能

教师掌握了教育心理学的理论和学生的认知规律后,可以减少实际教学中的盲目性,提高学生的学习效率,并能及时解决教学中的问题。这方面的知识是教师工作中的理论根据。

每名生物教师应该明确自己在课程中的教学任务和要求,要有能力去设计一系列目标明确、教学策略适当的学习活动,能使用多种教学方法和手段引导学生主动地参与学习过程,让学生经常动手实

---

① 杜威.我们怎样思维·经验与教育[M].姜文闵,译.北京:人民教育出版社,2005:223-225.
② 陈继贞,张祥沛,曹道平.生物学教学论[M].北京:科学出版社,2003:4.

践,并在学习中较深入地思考一些问题,形成一个有序、有效、有趣的学习过程。

对许多教师来说,给学生出几道题目来考查学生并不困难,但要考查学生高层次的认知能力和学习成果,评价学生在态度、情感和过程技能等方面的进步,则需要教师具有较强的专业技能。掌握了生物教学的规律和技能就能使教师轻松自如地教,学生主动积极地学,收到事半功倍的教学效果。

活动 1-4

"问"与"问"的区别

一名生物老师上课,他提了这么几个问题:"鲫鱼具有怎样的体形?""背部和腹部颜色有何不同?""体表还有哪些结构?各有什么作用?"——这些都是教师在讲"鱼类"的形态结构特点时常常会提出来的问题。这些提问的共同点就是过于单调直露,不给学生以思考的余地,按部就班地抛出一个个知识点,难以激发学生思考的兴趣,容易使学生思维僵化。如果换一种问法,学生会为之一振,效果大变。教师可以这样来问:"鱼的体形呈哑铃状,行吗?""鱼的体色为什么背部深黑色,腹部浅白色?"若学生回答不出,可再问:"如果空中或水中的动物想吃掉它,那么这种体色起什么作用?"学生恍然大悟:这是一种保护色。"剪掉鱼鳍,鱼在水中将怎样运动?"……这样的提问不同凡响,使学生耳目一新,会激起莫大的兴趣。既活跃了学生思维,又激发了学生急于动手去实验探索的热情,体现了自然科学现象观察→科学推测→实验论证→科学总结的过程。

通过阅读上面的材料,你认为做一名优秀的生物教师应具备哪些素质?

3. 具备高尚的生物教师职业道德素质

教师的思想观念和道德行为准则,是教师职业思想品德素质的核心和基础。教师的职业道德素质主要表现在热爱教育事业、热爱学生、信任学生、平等对待学生等。教师对学生的爱会使学生受到鼓舞和鞭策,点燃学生精神力量的火花,这是教育教学成功的基础。

小资料 1-4

中小学教师职业道德规范(2008年修订)[①]

一、爱国守法。热爱祖国,热爱人民,拥护中国共产党领导,拥护社会主义。全面贯彻国家教育方针,自觉遵守教育法律法规,依法履行教师职责权利。不得有违背党和国家方针政策的言行。

二、爱岗敬业。忠诚于人民教育事业,志存高远,勤恳敬业,甘为人梯,乐于奉献。对工作高度负责,认真备课上课,认真批改作业,认真辅导学生。不得敷衍塞责。

三、关爱学生。关心爱护全体学生,尊重学生人格,平等公正对待学生。对学生严慈相济,做学生良师益友。保护学生安全,关心学生健康,维护学生权益。不讽刺、挖苦、歧视学生,不体罚或变相体罚学生。

四、教书育人。遵循教育规律,实施素质教育。循循善诱,诲人不倦,因材施教。培养学生良好品行,激发学生创新精神,促进学生全面发展。不以分数作为评价学生的唯一标准。

五、为人师表。坚守高尚情操,知荣明耻,严于律己,以身作则。衣着得体,语言规范,举止文明。关心集体,团结协作,尊重同事,尊重家长。作风正派,廉洁奉公。自觉抵制有偿家教,不利用职务之便谋取私利。

六、终身学习。崇尚科学精神,树立终身学习理念,拓宽知识视野,更新知识结构。潜心钻研业务,勇于探索创新,不断提高专业素养和教育教学水平。

---

① 中华人民共和国教育部.中小学教师职业道德规范(2008年修订)[N].中国教育报,2008-09-04(1).

4. 具有生物教师持续发展的能力

教师职业所依据的专业知识具有双重的学科基础,即教师任教科目的学科知识和教育的学科知识,教师既要掌握学科的知识和技能,也要掌握教育教学的知识和技能,教师教育应该是"学科性"与"教育性"、"学术性"与"师范性"、"学科专业知识、技能"与"教育专业知识、技能"的统一,是学科专业教育与教育专业教育双专业的整合。每一位生物教师都应具有不断提高自身专业素养、保持个人持续发展的能力,这样才能适应当今快速发展的生物科学对教师的要求。

时代的发展对生物教师提出了更高的要求,当好生物教师并不是一件轻而易举的事。20世纪末,我国启动了第八次基础教育课程改革。在此次课程改革中,生物课程在课程理念、课程目的、课程框架和内容要求等方面都有了很大的改变。在重新定位了中学生物课程的价值后,课程改革的焦点聚集在"面向全体学生"和"倡导探究性学习"。"面向全体学生"带来的变化是课程内容加大了灵活性和选择性,使不同地区、不同学校的学生能学到更适合他们的需求和条件的内容,高中阶段的生物课程还增设了选修单元,如"生物技术实践""生物科学与社会"等。这些变化使教师要面对一些新的教学内容、新的实验技术及新的教学策略。而"倡导探究性学习"则大大增加了课程中对于过程技能的要求和探究活动(或解决问题)的内容,这对教师指导学生进行生物研究的能力和引导发现的教学技能提出了新的要求。这些要求又恰恰是我国师范教育中长期存在的弱点。因此,这些新的要求将成为师范生学习的重点,对于许多有经验的生物教师来说,也是新的要求。此外,生物教师参与教育研究也是自身专业持续发展的一个重要途径。

活动 1-5

美国教师专业学习的课程计划[①]

在美国《明天的教师》中,提出教师专业学习的课程计划至少需要包括5个方面:①把教学和学校教育作为一个完整的学科来研究;②学科教育学的知识,即把"个人知识"转化为"人际知识"的教学能力;③课堂教学中应有的知识和技能,即能够创造一种集体氛围,使各类学生都能学习并得到发展;④教学专业独有的素质、价值观和道德责任感;⑤各方面对教学实践的指导。

阅读以上资料,你认为作为一个称职的老师,除了这五个方面,还需要进行哪些方面的学习。

1.3 学习和研究生物教学论的方法

陶行知先生曾说过:"师范教育是什么?教学生变先生。先生是什么?自己会变而又会教人变的是先生。师范生不是别的,是一个学变先生的学生。"[②]陶行知先生在这里说的"变",正是师范教育中重要的角色转变的过程,也是学好生物教学论课程的有效方法。在这样不断的变化中,胜任中学生物教学的"先生"就诞生了。

生物教学论课程和其他生物科学专业课程的学习会有一些不同之处。例如,生物科学专业的师范生在学习细胞学、生物化学等课程时,主要是"大学生"角色,而在学习生物教学论课程时,则应

---

① 刘薇.教师专业化:世界教师教育发展的潮流[N/OL]. http://www.edu.cn/20020104/3016343.shtml.
② 金成林,伍尧.陶行知全集(第一卷)[M].成都:四川教育出版社,1991:375.

积极改变单一的"大学生"角色,变成"大学生"(为完成大学本科学业而学习的角色)、"中学生"(体验中学生学习生物的角色)和"中学生物教师"(体验如何更好地教生物的角色)三位一体的新角色。例如,在开展"探究影响鼠妇分布的环境因素"活动时,作为"大学生"角色,应该完成探究活动,得到相关的实验数据,撰写高质量的实验报告;作为"中学生"角色,应该体验中学生在开展这一活动时可能产生哪些问题;作为"中学生物教师"角色,还应该体验采用哪些方法能有效地完成教学任务和目标等。

生物教学论是一门应用理论科学,学习和研究生物教学论,不仅要重视理论知识的学习,更要转变课程学习的角色,积极主动参与到各种实践活动中去。

1.3.1 重视理论知识的学习

每门学科都有其科学的理论体系。作为一位即将登上讲台的生物教师来说,生物教学论的理论知识是专业发展的基石。只有当我们掌握这门学科的理论体系时,才能站在"前人的肩膀上",一方面可以"一览众山小"地知晓学科的全貌,一方面还可以游刃有余地继续"攀登问鼎",获得专业上的不断发展。

1.3.2 主动参与各种实验、实践活动

与生物科学专业的其他课程一样,生物教学论课程中也有许多实验、实践活动。这些实验、实践活动和细胞、生物化学等课程的实验、实践活动一样重要。这些活动不仅能验证理论知识,还能习得技能、获取经验,并迁移运用。另外,还应在认真学习生物教学理论知识的同时紧密联系教学实践,重视课堂教学中的各种训练、模拟教学的各项操作、教学见习、教育实习等各种实践活动环节。

1.3.3 重视自我经验的总结

师范生从第一次参加模拟教学开始,事实上已开始了自己的教学实践,但往往无所适从,缺乏实际的教学能力。要使自己成为一名优秀的教师,不断总结教学实践经验是一条重要的途径。在自己的教学活动中,按照教学理论的要求,对照所提供的个案样板,运用不同教学策略和手段所提供的反馈信息,进行教学反思,及时总结自己成功的经验和失败的教训,日积月累必有所得,教学水平会得到很快提高。

1.3.4 充分利用各类学习资源

除了教科书和课堂学习以外,我们可以利用的资源还有很多。如,邻近中学的生物教师,中外专业期刊、中学生物课程标准、教材、互联网、学术会议、图书馆和生物园等。

学习这门课程只靠课上的时间是远远不够的,需要在课下投入很多的时间和很大的精力,才能顺利走上讲台。

活动1-6

请你根据本节的内容和课程目标的具体要求,讨论生物教学论课程的学习方法。

本章小结

1. 生物教学论是随着生命科学和教育科学的飞速发展应运而生的,得益于广大教师和研究人员的持续研究。现阶段生物教学论研究开始转向科学、技术与社会(STS)教育,生物科学素养教育,前概念及概念转变,以及科学史、科学哲学和科学社会学(HPS)教育等方面。

2. "生物教学论"是师范院校生物教育专业必修的一门专业课。本课程的主要目的是培养学生从事中学生物教育工作所必备的一些专业技能和持续发展自身专业素养的基本能力。它对于培养高等师范院校生物系学生的师资素养具有任何学科所不能替代的作用。

3. 生物教学论具体针对中学生物教学,是一门重点研究中学生物课程怎样教学的学问。具体地讲,生物教学论课程的研究内容主要包括七个部分:中学生物课程设置及其发展、中学生物课程教学过程与模式、中学生物学生学习活动与学习策略、中学生物教学设计、中学生物教学实施技能、中学生物教育测量与评价、中学生物教师专业发展。

4. 要胜任当代中学生物教师的工作,除了具有广博而深厚的生物科学知识和技能之外,还应该理解中学生物课程的性质和价值,理解生物科学和技术的本质和特征;掌握学生的学习规律,掌握生物教学的客观规律和技能;具备高尚的生物教师职业道德素质;具有生物教师持续发展的能力。

5. 生物教学论是一门应用理论科学,学习和研究生物教学论,不仅要重视理论知识的学习,更要转变课程学习的角色,积极主动参与到各种实践活动中去。

关键术语

◆ 生物、教学论、生物教学法、生物课程教育学、生物教学论、教育心理学
◆ 课程目标、教学论课程内容、STS教育、科学素养教育、前概念及概念转变、HPS教育
◆ 生物教育、生物教材教法、研究方法

学习链接

(1) http://www.edu.cn/ 中国教育和科研计算机网
(2) http://www.k12.com.cn/ 中国中小学教育教学网
(3) http://www.cbe21.com/subject/biology/ 中国基础教育网
(4) http://www.pep.com.cn/ 人民教育出版社
(5) http://www.teacher.com.cn/ 教育部全国中小学教师继续教育网
(6) http://www.bscs.org/ 美国生物科学课程研究所(The Biology Science Curriculum Study)
(7) http://www.csoll.com/index.html 新思考:中国教育资源服务平台

检测—拓展

检测

1. 一位优秀的生物教师应具备哪些知识?
2. 生物教学论课程的基本内容有哪些?

拓展

1. 你喜欢什么样的生物教师?你喜欢什么样的生物课?你理想中的生物教师与生物课应该具备怎样的范式?
2. 有人认为学习生物教学论的目的就是学习生物教学的具体方法。你认为这样说对吗,为什么?
3. 请阅读其他版本的生物教学论著作,比较不同著作的特点。

> **阅读视野**

教学论的基本类型[①]

在三百多年的发展历程中,教学论形成了众多的流派与分支。就教学论演化与发展过程中先后关注的知识与发展问题来看,可以把花样繁多的教学论流派和分支归纳为两种基本类型:知识主导型教学论和发展主导型教学论。

知识主导型教学论主张教学内容的选择、教学过程的调控、教学方法的运用以及教学形式和教学评价等都要以知识的传授和掌握为中心来安排。发展主导型教学论则相反,坚持教学内容、教学过程、教学方法、教学形式和教学评价等各个要素和各个环节都要以促进学生的发展为旨归。知识主导型教学论长于教学使儿童有效掌握知识的研究,短于有效掌握知识的教学如何促进儿童发展的研究。正是在知识主导型教学论的基础上,发展主导型教学论进一步研究:掌握什么样的知识才具有促进儿童发展的可能性;什么样的教学才能把这种可能性转化为儿童发展的现实;怎样才能确切地知道儿童通过掌握这些知识的教学获得了预期的发展。

参 考 文 献

[1] 课程教材研究所.20世纪中国中小学课程标准·教学大纲汇编(生物卷)[M].北京:人民教育出版社,2001.
[2] 联合国教科文组织国际教育发展委员会.学会生存——教育世界的今天和明天[M].华东师范大学比较教育研究所,译.北京:教育科学出版社,1996.
[3] 王克勤.关于高等师范院校"学科教学论"发展的若干思考[J].教育研究,2004(2).
[4] 崔鸿,杨华,王重力.生物课程教育学[M].第二版.武汉:华中师范大学出版社,2006.
[5] 汪忠.新编生物学教学论[M].上海:华东师范大学出版社,2006.
[6] 刘恩山.中学生物学教学论[M].北京:高等教育出版社,2004.
[7] 朱正威.我和中学生物科学教育[M].北京:北京教育出版社,2004.
[8] 张华.课程与教学论[M].上海:上海教育出版社,2001.
[9] 裴娣娜.现代教学论(第一卷)[M].北京:人民教育出版社,2005.
[10] 张汉光,周淑美.生物学教学论[M].南宁:广西教育出版社,2001.
[11] 王长纯,曹运耕,王晓华.学科教育学概论[M].北京:首都师范大学出版社,2000.
[12] 鲁亚平.生物教学论[M].合肥:安徽人民出版社,2007.
[13] 字文忠,李荣玲.极限概念前概念及其转变的教学策略研究[J].楚雄师范学院学报,2007(6).
[14] 丁邦平.HPS教育与科学课程改革[J].比较教育研究,2000(6).
[15] 陈继贞,张祥沛,曹道平.生物学教学论[M].北京:科学出版社,2003.
[16] 郭友,赵隽咏.师范生教师专业化的研究与实践[J].首都师范大学学报:社会科学版,2002年增刊.
[17] 中华人民共和国教育部.中小学教师职业道德规范(2008年修订)[N].中国教育报,2008-09-04(1).
[18] 金成林,伍尧.陶行知全集(第一卷)[M].成都:四川教育出版社,1991.
[19] 李森.论教学论的基本类型[J].教育理论与实践,2007(12).
[20] 裴娣娜.教学论[M].北京:教育科学出版社,2007.

---

① 李森.论教学论的基本类型[J].教育理论与实践,2007(12):45-48.

第2章 中学生物课程设置及其发展

学习目标

1. 分析当代主要课程理论的观点及其课程实践主张,了解课程的概念、结构、目标。
2. 分析我国基础教育课程改革的背景与问题,理解课改的总体目标、理念与策略,了解各国课程改革的发展趋势。
3. 了解课程目标的内涵,及其与教育目的、教学目标的区别和联系;熟悉我国中学生物课程目标及其特点。
4. 理解科学的本质与科学素养,以及生物科学素养的内涵。
5. 分析科学课程的性质和价值,了解我国中小学科学课程的设置背景、原则和内容。
6. 知道生物教学大纲与生物课程标准的区别和联系,理解生物课程目标与生物科学素养的关系,了解生物课程标准的主要内容及特点。
7. 分析比较国内外中小学生物教科书,了解不同版本生物教科书的差别和特点。
8. 培养分析比较、归纳总结等解决问题的能力,树立参与基础教育课程改革伟大事业的信心和责任感。

本章内容结构图

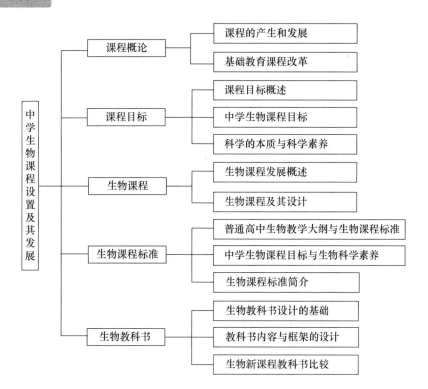

本章序幕

在观察中走近科学——一节《学习观察》的生物课①

就"观察"这一内容而言,教材中没有安排专门的章节和课时,而仅以模块或技能训练的方式给出了描述性的定义。但是,观察是最基本、最重要的科学探究技能之一,它渗透在每一个科学探究活动和其他实践活动的过程中,对生物学尤为重要。学生是否懂得进行科学的观察,是否具有认真的观察习惯、良好的观察品质,很大程度上决定着探究活动的效果和质量。为此,我专门设计了《学习观察》这节课,作为七年级上学期生物学的第一个学习内容。这节课由四个环环相扣、层层递进的板块构成,具体的设计思路和活动安排如下:

"你认为什么是观察?" 教学活动从一个问题开始:"你认为什么是观察?"多数同学的回答是:"观察就是用眼睛看。"这是学生对观察最简单、质朴的认识。我并不急于纠正或补充学生的回答,而是引导学生进行一项活动:在一个纸箱中放入一只动物标本(事先并不告诉学生是什么东西),将其封闭只留一个可以伸进手的小洞。请一名同学上讲台去伸手触摸纸箱中的物体,下面的同学向他提问,比如"有没有毛?""有没有尾巴?"等,讲台上的同学只能回答"有"或"没有"、"是"或"不是",全体同学通过问答共同猜测纸箱中的神秘物体。活动结束后,我引导学生回顾活动过程中的一些重要提问,提炼出活动的体验:视觉其实并非我们获取信息的唯一途径;同学们提出的问题实际是我们在平常的观察中无意识进行的一系列步骤,它应该遵循由整体到局部、由粗到细、由表及里等原则;当问答使猜测范围逐渐缩小到接近目标时,需要更细节性的问题才能获得有效的信息;观察越细致越能接近真实;合作交流可以使我们的问题更加全面,从而能够综合各种信息,更快地获知真相。

从"百草园"到《昆虫记》。 从第一个板块到第二个板块的过渡是通过鲁迅先生一篇著名的文章《从百草园到三味书屋》来实现的。我用幻灯片打出文中最经典的一段:"不必说碧绿的菜畦,光滑的石井栏……如果不怕刺,还可以摘到覆盆子,像小珊瑚珠攒成的小球,又酸又甜,色味都比桑葚好得远。"我向学生提出问题:"这段描写中共涉及了多少种生物?作者用到了哪些感官?"这两个问题可作为对第一环节的回顾和应用。同时,我指出,这段文字是观察作文的典范,但它却不是一种真正的科学观察。随后,我向学生简要介绍著名昆虫学家法布尔及其著作《昆虫记》,并从《昆虫记》中选出比较典型的一段,与《从百草园到三味书屋》进行比较,引导学生发现两种观察的不同特点,最后总结:科学的观察应该有明确的目的,观察时要全面、细致、实事求是,并及时记录下来;长时期的观察要有计划、有耐心;观察时要积极思考,多问几个为什么。

眼见不一定为实。 中国有句古话叫作"眼见为实",而法布尔时代的科学观察更是综合运用了人的各种感官。那么是不是认真观察了就一定能得到准确的信息呢?在第三个板块,有两个活动:一个活动是,我出示几张造成视觉误差的几何经典图形,让学生判断线段长度是否相同、圆的大小是否相同等,通常学生会因视觉误差出现错误的判断。另一个活动是,我准备了四盆水,其中一盆热水、一盆冷水,另两盆是温度相同的温水。请学生将一只手浸入热水,另一只手浸入冷水,几分钟后把两只手都浸入温水之中,问学生会有什么感觉,让学生懂得温度感觉存在误差。

通过这两个活动,学生体验到,感觉器官有时会产生错觉,感官获得的信息不一定准确。此外,我再补充了一些例子,说明还有一些信息是我们的感官所不能捕获的,比如超声波、红外线、电磁波等。"那么我们怎样才能更精确地感知周围的事物呢?"这时,学生不难想到:"利用工具!"我小结道:工具是我们感官的延伸,可以使我们的观察更加精确,更加科学、客观。之后,我出示了各种常用的观测工

---

① 刘健.在观察中走近科学——一节《学习观察》的生物课[N].中国教育报,2007-04-13(6).

具,让学生初步了解这些工具的用途,为今后探究活动中选择实验用具打下基础。

适时的总结和提升。 教学的最后一个板块是对观察的总结和提升。经过上述三个环节之后,我重新提出前面的问题:"你认为什么是观察?"这时学生对观察的认识和体会丰富了许多。根据学生的相互讨论、相互补充,我总结道:观察是通过人们的感官或仪器,有目的、有计划地对自然状态下的客观事物进行系统考察和描述的一种活动,它是人类最早使用的和最基本的研究方法之一。

为了突出观察在科学探究过程中的重要作用,我指出,科学史上的许多重大发现都源于细致的观察,如贝尔纳观察到兔子尿液的异常,发现了胰液对食物的消化作用。最后,我以几位著名科学家的名言来结束本单元的教学:巴甫洛夫的"观察,观察,再观察";达尔文的"我既没有突出的理解力,也没有过人的机智,只是在觉察那些稍纵即逝的事物并对其进行精细观察的能力上,我可能在众人之上";劳仑兹的"对科学家最大的恭维莫过于对他说:'哎呀!我怎么没看见?'"在著名科学家事迹的激励之下,学生已产生对观察的热情和愿望,从而为下一步的学习从情感及技能上做好了准备。

最后,我用一句对学生的美好期望作为本节教学的结束语:"愿同学们在观察中感受乐趣,在观察中走近科学!"

生物新课程实施以来,许多生物教师富有创造性的工作使中学生物课堂教学发生了深刻的变化,也使生物课程标准在一线的教学中得到落实。生物课程的教育价值何在?如何最大限度地开发生物教材,上好每一节生物课,让新的教学理念和教学策略渗透到每一节课的教学设计和教学过程之中?刘健老师的这节课是教学活动的真实记录,分析这个案例可以让我们看到作者对这些问题的思考和她在教学实践中所作出的回答。

2.1 课程概论

案例研究 2-1

当代课程研究的特色与趋势①

当代课程研究事实上涵盖了不可分割的三个层面问题的研究,这就是:(1)课程政策研究;(2)学校课程设计的研究;(3)每个教师的课程实施问题的研究。我们必须区分这三个不同层面的问题,并揭示它们之间的相互关系。在以往的课程研究中,不仅未能清楚地揭示这三个层面的区分与联系,而且各层面中的不同范畴的问题也混淆不清。

当代课程研究要求统一地、综合地把握教育的目的、内容、方法,因而具有综合性、多科性、国际比较的性质。

1. 原理研究。这是指课程论的哲学、文化论的分析研究,特别是运用知识论、认识论、学习论成果的研究。从历史上看,有怎样的教育哲学和怎样的教育目标,就会有怎样的课程类型。20世纪初的学科课程与经验课程的对立可以说其背景有着"要素主义"与"进步主义"这一教育哲学的对立。这种对立的现代表现则是"学问中心课程"与"人性主义课程"的对立。

2. 历史研究。要洞察学校课程的性质与问题,历史研究是不可或缺的。这种历史研究可以分为"课程史实史"与历史地洞察课程研究的"课程研究史"的研究。"课程史实史"作为研究学科与教学的发展的领域,在教育史研究中业已开拓了并达到了相当的水准。在史实史中,产生这种史实的历史社会条件的科学分析是

---

① 单丁.课程流派研究[M].济南:山东教育出版社,1998:8-10.

必要的。相对来说,课程研究史尽管是教育史研究的重要领域,却处于尚待开拓的阶段。

3. 实证研究。从事现行课程的实态观察与调查,比较各种要素与条件,作出审视与批判,以引出一定的法则。课程的设计作业也是以现行课程及其结果作为调查对象,客观地、科学地进行评析,揭示创造的视点、原理、原则的作业。课程研究的生命力在于扎根于课堂教学的研究。为此,观察、记录教学的事实、根据收集的资料作出评析,这种作业的累积将有助于引出课堂设计的一定原则。此外,实验特定的课程型式并测定其成效的方法也是行之有效的。

4. 比较研究。围绕本国课程与外国课程之间的概念、设计主体、要素、步骤、实施、效果的测定、课程行政管理等等,收集信息并加以整理,以揭示同本国课程之间的量与质的差异。而通过批判性地审视差异的原因与背景,用来改善本国的课程。课程的比较研究不限于国与国之间的比较,还可以展开不同文化圈之间的"文化际"比较,即使在一个国家内也可以开展地区之间、时代之间的比较。

当代的课程研究一方面要求设置课程研究中心以利专职研究人员的多学科研究及其系统积累,另一方面又要求广大一线教师的直接参与。大凡中央集权型教育行政的国家,其课程设计权往往不在教师。然而,视学生的状况展开教学实践的是每一位教师,是教师集体。学生是活生生的人,教师有必要创造使每一个学生自身得以在不同文化的碰撞中汲取人类文化之精髓而获得成长的机会。这只能期待每一位教师及教师集体的准确的状况判断与据此开展的实践。从这个意义上说,每一位教师每时每刻都在实践中修正、发展这业已计划了的课程,都在创造着新的课程。因此,教师的课程实践研究乃是教师的本职工作。当今国外的"以学校为基地的课程开发",正是反映了这一思想潮流。

随着新一轮课程改革的进行,我国的课程管理逐步实现了国家、地方、学校三级管理的格局。学校在执行国家课程和地方课程的同时,不仅拥有开发和执行校本课程的权利和责任,而且学校中的教师在教学实践中,也可以依据课程标准以及教学实际情况有选择性地使用教材。这就极大地改变了过去教师严格按照教学大纲和课本进行教学的被动地位。同时,也对每一位教师提出了更高的要求。因此,高等师范院校学科教育专业的学生作为未来的中学教师,必须首先对课程有比较系统和明确的认识。

2.1.1 课程的产生和发展

课程与教育共生共存,人类自有教育活动以来就有课程和教学的问题。

在我国,课程一词始见于唐宋间。《朱子全书·论学》中有"宽着期限,紧着课程""小立课程,大着功夫"等论述。此处课程的含义应当是指所分担工作的程度以及学习内容的范围、时限和进程。在西方,课程是随着学校的产生而出现的。古希腊的学校课程对古代西方影响很大。柏拉图就曾提出过一套包括德、智、体、美等方面在内的比较完整的课程体系。[①]

课程成为一门独立的学科,即课程学,亦称课程论,是从20世纪20年代开始的。课程论最早形成于美国,1918年美国教育学者博比特(F. Bobbitt)出版《课程》一书,被认为是课程论成为一门独立学科的标志。泰勒(R·Tyler)1949年出版的《课程与教学的基本原理》奠定了现代课程论的基础。美国资深课程学者坦纳夫妇(Tanners)由此指出:"课程有着悠久的过去,但只有短暂的历史。"

---

① 廖哲勋,田慧生. 课程新论[M]. 北京:教育科学出版社,2003:30.

小资料 2-1

我国课程论的形成①

我国课程论的形成大致经过了三个阶段。

第一阶段：我国课程论的初步建立(1922—1949年)

此时出版了一批关于课程论的专著。比如程湘帆的《小学课程概论》(商务印书馆出版)、王克仁的《课程编制的原则和方法》，朱智贤的《小学课程研究》，陈侠的《近代中国小学课程演变史》等等。在这一时期，我国学者对课程论的研究与美国等西方国家的学者对这一学科的研究基本上是同步进行的。当时，我国课程学者的贡献是初步建立了我国的课程论，使之成为教育科学内一门独立的分支学科。不过，当时的课程论著作只着重论述了小学的课程(教材)和课程沿革史，在课程理论上没有多少建树，只介绍和移植了美国的课程理论。

第二阶段：课程论降为教学论的一个组成部分(1949—1988年)

在苏联教育学的影响下，我国教育学者在20世纪50年代编写的教育学讲义和60年代出版的教育学著作只由总论、教学论、德育论和学校管理四个部分组成，课程论这一术语从未在教育学中出现，只在教学内容部分对教育部颁布的"教学计划""教学大纲"和"教科书"做了一番介绍。20～40年代出版的那些课程论著作似乎都被人们遗忘了。随着70年代末期我国教育思想的"拨乱反正"和社会主义现代化建设的全面展开，课程论开始引起我国教育界的关注。人民教育出版社于1981年创办了《课程·教材·教法》杂志，相继刊载了一批课程研究的论文，并翻译出版了美、英、日、苏等国的课程论著作。这同50～70年代否定课程论的情形相比，无疑是一大进步。

第三阶段：重建作为教育学分支学科的课程论(1989年以后)

1989年我国出版了两本课程论专著，即陈侠所著《课程论》和钟启泉编著的《现代课程论》。陈侠的《课程论》是结合中国实际撰写的。钟启泉的《现代课程论》则是借鉴国外特别是日本学者的材料撰写的，用较大篇幅作了比较研究。1991年，廖哲勋所著《课程学》问世。该书的目的是在分析各流派课程理论的基础上，对我国中小学课程建设需要解决的主要问题进行比较系统、深入的研究，着力探讨我国中小学课程运动、发展的规律，借鉴外国课程理论中一些有价值的见解，从而初步形成适合我国国情的课程理论体系。1994年，吕达发表了《中国近代课程史论》，对我国近代普通中学课程的渊源与沿革作了比较深入的研究，在总结历史经验的基础上，探求课程发展的规律，对我国普通中学的课程改革提出了新的见解和设想。

近年来，又有一批新的课程论著作相继出版，一批中青年课程论学者已活跃在我国的课程理论界。随着1996年全国课程专业委员会的成立，一支由老中青学者相结合、理论工作者与实际工作者相结合的课程研究队伍已经在我国建立起来。

2.1.1.1 课程的概念

一般认为，学校为了实现教育目标而规定的教学科目及其目的、内容、范围、分量和过程的总和即为课程。课程是学校教育教学的基础，是教师教和学生学的主要对象和依据。

"课程"(curriculum)的词根源自拉丁语的动词"currere"，意为"奔走，跑步"，其名词意为"跑步的道路，奔走的过程或进程"，隐喻"一段教育进程"。"课程"这一具有简单起源和明确内涵的教育术语在课程学者所予以的众多"重塑"中发生了多种变形，成为教育领域中最复杂的现象之一。

迄今为止，课程著作汗牛充栋，课程定义众说纷纭。仔细梳理一下，多种多样的课程定义大致可归为如下三类。

---

① 廖哲勋，田慧生.课程新论[M].北京：教育科学出版社，2003：11.

1. 课程作为学科

这是使用最普遍也是最常识化的课程定义。如《中国大百科全书·教育》中的课程是这样定义的：课程是指所有学科（教学科目）的总和，或学生在教师指导下各种活动的总和，这通常被称为广义的课程；狭义的课程则是指一门学科或一类活动。再比如美国著名教育哲学家、课程论专家费尼克斯曾说："一切的课程内容应当从学术（学问）中引申出来。或者换言之，唯有学术（学问）中所包含的知识才是课程的适当内容。"

这种课程定义把课程内容与课程过程割裂开来，片面强调内容，而且把课程内容仅限于源自文化遗产的学科知识，其最大缺陷是把课程视为外在于学习者的静态的东西，对学习者的经验重视不够。

2. 课程作为目标或计划

这种课程定义把课程视为教学过程要达到的目标、教学的预期结果或教学的预先计划。如课程论专家塔巴（H. Taba）认为课程是"学习的计划"，奥利沃（P. Oliva）认为课程是"一组行为目标"，约翰逊（M. Johnson）认为课程是"一系列有组织的、有意识的学习结果"，等等。

这种课程定义把课程视为教学过程之前或教育情境之外的东西，把课程目标、计划与课程过程、手段割裂开来，并片面强调前者，其缺陷也是忽略了学习者的现实经验。

3. 课程作为学习者的经验或体验

这种课程定义把课程视为学生在教师指导下所获得的经验或体验，以及学生自发获得的经验或体验。受杜威影响，许多人持同样的观点。如美国著名课程论专家卡斯威尔（H. L. Caswell）和坎贝尔（D. S. Campbell）认为，"课程是儿童在教师指导下所获得的一切经验"；另一位著名课程论专家福谢依（A. W. Foshay）认为，"课程是学习者在学校指导下的一切经验"。晚近的课程理论则非常强调学生在学校和社会情境下自发获得的经验或体验的重要性。

这种课程定义的突出特点是把学生的直接经验置于课程的中心位置，从而消除了课程中"见物不见人"的倾向，消解了内容与过程、目标与手段的二元对立。应当指出，有些持这种课程定义的学者有忽略系统知识在儿童发展中的意义的倾向。①

名师论教 2-1

课程定义不够准确的原因②

1. 界定课程的维度大都不够准确

中外学者不同的课程概念观分别来自四种不同的认识维度：

（1）教学活动维度

这是人们界定课程的一种传统的认识维度。"学科"说、"教学内容"说、"具体课业"说以及"总和"说都是从教学活动维度界定课程的表现。这种认识维度是主观地将课程框定于教学活动的圈子里，把课程看作教学活动的一种要素或一个组成部分，进而将"教学"列为"课程"的上位概念。其不科学性主要表现在两个方面：第一，课程的上位概念不是"教学"，而是"教育"。课程属于教育活动而不是教学活动。第二，教学和课程都由各自固有的若干要素组成，课程不是教学活动的一要素或一种组成部分，而是学校教育活动中的一个子系统；它与教学系统、考试系统、教育管理系统同处于教育的子系统，彼此间具有协同运行的关系。

---

① 张华.课程与教学论[M].上海：上海教育出版社 2001：67-68.
② 廖哲勋，田慧生.课程新论[M].北京：教育科学出版社，2003：36-39.

(2) 教育目标维度

"预期学习结果"说就是从教育目标维度提出的,因为教育目标的实现总要体现在学生学习的结果上,当然,预期的学习结果同实际学习结果是有一定差别的。然而,把课程界定为预期的学习结果只说明了教育目标的预期性,并没有说明什么是课程。教育目标不仅支配着学校课程,也支配着教学活动、考试活动和教育管理活动。预期的学习结果只是一定教育目标的体现,它支配着上述四种因素。预期的学习结果不等于课程。

(3) 教育过程维度

"经验"说和"教育进程"说就是从教育过程维度提出的。

把课程界定为经验,这一定义本身存在着诸多疑义。第一,这种课程定义的核心是把课程的重心从教材转向个人,过分强调学生对直接经验的获取,过分强调学习经验的个体性,认为只有学习经验才是学生实际认识到的或学习到的课程。正如舒伯特所指出的,这种课程定义是不可能在实践中实行的。第二,把课程视为体验各种各样的经历,把学生的学习活动和教学活动都纳入课程,混淆了课程与教学这两个不同的概念。第三,把课程定位于学生实际学到些什么,这便将课程等同于学生学习的结果。

还有学者提出:"课程本质上是一种教育进程,课程作为教育进程包含了教学过程。"这是从教育过程维度来界定课程的最典型的表现。这种课程定义包含两个值得商榷的观点:其一,认为课程实质上就是实践形态的教育。这种观点把课程的内涵无限夸大到等同于教育的地步。其二,认为课程包含了教学过程,意即教学从属于课程。

(4) 就课程论课程的维度

"教育内容"说和"计划"说是就课程论课程的表现。持这种观点的学者对课程的结构与功能作了不同角度的分析,于是,一些人发现课程具有提供教育内容的性能,另一些人则发现课程具有育人的性能。他们的发现都有正确的一面,但都不准确。这种观点的最大局限在于分别把课程定位于教育内容与育人计划。而课程既有提供教育内容的性能,又有育人的性能。其所以不准确,是因为这些学者只从课程领域论课程,而未从教育领域的高度看课程。

通过以上分析,可以得出这样的结论,界定课程的正确维度是从教育看课程。

2. 课程的界定缺乏科学方法论的指导

方法论是关于认识世界和改造世界的根本方法的理论。科学方法论是我们认识课程本质的锐利武器。以往的许多学者对课程界定之所以不够准确,同他们忽视科学方法论的运用大有关系。首先,他们对学校课程的多层次、多方面的表现形式缺乏全面的了解。有些学者只注意到学科或科目,而忽视了课程标准和各类教材;另一些学者则只注意到教材。其次,不善于透过课程现象去揭示课程的本质属性。例如,有些学者提出的课程定义只是课程现象的描述,比如说课程是学科、是教学内容等。第三,不善于运用形式逻辑的方法来界定课程。许多学者提出的课程定义,没有认识到课程概念属于集合概念的类型,没有确定课程的属概念,也没有揭示课程的种差。

上述一切表明,要准确界定课程,必须自觉掌握和熟练运用科学的方法论。

2.1.1.2 课程产生和发展的基础

案例研究 2-2

美国著名课程论专家泰勒(R. Tyler)认为,课程决策的来源有三个方面,即当代校外生活的需要、学习者本身的需要、学科专家的意见。

我国学者陈侠认为,制约课程的诸因素中,最主要、最根本的是政治因素和经济因素,具体来说则包括:社会生产的需要、科学技术的进步、教育宗旨的规定、培养目标的要求、哲学思想的影响、社会文化的传统、儿童身心的发展、学校类型和制度等八个方面。

教学论专家王策三教授认为,影响课程的因素包括内部因素与外部因素。外部因素概而言之,主要有三个方面:知识,社会要求与条件,学生。内部因素则包括课程的历史传统、教学论特别是课程论观点、课程发展的自身规律。

1. 课程产生和发展的客观基础

我国课程论专家廖哲勋教授认为,课程产生和发展的客观基础包括三个方面,分别是社会、学生和知识。

社会因素对课程的制约是一定社会的生产力、政治经济制度和社会意识形态对课程的综合作用的结果。

学生因素包括学生身心发展的规律和学生身心发展的水平两个方面。学生身心发展的规律对课程的制约表现为,学生身心发展的规律制约着课程的设置;学生身心发展的规律制约着课程目标的设计;学生身心发展的规律制约着教材的编制。学生身心发展的水平对课程的制约表现为,学生身心的进一步发展要求这一阶段的课程水准必须高于学生原有的发展水平,同时又要求这一阶段的课程水准建立在学生原有发展水平的基础之上;另外,中小学各科教材的广度、深度和难度既要高于学生原有的发展水平,又不能超越多数学生的承受能力。

知识与课程内容是源与流的关系。知识的发展对课程内容的量与质的改变都有重大影响。具体表现为,知识的增长制约着课程内容的更新;科学结构的演进制约着课程结构的演进。

课程的产生和发展要符合社会发展、知识增长和学生成长的综合要求,从而促进受教育者成为具有一定素质的人。这是课程发展的根本规律。

2. 课程产生和发展的理论基础

课程产生和发展的理论基础包括心理学基础、社会学基础以及哲学基础这三个方面。

对课程影响最大的心理学学派主要有行为主义心理学、认知主义心理学和人本主义心理学三大流派。三大心理学流派都是从特定的角度使课程在某一方面得到发展,其中,行为主义心理学侧重于技能,认知主义心理学侧重于思维,人本主义心理学侧重于情感和意志。三大心理学流派相互联系、相互依存,构成一种整体的心理结构观,为课程内容的选择、知识的分类以及课程目标的制订提供理论基础。

社会学中不同流派持有不同的课程观。结构—功能论流派认为,学校是儿童社会化的场所,学校课程是指根据社会及文化的价值、规范有计划地安排给学生的经验。现象—诠释学派主张让学生在学校的生活世界包括人际关系中积极主动地诠释和创造意义,发展其"价值理性",亦称"审美理性",从而促进自我意识的觉醒和提升,达到自我实现的境界。社会批判理论流派认为,教育活动本质上是一种价值传递活动,课程本身不可能是"价值中立"的。因为从课程目标的设定、编制程序的安排、教材的选择直至课程评价的实施,都不可避免地体现着一定社会阶层的价值观念。

哲学是学校课程观的最根本的基础。哲学对课程的影响主要表现在三个方面:哲学中关于认识的来源和知识的性质的观点,对课程设计的模式起着直接的指导作用;认识论中有关知识的价值问题反映到教育中,即是关于课程的价值取向的探讨;哲学上对什么知识最有价值的探讨,导致人们去分析知识的形式与分类。这种分析与学校课程有一定关联。劳顿认为,各种不同的知识就是课程设计的依据和题材。

3. 课程论的主要流派

学问中心课程(学科中心课程):认为知识是课程中最有价值的要素,强调要把人类文化遗产中最具学术性的知识,连同知识体系的内在逻辑程序和结构作为课程的主体,即以学科的基本结构作为课程设计的基础。

社会中心课程：认为学校课程应该有助于学生在社会方面得到发展，帮助学生学会怎样参与社会，把课程设计的重点放在当代社会问题、社会主要功能、学生关心的社会现象，以及改造社会和社会活动规划等方面。

儿童中心课程：主张以学生的兴趣和爱好、动机和需要、能力和态度等作为基础来组织设计课程，重点是希望把认知教育与学生的生活结合起来。

上述三种课程论流派各有长处，分别对教育实践起到了推动作用或积极影响，但也都有一定的局限性。因此，意图贬低其他课程流派，单独用一种课程思想统治教育实践，其结果必然是失败。目前人们倾向于关注各种课程思想的融合，希望在学科结构体系、社会发展需要和儿童心理发展之间找到合适的平衡点。

活动 2-1

1. 结合关于知识、社会、学生是课程产生和发展的客观基础的观点，谈谈你对学问中心课程、社会中心课程、儿童中心课程三种课程观理论立场的认识。
2. 查找关于课程流派的资料，了解实用主义课程理论、要素主义课程理论、改造主义课程理论、永恒主义课程理论、结构主义课程理论、人本主义课程理论的主要观点及其课程实践主张。

4. 我国基础教育的课程结构、课程类型及其主导价值

课程结构是指在学校课程的设计与开发中将所有课程类型或具体科目组织在一起所形成的课程体系的结构形态。学校的课程结构应当是由各种课程类型共同构成的一个有机的统一体，即课程类型是课程结构的基本要素。

廖哲勋教授认为，理论上对课程结构层次的划分要有利于课程设计才具有实际意义。基于这一认识，课程结构包括宏观、中观和微观三个层次（见表2-1）。

表2-1 课程结构的三个层次

宏观课程结构			中观课程结构		微观课程结构
国家课程	正式课程（显在课程）	学科课程	必修课程	工具科	语文、数学、外语等	各科目内的结构（教材结构）
				社会科	政治、历史、地理等	
				自然科	生物、物理、化学等	
				体艺科	体育、音乐、美术等	
地方课程			选修课程	限定选修课程		
				任意选修课程		
		活动课程	必修课程	科技活动	各具体活动项目	各活动项目内的结构
				文体艺术活动	各具体活动项目	
				社会实践活动	各具体活动项目	
校本课程			选修课程	限定选修活动项目		
				任意选修活动项目		
	潜在课程（隐在课程）		物质—空间类	学校建筑、教室布置等		各构成要素内的结构
			组织—制度类	学校组织方式、课标、教育评价制度等		
			文化—心理类	教育语言、教师期望、心理环境等		

小资料 2-2

我国基础教育的课程结构

1. 整体设置九年一贯的义务教育课程。

小学阶段以综合课程为主。小学低年级开设品德与生活、语文、数学、体育、艺术(或音乐、美术)等课程;小学中高年级开设品德与社会、语文、数学、科学、外语、综合实践活动、体育、艺术(或音乐、美术)等课程。

初中阶段设置分科与综合相结合的课程,主要包括思想品德、语文、数学、外语、科学(或物理、化学、生物)、历史与社会(或历史、地理)、体育与健康、艺术(或音乐、美术)以及综合实践活动。积极倡导各地选择综合实践课程。学校应努力创造条件开设选修课程。在义务教育阶段的语文、艺术、美术课中要加强写字教学。

2. 高中以分科课程为主。为使学生在普遍达到基本要求的前提下实现有个性的发展,课程标准应有不同水平的要求,在开设必修课的同时,设置丰富多样的选修课程,开设技术类课程。积极试行学分制管理。

3. 从小学至高中设置综合实践活动并作为必修课程,其内容主要包括:信息技术教育、研究性学习、社区服务与社会实践以及劳动与技术教育。强调学生通过实践,增强探究和创新意识,学习科学研究的方法,发展综合运用知识的能力。增进学校与社会的密切联系,培养学生的社会责任感。在课程的实施过程中,加强信息技术教育,培养学生利用信息技术的意识和能力。了解必要的通用技术和职业分工,形成初步技术能力。

4. 农村中学课程要为当地社会经济发展服务,在达到国家课程基本要求的同时,可根据现代化农业发展和农村产业结构的调整因地制宜地设置符合当地需要的课程,深化"农科教相结合"和"三教统筹"等项改革,试行通过"绿色证书"教育及其他技术培训获得"双证"的做法。城市普通中学也要逐步开设职业技术课程。

[《基础教育课程改革纲要(试行)》]

自学校课程出现至今,人们已经开发出了诸多具有不同教育价值的植根于特定的逻辑范畴之中的课程类型,不同课程的价值主要表现在课程对学生发展的功用上(见表2-2)。

表2-2 课程的逻辑范畴、类型及其主导价值

课程的逻辑范畴	课程的类型	课程的主导价值
课程内容的固有属性	学科课程	传承人类文明,使学生掌握、传递和发展人类积累下来的文化遗产
	经验课程	使学生获得关于现实世界的直接经验和真切体验
课程内容的组织方式	分科课程	使学生获得逻辑严密和条理清晰的文化知识
	综合课程	使学生掌握系统完整的知识并形成把握和解决问题的视野与方法
课程计划中对课程实施的要求	必修课程	培养和发展学生的共性
	选修课程	满足学生的兴趣、爱好,培养和发展学生的个性
课程的表现形态	显性课程	对学生的发展产生直接的影响
	隐性课程	对学生的发展产生熏陶作用
课程实施的方式	传授性课程	使学生能够在教师的指导下获得"规范"的发展
	研究性课程	使学生能够通过自主研究和发现获得"自由"的发展
课程设计、开发和管理的主体	国家课程	通过课程体现国家的教育意志
	地方课程	通过课程满足地方社会发展的现实需要
	学校课程	通过课程展示学校的办学宗旨和特色

上述各类课程所具有的特定价值以及每组课程类型所具有的价值互补性意味着它们在学校课程结构中都拥有着不可或缺的地位,至于各种课程类型在课程结构中的地位差异则主要取决于既定的

课程目标。

理想的课程优化结构包括：

（1）与时俱进的课程目标：随着人类文明不断进步，科学技术迅速发展，教育条件越来越好，学生需求日益提高，课程目标将更加完善；

（2）和谐完美的课程内容：德育、体育、美育、劳动技术教育课程在自身得到加强的同时，与智育课程之间的相互渗透、相互沟通、相互结合和相互促进；

（3）取长补短的课程形态：综合课程对分科课程的弥补、活动课程对学科课程的弥补、短期课程对学期课程的弥补；

（4）相得益彰的课程类型：确保共同的必修课程，大力开发不同领域或不同层次的选修课程，供不同学生选择；

（5）相辅相成的课程范畴：重视发挥包括校舍、校貌、环境、氛围、校训、校规、校风、班风、学风、人际关系尤其是师生关系的建设等在内的非正式课程，配合正式课程对学生成长产生潜移默化的作用；

（6）民主集中的课程管理：既要确保国家课程，使学生打好共同的必备的基础，又要因地制宜、因校制宜创造性地开发地方课程、学校课程，使之进一步联系本地区社会实际，贴近学生生活实际，使学校课程更实、更新、更活，有利于因材施教，培养学生的创新精神和实践能力；

（7）全面完善的课程功能：充分体现学科知识、社会需要和学生发展的最佳结合，最终实现课程传递知识、形成技能、培养智能、发展个性、服务社会的功能。

小资料 2-3

英国基础教育对我国课程改革的启示：课程结构——必修课和选修课的配置[①]

我国基础教育课程改革，在高中阶段最大的变化是把过去统一要求的课程变成了必修课和选修课。从必修课的内容和要求看，难度和深度都降低了很多，但是比起英国的必修核心课程，难度和深度还是大得多，我国中学生掌握的基础知识也是非常扎实的。但是，从选修课开设的内容和形式上，中英两国就有较大的区别。我国选修课更多的是各科知识的加深和拓宽，学生选择选修科目更多是为了高考。英国的选修课更多是在第六学级开设，注重对学生专业技术、动手能力的培养。选择职业技术课程的学生考取"普通职业资格证书"（GNVQ），可上职业技术学院继续深造，也可以直接就业。选择基础课程的学生考取"高级水平普通证书"（A-Level），可直接上大学。若我国能够加大选修课的职业技术教育内容，并扎实解决与上大学的衔接和工作的出路，目前学生负担过重的现象和千军万马过独木桥（高考）的问题将可以逐步得到解决。

……

要特别指出的是，自从上世纪90年代以来，英国也在向东方国家，尤其是向中国学习，全面推行国家统一课程和全国统一考试。这就启示我们，了解外国基础教育的体制和特点，借鉴其教育的成功做法和教育理念，对推进我国当前开展的课程改革是大有裨益的。然而，对任何国家来说，教育改革总是一个扬长弃短、互相借鉴、优势互补的过程。

2.1.2 基础教育课程改革

世纪之交，基础教育课程改革在世界范围内受到前所未有的重视。包括发达国家在内的世界各

[①] 梁国就.从英国基础教育看我国基础教育课程改革[J].教育导刊，2007(11)：52-54.

国都把以调整人才培养目标、改变人才培养模式、提高人才培养质量为目的的基础教育课程改革作为增强国力、积蓄未来国际竞争实力的战略措施加以推行。

全面推进素质教育,加快课程改革,确立面向21世纪的适应时代要求和国情的基础教育课程体系,是关乎我国国民素质提高和民族复兴的大业。

2.1.2.1 课程改革的内涵

在我国传统的教学包含课程的大教学观的影响下,我国学者认为课程改革、教学改革、教育改革是三个既有密切联系,又有根本区别的概念。教育改革是"改变教育方针和制度或革除陈旧的教育内容、方法的一种社会活动"①。教学改革是"旨在促进教育进步、教学质量而进行的教学内容、方法、制度等方面的改革"②。而课程改革则是"按照某种观点对课程和教材进行改造,是课程变革的一种形式,包括课程观念的变革和课程开发体制的变革,是一项有目的、有计划的行动,以一定的理论为基础"③。

但在国外,已经从"大教学观"转换到了课程包含教学的"大课程观",所以国外流行的课程改革的概念与国内有根本的区别。国外比较流行的观念认为:"课程改革包括整个课程图示的改造,包括设计、目的、内容、学习活动和范围等。最重要的是,课程改革包括前面提到的一切课程领域建立其上的价值命题的变革。"④

活动 2-2

在我国新课程改革中,明确提出了倡导探究性学习的课程理念,广大一线教师也开展了关于探究性学习的教学研究工作。你认为这种现象反映出了我国教育理论与实践工作者课程理念上的什么变化?

2.1.2.2 基础教育课程改革的背景

1. 我国的课程改革背景与问题

(1) 大陆

中国是人口大国,人口的素质直接关系到参与国际竞争,关系到民族的兴旺发达。改革妨碍学生创新精神、创新能力发展的教育观念、教育模式,全面推进素质教育,极大地提高全民族素质,是落实"科教兴国"战略、实现中华民族伟大复兴的关键。中华人民共和国成立以来,在广大教育工作者的共同努力和全社会的大力支持下,我国的基础教育取得了巨大成就。但同时也存在着一些不容忽视的问题,主要表现在:教育观念滞后,人才培养目标已不能完全适应时代的需求;思想品德教育的针对性、实效性不强;部分课程内容陈旧;课程结构过于单一,学科体系相对封闭,以至难以反映现代科技、社会发展的新内容,脱离了学生经验和社会实际;课程实施过程基本以教师、课堂、书本为中心,难以培养学生的创新精神和实践能力;课程评价只重视学业成绩,忽视学生的全面发展;课程管理过于集中,使课程不能适应当地经济、社会发展的需求,等等。导致这些问题的原因很复杂,一部分是课程系统本身不完善所造成的,还有一部分是课程系统以外的因素所致。本次课程改革主要针对我国基础教育课程体系本身的问题,是历次课程改革的一种延续,是课程完善过程中的一个阶段。

(2) 我国台湾地区

2000年新颁布的九年一贯制基础教育课程标准,把人、自然、社会作为有机整体,用整合的观点规划课程。提出培养"学生科技与资讯、主动探索和研究、独立思考和解决问题的能力,以及表达沟通

---

①②③ 顾明远.教育大辞典·增订合编本(上)[M].上海:上海教育出版社,1998:745,714,895.
④ 瞿葆奎.教育学文集·课程与教材(上册)[M].北京:人民教育出版社,1988:264.

和分享"等十大能力作为目标。台湾地区推行的基础教育新课程所追求的基本目标可概括为三大关系、十大能力。

- 人与自己：强调个体身心的发展。①增进自我了解，发展个人潜能；②培养欣赏、表现审美及创作能力；③提升生涯规划与终身学习能力。
- 人与社会环境：强调社会与文化的结合。④培养表达、沟通和分享的知能；⑤尊重他人，关怀社会，增进团队合作；⑥促进文化学习；⑦增进规划、组织与实践的知能。
- 人与自然环境：强调自然与环境。⑧运用科技与资讯的能力；⑨激发主动探索和研究的精神；⑩培养独立思考与解决问题的能力。台湾地区推出的新课程把人、自然、社会视为有机整体，用一种整体论的视野规划新课程的目标体系。

2．其他国家课程改革概况

（1）日本

日本每十年更新一次国家基础教育课程，2002年实施的新课程，力求精选教学内容，留给学生更多自由发展的空间。其教育指导思想突出以下四个方面：①鼓励学生参与社会和提高国际意识；②提高学生独立思考和学习能力；③为学生掌握本质的基本内容和个性发展创造宜人的教育环境；④鼓励每所学校办出特色和标新立异。新的教育改革方案提出了尊重个性、重视个性发展的教育原则；同时提出的"生存能力"概念不仅是理性的判断力，也包含对美和自然的感受力，以及爱善憎恶、崇尚公正、珍惜生命、尊重人权、理解和关怀他人以及参加志愿者活动等道德伦理精神和社会奉献精神。

（2）韩国

韩国1997年开始的课程改革，强调以实验、学习、讨论、自由活动和社会服务等亲身体验为中心的学习活动，以培养学生解决问题的能力。同时，引入"区别性课程"，从一年级到十年级，数学、英语、朝鲜语、科学和社会等五科设置分层课程；十一年级到十二年级，大量引入选修课程。

（3）美国

美国《2000年教育战略》在课程方面提出："美国学生在四、八、十二年级毕业时有能力在英语、数学、自然科学、历史和地理学科内容方面能应付挑战。"2002年初美国开始实施《不让一个孩子掉队》法案，2007年布什总统在国情咨文讲话中指出，自2002年实施该法案以来，美国学生的学业成就得到了很大的提高。

（4）英国

英国1988年颁布《教育改革法》，首次提出推行国家课程，制订课程标准。1999年，英国颁布新一轮国家课程标准，强调四项发展目标：①精神方面的发展：自我成长，发展自己的潜能，认清优缺点，具有实现目标的意志；②道德方面的发展：明辨善恶，理解道德冲突，关心他人，采取正确行动的意志；③社会方面的发展：理解作为集体和社会一员自身的权利和责任，人际关系的能力，为了共同的利益，与他人协作的能力；④文化方面的发展：理解文化传统，具有理解和欣赏美的能力。六项基本技能：①交流；②数的处理；③信息技术；④共同操作；⑤改进学习；⑥解决问题。四方面共同的价值观：①自我：认同客观存在的自我，认识自己的长处和短处，养成自尊心和自制力；②人际关系：承认自我与他人生存和发展的相互依赖关系，尊重他人、诚实、可信、自信；③社会：追求自由与正义，维护权利与法的尊严；为共同的利益而努力，重视公民的责任和家庭，尊重宗教和文化的多样性，积极参与民主生活；④环境：把由社会和自然共同构成的环境视为生命和文化的起源，对未来和可持续发展抱有责任感，理解人在自然中的位置，努力保持自然的平衡性与多样性。

（5）新加坡

2001年，新加坡课程改革提出使学生掌握必要的技能，成为勇于革新、善于获取信息、富有创造精神的人，以适应21世纪的需要。

3. 世界各国课程改革的共有理念

(1) 注重基础学力的提高

为适应学习型社会的需要,提高儿童的基础学力仍然是各国课程改革首要的关注点。读、写、算能力和信息素养等是未来公民所不可或缺的,基础学力是儿童适应未来社会的前提,是开展终身学习、促进自身完善与发展的基础。

(2) 信息素养的养成

这方面是各国对信息社会到来所做出的反应。为迎接信息时代的挑战,适应信息化社会,从浩瀚的信息海洋中获取必要的信息,儿童必须具备相应的信息素养能力。

(3) 创造性与开放性思维的培养

全球化社会的发展要求人们具备开放性思维和创新精神,需要与世界各地的人们进行交流,因此,各国都认为教育应该培养胸襟开阔、能够站在全球化视野考察问题,并创造性地解决问题的公民。

(4) 强调价值观教育和道德教育

文明的进步要求世界公民素质的普遍提升,但科技的发展在给人类带来进步的同时也带来了负面影响,因此各国课程改革普遍注重教育的道德文化价值,强调儿童价值观的培养和道德教育。

(5) 尊重学生经验,发展学生个性

教育是儿童的教育,课程是儿童的课程,教育向学生生活世界的回归受到一些国家课程改革的关注,这就要求尊重儿童经验,把儿童从大人世界的控制下解放出来,把儿童的教育交到儿童的手中。

活动 2-3

讨论:我国的基础教育课程改革在借鉴国外先进经验的同时,应当怎样发扬我国基础教育的优良传统?

2.1.2.3 基础教育课程改革的目标

新一轮基础教育课程改革的目标分为总目标和具体目标,它们分别从宏观和微观两个方面描绘了基础教育课程改革的蓝图,为新世纪的课程改革发展指明了正确的方向。[①]

1. 基础教育课程改革的总目标

新课程的培养目标是:以"教育要面向现代化,面向世界,面向未来"为指导,全面贯彻党的教育方针,全面推进素质教育。新课程的培养目标应体现时代要求。要使学生具有爱国主义、集体主义精神,热爱社会主义,继承和发扬中华民族的优秀传统和革命传统;具有社会主义民主法制意识,遵守国家法律和社会公德;逐步形成正确的世界观、人生观、价值观;具有社会责任感,努力为人民服务;具有初步的创新精神、实践能力、科学和人文素养以及环境意识;具有适应终身学习的基础知识、基本技能和方法;具有健壮的体魄和良好的心理素质,养成健康的审美情趣和生活方式,成为有理想、有道德、有文化、有纪律的一代新人。

2. 基础教育课程改革的具体目标

新一轮基础教育课程改革有 6 个具体的目标。

(1) 改变课程过于注重知识传授的倾向,强调形成积极主动的学习态度,使获得基础知识与基本技能的过程同时成为学会学习和形成正确价值观的过程。

[①] 宋乃庆,徐仲林,靳玉乐.中国基础教育新课程的理念与创新[M].北京:中国人事出版社,2002:1-2.

（2）改变课程过于强调学科本位、科目过多和缺乏整合的现状，整体设置九年一贯的课程门类和课时比例，并设置综合课程，以适应不同地区和学生发展的需求，体现课程结构的均衡性、综合性和选择性。

（3）改变课程内容"繁、难、偏、旧"和过于注重书本知识的现状，加强课程内容与学生生活以及社会和科技发展的联系，关注学生的学习兴趣和经验，精选终身学习必备的基础知识和技能。

（4）改变课程实施中过于强调接受学习、死记硬背、机械训练的现状，倡导学生主动参与、乐于探究、勤于动手，培养学生搜集和处理信息的能力、获取新知识的能力、分析和解决问题的能力以及交流与合作的能力。

（5）改变课程评价过于强调甄别与选拔的功能，发挥评价促进学生发展、教师提高和改进教学实践的功能。

（6）改变课程管理过于集中的状况，实行国家、地方、学校三级课程管理，增强课程对地方、学校及学生的适应性。

活动 2-4

讨论：谈谈你对我国当前基础教育课程改革的具体目标的针对性和现实性的理解。

名师论教 2-2

《普通高中生物课程标准》（实验）的设计思路①

2003年3月31日，教育部颁布了《普通高中生物课程标准》（实验）（以下简称《标准》）。《标准》的研制完成是我国生物学教育发展中具有标志性的成果。它的颁布必将有力地推进我国高中生物课程的发展。相对于高中生物教学大纲（2002）而言，高中课程标准有了跨越性的变化，在一定程度上反映了我国第八次课程改革的理念和要求，反映了新世纪我国的社会需求、学生发展的需要和生物科学的进步，也反映了国际生物学教育的共同特点和我国五十多年来在生物课程改革中积累的成功经验及相关研究的成果。《标准》的出台，对我国教材编写人员、教师和教研人员都提出了新的要求和挑战。为帮助生物学教育工作者了解《标准》，本文将介绍新高中生物课程的设计思路。

1. 课程宗旨——提高学生的生物科学素养

高中生物课程标准研制组（以下简称"标准组"）在标准研制第一阶段工作的基础上，明确了我国新的高中生物课程的价值和任务：高中生物课程的核心任务是在义务教育的基础上进一步提高学生的生物学素养，其价值是为学生全面提高科学素养作出贡献。这一认识是构建高中生物课程的指导思想。

标准组认为，一个人的生物科学素养需要不断地提高，在基础教育的义务教育阶段，学生的生物学素养虽然已经打下了一定的基础，但距现代社会对一个公民（而非生物学专业人员）生物学素养的要求尚有距离。因此，进一步提高学生的生物科学素养是高中生物课程的核心任务。

生物科学素养反映了一个人对生物学领域核心基础内容掌握的情况。根据高中生物课程的任务，这个基础也就应该成为高中生物课程的核心内容和基本要求。因此，高中生物课程是基于以下五个方面的要求来构建的：

---

① 刘恩山.《普通高中生物课程标准》的设计思路和主要特点[J]. 生物学通报，2003(5)：28-30.

- 学生理解生物学基本现象、事实、规律,以及生物学原理是如何应用于生物技术领域的;
- 学生能够解释发生在身边的生物学现象;
- 学生能够形成正确的情感、态度、价值观和科学的世界观,并以此来指导自己的行为;
- 学生应掌握一系列的相关技能,包括操作技能,科学探究一般技能,比较、判断、分析和推理等思维技能,以及创造性和批判性的思维方式;
- 学生应在学习生物课程的过程中,形成终身学习的基本能力和习惯。

2. 充分考虑社会的需求

社会对高中生物学教育的需求包括提高全民生物科学素养的要求。当代社会在迅速发展、不断进步的同时,也带来一些社会问题,在这些社会问题中,相当一部分是与生物学相关的问题,如环境、资源、人口、生态等。这些问题的根本解决,有赖于全体公民对这些问题有正确的态度、情感和价值观;有赖于全体公民的参与;有赖于他们具有相关的知识,并能依据生物学的原则去正确地决策和采取个人行动,所有这些都需要全体公民生物科学素养的提高。高中生物课程需要应对这样的社会需求。随着生物科学作为带头学科的飞速发展,以及生物技术的广泛应用给人们带来的各种产品和多方面的商机,正有愈来愈多的资本投入与生物技术相关的产业。这将在生物科技相关的领域形成更多的就业机会。这些产业在技术的要求上既有高新技术,又有一般技术;在对人才的要求上,既需要高层次、高学历的研发人员,又需要为数可观的、具有基本生物科学素养、工作在生产线上的一般工人。在新的世纪,将有更多的人直接或间接地工作在与生物科学相关的工作岗位上。为此,高中生物课程的设计也要充分考虑到社会对人才需求的变化。

3. 为学生的学业选择和考虑职业方向提供帮助

随着高中的普及,我国将会有更多的高中毕业生直接进入社会工作,他们将面临择业的问题。那些希望进入高校的学生也要选择学习方向。这是当前许多学生和家长感到困惑的事情,而在以往的高中学科课程中,学生很少能有机会将这一实际的问题同他们的学习活动联系起来。

在设计新的高中生物课程过程中,标准组充分关注了学生发展的需求,力图在必修和选修课程中,都渗入专业发展和职业选择的教育,使学生有机会了解到本学科不同领域的发展、与生物学相关的不同岗位,为他们选择自己人生的方向提供必要的帮助和思考的机会。

4. 反映时代的特点和生物科学的进步

在过去几十年间,生物科学迅速发展,已经成为自然科学中领先发展的学科之一。生物科技的广泛应用已经改变了每个人的生活。随着我国经济的快速发展和人民生活水平的不断提高,人们对自身的健康、食品、环境等问题倍加关注。生物科学和技术的发展不仅加速了知识的更新,也使一些新的科技问题成为人们关注的焦点,如转基因技术、人体器官移植等。人们在对个人生活做出决策、在参与公众事务的讨论时,需要一些新的生物学知识和观点。这样,一些过去被认为重要的课程内容,今天已经显得不那么重要,而新的内容则需要进入中学生物课程。课程标准注重高中生物课程的发展性,力求使之既能反映生物科学经典和核心的内容,又能反映现代生物科学和技术的新进展。《标准》在所有的模块中都加入了反映时代特点、反映当代生物科学进步并与人们现实生活关系密切的内容。

5. 初中、高中整体设计

我国新一轮的课程改革在工作机制上为初中、高中课程的整体设计提供了保障。标准组在设计初中生物课程标准时,就为初、高中的衔接做了统一的设计,整体设计表现在三个方面:

(1) 课程理念

初、高中的生物课程都遵从了"提高生物科学素养""面向全体学生""倡导探究性学习"的相同理念,使初、高中课程在指导思想上保持一致性。在共同理念的基础上,高中生物课程增加了"注重与现实生活的联系"的理念,以体现高中生物课程的特点和更高要求。

（2）课程目标

在共同课程理念的指导下，初、高中课程目标在表述方式、目标的指向等方面具有很强的一致性，并呈现出递进的关系。

（3）内容主题上的互补和递进

中学生物学课程通常包括十大主题，我国初中生物课程全部包括了这些主题，其中，生物多样性、生殖和发育等主题侧重在初中阶段完成，而像细胞、物质与能量、遗传与进化、生物与环境等较为抽象且对学生认知能力要求较高的主题，则安排在初、高中两个学段完成。这样，生物学的核心主题在两个学段的分布既各有侧重，又在整体上实现互补；既能实现初中阶段的内容相对完整，又能使高中阶段的内容相对集中（3个必修模块中只涵盖6个主题），以保证核心内容的教学能较为深入。

在相同主题的处理上，采用了初、高中递进安排的方式。例如：在细胞这一主题，初中侧重于细胞的结构，而高中则侧重于细胞亚显微结构和功能，细胞的各种生命活动，是讲"活"细胞，加强了物质和能量代谢的内容。又如：生态学的主题，初中主要是个体生态的内容，而高中则是在种群、群落、生态系统方面有更加深入的要求。初、高中教学内容整体设计，既符合学生的认知规律，又可以减少不必要的重复，保证总体目标的实现。

2.1.2.4　各国课程改革的发展趋势

目前各国基础教育进行的课程改革，一方面是为了顺应全球科学技术的飞速发展，社会经济日新月异的变化；另一方面又是为了不脱离本国教育的优良传统，及时反映本国社会发展的要求和趋势。

各国课程改革的总体趋势是：调整培养目标，使新一代国民具有适应21世纪社会、科技、经济发展所必备的基本素质；改变人才培养模式，实现学生学习方式的根本变革，使现在的学生成为未来社会具有国际竞争力的公民；课程内容进一步关注学生经验，反映社会、科技最新进展，满足学生多样化发展的需要；发挥评价在促进学生潜能、个性、创造性等方面发展的作用，使每一个学生具有自信心和持续发展的能力。

具体来说，有以下四个方面的趋势。[①]

1. 课程综合化

课程的综合化主要是指许多发达国家针对分科教育课程的缺点而提出的一种新的课程设置模式。它主要是通过采用合并相邻学科的方法，把几门学科的内容组织在一门综合的学科之中。这样就有利于建立相邻学科的联系，促进各学科的共同发展；同时也有利于结合实际生活，及时反映、解决实际问题；最终使学生了解和掌握各领域的知识，逐步形成各方面的能力。目前，许多发达国家都较关注课程综合化，纷纷组织人力编写综合教材，设置综合课。如日本教育课程审议会于1998年6月公布的中小学课程审议草案就决定增设一门新课程——综合学习课程。根据该草案，学校在设置这门课时，可以根据各地区、各学校的实际情况，依据学生的兴趣爱好、特长等自主选择教学内容。此外，法国小学的"启发活动"，美国的"VSMES理科"等均是适应课程综合化潮流的一种尝试。

2. 课程信息化

20世纪80年代以来，信息技术飞速发展，给社会的生产和人们的生活带来广泛而深刻的影响。为了适应不断进步的信息社会，西方各国在教育的各阶段和各领域都加强了信息技术的教育和应用，把信息教育课程列为正式课程，加大对信息课程的建设。如日本在1985年前后开始关心信息教育问题，将培养国民运用信息技术的能力和尊重别人隐私权的意识作为信息技术的主要目标。在小学、初中、高

[①] 宋乃庆,徐仲林,靳玉乐.中国基础教育新课程的理念与创新[M].北京：中国人事出版社,2002：13-15.

中各阶段都增设了专门的信息技术课,而且,所有学科都使用微机教学。再如英国1981年开始实施"微电子教育计划"(MEP),奥地利将13～14岁的学生都能学习计算机作为其信息技术教育思想的中心内容。

3. 课程职业化

由于现代科学技术和经济的飞速发展,职业结构不断调整,职业种类日益增多。加强职业教育成为当今基础教育改革的又一发展趋势。各国均加大了对职业技术课的重视,将其视为整个基础教育核心课程的重要组成部分;并加强了职业技术课程与普通教育课程的沟通,使二者相互促进;另外还十分重视对学生的职业指导工作。如1999年法国教育部公布了一份关于中等教育改革的重要文件——《面向21世纪的高中》,对中学职业技术教育的改革提出了新的要求。职业教育必须做到普通教育、职业培训和经济环境的平衡,使学生在接受职业教育的同时,获得所有高中生都应具备的文化知识,获得从事职业工作的必要能力。除此以外,美国、法国、英国、俄罗斯、丹麦和日本等国都设立了一系列的职业定向教育机构,形成了比较完备的职业指导系统,由专职人员通过专门的课程和活动对学生的生活方式、升学方向和就业选择提出建设性意见,帮助学生选择一条适合自己的发展道路。

4. 课程科学化

随着以经济和科学技术为核心的综合国力竞争局面的逐渐形成,具有一定的科学精神和技术素养已经成为新时期对劳动者的基本要求。传授给学生基本的科学知识,培养学生基本的科学素养和科学研究能力,成为科学教育的主要任务。20世纪90年代以来,各发达国家的科学教育总体上呈现出两个明显的趋势:一是科学课程的领域不断扩大,人们不仅主张将科学内容和科学进程、科学知识和科学方法结合,还强调科学态度和科学兴趣的培养;二是增强科学课程的总体设计,使课程更加综合化。美国是一个经济发达的国家,长期以来都较为重视科学教育。1989年的《2061计划》就将提高全体美国人的科学水平作为教育改革的目标。1994年又颁布《2000年目标:美国教育法》决定试行科学教育课程发展计划,该计划特别重视学生学习和运用科学知识的兴趣、意识和能力,重视科学精神的培养和训练;同时还在课程内容中增加了反映最新科技成果的内容。同样,新加坡近年来面对本国科学教育中的问题,着手修订了全国课程,将重心转移到学生的知识运用能力和良好的思维习惯的培养上,强调在教育过程中要引导学生开展科学调查研究,培养学生的逻辑思维能力、创造性思维能力。

活动 2-5

讨论:发达国家基础教育课程改革有什么共同之处?对我国的基础教育改革有哪些借鉴意义?

2.2 课程目标

案例研究 2-3

《全日制普通高级中学生物教学大纲》(试验修订版)课程目的和课程目标

课程目的

普通高中生物课程是一门学科类基础课程。学生通过高中生物课程的学习,将在以下几个方面得到发展。

1. 获得关于生命活动基本规律的基础知识,了解并关注这些知识在生产、生活和社会发展方面的应用。

2. 树立辩证唯物主义观点,养成科学态度和科学精神,树立创新意识,逐步形成科学的世界观。增强爱国主义思想感情。

3. 初步学会生物科学探究的一般方法,具有较强的生物学基本操作技能、收集和处理信息的能力、观察能力、实验能力、思维能力和解决实际问题的能力。

课程目标

通过教学过程应当实现以下课程目标,以达到本课程的教学目的。

1. 知识方面

(1) 获得关于生物学基本事实、基本原理和规律等方面的基础知识,主要包括生命的物质基础和结构基础、生物的新陈代谢、生命活动的调节、生物的生殖和发育、遗传和变异、生物的进化、生物与环境等方面的内容。

(2) 了解并关注生物学知识在生活、生产、科学技术发展和环境保护等方面的应用。

(3) 获得适应现实生活所需要的自我保健知识,促进生理和心理健康。

(4) 了解现代生物科学技术的主要成就及其对社会发展的影响。

2. 态度观念方面

(1) 通过生物学知识的学习,初步形成生物体的结构和功能、局部与整体、多样性与共同性相统一的观点,生物进化观点和生态学观点,树立辩证唯物主义自然观,逐步建立科学的世界观。

(2) 正确认识我国生物资源状况、生物科学技术的发展,增强爱国主义思想感情。

(3) 懂得爱护自然界的生物,认识保护生物多样性的重要意义,提高环境保护意识,树立人与自然和谐统一和可持续发展的观念。

(4) 养成实事求是的科学态度,初步具有勇于探索、不断创新的精神和合作精神。

3. 能力方面

(1) 能够正确使用解剖器、显微镜等常用工具和仪器,掌握采集和处理实验材料等操作技能。

(2) 具有利用课本以外的图文资料和其他信息资源进一步收集和处理生物科学信息的能力。

(3) 学会科学观察的方法,能够记录、整理观察结果,得出结论。

(4) 初步学会生物学实验方法,能够提出问题做出假设,设计实验,分析和解释实验中产生的现象或数据,得出合理的结论。

(5) 进一步形成比较、判断、推理、分析、综合等思维能力,初步形成思维的独特性、新颖性和创造性思维品质和创新思维习惯,能运用学到的生物学知识评价和解决某些实际问题。

思考与分析

阅读以上资料,你认为课程目的与课程目标各指什么?它们有什么特点?它们之间有哪些区别与联系?

2.2.1 课程目标概述

课程目标是学习完某一课程门类或科目以后所要达到的学生发展状态和水平的描述性指标,是课程设计的基础环节和重要因素,直接影响和制约着课程内容。课程组织、教学实施等后继课程因素的设计和操作,直接影响和制约着日常的教育教学行为。

课程目标是教育理想、教育目的的体现,是培养目标在特定课程门类或科目中的具体化、操作化表述。在现行的国家课程标准中,已经用"课程目标"这一概念代替了"教学目标"的概念。与教学目标相比,课程目标要求全面体现素质教育的精神,从知识目标的一维表述,发展成为"知识与技能""过程与方法""情感、态度与价值观"的三维呈现。在国家课程标准中,各课程门类或科目在课程目标的规定上,总体上降低了知识性要求,但由于课程目标表述的是一种公民素养的基本要求,因而更重视和关注非知识性的要求,从人的发展角度来看,应该是提高了要求,或者准确地说,是对课程实施和教学提出了适应时代需要的新要求。

活动 2-6

你在教学设计时,如何在教学目标中体现课程目标中"知识与技能""过程与方法""情感、态度与价值观"的三维目标?又怎么来实现它呢?请举例说明。

2.2.2 中学生物课程目标

2.2.2.1 初中生物课程目标

以下是我国《义务教育生物学课程标准(2011年版)》的第二部分——课程目标。

1．课程总目标

通过义务教育阶段生物学课程的学习,学生将在以下几方面得到发展。

获得生物学基本事实、概念、原理和规律等方面的基础知识,了解并关注这些知识在生活、生产和社会发展中的应用。

初步具有生物学实验操作的基本技能、一定的科学探究和实践能力,养成科学思维的习惯。

理解人与自然和谐发展的意义,提高环境保护意识。

初步形成生物学基本观点、创新意识和科学态度,并为确立辩证唯物主义世界观奠定必要的基础。

2．课程具体目标

知识

获得有关生物体的结构层次、生命活动、生物与环境、生物多样性、生物进化以及生物技术等生物学基本事实、概念、原理和规律的基础知识。

获得有关人体结构、功能以及卫生保健的知识,促进生理和心理的健康发展。

知道生物科学和技术在生活、生产和社会发展中的应用及其可能产生的影响。

能力

正确使用显微镜等生物学实验中常用的仪器和用具,具备一定的实验操作能力。

初步具有收集、鉴别和利用课内外的图文资料及其他信息的能力。

初步学会生物科学探究的一般方法,发展学生提出问题、作出假设、制订计划、实施计划、得出结论、表达和交流的科学探究能力。在科学探究中发展合作能力、实践能力和创新能力。

初步学会运用所学的生物学知识分析和解决某些生活、生产或社会实际问题。

情感·态度·价值观

了解我国的生物资源状况和生物科学技术发展状况,形成爱国、爱家乡的情感,增强振兴祖国和改变祖国面貌的使命感与责任感。

热爱自然,珍爱生命,理解人与自然和谐发展的意义,提高环境保护意识。

乐于探索生命的奥秘,具有实事求是的科学态度、探索精神和创新意识。

关注与生物学相关的社会问题,初步形成主动参与社会决策的意识。

逐步养成良好的生活与卫生习惯,确立积极、健康的生活态度。

案例研究 2-4

美国《国家科学教育标准》中课程目标部分(生命科学,5—8年级)[①]

通过5—8年级的活动,所有的学生应该具有理解以下内容的能力:
1. 生命系统的结构和功能;
2. 繁殖和遗传;
3. 调节和行为;
4. 种群与生态系统;
5. 生命体的多样化和适应性变化。
6. 培养学生的理解力。

在初中阶段,学生应从个别生命体的观点出发去研究生命科学发展到认识生态系统的模式,并且建立起对生命系统细胞层次的理解。例如,学生的理解范围应该从一个物种在周围环境中的生存方式扩大到该物种的群体和社会以及它们之间和它们与环境之间的相互影响方式。学生还应该扩大对生命系统的调查研究,包括研究细胞。观察和调查研究应该越来越定量化,包括采用计算机、概念模型和数学模型。5—8年级的学生已具有细微的调节运动肌的技能,能够使用光学显微镜,能够准确解释他们看到的现象,这可以增强其在学习细胞和微生物时的准备程度并且为在高中阶段理解分子生物学奠定基础。

初中学生在某些方面的理解力值得注意。青少年这一时期的发育有助于其理解人类生物学。中学生可以逐步理解人体具有各种器官,这些器官协同工作以维持人的生命。教师应该以人体器官系协同工作为背景,介绍结构—功能的一般概念。教师可以利用其他更为具体的特定例子(例如手)让学生具体了解生命系统中的结构—功能。到了中学阶段,多数学生会知道人体有性繁殖的基本过程。不过,学生们可能会对精子与卵子的作用以及开花植物的有性繁殖有某些错误概念。关于遗传,低年级的中学生容易把注意力集中在可观察特征上,而高年级学生可以在一定程度上理解是遗传物质携带着信息。

到了这一阶段,学生们对于生态系统以及生命体与环境的相互影响的理解足以使教师引入营养和能量流的概念,尽管有些学生可能会被图表和流程图弄得晕头转向。如果询问一些有关生态系统的普通概念,例如生命体之间的合作与竞争,教师会发现学生的回答多半是基于日常经验,而不是科学解释。教师应该把学生现有的理解作为培养科学理解的基础。

要理解适应性变化在这一阶段可能特别困难。许多学生把适应性变化理解成个体为适应环境的变化而发生的重大变化(也就是说,如果环境发生了变化,那么个别生命体就会有意去适应它)。

思考与分析
比较中美两国初中生物课程标准中的课程目标,它们各有哪些特点和优劣?

2.2.2.2 高中生物课程目标

案例研究 2-5

香港生物科宗旨目标(中四至中五)[②]

本课程之具体宗旨是使学生获得以下能力:
(1) 认识生物之繁复,生物彼此之关系及生物与环境之密切关系。

---

① 〔美〕国家研究理事会.美国国家科学教育标准[M].戢守志等,译.北京:科学技术文献出版社,1999:182-183.
② 香港生物科宗旨目标及课程纲目(中四至中五)[EB/OL].(2006-12-14)[2009-02-02].http://lunwen.cnkjz.com/edu/312/edu_89706.html.

(2) 认识人是生物之一种及人在自然界中之地位。
(3) 能够解决困难及对问题懂得缜密地思考。
(4) 能够欣赏生物界之美景并尊重一切自然界之生物。
(5) 具有研究生物学上之一般技术与态度并能与他人商讨。

一、知识和理解方面
学生应能
(1) 记忆：
  (a) 生物学之事实
  (b) 生物学之术语
  (c) 生物学之概念和原理
  (d) 生物学之操作技巧
(2) 应用学得之知识于熟习之环境中。
(3) 认识如何运用生物学之知识于日常生活中。
(4) 正确地观察和描述物体与现象。
(5) 认识量度之重要性和选择合适之量度仪器，并认识其准确性之极限。
(6) 认识有关生物学之问题，这些问题通常在一定范围内变化并且互相影响着。
(7) 拟出假设及设计实验以求证并适当运用对照。
(8) 阐释资料并用之作为评述及推理之基础。
(9) 用直接和间接之证据推寻概论。

二、态度方面
学生应能
(10) 对学习生物及生物彼此间之关系发生乐趣。
(11) 爱护自然界之生物。
(12) 对科学上之证据作客观之评估。
(13) 培养探索及判断之能力。
(14) 认识生物学之知识并非一成不变。
(15) 认识安全措施之重要。
(16) 认识假设在推论及描述生物现象之用处及限制。
(17) 认识理科及数学在科学研究方面是有其联系性。
(18) 注意生物知识和观念对社会之关联。

三、实验室技术方面
学生应能
(19) 适当及准确地运用工具和仪器。
(20) 掌握普通之实验技巧及小心和安全地处理生物。

思考与分析
1. 香港地区生物科宗旨目标包括哪些方面的内容？
2. 请你将它与下述我国高中生物课程标准的课程目标加以比较，说说各自的特点及两者的共同点。

以下是我国《普通高中生物课程标准（实验）》中关于高中生物课程目标的阐述：

学生通过高中生物课程的学习，将在以下各方面得到发展：获得生物科学和技术的基础知识，了解并关注这些知识在生活、生产和社会发展中的应用；提高对科学和探索未知的兴趣；养成科学态度和科学精神,树立创新意识,增强爱国主义情感和社会责任感;认识科学的本质,理解科学、技术、社会的相互关系,以及人与自然的相互关系,逐步形成科学的世界观和价值观;初步学会生物科学探究的一般方法,具有较强的生物学实验的基本操作技能、搜集和处理信息的能力、获取新知识的能力、批判性思维的能力、分析和解决实际问题的能力,以及交流与合作的能力;初步了解与生物科学相关的应用领域,为继续学习和走向社会做好必要的准备。

课程的具体目标如下:

知识

获得生物学基本事实、概念、原理、规律和模型等方面的基础知识,知道生物科学和技术的主要发展方向和成就,知道生物科学发展史上的重要事件。

了解生物科学知识在生活、生产、科学技术发展和环境保护等方面的应用。

积极参与生物科学知识的传播,促进生物科学知识进入个人和社会生活。

情感态度与价值观

初步形成生物体的结构与功能、局部与整体、多样性与共同性相统一的观点,生物进化观点和生态学观点,树立辩证唯物主义自然观,逐步形成科学的世界观。

关心我国的生物资源状况,对我国生物科学和技术发展状况有一定的认识,更加热爱家乡、热爱祖国,增强振兴中华民族的使命感与责任感。

认识生物科学的价值,乐于学习生物科学,养成质疑、求实、创新及勇于实践的科学精神和科学态度。

认识生物科学和技术的性质,能正确理解科学、技术、社会之间的关系。能够运用生物科学知识和观念参与社会事务的讨论。

热爱自然、珍爱生命,理解人与自然和谐发展的意义,树立可持续发展的观念。

确立积极的生活态度和健康的生活方式。

能力

能够正确使用一般的实验器具,掌握采集和处理实验材料、进行生物学实验的操作、生物绘图等技能。

能够利用多种媒体搜集生物学的信息,学会鉴别、选择、运用和分享信息。

发展科学探究能力,初步学会:

(1) 客观地观察和描述生物现象;

(2) 通过观察或从现实生活中提出与生物学相关的、可以探究的问题;

(3) 分析问题,阐明与研究该问题相关的知识;

(4) 确认变量;

(5) 作出假设和预期;

(6) 设计可行的实验方案;

(7) 实施实验方案,搜集证据;

(8) 利用数学方法处理、解释数据;

(9) 根据证据作出合理判断;

(10) 用准确的术语、图表介绍研究方法和结果,阐明观点;

(11) 听取他人的意见,利用证据和逻辑对自己的结论进行辩护以及作必要的反思和修改。

课程具体目标中的知识、情感态度与价值观、能力三个维度在课程实施过程中是一个有机的整体。

活动 2-7

讨论:《普通高中生物课程标准(实验)》的课程目标体现了我国新课程改革中提出的哪些新的理念?

2.2.3 科学的本质与科学素养

培养学生的科学素养是科学教育的永恒目标,理解科学本质观是科学素养的核心成分之一。

2.2.3.1 科学的本质和特征

案例研究 2-6

科学的本质和特征[①]

一、定量化

定量化是科学的基本特征之一。科学依赖于定量化的工作,依赖于精确的测量。在自然科学的许多领域,科学家给予可定量化研究的问题最高的优先权。科学家常常要考虑:这些现象能否被测量?它的变化速率是怎样的?例如,金鱼在常温下的呼吸速率是多少?在低温下的呼吸速率是多少?要研究这些问题,测量是基本的工作内容。

科学工作定量化的特点将科学与数学结合在一起。我们对研究的对象进行测量之后,会得到一些数据。对数据的分析和处理需要运用数学的方法。运用数学的方法,可以将事物之间的联系以简明、准确、显而易见的形式表示出来。

当一种自然规律以数学公式表示时,要比用文字的方法更准确,更容易让学生理解。定量化、精确的测量,以及充分使用数学的方法,是自然科学的特征之一。

二、观察与实验

科学家在对自然界的研究中,要进行实验和严格细致的观察,这使得观察和实验成为自然科学的基石,也是自然科学区别于其他学科的又一个重要特征。

通过实验来研究事物,特别是通过精确的对照实验来探究问题,是自然科学的突出特征。因此,科学家在研究不同的问题时,必须设计精确的对照实验。在自然科学领域,实验是向自然界准确地提出问题,寻找答案的方法。

科学家强调,实验是一种特殊的经历。在一个(科学)实验中,研究人员有一个要解决的、真正的问题,并力图通过实验去找出事物之间的关系,寻求问题的答案。实验是人们从事的具有创造性的活动。

三、人们在研究自然界的过程中对预期的要求

预期是出自人们对自然界的认识,认为自然界的运动是有规律的。一旦人们了解了其中的规律,便能够做出预期。

预期要经得住实验的检验。科学理论只有当它们被实验反复证实之后,科学家们才会接受。

例如,我们相信绿色植物在有光的条件下才能进行光合作用,产生植物所需的营养物质。我们可以据此做出合理的预期:当我们改变光照强度时,植物产生营养物质的过程会受到影响。我们可以用多次实验来检验这一预期能否实现。

在科学研究中,预期常常是根据假设做出的。当预期被实验验证之后,就增加了假设成立的可能性。

[①] 刘恩山.中学生物学教学论[M].北京:高等教育出版社,2003:21-22.

> **四、在自我更正的过程中积累**
>
> 自然科学的另一个特点是它的积累和进步。
>
> 积累——自我更正——实现科学的积累和进步。
>
> 在科学研究的过程中,科学家对有些问题会进行激烈的争论。但随着科学的进步,会最终达成共识。1895年,达尔文的自然选择的观点发表后,有长达几十年的争论,直至20世纪才被广泛接受。
>
> 许多学术观点或理论发表之后,随着时间的推移,会积累更多的证据。新的证据使得原有的理论被修改,被推翻或被接受,成为科学知识的一部分。早期成果中的错误会很快被暴露、被修改或纠正。这一过程实现了科学的积累和进步。
>
> 自然科学的这一特点,与学术交流机制的特点及科学家们诚实、严谨的科学态度是分不开的。
>
> **五、科学过程**
>
> 自然科学包括动态和静态两个部分。静态部分是相对稳定的研究结果及由此而构成的知识体系;动态部分是科学家们在探索自然奥秘方面做出的不懈努力,以及科学家们在思考和解决问题中所运用的思维方式和工作方法,人们称之为科学过程。正是因为科学的动态部分的存在,才使科学知识呈爆炸式的增长。学生在学习科学课程中,要使他们对科学的这两部分内容都有所了解。
>
> 一些教科书中,将科学过程归纳为一系列有逻辑关系的工作步骤,如:
>
> 1. 确认和表述问题;
> 2. 根据问题提出假设;
> 3. 为检验假设而寻找证据;
> 4. 根据证据来评价假设的真实性,如有必要,对假设进行修改;
> 5. 得出结论,并将结论应用于解决相似的问题之中。

从词源学上看,英文"科学"(science)一词来源于拉丁文中的 scientia,意思是知识、求知,即有知识,而不是误解或无知。关于"科学是什么",长期以来,科学家、科学哲学家、科学史学家等一直在进行激烈的争论。

英国的科学哲学家乔治·奥威尔认为"科学一般被定义为:(1)精确科学,如化学、物理等;(2)一种通过逻辑推理从观察到的事实得出可验证的结论的思维方式"。

美国著名科学哲学家 G.萨顿在《美国百科全书》中把科学理解为:"科学为系统化的实证知识。"

我国学者郭湛在《中国大百科全书·哲学》中认为:"科学是以范畴、定理、定律形式反映现实世界多种现象的本质和运动规律的知识体系。"

还有的观点认为:科学是人类借此获取对外界环境控制的行为模式。按照这种观点,科学不仅包含理论知识,而且包含技术。

也有人提出:科学既是系统的知识体系又是探究活动。科学与技术是两个不同的概念,科学是理论形态的知识体系,而技术则是应用理论知识来解决实际问题。

《美国国家课程标准》则认为:科学的目标是探知自然,技术的目标是对这个世界加以改造使之适应人类之需。

从上文可以看出,由于认识的角度不同,人们对"科学是什么"的问题一直存在着不同的看法,至今没有给出一致的回答。尽管如此,通过考察科学发展的历史和科学研究的对象、过程、方法、科学研究的成果等,对于现代科学的一些基本特征,人们还是有很多的共识。

科学的本质至少可以归纳为以下十个特征。

第一,科学应该是系统化的,它是对个别对象的一般性、共同性、规律性的描述。

第二，科学要对统一性和预测性做解释。

第三，科学是极为严谨的，它建立在实验的基础上。

第四，科学要不断充实自己的知识，人们不断地用过去的知识创造新的知识。科学知识的扩张，遵循着一系列自己的规律。

第五，从某种意义上说，科学的探索是一种带有游戏性的活动。

第六，科学与技术之间呈现一种极其复杂的互动关系，在不同的历史时期具有不同的特点。

第七，科学家们对待实验和一般人是不一样的，科学家们在追求预想结果的时候，格外关注这些实验带来的副产品和副结果，就是和他们愿望不一样的东西。

第八，科学是不可替代的，然而科学并不能解决一切问题。

第九，科学不仅仅是知识的本体，而且是一种思维方法。

第十，科学是人类共同的文化。

案例研究 2-7

自然科学的四个维度①

1. 科学是一系列的思维方式

科学家的思维方式和思维习惯是构成科学的主要维度之一。

科学家对自然界，对他们研究的领域有强烈的好奇心和求知欲。科学工作中许多是创造性的工作，这些创造性的工作首先要有新的想法、观点或新的解释，这些都是大脑中的工作，是人的思维活动。深入的思考和推理是科学工作的重要部分，它推动着科学的不断进步。

2. 科学是一套研究的方法

科学家获取知识的过程，即人们所说的科学过程（技能），是一套研究解决自然界问题的方法，是构成科学的另一个重要的维度。自然科学的研究方法有多种，在不同的研究领域，科学家们使用的研究方法也不同。如生态学研究中常常运用观察和预期的方法，微生物学则更多地依靠实验室的实验。

3. 科学是一个知识体

科学是一个庞大的知识体，正在迅速地、爆炸式地增长。科学的知识体由事实、概念、原理、定律、假说、理论及模型等不同形式的知识构成。科学知识可分成地球与空间科学、物质科学和生命科学等。在一个科学领域，又可划分为不同的学科，如生物学、医学等。

科学知识是科学探究的结果，是科学的静态的维度。科学知识体的猛增，是因为科学还有动态的维度，即科学探究的过程。离开了科学的动态的维度，科学就不会再发展。因此，科学知识和科学探究是科学不可分割的两个方面。

4. 科学—技术—社会的相互作用

科学—技术—社会的相互作用，构成了科学的另外一个重要维度。科学和技术各有不同的特点和追求。但科学和技术又常常密不可分。科学的进步、新的科学知识的产生会推动技术的发展。人们运用新知识可以制造出新的产品。技术的进步反过来也能推动科学的发展。

科学对社会产生了重要的影响。科技在改变着我们的生活，社会也在影响着科学。此外，科研机构和人员的管理机制也会对科学工作产生影响。科学的成长和发展是扎根于社会之中的。

① 刘恩山.中学生物学教学论[M].北京:高等教育出版社,2003:23-26.

科学与技术和社会的相互作用是科学的特点之一,是构成科学的另一个重要的维度。这一维度应成为科学教育中的一部分。

思考与分析

你认为刘恩山教授关于自然科学的维度的阐述,依据是什么?你对自然科学的维度有什么看法?你觉得刘恩山教授的阐述有哪些可以继续完善的地方?

2.2.3.2 科学素养的内涵

1. 科学素养的内涵

科学素养并不是一个单纯的概念,从其起源和发展来看,它有丰富的内涵。

1967年,美国威斯康星大学的培勒(Pella)等人通过研究提出,具有科学素养的人应理解以下内容:(1)科学和社会之间的关系;(2)指导科学家工作的伦理原则;(3)科学的本质;(4)科学和技术的区别;(5)科学的基本概念;(6)科学和人文学科的关系。

1974年,舒沃尔特(Showalter)在培勒研究工作的基础上,通过进一步研究指出,有科学素养的人应以下七个特征:(1)理解科学知识的本质;(2)在与其周围的世界相互作用时,能准确运用合适的科学概念、原理、定律和理论;(3)在解决问题、做出决策、增进对世界的了解时采用科学的过程;(4)在与其周围的世界相互作用时所采用的方式与蕴藏在科学内部的价值是一致的;(5)理解和重视科学、技术和社会之间的相互关系;(6)通过科学教育(并使其贯穿自己的一生),形成了对世界更丰富、乐观和积极的看法;(7)具有许多与科学和技术有关的操作技能。

1985年,美国科学促进会制定的面向21世纪中小学科学教育改革的《2061计划——面向全体美国人的科学》,对科学素养进行了新的阐释:(1)熟悉自然世界,认识它的多样性和统一性;(2)理解重要的科学概念和原理;(3)通晓科学、数学和技术相互依存的重要方式;(4)知道科学、数学和技术都是人类的事业,知道它们的力量和局限性的含义;(5)有进行科学思维的能力;(6)能应用科学知识和科学思维方法于个人和社会目的。

1996年,美国制定的《国家科学教育标准》则认为:"所谓有科学素养是指了解和深谙进行个人决策、参与公民事务和文化事务、从事经济生产所需的科学概念和科学过程。"

经济合作与发展组织(OECD)则认为:"科学素养包括运用科学基本观点理解自然界并能做出相应决定的能力。科学素养还包括能够确认科学问题、使用证据、做出科学结论并就结论与他人进行交流的能力。"

关于科学素养内涵的研究,目前国际上正朝着能够在学校科学教育中可实际操作的方向发展。这方面的研究工作比较有特色的是加拿大萨斯喀彻温省教育部在20世纪90年代制订的中小学科学素养的内容。在这里,科学素养被细化为七个方面:(1)科学的本质;(2)核心科学概念;(3)科学过程;(4)科学—技术—社会—环境之间的相互关系;(5)科学和技术技能;(6)科学的内在价值;(7)与科学有关的态度和兴趣。

> **核心概念**
>
> 科学素养:是对个人决策、参与公共和文化事务以及经济生产所需要的科学概念和过程的知识和理解。

综上所述,尽管不同组织或个人从不同的角度对科学素养的内涵给出不同的理解方式或内容,但从本质上看,科学素养的内涵所涉及的范围主要包括三个方面:对科学知识的理解;对科学本质(科学过程和方法)的理解;理解科学技术对社会的影响。

2. 确定科学素养内涵的维度

科学素养内涵的维度与它的定义一样,有着丰富的内容。科学素养内涵的维度往往不是单一维度,而是由多个维度组成的。

案例研究 2-8

20世纪60年代中期,佩拉(M. O. Pella)等人将科学素养总结概述为六个方面:科学和社会的相互关系;知道科学家工作的伦理原则;科学的本质;科学和技术之间的差异;基本的科学概念;科学和人类的关系。

20世纪70年代中期,索瓦尔特(Showalter)等人将科学素养综合概括为以下七个"维度":(1)科学的本质;(2)科学中的概念;(3)科学过程;(4)科学的价值;(5)科学和社会;(6)对科学的兴趣;(7)与科学有关的技能。与佩拉等人的理论相比,这里的七个"维度"在内容和次序上都有变化,反映了科学素养的时代特征,提出了科学素养的连续性问题。

在20世纪80年代,学术界对科学素养的讨论尤其活跃,学者们从不同的学科角度,如经济学、哲学、心理学等,深入探讨科学素养的内容和含义。

美国国家科学教师协会在1982年发表了题为"科学—技术—社会:80年代的科学教育"的年度报告,将科学素养的基本成分概括为以下几个方面:(1)科学与技术过程和探究技能;(2)科学和技术知识;(3)科学、技术知识在个人和社会决策中的作用;(4)对科学和技术的态度、价值观和鉴赏能力;(5)在与科学有关的问题中的科学和技术的相互作用。

在这一时期众多的科学素养理论中,影响最大的是科学素养国际发展中心(芝加哥)主任米勒(Miller)教授在1983年提出的三维模式,即:(1)关于科学概念的理解;(2)关于科学过程和科学本质的认识;(3)关于科学、技术和社会的相互关系的认识。

国际学生科学素养测试大纲(Programmer for International Student Assessment,PISA)提出科学素养主要有以下三个维度:科学过程、科学内容和科学应用。

顾志跃认为科学素养的基本结构可用三个同心圆表示。最核心部分是科学精神、态度和价值观(科学观);中间部分包括科学知识、技能、方法、能力(科学知能);最外围部分是科学行为和习惯(科学行为)。如图2-1所示。

图 2-1 科学素养结构示意图①

科学知识与技能:指人们在科学实践中获得的关于客观世界各种事物的本质及规律性的认识和操作本领。

科学方法和能力:指人们在认识和改造客观世界的实践中总结出来的,并能在实践中正确运用的思维和行为方式,以及驾驭它们的策略与熟练程度。

科学行为和习惯:科学行为是一个人的科学认识的具体体现和外显标志。倘若一个人的科学行为成为一种反复持久的自觉需要、惯例,那就是科学习惯。科学习惯是长期积累的科学行为的定型。

---

① 顾志跃.科学教育概论[M].北京:科学出版社,1999.

科学精神、态度与价值观：科学精神指人所具有的科学的意识、思维活动和一般心理状态，其中以推动并指引一个人采取行动的科学的原则、信念和标准组成的科学价值观为核心。科学态度指个体在科学价值观的支配下，对某一个对象所持的评价和行为倾向。

梁英豪认为，科学素养的内容包括以下十个方面：(1) 科学知识；(2) 技能；(3) 科学方法和思维方法；(4) 价值观；(5) 解决社会及日常问题的决策；(6) 创新精神；(7) 科学、技术与社会及其相互联系；(8) 科学精神；(9) 科学态度；(10) 科学伦理和情感。

叶禹卿认为科学素养由科学知识、科学能力、科学方法、科学意识和科学品质五大要素组成，这五大要素构成一个相互联系、相互影响的有机整体。

科学知识是基础，是培养其他要素的载体；科学能力是核心，包括各种科学思维能力和科学实践能力等内容；科学方法是科学素质的重要组成要素，是科学的认识方法；科学意识和科学品质是科学素养的重要表现形式；科学品质指科学态度、精神以及对科学的兴趣、情感、动机等内容。

在2006年的评价中，PISA把科学素养的结构维度从三维增加到四维，包括：(1) 背景维度——认识到涉及科学和技术的生活背景；(2) 知识维度——在具有包括自然界的知识和科学本身知识的基础上理解自然界；(3) 能力维度——包括界定科学问题、科学地解释现象，得出有事实依据的结论；(4) 态度维度——对科学的兴趣，对科学探究的支持，有责任的行为动机等。

思考与分析

1. 根据以上关于科学素养维度的探索和发展过程，总结出你认为最适合的一种表述方式。
2. 如果把顾志跃所说的科学精神、态度与价值观称为科学观，把科学知识与技能、科学方法与能力称为科学知能，把科学行为与习惯简称为科学行为，科学素养可以说是一个包括科学观、科学知能、科学行为的综合结构。这三者之间的关系是什么？它们各自对人的发展起着什么作用？

以上关于科学素养维度的各种表述反映出人们对科学素养的理解不仅有着共同的方面，同时也存在一定的差异。我国专家在科学(七—九年级)课程标准中的课程目标中，认为科学素养应当包括以下四个维度：(1) 科学探究(过程、方法和能力)；(2) 科学知识和技能；(3) 科学态度、情感和价值观；(4) 科学、技术与社会的关系。

3. 生物科学素养

"科学素养"是20世纪90年代以后许多国家的教育家在课程改革中的共同声音。它也成为我国新一轮理科课程改革的基本目标。中学生物课程要担负起培养学生科学素养的重要任务：培养所有学生的生物科学素养。

生物科学素养是指参加社会生活、经济活动、生产实践和个人决策所需的生物科学概念和科学探究能力，包括理解科学、技术与社会的相互关系，理解科学的本质以及形成科学的态度和价值观。它反映了一个人对生物科学领域中核心的基础内容的掌握和应用水平，以及在已有基础上不断提高自身科学素养的能力。

生物科学的核心基础包括：

学生理解基本科学现象、规律，以及科学原理是如何用于技术领域的；

学生以在学校的学习为基础，形成终身学习基础知识、基本学习能力和习惯；

学生能够理解或解释发生在身边的生物科学现象；

学生能够形成正确的情感、态度、价值观和科学的世界观，并以此来指导自己的行为；

学生应掌握一系列的相关技能，包括操作技能，科学探究一般技能，比较、判断、分析和推理等思维技能，以及创造性和批判性的思维方式。

4. 公众科学素养调查

案例研究2-9

第九次中国公民科学素质调查结果①

一、我国公民的科学素质水平大幅提升

（一）我国公民科学素质总体水平大幅提升，圆满完成了"十二五"我国公民科学素质水平超过5%的目标任务

2015年我国具备科学素质的公民比例达到了6.20%，比2010年的3.27%提高了近90%，进一步缩小了与西方主要发达国家的差距。

（二）我国各地区的公民科学素质水平均有较大幅度的提升

上海、北京和天津的公民科学素质水平分别为18.71%、17.56%和12.00%，位居全国前三位。分别达到美国和欧洲世纪之交的水平。

江苏(8.25%)、浙江(8.21%)、广东(6.91%)和山东(6.76%)四省的公民科学素质水平超过了全国总体水平。

福建(6.10%)、吉林(5.97%)、安徽(5.94%)等13个省、自治区的公民科学素质水平超过5%。

与2010年相比，北京和上海的公民科学素质水平增长幅度较大，安徽和河南的公民科学素质水平排名进步较快，海南和新疆的公民科学素质水平增长率较高。

（三）在不同分类群体科学素质水平普遍提升的同时，相关人群的科学素质水平提升幅度更大

城镇劳动者的科学素质水平提升幅度较大，从2010年的4.79%提升到8.24%。

从城乡分类来看，城镇居民的科学素质水平提升幅度较大，从2010年的4.86%提升到9.72%，而农村居民仅从2010年的1.83%提高到2.43%。

从年龄分类来看，中青年群体的科学素质水平较高，18—29岁和30—39岁年龄段公民的科学素质水平分别达到11.59%和7.16%。

男性公民的科学素质水平达到9.04%，明显高于女性公民的3.38%。

"十二五"我国公民科学素质发展趋势表明，我国公民科学素质水平已经进入快速增长阶段，为我国到2020年进入创新型国家行列奠定了坚实的基础。

二、互联网已成为公民获取科技信息的主渠道

（一）超过半数的公民利用互联网及移动互联网获取科技信息

公民利用互联网及移动互联网获取科技信息的比例达到53.4%，比2010年的26.6%提高了一倍多，已经超过了报纸(38.5%)，仅次于电视(93.4%)，位居第二。

在具备科学素质的公民中，高达91.2%的公民通过互联网及移动互联网获取科技信息，互联网已成为具备科学素质公民获取科技信息的第一渠道。

（二）电视仍是我国公民获取科技信息的最常用渠道

作为传统的大众媒体，电视仍是公民获取科技信息的最主要渠道。利用电视获取科技信息的公民比例为93.4%，比2010年(87.5%)略有增长，远不及公民通过互联网获取科技信息人群比例的增长速度。

（三）公民通过科普设施获取科学知识和科技信息的机会增多，对科普设施的利用率较高

在过去的一年中，公民参观过各类科普场馆的比例依次为：科技馆等科技类场馆(22.7%)，自然博物馆(22.1%)。参观身边的科普场所的比例依次为：图书阅览室(34.3%)、科普画廊或宣传栏(20.7%)。与《美

---

① 资料来源：中国科学技术协会。

国科工指标(2014年)》非正规科学教育场所参观率的数据对比,我国公民对科普设施的利用情况与美国大致相当(2012年美国公民参观科技馆等科技类场馆的比例为25%,参观自然博物馆的为28%)。

三、我国公民高度关注并积极支持科技事业的发展

(一)公民对科学技术持积极支持的态度

我国公民支持科技事业发展并对科学技术的应用充满期望,超过80%的公民赞成"现代科学技术将给我们的后代提供更多的发展机会"和"科学技术使我们的生活更健康、更便捷、更舒适"的看法;超过75%的公民赞成"尽管不能马上产生效益,但是基础科学的研究是必要的,政府应该支持"和"科学和技术的进步将有助于治疗艾滋病和癌症等疾病"的看法。

(二)公民对科技新闻的感兴趣程度较高,对环境污染与治理高度关注

公民对科学新发现、新发明和新技术、医学新进展感兴趣的比例分别为77.6%、74.7%和69.8%。高达83.3%的公民对环境污染与治理感兴趣。

(三)在调查中,科学技术类职业在我国公民心目中的声望较高

职业声望较高的职业有:教师(55.7%)、医生(53.0%)、科学家(40.6%)、工程师(23.4%)。公民最期望子女从事的职业依次为:医生(53.9%)、教师(49.3%)、科学家(30.6%)、企业家(29.9%)、工程师(27.4%)等。

(四)具备科学素质的群体更加关注并积极支持科技事业发展

70.4%的人认为延缓全球气候变化比促进经济发展更重要,95.3%的人赞成每个人都能为减缓全球气候变化作出贡献;94.9%和81.8%的人支持低碳技术和核能技术的应用;77.3%的人认为转基因食品存在不可预知的安全风险,这一群体对转基因技术的应用持支持态度的占34.3%、既不支持也不反对的占42.2%、反对的占22.1%、不知道的仅占1.4%。

四、我国公民科学素质水平发展不平衡,公民科学素质建设任重道远

过去五年中,农民和妇女的科学素质水平提升较慢。农民的科学素质水平仅由1.51%提升至1.70%;妇女的科学素质水平与同期男性公民相比差距进一步拉大。

此次调查依托自主研发的"公民科学素质数据采集与管理系统"和专业调查团队,使用平板电脑进行入户面访,采用互联网现代信息技术,通过实时上传数据、远程定位监控、电话复核等多种质量控制手段,确保调查结果真实可信。

中国科协将继续推动把公民科学素质指标纳入我国国民经济和社会发展"十三五"规划,全面推进公民科学素质建设共建机制,继续定期开展公民科学素质监测评估,为提高全民科学素质,实施创新驱动发展战略作出新的更大的贡献。

思考与分析

1. 你认为提高我国公众的科学素养应该从哪些方面着手?
2. 生物课程的实施能否有效地提高中学生的生物科学素养?

从公众科学素养的测量来说,理论界一般认为公众科学素养由三部分组成:一是对科学知识、科学术语和科学基本观点的了解程度;二是对科学方法、科学探究过程的了解程度;三是对于科学技术对社会和个人所产生影响的了解程度。这三部分即是美国研究公众科学素养的学者米勒提出的三维模型。该模型是世界上大多数国家(包括我国)开展公众科学素养调查的理论依据。[1]

中国公众科学素养调查是了解中国公众成年人(18—69岁)对科学技术知识的了解程度、对科学技术的态度、对国家科学技术政策的看法和获得科学技术信息的手段等各个方面情况的重要方法。

---

[1] 袁汝兵,吴循.各省(市)公众科学素养调查综述[J].中国科技论坛,2007(5).

这些调查研究工作为我们跟踪研究我国公众科学素养的变化、对科学技术的态度的变化等各种情况提供了客观的量化依据,为我们掌握和了解我国公众的科学素养变化规律提供了科学的根据。这些研究不仅对我国的科普理论研究工作和实践活动具有重要的意义,而且对于我国有关决策机构及时了解和掌握我国公众对各种科技发展动态的看法和舆论,保证决策的民主性和科学性也具有十分重要的意义。①

活动 2-8

自行设计一份有关科学素养的调查问卷,组织学生进行一次关于科学素养的调查。调查对象可包括各个教学阶段的学生或老师,范围可设定为学校不同班级,也可在不同的学校进行调查,条件允许的情况下也可扩大到学生的家庭或所在社区。组织学生进行数据统计和分析,撰写调查报告或小论文。

2.3 生物课程

当前,我国政府正在实施"跨世纪素质教育工程",该工程的核心内容之一就是改革课程体系、教学内容和教学方法,建立新的课程标准和评价体系,以推进全民的素质教育。在这一背景下,生物课程改革也在加速进行。

当我们着手进行新一轮的生物课程改革时,一些重要的问题需要我们作出回答,如:生物课程具有什么价值?新的生物课程将向什么方向发展?生物课程改革中应着重解决什么问题?回顾我国生物课程一百多年的发展,有助于对这些问题进行探讨,并就生物课程的改革和发展策略提出一些初步的想法。

随着时代的进步和科技的发展,生物科学技术对人类社会产生日益广泛而深入的影响,人们对生物课程也日益重视,科学教育工作者和生物教育工作者也在推行世界范围的中学生物课程改革。对生物课程的性质、价值以及内容设置、课程设计的深刻理解,是推进中学生物课程改革、促进生物课程发展的重要前提。

2.3.1 生物课程发展概述

2.3.1.1 中学生物课程性质和地位

中学生物课程是根据教育目的,培养和提高中学生生物科学素养,以满足和适应社会及个人发展需求的系列必修和选修课程。中学生物课程具有非常重要的地位。

1. 中学生物课程的性质

从课程性质来说,中学生物课程既属于学科课程,同时又是一门科学课程。

一方面,生物学课程属于学科课程。生物学课程是一门科学教育的重要学科,它必须与其他科学教育学科如物理、化学等共同作用于学生个体,促进学生综合科学素养的形成,这就界定了生物课程的学科性。在我国大陆地区,初中阶段和高中阶段都开设了生物课程。初中阶段的生物课程是国家

---

① 中国科普研究所,中国科协普及部,国家科委社会发展司(执笔李大光).中国公众科学素养调查报告[J].民主与科学,1999(2).

统一规定的,以提高学生生物学素养为主要宗旨的必修课程;高中阶段的生物课程是在义务教育基础上,适应高中学生身心发展特点和规划人生、终生发展的需要,以进一步提高学生生物科学素养为主要目的的科学课程,包括必修和选修两部分内容。

另一方面,生物课程是科学课程。生物课程是科学教育中的一门重要学科,它作为科学课程,不仅要传播科学的事实和概念,更要体现科学是一个探究的过程,即生物课程要体现科学的本质和特征,这就界定了生物课程的科学性。中学生物课程就是要使广大的受教育者都在积极主动的科学探究过程中,像科学家一样思考问题,领悟科学研究方法,获取生物科学基础知识,培养一定的生物科学素养,达到社会发展的基本要求,还要为有可能在今后高一级学校专业教育之后,将要从事生物科技研究的部分学生,打好比较扎实的生物学基础。

名师论教 2-3

当代生命科学的学科特征和课程改革[①]

由于面向 21 世纪提高全体国民素质的需要,基础教育正面临着新一轮的课程和教学改革。中学生物课程,无论是分科设置还是综合(理科)设置,都需要结合生命科学的现代进展来思考它的学科特征问题。即使是还使用原课程、原教材,也应该尽可能地注入新的理解、新的精神。由于以下原因,更需要对生命科学的学科特征多作一些探究和思考。

一是虽然生命科学和其他自然科学有其共性,遵守基本的物质运动规律,有相似的科学研究方法、相似的哲学思考,但生命科学有其因研究对象的不同、发展的历史不同、运用的方法不同等所形成的学科特征,即它的个性。

二是对于中学生物科学教育目标的研究和确定、课程教材的建设、教学的实施、教学的评价,都不能游离于生命科学的特征以外,而与其他自然科学教育雷同。尤其对一线教师来说,其教学行为是否符合生命科学特征的要求至关重要。在我国某些地区、某些学校,把中学生物课当作人文学科来对待,任何课时不满工作量的教师都可去"填补"生物课就是一例,实在是太不了解生命科学的特征了。

三是生命科学的特征未见有诸多专家们的论述,也许是生命科学发展太快,难以恰当地概括,或无暇顾及。笔者和赵学漱先生合著的《中学生物教学》(光明日报出版社,1987 版)曾概括为"生命性""实验性""广延性""现代性"四个方面,现在看来也比较肤浅,仍需继续研究。

2. 中学生物课程的地位

首先,中学生物课程的主要目的就是提高全体公民的生物科学素养,生物科学素养对于每个人来说都是必须具有的基本素养。在当今社会,任何一个公民都要在自己的生活和工作中去面对大量与生物相关的问题,去作出各种决策。随着社会对生物技术研发投入的不断加大,以及生物工程产业的兴起,将会有更多的人直接或间接地从事与生物学相关的工作。从就业机会和需求上来说,这些工作岗位将接收更多具有一定生物学素养的人。这样,生物课程的重要性和他们的地位就显而易见。[②]

另外,人类日常生活中最重要的文化、经济、道德等问题都与生命过程密切相关,一些与人类关系

[①] 朱正威.关于中学生物学课程改革的若干建议(一)[J].生物学通报,2001(2):27-29.
[②] 刘恩山.中学生物学教学论[M].北京:高等教育出版社,2003:6.

密切的领域,如医药、农业、环保、人口、资源等,也被认为是生命科学技术的实际应用,所以它是人类文明和基础文化的一部分,它作为人类知识的重要领域已得到充分肯定。由于在人们的生活中,科学印象的形成往往来自于生物学知识,而且生命科学与学生本人有着直接的联系,在生物课程中,丰富的生命世界给教师提供了诱发学生对自然界发生好奇心和求知欲的良好机会,生命科学的独特性、复杂性和多样性又给中学生物课程及教学过程提供了一个广泛的研究和选择范围,正因为如此,世界各国都把生物纳入到中学课程中,作为对中学生进行科学教育的学科之一。①

中学生物课程与其他理科课程共同构成培养学生科学素养的要件因素,在分科课程教育中的作用是不可替代的,任何试图削弱甚至取消中学生物课程在分科课程教育过程中地位的思想和做法都是错误的和注定要失败的。教育部2001年颁布的义务教育课程计划中,生物作为必修课程是自然科学课程中课时最多的一门学科。在高中课程方案中,生物课程与其他自然科学课程有着相同的学分要求。这些都反映了生物课程在基础教育中作为必修课程的性质和在科学教育中的重要地位。

2.3.1.2 生物学课程的价值

案例研究 2-10

生物学科的教育价值②

目前社会上各种不同的价值取向已经开始对学校课程产生了较大的影响,教育者若要在价值日渐多元的社会形势下担负起整合和实现课程价值的使命,必须成为理性的行动者。生物学科教育价值可从学科教育价值关系中的主体(社会需要、个体需要)和客体(生物学科教育价值属性)来分析。就生物学科来说,社会需要体现在中学生物学科设置和生物学科教学总体要求上。目前的生物学科教学大纲中,生物学科教育的社会需要尚未充分体现,主要原因是其能力目标、技能目标、德育目标等太过原则、笼统,而知识目标过分强调系统、严密。从中学生物教学具体情况而言,生物学科的教育目标应放在人与自然的开放系统中,从生物科学自身发展、生物科学对社会发展的巨大贡献,以及社会与自然和谐发展等角度,提出体现当代社会需要的生物学科教育的知识、能力、技能、德育等目标。

而生物学科教育的个体,需要来自于个体生存与发展的内在需求。这种内在需求对生物学科教材和教学方法提出了挑战。只有当中学生物学科的教育诱发了学生对自然的好奇心,激发了探究的兴趣和欲望,习得了分析解决有关问题的能力,这种内在需求才是持久的,才能激发出无尽的学习力量。

生物学科教育本身亦具备其特有的价值属性。除了生物学基础知识和基本技能的学习、培养外,它在唯物观点、辩证统一观点的培养,用动态、变化、发展的观点观察研究自然的思想方法的培养,创造性思维的培养等方面,有独特的价值属性。此外,由于生物科学与人及自然界的紧密联系,生物学科教育在STS教育,以及科学教育,尤其是科学价值观培养方面,有其独特的价值属性。

生物科学的形成与发展对人类生存质量的影响极其深远,而且越来越成为21世纪的领头科学。在此基础上设计和开设的中学生物课程,必将对受教育者产生不可低估的教育价值。中学生物课程的基本价值是这门学科课程在实现我国基础教育课程培养目标过程中所具有的作用。生物课程价值主要表现在以下几个方面。

---

① 崔鸿,杨华,王重力.生物课程教育学[M].武汉:华中师范大学出版社,2006:39-40.
② 张洁.浅谈中学生物学科的教育价值[J].学科教学,2008(3):159-160.

1. 生物科学的学科思想和学科方法

在中学生物课程中,课程内容是对浩瀚的人类生物科学研究成果的精选信息,通过教学过程,学生在掌握这些生物科学信息的同时,就能逐步构建自身知识体系中的生物学基础知识。同时,在中学生物课程中,学生通过亲自动手操作,重复和验证科学实验,并在一定范围内进行探索研究,能够获得生物学基本技能,进而培养各种基本能力。

2. 培养学生的生物科学素养

生物课程对学生科学素养的培养表现在很多方面。首先,生物课程可以使学生接受严谨的科研素质训练,通过严格训练,反复纠正,可使部分学生成为生物学尖子,作为生物科学研究人才的后备力量。其次,生物课程可以使学生体会美好的释疑解谜乐趣,学生在教师的引导下,通过自身努力攻克一个个学习难关,就会有成功与满足感,其乐无穷。另外,生物课程也可以培养学生的探索创新精神,通过探究活动的设计与实施,激发学生对无知领域的好奇心,驱使其调动大脑的发散思维,通过对其中点滴闪现的新思想、新观点、新做法、新尝试的肯定和保护,促进学生形成积极进取的创新思维意识。

3. 培养学生的人文精神

生物课程通过对祖国生物资源和生物科技利用的有关知识的了解,培养学生的爱国主义精神和富民强国的责任感;通过介绍科学家的科研事迹和他们对人类作出的贡献,让科学家成为学生心目中的偶像和奋斗目标;生物课程还可以引导学生自觉提高环境保护意识,通过对人为破坏环境来改变人类生存条件造成的恶劣后果的描述,使学生产生忧患意识,理解人与自然和谐发展的意义,树立可持续发展的观念,形成热爱自然的情感,进而变为自觉的环保行动。

4. 生命健康教育价值

生物课程可以引导学生追求健康体魄,通过人体生命活动规律知识的学习和生理保健教育,学生将主动加强体育锻炼,以获得强壮健康的体魄;在中学生物课程中,结合致病因素与人体健康的关系,强调讲究卫生的重要性,使学生达到自我保护、提高免疫、预防疾病、避免痛苦的目的,使学生养成良好的卫生习惯;通过对天然食品的营养成分的分析及其在人体生长发育过程中的生理作用的理解,引导学生自觉改正偏食挑食等不良饮食习惯,合理用餐、平衡膳食;根据学生的年龄特点,适时安排人体性健康知识和青春期生理卫生知识教育,学生就会懂得晚婚、晚育、优生、优育的科学道理,形成健康的婚姻生育观念,从而健康地发育成长。

5. 生物科学技术教育价值

生物科学与人们的衣食住行、卫生保健以及环境保护密切相关。例如,"三农"问题的解决需依据农民生物科学素养的提高;转基因技术、杂种优势在动植物育种中的广泛应用,在提高人们生活质量的同时,也在不断形成新的产业,提供新的发展机会;健康问题、生殖技术、器官移植、恶性肿瘤研究、干细胞研究等,都受到全人类的关注。[①] 科学在推动社会变化的同时,也给人们带来了挑战和新的问题。因此,生物课程将紧跟科学与社会进步的步伐,帮助学生了解和适应这些变化和挑战,并使他们有一定的能力去面对那些在日后必须要面对的、与生物相关的问题。

6. 培养正确的人生观和价值观

在中学生物课程中,通过对生物与非生物均统一于物质、生物界是变化发展的而非固定静止的、生物界各种事物与现象之间的相互联系和制约关系以及生物界的一切活动都要受客观规律支配等问

---

① 余自强.生物课程论[M].北京:教育科学出版社,2006:31.

题的学习理解,最终培养学生确立辩证唯物主义世界观和科学的发展观。[①]

7. 为学生终身的学习和发展打下基础

在中学生物课程中,学生可以利用生物学中有关生命起源、生命本质、神经生理、心理基础等内容,解决个人的某些心理问题,珍爱生命,培养开朗的性格、积极乐观的态度、宽容的胸怀、健全的理智,等等。在中学生物课程中,学生为了完成各种科学探究活动任务,必须改变原有单独操作、费时费力的学习方式,通过分工合作,各司其职,多快好省地完成那些较大、较难的任务,最后再经过交流沟通,将成果与大家分享,并达到共同提高的目的,让学生形成团结合作的意识。这些意志和品格都为学生终身的学习和发展打下基础。

同时,通过生物课程的学习,学生的高层次认知能力得到发展,并能有效地利用不同的学习资源和信息技术去获取、判断、筛选和利用信息,掌握终身学习的基本技能,为个人的持续发展打下基础。[②]

综上所述,生物课程在中学开设确有其十分重要的教育价值,与其他中学课程相配合,必将对中学生个性全面健康地发展起到积极的促进作用。

2.3.1.3 我国中小学生物课程设置内容回顾

生物课程设置是指这一课程在哪些学段中开设,课程形式以及在各学科授课总学时中所占的比例(课时要求)等要求。它反映了课程设计人员对于生物课程地位、作用及其他课程相互关系的认识。近百年来,我国经历了不同的历史时期,随着各个时期的政治经济形式的不同,以及生物科学的发展状况,中小学生物课程的设置也有其不同的特点。

1. 清末时期

1902 年,清政府开始废科举、兴学堂,建立起现代学校制度。清廷管学大臣张百熙主持制定《钦定学堂章程》,其中规定科学类课程的设置为博物、物理、化学三门,博物含植物、动物、生理、矿物等内容。1903 年清政府颁布了《奏定中学堂章程》,规定中学堂学制五年,一、二、三、四年级均开设博物课。与《钦定学堂章程》不同,博物含植物、动物、生理、卫生、矿物等内容。[③] 有关我国清末时期生物课程设置的内容参见表 2-3。

表 2-3 我国清末时期生物课程设置内容回顾

时间(年)	课程名称	年级	周课时	学科总课时	生物学总课时	备注
1902	植物学、动物学、生理学					颁布《钦定学堂章程》,按班级教学
1903	植物学、动物学	一、二	2	144	288	颁布《奏定中学堂章程》,规定设专用实验室、标本室
	生理学、卫生学、矿物学	三、四				
1905	植物学、动物学	一、二	2	144	288	立学部、废科举,推行新学
	生理学、卫生学、矿物学	三、四				
1906	增设博物学、理化、地理	一、二	2			实行普通中学制
		三、四				

---

① 崔鸿,杨华,王重力.生物课程教育学[M].武汉:华中师范大学出版社,2006:47.
② 刘恩山.中学生物学教学论[M].北京:高等教育出版社,2003:7.
③ 余自强.生物课程论[M].北京:教育科学出版社,2006:47.

活动 2-9

阅读以下材料,与同学讨论:我国清代的博物课程与现代的科学课程有何联系,又有何区别?

博物

其植物当讲形体构造,生理分类功用;其动物当讲形体构造,生理习性特质,分类功用;其人身生理当讲身体内外之部分,知觉运动之机关及卫生之重要事宜;其矿物当讲重要矿物之形象性质功用,现出法、鉴识法之要略。

凡教博物者,在据实物标本得真确之知识,使适于日用生计及各项实业之用,尤当细审植物动物相互关系,及植物动物与人生之关系。

——《奏定学堂章程》

2. 民国初年

1912年,国民政府教育部颁布《普通教育暂行课程标准》,规定中学校仍设置博物课程。1913年颁布《中学校课程标准》,规定了各学科开设的年级、讲授的内容和课时数,其中博物课在一、二、三年级的授课时数每周分别为3、3、2。[1] 民国初年设置博物课程的宗旨,体现了要使国民受到基本的科学教育,并首次明确提出要开设实验。

3. 新学制时期

1922年11月1日,国民政府公布"学校系统改革案",史称"新学制"。新学制采用"六三三"制,并把幼儿园也纳入初等教育阶段。新学制公布后,全国教育会联合会提议组织了新学制课程标准委员会,并于1923年6月刊布《新学制课程标准纲要》。中学实行学分制,每半年每周上课1学时为1学分,自然课程包括动植物、矿物、理化学、天文、气象、地质等,规定为16学分。生物课程包括普通植物学和普通动物学,规定为6学分,生理卫生包含在体育课内,为4学分。有关我国新学制时期生物课程设置的内容参见表2-4。

表2-4 我国新学制时期生物课程设置内容回顾[2]

时间(年)	课程名称	年级	周课时	学科总课时	生物学总课时	备注
1922	植物学、动物学、生理卫生	一、二、三	2—3		248	1922年公布"新学制",规定中学学制6年,初中、高中各3年
1923	自然、生理卫生	初中	1	19		颁布《新学制课程标准纲要》,学分制(每周上课1小时为1学分)
	生物学	高中	1	18		
1932	植物学、动物学、生理卫生	初中	4,4,8			颁布中学各科课程标准,每2周1次实验课,每次2课时
	生物学	高中	10			
1935—1949	植物学、动物学、生理卫生	初中	1			生物学专家根据国家的《修正课程标准》编写;陈桢编写的《生物学》普遍使用,1935—1949年共重印151次
	生物学	高中	5			

---

[1] 汪忠.新编生物学教学论[M].上海:华东师范大学出版社,2006:7.
[2] 叶佩珉.生物学课程教材改革探索[M].北京:人民教育出版社,2001:12-13.

案例研究 2-11

> 1932年国民政府教育部正式颁布了中学各科课程标准,包括《初级中学植物学课程标准》《初级中学动物学课程标准》《初级中学卫生课程标准》《高级中学卫生课程标准》和《高级中学生物学课程标准》,将原来的学分制改为学时制。在《高级中学生物学课程标准》中提出"须养成学生自动研究之能力,及爱好自然之兴趣""须训练学生研究科学的方法(如观察、实验、比较、分类……),不应偏重绘图"等教法。
>
> *思考与分析*
> 你认为这些提法和现在提出的"科学探究"有什么相同之处?

4. 中华人民共和国成立以后

1949年以后,我国大陆地区初中学段开设分科的生物课程,在初一至初三年级开设的生物课分别称为"植物""动物"和"人体生理卫生"。从课程内容的组织方式来看,生物课程可分为分科课程和综合课程。分科课程是生物与物理、化学等科目分别独立设课。与生物学相关的综合课程是包括生物、物理、化学、地学和空间等学科内容的综合理科课程,也称作科学或自然科学。

20世纪90年代初,初中生物课程淡化了学科内的再分科,同时在原有课程内容适当删减的基础上加入了遗传、生态学的内容。修改后的课程计划中,初中各年级生物学统称为"生物"。除全国绝大多数省市按照统一要求开设分科课程外,浙江等地也开始试验"自然科学"这一综合课程。进入21世纪,开设综合理科课程的学校在广东、辽宁、山西等地的课程改革实验区中出现,但从全国范围来看,开设分科课程的学校仍然是绝大多数。

我国高中学段的生物课是分科课程。新的高中生物课程包括必修和选修两部分内容,必修部分是在初中生物课基础上,对生物学核心知识的扩展和延伸,旨在进一步提高全体高中学生共同的生物科学素养。选修部分是根据学生的兴趣和志向,由学生自己选择学习内容,以便为学生选择学习方向和择业提供帮助。国外高中生物课程的设课方式不尽相同,但分科的生物课程是多数国家高中生物课程的共同特点。有关中华人民共和国成立以后生物课程设置的内容参见表2-5。

表2-5 我国生物课程设置内容回顾

时间(年)	课程名称	年级	周课时	学科总课时	生物学总课时	备注
1949—1952	植物学、动物学	初中	2~3	126	396	无统一的教学计划,1952年颁发《中学生物大纲(草案)》,大学开设摩尔根遗传学统编教材
	人体解剖生理学、达尔文主义基础	高中	2	72		
1956	植物学、动物学	初中	3、2	152、112	408	颁发《中学生物学大纲(修订草案)》
	人体解剖生理学、达尔文主义基础	高中	2	72		
1958	植物学、动物学、生理卫生、农业基础知识	初中	2	64	256	取消《人体解剖生理学》《达尔文主义基础》
	生物学	高中	2	64		

续表

时间(年)	课程名称	年级	周课时	学科总课时	生物学总课时	备注
1960—1962	植物学、动物学、生理卫生	初中	2	64	256	
	生物学	高一	2	64		
1963—1965	植物学、动物学、生理卫生	初中	2~3	64、48	240	颁布第二个《中学生物学教学大纲(草案)》,增加孟德尔-摩尔根遗传学内容
	生物学	高一	2	64		
1966—1976	农业基础知识、医疗卫生					高中生物学中断,生物学科成了"重灾区"
1978	生物学、生理卫生	初中	2、1	64、48	142	颁布第三个《中学生物学教学大纲(试行草案)》
	生物学	高二(上)	2	30		
1981—1992	植物学、动物学、生理卫生	初中	2	64	248	1990年颁布《中学生物教学大纲(修订本)》,1981年列入高考科目(占30%),1984年起占50%,1986年起占70%
	生物学	高二	2	56		
1993	生物第一册(上)	初一(上)	3	54	五四制20 六三制170 机动24	1992年颁布"九年制义务教育全日制初级中学"《生物教学大纲(试用)》
	生物第一册(下)	初一(下)	3	54		
	生物第二册	初二	2	72		
	高中生物学(全一册)	高二	2	72		
1994—1999	生物第一册(上)	初一(上)	3	54		1993年起初中生物毕业会考相继取消,1994年起取消生物高考科目,1999年起高考以"3+X"方案执行,生物学内容约占理综的25%
	生物第一册(下)	初一(下)	3	54		
	生物第二册	初二	2	72		
	高中生物学(必修本)	高二	3	105		
	高中生物学(选修本)	高三	3	78		
2000	生物(必修)	高一、高二	3	105	105~236	2000年颁布《全日制普通高级中学生物教学大纲(实验修订版)》
	生物(选修)	高三	3	131		
2003	生物学7年级(上下册)	初一	2	72	144	2001年颁布《全日制义务教育生物课程标准(实验稿)》
	生物学8年级(上下册)	初二	2	72		
2012	生物学7年级(上下册)	初一	2	72	144	2012年颁布《义务教育生物学课程标准(2011年版)》
	生物学8年级(上下册)	初二	2	72		

名师论教 2-4

建国以来我国中学生物课程①

世纪之交,我国的政治稳定,社会进步,经济高歌猛进,这些为基础教育提供了良好的外部环境,同时也对生物学教育提出了新的要求。面向21世纪的生物学课程改革项目于1999年正式启动,2000年成立了生物学科课程标准研制组,开始了生物学课程标准的研制工作。2001年7月21日,中国教育报刊登了《基础教育课程改革纲要(试行)》,它是我国基础教育课程改革的纲领性文件,描绘了本次课程改革的总体框架,提出了课程改革的目标和任务,对生物学课程改革有重要的指导意义。教育部在2001年和2003年分别颁布了《全日制义务教育生物课程标准(实验稿)》和《普通高中生物课程标准(实验)》。这两个课程标准彻底摆脱了苏联的教育理论和课程框架,提出了全新的课程理念、目标和内容要求。这是我国生物教育工作者自主研制的、反映了生物学教育共同规律和我国实际情况的国家课程指导文件,为我国中学生物教育标定了新的方向并展示了美好的未来。

课程是时代的产物,中学的生物课程也是这样,必然受到社会和时代的影响和制约。回顾20世纪后50年我国中学生物课程发展的历史,讨论其经验和教训,会让我们更加珍惜今天的良好教育环境、国家素质教育的方针和反映了生物学本质及生物学教育本质的课程标准,也会激励我们为生物学教育的发展而不懈努力。

活动 2-10

讨论:应当怎样评价我国中学生物课程及生物学教学的发展?

2.3.1.4 国外生物课程改革简介

1957年,苏联第一颗人造地球卫星的发射,引发了西方国家科学课程现代化运动。这场课程改革主要有两个特点:第一,吸取结构主义心理学的观点,主张按学科结构来设计课程。按这一思想,中学生物教育不再开设植物学、动物学等课程,而代之以统一的生物学课程;第二,除了强调知识的结构,还提倡生物学教学应以探究为基础。美国由生物科学课程研究会(BSCS)编制、由美国科学基金会赞助的以及英国由纳菲尔德基金会赞助编著的课程,率先将生物学转向以实验为基础的教学。学生通过学习获得科学探究的技巧,同时也获得生物学知识。更重要的是,新的生物课程重视对疑点和问题的探索,进行理论与实践相结合的探究。但这场改革遇到了困难,实施中的实际教学效果远未达到课程研制小组的预期要求。②

20世纪80年代以来,由于科学技术的迅猛发展,世界各国都认识到基础教育对社会和经济发展的重要性,各国都进行了规模宏大的基础教育改革,其中深受各国政府和教育界关注的就是课程改革。科学课程特别是生物科学课程,其发展同科学技术的发展密切联系,因此,生物课程改革要适应生命科学技术的发展。由于20世纪五六十年代学科主义课程改革未能取得预想的效果,而70年代流行起来的人文主义课程思潮在提倡尊重人的价值的同时,却助长了反科学主义,导致生物科学教育质量下降,所以学科主义课程又出现新的发展趋势,形成新学科主义课程思潮。新学科主义课程以重视基础知识和理论、基本方法和技能为特征,同时不忽视社会的需求和个人的兴趣爱好,使学校教育与获得美好的生活联系起来,从而试图建立一种使人性、理智和社会互相协调的新型生物课程。

---

① 刘恩山,张海和.建国以来我国中学生物课程简要历史回顾[J].生物学通报,2007(10):37-41.
② 余自强.生物课程论[M].北京:教育科学出版社,2006:27.

生物课程改革主要受当时的社会政治、经济、文化发展的影响,以及教育改革的推动。20世纪后半期美国的中学BSCS生物课程改革是一个典型事例。

案例研究 2-12

美国的中学BSCS生物课程改革

1958年,美国成立了"生物科学课程研究会"(BSCS),由生物科学领域各方面的专家、教授和中学生物教师组成,负责编写和研究中学生物教材。1963年,BSCS教材首次出版,主要的三种分别是绿皮本(封面以绿色为基调,侧重生态学)、黄皮本(封面以黄色为基调,侧重细胞生物学以及个体水平的发育和遗传)、蓝皮本(封面以蓝色为基调,侧重分子生物学)。BSCS教材使美国的生物课程内容走向了现代化。

20世纪60年代后期,初版的BSCS课程与其他学科主义课程一样受到批评;20世纪60年代中后期至70年代的课程改革又走向另一个极端,即过分强调自由,无限制地增加非学术性课程,结果导致学术教育水平下降;1983年4月,美国发表了《国家在危险中:教育改革势在必行》的报告;随后,美国制定并于80年代末公布了著名的《2061计划》(由于1985年恰逢哈雷彗星临近地球,改革计划又是为了使美国当今的儿童能适应2061年哈雷彗星再次临近地球的那个时期科学技术和社会生活的急剧变化,故取名为《2061计划》)。1989年2月,《2061计划》的第一份重要报告《面向全体美国人的科学》正式发表,其核心思想是提高公民的科学素养,数学、生物学、物理、化学等学科课程都被组织到提高科学素养的框架中。美国的初中基本上使用综合科学教材,高中一般使用分科生物教材。

BSCS三种教材也在不断修订,到20世纪末,美国约三分之二的高中使用BSCS黄皮本、BSCS绿皮本以及《现代生物学》。同时,BSCS教材在国际上也产生了广泛的影响。在我国,1974年,香港引进美国BSCS黄皮本;1999年,北京市教育委员会组织力量编译了1992年的BSCS绿皮本。

总的来说,各国的课程改革普遍围绕两个中心:一是强调知识的基础性和系统性,让学生掌握最核心的知识,以满足未来社会的需要;另一个是强调发展学生的能力,使学生在毕业后能在原有知识的基础上更新知识,以适应社会发展的需要。围绕着这两个中心,课程改革呈现出课程综合化和课程的基础性与系统性相统一的两大趋势。随着课程改革的发展,中学生物课程设置及其内容也发生了相应的变化。

活动 2-11

有人认为生物科学发展确实极为迅速,但是作为基础教育的中学生物课程应突出基础性,因而生物科学的迅猛发展不会对中学生物课程产生重大影响。对此你有什么看法?

2.3.2 生物课程及其设计

案例研究 2-13

未来我国生物课程的构想[①]

未来生物素质教育课程体系的构建,要以学科特点、学习者特性、社会需要三者的辩证结合为基础;要把

---

① 马金生,徐宜兰.中学生物学课程设计策略的研究[J].山东教育学院学报,2002(1):12-14.

使学生学会做人、学会求知、学会劳动、学会生活、学会健体、学会审美作为首要的指导原则;把以学科知识为中心的课程变革为以育人为根本的课程,把以甄选为主的课程变革为全民教育的课程,把以传授系统知识为主的课程变革为以培养创新智能为主的课程。

我国的生物课程设计要从传统模式转变为素质教育模式,恐怕还要走一段相当长的路。在今后的课程发展中,我们应保留我国传统的生物课程优势和成功的经验,借鉴和吸收国际上生物教育研究的最新成果和课程改革的经验,跟上世界科学课程发展的潮流。因此,我国生物课程未来的发展方向将可能有以下特点:

1. 知识的系统性和完整性是我国生物课程的优势,将保留之。
2. 课程设计突出生命科学特点,并以实验领先,引导学生探究发现。
3. 课程内容适应未来社会的发展,注重与科学、技术、社会的紧密联系。
4. 课程设计适应学生特点,重视对学生创新精神和实践能力的培养,注重将潜科学内容渗透其中。
5. 重视科学精神与人文精神的结合,全面提高学生的科学素养和人文素质。
6. 课程形式多样化,必修课程与选修课程,分科课程与综合课程,国家课程、地方课程与校本课程,学科课程、活动课程与研究课程等多种课程形式将同时并存。
7. 课程内容重视基础,又能体现现代生命科学研究的新成果。

思考与分析

上述生物课程设计的构想要在未来实践中得以实现,我们必须解决当前生物教学中存在的哪些问题?我国生物课程改革取得重大突破的关键是什么?

新课程理念下,每一位生物教师都应该参与生物课程设计。课程设计包括按照既定的教学目标、教学策略组织起来的教学内容和支撑环境两部分。生物课程设计不仅能够作为教学理论与教学实践之间的桥梁,也能够促进中学生物教学系统的整体优化。

2.3.2.1 生物课程设计的原则

1. **遵循生物课程标准**

生物课程标准中的总目标及具体目标是依据我国的教育方针和教育改革理念来设计的,因此,教师在设计中学生物课程时,要以生物课程标准为依据,设计各种教育教学活动,促进学生知识、能力和素质的提升。生物课程标准中的目标把国家的教育方针具体为知识、能力、情感态度与价值观三个方面,教师在设计学年(学期)课程规划和单元课程规划时,应当根据课程标准的目标要求将其达成。

2. **体现生命科学的特点**

虽然生命科学和其他自然科学有其共性,但生命科学研究对象的特殊性、发展速度的不寻常性、应用领域的广泛性等,形成了生命科学自身独特的学科特征。中学生物课程目标、课程内容等的研究与确定都应当充分体现生命科学的特征,包括生命性、实验性、广泛性、人文性等。

3. **符合学生发展的需要**

教育的中心任务是育人,而不仅仅是传递知识,教育必须关心人本身的发展。我国教育方针明确规定,教育要培养德、智、体等方面全面发展的社会主义建设者和接班人。生物教师要通过生物课程落实素质教育的理念,培养具有科学素养的学生。因此,在设计生物课程时,应当遵循学生自身发展规律,引导学生学会学习,同时体现尊重学生个性发展的特点,促进学生的全面发展,为学生的终身发展打下基础。

4. **适应社会发展的要求**

随着科学技术的发展,社会需要的是新一代具有严谨的思维、创新的才能、大胆质疑和探索的科学人才。为了适应社会的需要,新世纪的中学生物课程的设计应当以全面提高学生的生物科学素养为宗旨,以培养学生的创新精神和实践能力为重点。

名师论教 2-5

对我国中学生物学课程框架的原则建议[①]

1. 根本目标是以学生发展为本，提高学生的科学素养

生物科学教育是整体科学教育的一部分。科学教育的基本任务是培养学生必备的、可持续发展的科学素养。因此，生物科学教育的基本任务，也是培养并提高学生的生物学素养，以利于他们的生活、工作和终身学习及发展的需要。这里有两个方面的问题要注意：一是要突出生物学方面的科学素养，即具备基本的生物学知识及学习和应用与生物学知识有关的技能和能力，对社会中的生物学问题的解决有浓厚的兴趣并积极参与，用正确的价值观规范自己的有关态度、行为和习惯。也就是在科学素养的培养上要突出生物学的学科特点，这是它的特殊性。二是由于生物科学教育是整体科学教育的一部分，科学素养的培养是以部分而推动整体的。因此应认识到，科学素养的许多方面是跨学科的或泛学科的，特别是能力、态度和价值观方面，经常是通用的。例如信息搜集、加工和利用的能力，提出问题、设计实验和解决问题的能力，创造性思维的习惯、能力和技巧，主动参与、与人合作和汲取不同意见作决策的能力，初步运用所学知识去评价、处理和解决与个人和社会生活有关的实际问题的能力等，还有在态度和价值观中强调的热爱科学、求实创新、勇于探索的态度和精神，对科学、技术和社会相互关系的关注和参与，对人、自然、社会和谐统一的追求并付诸行动等，都是整个科学教育对科学素养的要求。这种泛学科性质的要求，也是生物学课程应努力去实现的。科学课程可以综合设置或分科设置，但这些要求是一致的。

2. 在课程目标中要处理好知识、能力（含技能）、态度和价值观的关系

多年来我国中学生物科学教育，如同它的学科名称《生物》那样，就是介绍生物和生物界，使得课程目标过分强调了作为一个学科的生物学知识的完整性和系统性，甚至是生物类群的完整性和系统性，实际教学的出发点和归宿已经演变成掌握哪些知识点，理解哪些知识点，了解哪些知识点，是一幅相当纯粹的知识教育的画图，它排斥、削弱了能力、态度和价值观等方面的科学素养的培养。当代科学教育已经不再是传统的传授科学知识的教育，而是要全方位地提高学生的科学素质，是包括知识、能力、态度和价值观（还可能分得更细）的综合教育。如果我们坚持以学生发展为中心的课程理念，则能力、态度、价值观在人的发展中的作用，在某种意义上说，比知识更重要，即更具有适用性和持久性。更何况在信息社会，有许多获取相关知识的渠道和方式，学校教育应更多地注意学生学习过程中的能力、态度和价值观的培养，将更有利于学生的终身学习和持续发展。从有助于能力、态度和价值观的培养来精选学科知识，将有助于删繁就简、除旧布新，构建新的学科知识体系。

3. 学生主体参与教学过程应有新的教学原则来指导

我们的教学过程，本质上应该组织学生去参与，而不是单方面聆听教师的传授。没有学生主体的参与，就不能真正掌握知识，学会学习，更不能成为未来社会富有责任感、积极参与决策的公民。我们主张情景教学法、过程式教学法、发现式教学法和合作式教学法，还有学生要亲自调查，提出问题，设计实验，学会推理判断等等，本质上是要把学习过程变成学生主动参与的过程、探究的过程。课堂教学评价的重要标准之一应是评价学生学习过程中的参与意识、参与程度、参与数量（占教学班人数的百分比）和参与成果如何。必须指出"传道、授业、解惑"，归根结底是以教师传授为中心，反映的是农业社会、手工作坊时代对人的要求。而工业社会，特别是发达的市场经济伴随而来的城市化、人口流动，人是要去闯天下的，要去寻找机遇，发展自己，人也成了商品（劳务），不断地受着社会的选择、职业的选择，更不必说社会民主化的进程，对人的主体参与精神的要求了。因此，必须大胆地改变我们旧有的教学模式，创建各种有利于学生主体参与精神培养的新模式。美国《2061计划》中提出的有效的学习和教学所应遵守的一些原则，可供我们参考。

[①] 朱正威.关于中学生物学课程改革的若干建议（三）[J].生物学通报，2001(4)：26-27.

(1) 科学教学应该培养亦应很好地利用学生们的好奇心和创造性。教学应从学生们感到有趣也比较熟悉的问题和现象入手。抽象的理解常常得建立在具体的例子上。

(2) 教学应该强调理解的质而不是强调信息的量。技术词汇只有在有助于理解的情况下才应加以强调，技术词汇不应代替理解。

(3) 概念在不同的情况下碰到和以不同的方式叙述出来时学习的效果极佳。有些概念只有当学生依据有强烈吸引力的证据改变其思考方式时才能记住。

(4) 如果你指望学生们最终能在新的情况下运用所学知识严密审慎地思考问题，分析情况，把某些科学上的想法公之于人，能进行逻辑论证，能与他人共同工作，他们就必须有机会在多种多样的情况下亲自进行诸如此类的实践。

(5) 学生们还需要有很多不同的机会参与诸如搜集证据、观察现象、写概述、会见记者和使用仪器等与科学有关的活动。因为科学技术工作具有协作性，课堂上因而要求有许多集体活动。

(6) 学习的经历不仅有助于积累有关的科学知识，亦应有助于培养学生科学的思维习惯。学生们应该养成对证据、逻辑和科学见解提出疑问的习惯。学生们应该接触些需要他们找出有关证据并对这些证据意味着什么提出自己的解释的问题。

(7) 学生们应该多接触些在一定历史环境下提出来的一些科学思想观念。学生们应该懂得社会对科学技术发展的影响，也应该懂得科学技术对社会的冲击。

2.3.2.2 生物课程设计的内容

生物课程设计主要包括以下几个方面：学生特征分析、课程目标的设计、教学内容的选择与设计、教学策略的设计和教学评价系统的设计等。与之相对应的教学活动如表2-6所示。

表2-6 生物课程设计的内容[①]

设计要素	课程设计活动
学　　生	测量学习风格；建立学生档案。
教学目标	领会课程教学的总体目标；设计单元学习目标；展示知识点的层级目标。
教学内容	钻研教材知识内容的编排结构；设计内容的不同媒体表现；寻找相应的支持系统。
学习环境	设计学生的学习环境，建立检测题库；设计合作学习环境，组建学习小组，设计讨论议题。
教学策略	设计教学内容的媒体表现；提供适宜的学习方法和学习组织形式；创设教学情境。
评　　价	过程性评价；终结性评价。

2.4 生物课程标准

《中国教育报》（2004年2月27日第5版）对《普通高中生物课程标准（实验）》的"新意"作了如下评述。

生物课程标准是一个改革力度较大的方案，打破了原中学生物课程传统的学科体系，在课程性质、课程理念和设计思路等方面都有明显的创新。

中国科学院院士戴景瑞、宋大祥等认为，课程标准较好地把基础的生物学内容穿插安排为"分子与细胞""遗传与进化""稳态与环境"三个相关的模块，全面涵盖了高中学生应掌握的内容，

---

① 王重力.生物课程与教学论[M].长春：东北师范大学出版社，2007：118.

在微观与宏观方面体现了生命科学的发展趋势。同时,课程标准在对国内外生物学教育深入研究的基础上,提出了符合我国国情的教学要求,既符合学生的接受能力,又可与国际生物学教学接轨;非常强调学生实验能力的培养,生物实验作为最重要的课堂教学形式,贯穿于整个过程。这样的设计,体现了自然科学的特点,对学生的认知发展、实践能力、创造能力的培养具有重要意义。为了改变学生的学习方式,标准设计了观察、调查、资料的收集和分析、讨论、实验、探究等活动,如培养液中酵母种群数量动态变化,让学生尝试建立数学模型,用数学的方法研究生物学,这是一种全新的教学活动。尤其是安排了"生物技术实践"模块,让学生制作"果酒和果醋""提取植物芳香油",通过这样的活动,让学生了解并掌握食品加工的简单方法和技能,体验生物技术在实践中的广泛应用。①

中学生物课程标准具体规定了中学生物学课程的性质、目标和内容标准,提出了教学评价及编写教材等方面的建议,是我国基础教育阶段生物课程的基本规范和质量要求,是中学生物教材编写人员、中学生物教师和生物教育管理者开展工作的依据和准绳。本次课程改革将我国沿用已久的生物教学大纲改为生物课程标准,标志着我国中学生物课程改革进入了新的阶段。生物教师要认真学习领会课程标准精神,真正学会使用课程标准。

2.4.1　普通高中生物教学大纲与生物课程标准

中华人民共和国成立以来,我国教育部(教育委员会)先后颁布过多个生物教学大纲。其中,2002年颁布的《全日制普通高中生物教学大纲》(以下简称《大纲》)是在原有大纲的基础上修订而成的。与过去的教学大纲相比,该《大纲》在很多方面有了长足的进步,并成为向生物课程标准过渡的大纲。

自2000年7月开始,教育部正式启动"面向21世纪教育振兴行动计划",在《基础教育课程改革纲要(试行)》的指导下,开始《生物课程标准》的研究和制定工作。2003年教育部颁布的《普通高中生物课程标准(实验)》(以下简称《标准》)是新世纪我国中学生物教学的第一份指导性文件。它与中华人民共和国成立以来的各个《中学生物教学大纲》相比,在许多方面有新的突破。此处着重对《大纲》和《标准》在框架结构、课程目标、内容体系、语言表述等方面进行比较。

2.4.1.1　《大纲》和《标准》在框架结构方面的比较

《大纲》和《标准》都是根据国家课程计划规定的有关项目来编写的,都是指导教学工作的指导性文件,也都是教材编写、教学、评估和考核的依据。但是,《大纲》和《标准》也有明显的区别,如表2-7所示。

案例研究 2-14

表 2-7　《大纲》与《标准》的目录比较

《大纲》目录	《标准》目录
	第一部分　前言
一、课程目的	一、课程性质
二、课程目标	二、课程基本理念
三、课程安排	三、课程的设计思路

---

① 教育部基础教育司,教育部师范教育司.生物课程标准研修[M].北京:高等教育出版社,2004:27-28.

《大纲》目录	《标准》目录
四、教学内容	第二部分　课程目标
1. 高中生物必修课	第三部分　内容标准
2. 高中生物选修课	一、必修部分
五、教学中应该注意的几个问题	二、选修部分
六、教学评价	第四部分　实施建议
	一、教学建议
	二、评价建议
	三、教材编写建议
	四、课程资源开发与利用建议

思考与分析
1. 《大纲》与《标准》在框架结构上的差异，反映了它们各自强调的要素有什么变化？
2. 小组讨论，《大纲》和《标准》哪一个文件更适应当前教育改革的发展趋势？

名师论教 2-6

《大纲》偏重学习内容或学习结果设计，是对教学内容的具体规定，《标准》则偏重学习活动或学习过程设计，注重"知识"与"经验"、"内容"与"活动"、"结果"与"过程"的平衡与统合，是对学生学习结果的行为描述；

按《大纲》设计出来的课程，只能是教师"教的课程"，《标准》关注学生学习的"过程"与"方法"，把课程设计的重点放在学生"学习经历"上，设计出来的课程是学生"学的课程"；

《大纲》确定的教学内容知识点，是学生学习的最大范围，有终点，是封闭系统，《标准》确定的是学生学习的最低标准，是起点，是开放系统；

《大纲》的限制，使教师只能"教教科书"，是教科书的执行者，《标准》的开放，使教师必须"用教科书教"，成为课程的开发者；

《大纲》中对知识和技能要求比较具体，其他方面很抽象，《标准》的要求范围涉及认知、能力与情感三个方面，对学生的全面发展显然更有利。①

2.4.1.2　《大纲》和《标准》在课程目标方面的比较

课程目标是生物学教学活动的出发点和归宿，它指导和制约了学校的一切教学活动。《大纲》和《标准》提出的课程目标，也有很大差异。

活动 2-12

阅读《大纲》和《标准》中"课程目标"部分，将表 2-8 补充完整。

---

① 崔鸿，杨华，王重力.生物课程教育学[M].武汉：华中师范大学出版社，2006：56-57.

表 2-8 《大纲》与《标准》的课程目标比较

	《大纲》	《标准》
目标	知识方面： （1）初步获得生物的生活习性、形态结构、生理功能、分类、遗传、进化和生态等基础知识，了解这些知识在生产、生活中的应用。 （2）初步获得人体形态结构、生理功能和卫生保健的基础知识，养成良好的卫生习惯。	知识： （1）获得有关生物的结构层次、生命活动、生物与环境、生物进化以及生物技术等生物学基本事实、概念、原理和规律的基础知识。 （2）获得有关人体结构、功能以及卫生保健的知识，促进生理和心理的健康发展。 （3）知道生物科学技术在生活、生产和社会发展中的应用及其可能产生的影响。
	能力方面：	能力：
	思想情感方面：	情感态度与价值观：

思考与分析

1. 《标准》中关于课程目标的阐述与《大纲》相比有何变化？这些变化有何意义？
2. 结合教学实例，研讨如何科学阐述某一节课的教学目标。

名师论教 2-7

《标准》与《大纲》在课程目标方面的变化，体现在以下方面：[①]

《标准》比《大纲》更加关注知识的更新，科学技术与社会的关系，学生身心的健康发展。

《标准》比《大纲》更加强调科学探究在生物学教学中不可替代的作用，力图切实发展科学探究的能力，并以此推动学习方式的改变。同时，《标准》不像《大纲》那样，仅仅关注学生解决"身边生物学问题"，仍然未能摆脱学科中心的束缚；《标准》则要求"分析和解决某些生活、生产或社会实际问题"，强调了学科间的综合、强调了更多地关注生活、关注社会实际问题。

《标准》比《大纲》更加强调"理解人与自然和谐发展的意义"的重要性；突出"主动参与社会决策的意识"是培养公民素养的重要组成要素，是义务教育性质决定的；"积极、健康的生活态度"是学会健康生存的必要前提，是义务教育的目标之一。

2.4.1.3 《大纲》和《标准》在内容体系方面的比较

和《大纲》相比，《标准》确定的课程内容体系有比较明显的特色，如表 2-9 所示。

表 2-9 《大纲》与《标准》的内容体系比较

《大纲》	《标准》
内容框架分为五大部分： 植物的形态、结构和分类；	内容框架分为十个一级主题： 科学探究；

---

① 汪忠.《生物课程标准》和《生物教学大纲》的比较[J].生物学通报，2002(2)：33-34.

续表

《大纲》	《标准》
细菌、真菌和病毒； 动物的形态、结构和分类； 人体生理卫生； 遗传、进化和生态。	生物体的结构层次； 生物与环境； 生物圈中的绿色植物； 生物圈中的人； 动物的运动和行为； 生物的生殖、发育与遗传； 生物的多样性； 生物技术； 健康地生活。

名师论教 2-8

在内容体系上，《标准》较《大纲》有如下突破：

改变了沿用多年的以"动物学""植物学"和"生理卫生"等学科为中心的课程体系，以学生发展为中心，构建了以"人与生物圈"为主线的课程体系；适当降低教学难度，面向全体学生，果断删除过去认为不能不学但对学生未必非常有用的知识；较好地把教学目标规定的知识、能力、情感态度与价值观的要求有机地融合。①

2.4.1.4 《大纲》和《标准》在语言表述方面的比较

案例研究 2-15

对教学评价，《大纲》和《标准》的表述有较大的变化，如表 2-10 所示。

表 2-10 《大纲》与《标准》对教学评价的表述比较②

《大纲》	《标准》
教学评价： （一）评价的目的 （二）评价的依据和内容 （三）评价的原则 （四）评价的方式	评价建议： （一）重视学习过程中的评价，建立学生学习记录卡 （二）在不同的教学方式中采用不同的评价策略 （三）善于利用纸笔测验，检测学生知识性目标的达成 （四）根据学生实际操作情况，评价学生的实验操作技能 （五）从多个侧面评价学生的探究能力 （六）通过多种途径进行情感态度与价值观方面的评价

思考与分析

《标准》的"评价建议"与《大纲》的"教学评价"相比，有哪些变化？这些变化对教师提出了哪些新的要求？

《标准》从新的评价理念和全面落实课程目标的要求出发，提出了六个方面的"评价建议"。相对《大纲》的"教学评价"而言，《标准》对教学评价的表述更具可操作性，更加具体化、人性化。综观整个

---

① 汪忠.《生物课程标准》和《生物教学大纲》的比较[J].生物学通报，2002(2)：35.
② 教育部基础教育司，教育部师范教育司.生物课程标准研修[M].北京：高等教育出版社，2004：10.

《标准》的语言表述,都具有上述特点。

从上述比较可以明显看出,《标准》的编写方式更符合当前课程改革的趋势,为"一纲多本"教材的编写提供了较多的自主权,为素质教育、创新教育的实施留出了更大的发挥空间,能有效促进学生的个性化发展。

2.4.2 中学生物课程目标与生物科学素养

传统的生物课程过于强调学科中心,忽视学生的现实生活;过于偏重知识要求,忽视情感、态度和价值观;强调结果,忽视过程;注重科学,忽视技术……这应该是我国公民科学素养较低的原因之一。新一轮的课程改革弥补了原有生物课程的不足,明确提出生物教育的任务和价值是进一步提高全体学生的生物科学素养。《标准》将提高学生的生物科学素养作为课程的基本理念之一,也作为实施课程标准的核心任务。

课程目标是一定教育价值观在课程领域的具体化,它涵盖可持续发展目标、科学素养目标、个人需要目标和生计教育目标四个方面。因此,中学生物课程目标也应涵盖生物科学素养目标。根据学习阶段的划分,中学生物课程目标分别在国家颁布的《义务教育生物学课程标准(2011年版)》和《普通高中生物课程标准(实验)》中明确提出。中学生物课程目标如何体现对学生生物科学素养的要求?

活动 2-13

高中生物课程中的科学素养[①]

生物科学素养是指公民参加社会生活、经济活动、生产实践和个人决策所需的生物科学知识、探究能力以及相关的情感态度与价值观。

作为高中阶段重要的科学课程之一的生物课程,其核心任务是提高每位高中生的生物科学素养。课程的目标是需要通过教学来实现的。生物课程的目标从"精英"教育、"应试教育",转变为促进学生的发展和提高生物科学素养。作为教学的重要环节——教学评价也必须进行变革,以利于实现课程改革的目标。

高中生物课程改革应注意提高基本科学素养的要求:要增进对科学知识的理解,构建更合理的知识体系;要增进对科学过程和方法的理解,重视模型方法和数学方法在探究中的运用;要增进对科学、技术、社会三者关系的理解,突出科技意识培养和系统分析能力的发展。

阅读上述材料和《普通高中生物课程标准(实验)》"第二部分 课程目标",分小组讨论下列问题:
1. 《标准》对"课程目标"的阐述是否体现对生物科学素养的培养?举例说明。
2. 举例说明生物科学素养较高的学生的表现有哪些。
3. 为了提高学生的生物科学素养,生物学教师要有新的角色定位。请你选择一个较有价值的教师角色,并说明其价值所在。(提示:授业者、合作者、参与者、组织者、鼓励者、主导者……)

通过对上述资料的比较分析,我们可以看出,中学生物课程目标是对生物科学素养的明确表述和要求。生物课程在培养学生的生物科学素养方面发挥着无可替代的作用。"提高生物科学素养"理念下的生物课程,对生物教师提出了新的挑战和要求。教师要运用多种教学策略,改变学生的学习方式,促进学生的成长和发展。

2.4.3 生物课程标准简介

根据教育部基础教育司的规划和"跨世纪素质教育工程"的要求,我国中学生物课程标准分为《义务教

[①] 教育部基础教育司,教育部师范教育司.生物课程标准研修[M].北京:高等教育出版社,2004:29.

育生物学课程标准(2011年版)》和《普通高中生物课程标准(实验)》两个文件,分别在2012年1月和2003年3月由教育部颁布,成为课改后的中学生物课程"编教材、教学、评估、命题"依据的指令性文件。

2.4.3.1 《义务教育生物学课程标准(2011年版)》简介

2012年1月,中华人民共和国教育部制定的《义务教育生物学课程标准(2011年版)》(以下简称"初中生物学课程标准")颁布,成为义务教育阶段生物学教学的基本依据。

1. 初中生物学课程标准的主要内容

初中生物学课程标准由以下四个部分组成:第一部分是前言,包括课程性质、课程基本理念、课程设计思路三个方面;第二部分是课程目标,包括课程总目标和具体目标;第三部分是课程内容,包括十个一级主题,每个一级主题一般由多个重要概念及具体内容标准和活动建议组成;第四部分是实施建议,包括教学建议、评价建议、教材编写建议和课程资源开发与利用建议。此外还有附录,即教学评价实例和学习目标的说明。

2. 初中生物学课程标准的特点

活动 2-14

阅读《义务教育生物学课程标准(2011年版)》,分小组研讨:
1. 初中生物学课程标准有何特点?
2. 初中生物学课程标准的可执行性如何?有何改进建议?

名师论教 2-9

初中生物学课程标准的制定是一次大胆的尝试和创新,其具有以下特点。

(1) 全新的出发点

为适应时代的发展,初中生物学课程标准在继承我国现行生物学优势的基础上,力求把学生的发展放在首位,为振兴中华提供全面发展的高素质人才。初中生物学课程标准期望每一位学生通过中学生物的学习,对今后的职业选择和学习方向能有更多的思考;能在探究能力、学习能力和解决实际问题的能力方面有更多的发展;能够在责任感、合作精神和创新意识等方面得到提高。

(2) 全新的课程体系

21世纪人类面临的首要问题就是人类的生存和持续发展。生命科学发展迅猛,但中学生物课程应符合初中学生的认知水平。基于对上述问题的综合考虑,初中生物学课程标准除选取十个一级主题作为课程内容体系外,一般还包括活动内容、活动方法和活动建议等二级主题组成的课程实践体系。

(3) 全新的课程理念

初中生物学课程标准提出的课程理念有:①全面提高学生的生物科学素养。生命科学作为科学的一部分,担负着培养和提高学生生物科学素养的根本任务。②倡导探究性学习。初中生物课程标准力图改变学生的学习方式,引导学生主动参与、乐于探究、勤于动手,帮助学生形成新的知识观、学习观,逐步培养学生收集和处理信息的能力、获取知识的能力、分析和解决问题的能力等。③面向全体学生。初中生物学课程标准着眼于学生全面发展和终身发展的需要,提出了全体学生经努力应达到的基本要求,这种要求是起点,不是终点。

(4) 全新的内容标准

初中生物学课程标准的内容标准共包括十个一级主题,其中的科学探究、生物的多样性、生物技术和健康地生活等主题从题目到内容都是全新的。初中课程标准凸显重要概念的传递,在内容标准的10个主题中筛选并呈现了50个生物学重要概念,并以概念内涵或命题的方式具体描述。

(5) 全面的评价方式

初中生物学课程标准要求采用全面的评价方式:评价内容全面,包括知识、能力和情感态度与价值观等;评价要有利于学生的发展,注重终结性评价和形成性评价相结合,定量评价和定性评价相结合;重视学生自评和互评等。

(6) 全新的实施建议

初中生物学课程标准的"实施建议"中指出:课程目标方面强调能力和情感态度与正确价值观的培养;探究性学习方面,突出教师在教学中是师生交往、共同发展的互动过程;在教学方式方面,强调重要概念的学习,倡导围绕生物学重要概念来组织并开展教学活动;在实验、实践方面,强调运用观察、调查、数据分析等科学方法实事求是地表述实验结果,突出生物学科与科学、技术和社会的关系。

在教材编写建议中,不追求学科的系统性和完整性,而是从学生的发展和社会的需求出发,突出人与生物圈的关系,按照学生的认知逻辑及生活经验组织教材内容。

在课程资源的开发与利用建议中,强调利用人力、设备、经验等资源的重组,建议充分利用学校教学设备,开发社区人力和环境课程资源,挖掘学生的自身生活经验,重视现代信息技术的影响等。

(7) 全新的附录

附录中"学习目标的说明",比较明确地将生物课程的知识性、技能性和情感性教学目标,在不同水平的要求及相关行为动词进行了规范,成为教学、实验和学生的评价依据标准。

2.4.3.2 《普通高中生物课程标准(实验)》简介

2003年3月31日,教育部颁布了《普通高中生物课程标准(实验)》(以下简称"高中生物课程标准")。高中生物课程标准研制完成,是我国生物教育发展中标志性的成果,必将有力地推进我国高中生物课程的发展。

1. 高中生物课程标准的设计思路

高中生物课程的核心任务是在义务教育的基础上进一步提高学生的生物学素养,其价值是为学生全面提高科学素养作出贡献。这一认识是构建高中生物课程标准的指导思想。同时,高中生物课程标准的制定,还充分考虑社会的需求、学生的学业选择和职业发展的需要,反映时代的特点和生物科学的进步。此外,高中生物课程标准的设计还充分考虑了初、高中的衔接。初、高中生物课程在课程理念和课程目标上有很强的一致性,在内容主题上实现互补和递进。

2. 高中生物课程标准的主要内容

高中生物课程标准主要由前言(课程性质,课程理念,设计思路)、课程目标、内容标准和实施建议(教学建议、评价建议、教科书编写建议、课程资源的利用与开发建议)四个部分组成。其课程内容包括必修(含三个课程模块)和选修(含三个课程模块)两部分,共计六个课程模块。高中生物课程结构如图2-2所示。

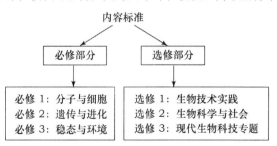

图 2-2 高中生物课程结构图

3. 高中生物课程标准的特点

活动 2-15

阅读《普通高中生物课程标准(实验)》,分小组研讨:
1. 高中生物课程标准有何特点?
2. 初、高中生物课程标准有何区别和联系?
3. 高中生物课程标准的可执行性如何?有何改进建议?

名师论教 2-10

与高中生物教学大纲相比,高中生物课程标准具有如下特点。[①]

(1) 充分体现基础性和选择性

高中生物课程在必修内容框架的构建上,力图体现基础性。依据初中生物课程的基础和整体设计的思路,高中生物课程标准选择了其中最重要的主题,并重新组合成三个模块。这三个必修模块,既考虑了不同层次生物学的知识,又注意到了生物学中的核心主题,突出了构成生物学素养的基础。

高中生物课程标准力求在多样化和选择性方面有所突破,以充分适应不同地区的需要。高中生物课程标准的选择性体现在三个层面。

① 每一个模块的内容标准都是一个内容主题,而不是一个具体的"知识点"。这种提纲挈领式的内容标准为教材编写和课堂教学都留出了极大的空间,也有利于实现教材的多样化。

② 高中生物课程标准在一些模块的内容要求上留出了选择空间。例如,在选修1"生物技术实践"模块中,共有14个二级主题,学生和教师只需从中选取5~7个主题进行研修,即可达到要求,获得2学分。这样的选择可以适应不同学校、学生的需求。

③ 高中生物课程是必修与选修相结合的结构,必修部分是生物学的核心内容,是全体学生要共同学习的生物学基础知识;选修部分要引导他们关注生物科学和技术的最新进展及其与社会的关系,促进他们在创新精神和实践能力方面有进一步提高。同时考虑学生不同的兴趣和志向及多样化发展的需要,分别侧重生物技术、生物学与社会、生物科技进展,为他们选择学业和职业方向提供帮助。

(2) 注重理论和实践的平衡

高中生物课程标准强调学生在生物课程学习中的实践过程,重视实验及其他实践活动的开展。在必修模块中,绝大部分的内容标准都附有相应的活动建议,这些建议大多是学生的实践活动。在选修模块的设计上,有以实践活动为主要学习方式的"生物技术实践"模块。这一模块要求学生"在教师的指导下自己设计并进行实验,然后收集并整理资料,写出报告,相互讨论"。教师的任务不再是讲授,而是为学生的实验提供多方面的帮助。这些都反映出,高中生物课程力求理论与实践的平衡发展。

(3) 强调科学与技术的平衡

高中生物课程标准把对学生生物技术素养的教育纳入到生物课程中,加强了生物技术的内容,强调科学与技术的平衡。在必修模块,生物科学的逻辑框架构成知识体系,技术教育渗透在科学教育的主题之中,如"关注转基因生物和转基因食品的安全性";"关注人类基因组计划及其意义"等。此外在活动建议中也包括了一些与技术相关的内容。在选修部分,生物技术则是三个选修模块的核心主题,各内容都围绕生物技术展开。

---

① 崔鸿,杨华,王重力.生物课程教育学[M].武汉:华中师范大学出版社,2006:67-69.

如选修1"生物技术实践"侧重传统的生物技术,并强调学生动手实践;选修2"生物科学与社会"模块,在农业、工业、健康、环保4个一级主题中,突出了生物技术的应用和渗透;在选修3"现代生物科技专题"中,高中生物课程标准又从基因工程、克隆几个方面介绍了现代生物技术。从整体来看,高中生物课程中生物技术内容大为增加。

(4)重视学习方式的改变

高中生物课程标准倡导以科学探究为核心的多样化教学方式,倡导学生在动手和动脑的学习活动中全面达成课程目标,以获得高层次的认知能力。所有这些教学思想都体现在内容标准、活动建议、教学案例及实施建议之中,同时也要求教材开发者和教师在编写教材和教学过程中,采取多种措施,引导学生主动学习。

(5)确保适应性和可操作性

高中生物课程标准在必修模块的教学要求、在选修模块的数量、在课程内容的范围等方面,都注意到了我国生物教育的原有基础;在内容选择和教学要求方面,充分继承了我国生物教学几十年的经验和优势;在实验活动的建议中,考虑了要适应我国不同地区的经济条件差异较大的实际情况,既能使条件好的学校充分发挥资源优势,也能确保高中生物课程标准的适应性和可操作性。

2.5 生物教科书

教科书是在学科课程范畴之中系统编写的教学用书,它是支持教师开展各种教学活动的书籍。生物教科书是教学内容的载体,它包括了生物课程标准中要求的学科知识(事实、概念、原理)、学科知识的逻辑系统、知识的深度、呈现方式以及编写思路等等,在一定程度上"指引"教师的备课和教学活动。同时,生物教科书又是学生学习的工具,教科书要能引导学生去实现课程的各类目标。

案例研究 2-16

南京师范大学汪忠教授曾经这样评价过普通高中生物教科书:①

创造性缺失是当前高中生物教科书的主要问题。高中学生形象地形容《生物》学习是"不看肯定不会"、"看了不死记硬背仍然不会"。生物学知识的呈现几乎没有"生活意义"和"生命价值",仅仅把学生看成是"需要填满的罐子";教条式的教学内容导致重"机械训练",轻"创造性培养"。

学生主体性的生成机制严重缺失也是当前高中生物教科书的主要问题。教科书的呈现方式对教师的授课非常有利,而对学生的主动学习考虑极少。例如现行高中生物教科书中的"光合作用"这部分内容,除了安排一项"叶绿体中色素的提取和分离活动"外,全部是一讲到底,不留给学生任何发挥主体性的空间。

情感教育不仅是教育的重要手段和提高学生认知水平的有效途径,也是学生综合素养的有机组成部分。缺乏情感的教学不可能培养出具有完全人格的人。现行高中《生物》明显地缺乏情感。

生物教科书的三大缺失已经严重阻碍学生的学习兴趣,学习效果。学生需要新的教科书,这种教科书要能全面体现《普通高中生物课程标准(实验)》提出的课程理念、课程目标、课程体系等,以"学科中心""学习方式"和"评价方式"为主要突破口;既关注生物科学的"科学世界",又关注学生的"生活世界";并综合考虑高中学生充分发展的需要、社会需求和生物科学发展三方面,有机结合高中生物学教科书的时代性、基础性、选择性。新的教科书在体系和呈现方式上能引导学生自主学习,合作学习,探究学习,从而全面提高学生的科学素养。

---

① 汪忠,殷宁.在"科学世界"和"生活世界"里畅游——高中《生物》教科书(苏教版)解读[J].基础教育课程,2006(6).

2.5.1　生物教科书设计的基础

《生物课程标准》是生物教科书的编写指南和评价依据。生物教科书的编写必须体现课程标准的基本思想和内容要求,是在课程标准基础上的一次再创造。教材应有利于引导学生利用已有的知识与经验,主动探索知识的发生与发展,同时也应有利于教师创造性地进行教学。

课程理论则是教科书编写的最主要的理论基础,教科书是课程的物化形态之一,课程是影响教科书编写与设计最重要的因素。课程是教育系统中处于核心地位的子系统,它是把宏观的教育思想、理论等与教学实际联系起来的主要途径,是教育目标的主要载体,是学生知识的主要来源。课程理论主要包括两个层面:一个是课程基本理论问题的研究,一个是关于课程设计与编制方面的探讨。课程理论的基础是心理学、社会学、哲学、教育学及教学论等。这些领域的成果为课程理论的构建提供了坚实的基础。

活动 2-16

教育家夸美纽斯认为,兴趣是创设一个欢乐和光明的教学环境的主要途径之一。心理学研究表明,新颖的、活动的、直观形象的刺激物,最容易引起儿童大脑皮层有关部位的兴奋,激发他们的求知欲。

教育家第斯多惠明确地说:"教育的艺术不在于传授知识,而在于唤醒、激发、鼓舞。"

思考与分析

你认为新课标生物教科书的哪些方面可以体现以上两位教育家的话?我们在哪些方面可以做得更好?

2.5.2　教科书内容与框架的设计

2.5.2.1　教科书内容的选择

1. 以学生的发展作为选取内容的出发点。
2. 应当符合学生的知识基础、心理特点和认识规律。
3. 要反映社会、经济和科技发展的需要,体现"科学、技术、社会"的思想。
4. 应将探究活动作为教材内容的重要组成部分。
5. 应具有一定的弹性和灵活性。

2.5.2.2　教科书框架的设计

教科书以《生物课程标准》为基础,将必修模块的内容编写成为必修课程教科书;选修模块的内容编写成为选修课程教科书。必修教科书内容的确定均在吸纳《生物课程标准》规定的内容基础上,重新组合与设计。既忠实于《生物课程标准》,又有创造性,体现出教科书的新颖性和独特性。选修教科书内容的确定,主要根据《生物课程标准》的体系,但也有较明显的创新之处。

活动 2-17

任选一套生物教材,讨论教材的框架。学会比较各套教材框架的不同,并选择较适合教学的版本。

2.5.3 生物新课程教科书比较

一个国家的教科书能反映出一个国家或地区的学科教育水平,在教育越发达的国家,生物教材的品种也就越丰富、越有特色。教材的多样化,不仅能锻炼一支强大的研究、编写队伍,也有助于提高教材的整体水平。我国学科教材也在不断的发展之中,逐渐走上多样化的道路。目前已经逐步形成了分科体系、小综合体系和大综合体系三类教材并立的格局。

2.5.3.1 义务教育生物课程标准教科书简介

教育部于2001年6月8日颁布了《基础教育课程改革纲要(试行)》,确定了课程改革的目标,研制了各门课程的课程标准或指导纲要。按照新制定的课程标准编写的义务教育实验教材有四套,即人教版(朱正威、赵占良主编,人民教育出版社出版)、江苏版(汪忠主编,江苏教育出版社出版)、河北版(刘植义主编,河北少儿出版社出版)、北师大版(刘恩山主编,北京师范大学出版社出版)的生物教材。至此,我国现有义务教育生物教材已达11套。

1. 人教版义务教育课程标准实验教科书《生物学》简介

人教版义务教育初中生物教科书《生物学》(实验本)于2001年8月正式出版,它是九年一贯制的系列化、立体化成套教材,全书一共分四册,围绕人与生物圈设立了八个单元,分别是"生物与生物圈""生物和细胞""生物圈中的绿色植物""生物圈中的人""生物圈中的其他生物""生物的多样性及其保护""生物圈中生命的延续和发展"和"健康地生活"。其中,七年级(上、下册)包含了前四个单元的内容,八年级(上、下册)包含了后四个单元的内容。教材注重学生的科学探究活动,不仅在教材中设置了多种多样的探究栏目(包括"探究""观察与思考""实验""资料分析""调查""演示实验""模拟制作"等等),还以多种方式分布于全书中。

教科书在知识方面,以人与生物圈为主线,突破传统的学科体系;在能力培养方面,从培养学生的科学探究能力,特别是创新和实践能力出发;在情感、态度和价值观方面,注意渗透爱国主义和辩证唯物主义教育;引导学生正确理解科学、技术和社会的关系,形成科学价值观。从以上几个方面,人教版教科书成功地实现了教材从知识的传承转向全面提高科学素养;从释疑解惑转向起疑生惑;从知识的单向传递转向引导学生自主学习、主动探究。

活动 2-18

人教版义务教育生物教科书具有如下特点:(1)更开放更现代的教材内容,体现鲜明时代特色;(2)更新的课程基础,重视综合素质和创新实践能力的培养;(3)创新的教材结构体系,追求教材组织方式的优化;(4)综合的教材设计思想,贯彻整合的思想方法;(5)改善学习的教材设计,促进学生学习方式的转变;(6)改进教学的教材设计,促进教学策略的选择和运用。

请你举出实例来解释这些特点。

2. 苏教版义务教育课程标准实验教科书《生物》简介

本教科书共分四册,供七、八年级四个学期使用。其中涵盖了以下十个主题,设立了十个单元,分别是:"探索生命的奥秘""生物体的结构层次""生物圈中的绿色植物""生物圈中的人""生物的生殖、发育与遗传""动物的运动和行为""健康地生活""生物的多样性""生物与环境是统一的"和"生物技术"。教科书以节为基本单位,每节的教学一般为1课时(少数为2课时),通常包括:课题名称、情境引入、课文和活动、思考、课后探究、课后阅读、小资料等栏目。这些栏目的设置,使教科书变得新颖活泼,易于学生的学习。

论教版块

江苏省教委教研室的曹慧玲老师是这样评价江苏版初中生物教科书的:

苏教版教科书的核心思想就是将"教师主体"转变为"学生主体",体现新的价值观;教科书创造新的教育生态系统以达到"唤醒潜能和促进变异"的目的;教科书的文字精练,浅显易懂,并配有大量的实拍照片和精美的插图;教科书的内容贴近生活,从学生生活实际出发,选取的教学内容都是与生活相关、对学生终身学习有益的知识点。另外,教科书的评价部分,也是通过设计包含知识、技能、情感、态度等方面的思考题来检验学生的学习效果。教科书多种多样的栏目构建了一个师生平等的教学氛围,使学生在合作、交流、讨论中学习知识,使学生真正成为学习的主体。

3. 北师大版义务教育课程标准实验教科书《生物学》简介

本套教科书力求全面贯彻《义务教育生物学课程标准(2011年版)》的基本要求,全面提高学生的生物科学素养,不仅传授基本的生物学知识,注意学生情感、态度、价值观的形成,更注重学生探究能力和应用知识、思考和解决问题的能力的提高。全书共设立了九个单元,分别是:"认识生命""生物体的结构层次""生物圈中的绿色植物""生物圈中的人""生物圈中的动物和微生物""生命的延续""生命的演化""生物与环境"和"生物技术"。

本套教科书的编写思路主要遵循以下几点:倡导以探究为核心的主动学习方式;注重能力体系的构建;注重贴近学生的实际,激发学生的兴趣;关注科学、技术和社会的关系;注意面向全体学生,全面提高学生的生物科学素养;充分考虑各地的实际情况和教学活动的可行性等等。正因为如此,本套教科书具有阅读性强、可帮助学生提高阅读能力、图文并茂、栏目简洁、灵活性强等编写特色。

案例研究 2-17

北师大版教科书栏目设计简洁,除了正文以外,教科书中还有一些主要栏目,如活动、演示等。栏目的数量不多,但每个栏目的内容变化空间较大,灵活性强。这些栏目是:学习目标;活动,包括探究实验、观察、实验、讨论交流、研究计算、验证等;演示;建议活动;本章小结;思考与练习;小资料和课外阅读。

思考与分析
教科书的这些栏目各有什么作用?是否有重复的栏目?

4. 河北少儿版义务教育课程标准实验教科书《生物学》简介

本套教科书以青少年生活中遇到的生物学问题为主线,围绕人与生物圈的关系,构建了教科书的新体系。教科书设立了八个单元,分别是:"我们身边的生命世界""我们的身体与健康的生活""植物的生活与栽培""动物的生活与饲养""微生物的生活与利用""生物的繁衍与发展""我们周围的环境"和"生物技术与社会的进步"。

论教版块

河北师范大学付尊英教授指出,河北少儿版初中生物教科书以学生活动为中心,采取"问题—活动—交流—总结—运用"的模式,促进学生自主学习和自主发展,培养学生的创新精神和实践能力,提高学生的科学素质。教科书内容贴近生活，亲近自然，紧密结合中小城市、乡镇和广大农村学生的生活实际和社会生产实践，充分体现"科学，技术，社会"(STS)的教育改革指导思想。同时，教科书语言生动，版面新颖，图文并茂，以多种富有吸引力的栏目，引导学生主动学习。

以上四套教科书均以生物的基本特征为纲，以生物的生命活动为主线，把相关的生物学知识有机地结合在一起，从而建立一个完整的具有内在联系的知识结构体系。同时，教科书从学生熟悉的宏观世界开始，为学生展示丰富多彩的生物世界，然后引导学生深入学习生物体的基本结构（微观世界），再由微观向宏观过渡，继而回到宏观的生物圈的植物、动物和生物圈中的人。这样的编排符合学生的认知规律，从感性认识出发，经过探究、实验、总结，再升华，有利于学生形成生物学的基本观点，理解生物学的基本原理和规律，并具有足够的实验操作技能和探究能力。此外，教科书始终贯穿了对学生的爱国主义、辩证唯物主义、科学态度和思维方法的教育，并帮助学生逐步养成良好的生活与卫生习惯，确立积极、健康的生活态度。

2.5.3.2 高中生物课程标准教科书简介

高中生物课程改革已于2004年9月起在全国四个省级实验区（广东、海南、山东、宁夏）实施，与之配套的实验教科书也相继进入各实验区供学校使用，目前已经通过全国中小学教材审定委员会2004年初审通过的新教科书有五个版本，分别是：朱正威、赵占良主编，人民教育出版社出版；张时新主编，中国地图出版社出版；汪忠主编，江苏教育出版社出版；刘植义主编，河北少儿出版社出版；刘相钰、刘恩山主编，浙江科学技术出版社出版。

1. 人教版普通高中课程标准实验教科书《生物》简介

人教版教科书分为六个模块，其中包括三个必修模块和三个选修模块：必修模块1（分子与细胞）：突出"细胞是基本的生命系统"这条主线，围绕系统的层次、组成和结构、功能及发展变化来逐步呈现知识。必修模块2（遗传与进化）：基于"人类对基因的本质、功能及其现代应用的研究历程"的主线来构建生命的延续和发展这一知识体系。必修模块3（稳态与环境）：以"生物个体、种群、群落和生态系统各个层次生命系统的稳态的维持"为主线，构建生命系统的稳态与环境的关系。选修模块则以专题的形式来介绍相关生物技术、科学进展。其中，选修模块1（生物技术实践）：突出了科学探究和操作实践，兼顾了背景知识和科学原理的介绍。选修模块2（生物科学与社会）：以生物科学与人类社会发展的关系为主线，侧重反映生物科学在医疗、农业、工业和环境保护中的应用。选修模块3（现代生物科技专题）：以专题形式介绍生物科技几个重要领域的研究热点、发展趋势和应用前景，更加重视介绍现代生物科技的原理、方法和技术及其应用。

论教版块

课程教材研究所生物课程教材研究开发中心主任赵占良老师指出，人教版教科书的特色主要表现在以下几个方面。

(1) 人教版教科书的素材选取重视科学家的研究过程与研究方法，不仅仅局限于罗列知识点，而是注重介绍知识的发生或发现过程，以及在该过程中所体现出来的科学家们的智慧思想与科学方法，包括研究问题的确立，实验材料的选取，实验方案的设计、实施，以及根据结果获取结论等。

(2) 教科书内容组织突出并再现了科学发展的逻辑，淡化了知识的系统性，而对知识的来龙去脉及逻辑联系明显给予了强化，在很大程度上还原了科学知识发现和科学研究发展的真实历程及逻辑顺序。

(3) 教科书在知识引入上注重从现实生活中发现并提出问题，从而引出新知识。通过分析及解决这些问题,进而获取或掌握新知识。人教版教科书很重视问题情境的创设,重视学生的思考、想象、讨论与尝试解决,进而引到新知识的学习上来,并且更加重视学生已有知识经验在学习中的作用。

(4) 教科书的活动设计突出探究及探究性学习。不仅体现在诸如"探究""实验""模型建构""课后制作""资料分析"以及"资料搜集和分析"等外显栏目设置上,还内隐在正文的编写中(如每节中几乎都有的"思考与讨论")以及练习中,甚至有的节就是完全以探究的形式组织的。

(5) 教科书是通过多种方式促成三维目标的达成的。在知识目标与能力目标的达成上,主要是通过设计认知活动特别是探究活动来实现;在学生的认知或探究过程中,又适时适度地进行情感态度与价值观目标的落实。三维目标的达成不仅体现在正文部分,如探究、资料分析以及思考与讨论等栏目中,在其他部分,如本节聚焦、练习、章小结以及课外阅读等栏目中,也有明显的体现。

(6) 教科书评价方式注重多样化以及学生的自我评价。教科书设置了形式多样的评价环节和途径,如节练习、章自我检测以及安排在每节内容中的本节聚焦和多个栏目中的问题讨论等。而透过这些评价环节和途径所体现出来的则是评价目标的全面性,即既有知识性目标评价,也有能力性目标评价,更有情感态度与价值观目标的评价。其中能力目标和情感态度与价值观目标的评价更多地体现在技能训练、技能应用以及思维拓展等栏目中,在每章后的小结中也有明显的体现。

2. 苏教版普通高中课程标准实验教科书《生物》简介

苏教版高中《生物》教科书分为六册,其中《生物1必修》《生物2必修》《生物3必修》为《课程标准》必修模块的内容,为必修课程教科书;《选修1:生物技术实践》《选修2:生物科学与社会》《选修3:现代生物科技专题》为《课程标准》选修模块的内容,为选修课程教科书。三册必修教科书,每册均为五章,共十四节,没有安排绪论,而是以第一章的形式呈现,分别强化情感态度与价值观的教育。三册选修教科书,每册均为绪论加四章,栏目设置和必修教科书基本相似。

苏教版教科书有如下特色:表现形式图文并茂,凡能用"图和图群"表示的内容都用"图和图群"表示,文字尽可能精练。教科书分为"自主学习"和"自我发展"两大板块,构建"知识、能力和情感态度与价值观一体化"的自主学习体系。以"思维"活动为主要学习栏目,辅以"边做边学""课题研究"等实践活动栏目,促使学生在更高水平上"改变学习方式"和"提高生物科学素养"。其所有内容均强调"面向全体学生"。①

活动 2-19

苏教版有"积极思维""边做边学""课题研究""放眼社会""回眸历史""思维创新""评价指南""继续探究""走近职业""拓展视野"等栏目,其栏目设置和人教版有什么不同?

3. 中图版普通高中课程标准实验教科书《生物》简介

本套教科书必修模块以系统论、信息论、控制论为指导理论,必修模块1(分子与细胞):围绕"细胞是由多个有联系的结构组成的生命系统"这一主线,按系统的组成与结构、系统的功能、系统的发展变化来组织素材,反映生命活动的物质变化和能量转换;必修模块2(遗传与进化):围绕"生命延续和生物界发生发展过程中的信息传递"这一主线,按个体水平的信息传递,分子水平的信息储存、传递和表达,生物界的信息传递表达来组织素材;必修模块3(稳态与环境):围绕"个体与群体水平上的稳态

---

① 殷宁,汪忠.苏教版高中《生物》教科书的结构与特色[J].基础教育课程,2006(7).

都是通过反馈调节实现的"这一主线,按个体水平的稳态与反馈调节、群体水平的稳态与反馈调节来组织素材,反映系统内部稳定的特性以及调节机制。选修模块则以传统生物技术、应用生物技术和现代生物技术为侧重选材。选修模块1(生物技术实践)突出了实验及探究能力的培养,选修模块2(生物科学与社会)突出了生物科学技术与社会的联系,选修模块3(现代生物科技专题)突出了现代生物科学技术在一些重要领域的研究热点、发展趋势和应用前景。

活动2-20

中图版教科书的主要特色是建立了科学方法教育的体系,创设了科学方法教育的途径,即教科书采用"任务驱动"的模式展开教学内容,把将要学习的新知识隐含在预先设计的一个或几个任务之中;在把握基础性的前提下,必修教科书增加了反映时代性的概念和原理,选修教科书选取了具有时代性的科学技术内容;教学内容富有弹性,活动、作业、阅读分学习梯度,以满足不同学校和学生发展的需求。

收集有关"任务驱动"教学模式的资料,了解其含义以及"任务驱动"教学模式的课堂教学流程和方法。

4. 河北少儿版普通高中课程标准实验教科书《生物学》简介

河北版教科书在教学内容设计上,更侧重于生命活动的基本规律,以引导学生进一步认识生命的本质。该教科书的整体结构体现了"发现问题—自主探究—获得知识—实践应用"的探究式教学思路,有利于学生学习方式和教师教学方式的转变。

教科书编写的主要特色是:第一,注重情感教育。特别注重对学生进行生物学发展史的教育。全书每章的开篇不仅设置了"科学发展历程""科技发展历程"或"技术发展历程"栏目,介绍相关的科学与技术的发展历史,而且在有关章节还穿插了"科技探索",介绍科学家的探索精神、研究思路和探究方法,启迪学生的科学创新精神、学习科学的思维和工作方法。第二,教科书几乎在每一节的内容中都设有"阅读与分析",提供有关的材料,引导学生通过主动探究和讨论,获得相关的结论或者规律,帮助学生自主建构知识,注重对学生分析能力、探究能力的培养。

5. 浙江科学技术版普通高中课程标准实验教科书《生物学》简介

浙科版教科书的重点是为学生走向生活或进一步深造奠定坚实的基础,因而强调基础性。必修模块1(分子与细胞)围绕"细胞是基本的生命系统"这一主线展开,以细胞的代谢体现"活"细胞的生命特征。选取的学习内容是细胞生物学方面最基本的知识和科学研究的最新进展以及相关的实际应用。必修模块2(遗传与进化)围绕"生命延续和种族的繁衍以及通过进化形成物种多样性和适应性"这一主线展开,选取的学习内容主要是近代遗传学与进化论的基础知识,以及遗传与进化原理在生产、生活、人类健康中的实际应用。必修模块3(稳态与环境)以稳态为主线构建教科书知识体系,选取的学习内容主要是有关生命活动的调节与稳态、生物与环境的基础知识。

活动2-21

与其他版本的教科书相比较,浙科版教科书具有三个特点:第一,探究活动多,课外阅读资料丰富,教科书难度较大;第二,编者在引导学生进行基础知识学习的基础上,注重学生探究能力、动手操作能力的培养,注意拓展学生的知识面;第三,内容先进。

思考与分析

对于浙科版教科书的这三个特点,思考采取什么样的教学措施能更好地体现教科书的特色并取得较好的效果?

案例研究 2-18

表 2-11　五个版本高中生物新课标教科书编写体例比较

教科书	章编排体例	节编排体例
人教版	章题名→引言→题图→第一节→第二节→…→本章小结→自我检测题	问题探讨→本节聚焦→正文→练习→课外阅读资料
江苏教育版	章题名→引言→题图→各节题目→第一节→第二节→…	学习目标→导言→正文→继续探究→拓展视野→走进职业（或无）
中国地图版	章题名→题图→课题研究→第一节→第二节→…→回顾总结→课外阅读	导言→正文→巩固提高
河北少儿版	章题名→本章主要内容→科学发展历程→第一节→第二节→…→本章小结	导言→材料分析→正文→自我检测→开阔眼界（或无）
浙江科技版	章题名→引言→题图→本章学习要点→第一节→第二节→…→本章小结	导言→本节要点→正文→课外阅读（或无）→思考与练习

思考与分析

1. 分析以上（见表 2-11）五个版本高中生物新课标教科书的编写体例，并讨论其优缺点。

2. 根据你对高中生物课程标准教科书的了解，如果你是一名中学生物教师，你愿意选择哪个版本的教科书进行相应学段的生物教学，并说明你选择的理由。

2.5.3.3　我国港台地区以及国外生物学教科书简介

海外初中生物教材改革的总体趋势是综合理科。目前世界上约有一百多个国家和地区在初中阶段开设综合理科。同时，分科体系教材和小综合体系（即综合生物学）教材也被不少国家和地区采用，高中阶段也有很多国家和地区实行综合课程。海外中学生物教科书的编选呈现多样性、实用性、启发性的特点，教科书不仅丰富多彩，同时也适应了不同地区、学校教学的需要。另外，海外教科书的叙述比较详尽，内容约为我国大陆地区教科书的十倍、数十倍，而且书中有大量形象生动的照片、插图。

1. 我国香港地区

香港地区各中学目前广泛使用的教科书为 1999 年牛津大学版英文原版教科书《基础生物学》第二版，是依据最新颁布的香港课程发展会议生物科课程纲要编写而成的，全书共分三册，分别供高中三个年级使用。

论教版块

人民教育出版社生物室的吴成军老师对香港和内地的教科书进行了分析，得出以下结论。[①]

1. 从指导思想看，香港教科书是为了促进教学相长教学法的应用而特意编写的，它提倡用主动、积极、兴趣盎然的学习方式来学习生物学课程。

2. 从知识内容看，香港教科书注重生物学知识与现实生活相联系，比较贴近学生的生活实际，容易引起学生的兴趣，内容不深但比较广泛。

3. 从科学方法的培养看，香港教科书每节中基本都有两个栏目，即实验和活动，全书中实验共有

[①] 吴成军.香港与内地高中生物学教材的比较[J].生物学教学,2004(5).

95个,有的节中还不止一个实验,部分实验相对比较简单,其最直接的作用是帮助学生理解基础知识的基本概念,而培养学生的实验技能则居次要地位。

4. 从教科书的呈现方式看,香港教科书的呈现方式与内地生物学教科书相比有以下几个特点:①以问题的形式引导学生学习;②以问题和回答及粗体字的形式反映和突出重要的概念;③以丰富的图表激发学生学习兴趣,引起学生思考和讨论;④以实验和活动的形式帮助学生理解重要的知识和概念;⑤语言相对通俗,注重联系现实生活;⑥作业题型多,数量大,注重提高学生运用所学知识分析和解决问题的能力;⑦栏目多,有利于学生活动和思考。

5. 从作业系统看,香港教科书的作业系统比内地教科书要丰富,所占比重要大,题型有填充题、是非题、简答题、填表等形式。习题一般分为两个部分,第一部分为基础题,主要由本章的一些基础知识组成;第二部分为历届香港中学会考试题,这部分题的题量比较大,以图表分析为主。

活动 2-22

对比香港和内地教科书,从上述某个方面评价一下内地的教科书(任选一个版本),指出哪些是内地教科书的优点,哪些还需要进一步地改进。

2. 我国台湾地区

台湾的初级中学自然科学类课程包括生物、理化和地球科学三门,此外,另设有健康教育课。其生物教材包括教科书、教师手册和供学生使用的活动记录簿(均分上、下册),由台湾"国立编译馆"编写出版。初级中学生物课的教学内容,采用的是小综合体系,共计12章和2个附录,它们是:一、生命世界;二、生物体的构造;三、养分和能量;四、运输作用;五、协调作用;六、恒定性;七、生殖;八、遗传;九、演化;十、生物圈的生物;十一、生物与环境;十二、人类与环境;附录一、淡水中常见的小动物;附录二、台湾的保育类动物和植物。

台湾教科书的编写特点是教科书建立在正确性、适切性、本土性、易读性及生活化的基础上,以充分引导学生用积极主动的态度探究生物学领域。由认识生物,体认生物、人类与自然环境的关系,进而培养亲近自然,爱护环境与尊重生命的情操;在学习过程中,让学生熟练观察、推理、实验等科学方法与技能,借以启发独立思考与创造能力。

3. 美国

美国的初中生物学课程,有些学校开设综合生物学,有些学校开设综合理科。综合理科打破生物、化学、物理和地理等传统学科的划分,将各学科融合在一起,从而形成一门综合性的学科。综合理科更有利于揭示知识的本质联系,更有利于体现STS教育理念。

案例研究 2-19

美国中学生物教育比较突出的成就是编写了一系列有影响的高中生物教材,尤以BSCS高中生物教材中的生态版本最为流行(中译本在北京试用)。BSCS全部教材分为以分子生物学为侧重点的蓝皮本、以生态学为侧重点的绿皮本和以细胞生物学为侧重点的黄皮本三套教材。三套教材有75%的内容是共有的,有25%

的内容是各自侧重的。它们均是以生物的生命活动为基本特征进行编写的(这与我国的教材体系相区别)。这样获得的知识是纵横联系的,而不是割裂的,比较容易使学生形成生物是从低等到高等,从简单到复杂的进化观点。

BSCS 的教材内容主要是让学生在实验的基础上进行探索式的学习。BSCS 教材中的实验大都为"探索性"的,实验的课时数加起来超过总课时数的50%。教学内容的学习基本上都是先安排学生进行实验,让学生根据自己观察到的现象和事实,在已有知识的基础上进行分析和讨论,最后形成新的概念和观点,建立起自己的知识体系。因而,BSCS 的生物学教材中的全部内容不安排课堂讲授,而是要求学生在课下自学课文,在课堂上除进行实验外,就是讨论,但也可以用少量时间安排学生自学课文。

BSCS 教材重视学生全面素质的培养,面对"知识大爆炸"的时代,没有选择"增加课时,增加知识量"的做法,而是把目标落在对学生进行全面素质的培养上,这包括对学生知识方面的要求,对学生进行科学的工作方法学习、科学思维方式训练、科学态度和精神的培养以及对学生的情感意志、人生态度和价值观的培养等多个方面。BSCS 的教材内容在设计上很重要的一个原则就是教材内容的开放性。教材的编写者们希望学生通过该教材的学习后懂得,科学研究是一种开放性的智力活动,没有什么知识是一成不变的,人们对于事物的认识也是有限的,而认识的活动则是无限的和永无穷尽的。今天认为是正确的,将来未必正确或不完全正确,其原因在于科学方法总有局限性。由于科学方法有局限性,因而科学研究也有局限性。[①]

4. 英国

英国的初中生物也是综合理科。教科书有多个版本,但普遍富有启发性和实践性,主要体现在以下方面:教科书以逐步深入的问题贯穿于整个章节之中;课后作业中的问题分析性和综合性强;为了使学生能将获得的生物学知识运用于实践,教科书的许多章节都规定了一些实验活动,等等。

案例研究 2-20

英国众多教材中以1986年出版的《社会中的科学和技术》最具代表性。该书内容主要选自当今世界最新科技知识和社会生活,包括生物、化学、医药、物理、天文、地理、数学等学科,涉及工业、农业、环保、食品、建筑、数学等方面。全书共分100个专题。其中,有关生物、医药学科的专题占三分之一。例如:真菌、生物技术、肾衰竭、胰岛素、试管婴儿、素食、用单克隆抗体攻击靶子、食品中含有什么——查看食品标签、饮用酒精、癌症探索、艾滋病、精神病、失明、体温过低等。

专题内容多是学生在日常生活中碰到或听到过的,可读性强,很容易引起兴趣。例如:眼睛与隐形眼镜、电在你家中、防锈、厕所的科学等都是不错的选题。

每个专题都紧扣主题,联系生活实际,用一个个问题将各部分内容引出,最后再从理论上进行概述。例如:在"艾滋病"专题中,依次讲述了艾滋病是由什么引起的,有没有检验艾滋病的方法,艾滋病的发病过程是怎样的,人怎样感染艾滋病,哪些人容易感染艾滋病,怎样才能避免感染艾滋病,最后进行小结。

此外,该教材还根据专题内容的不同,要求教师采用不同的教学方法,以利于提高学生学习的主动性和参与意识,培养学生的观察能力、思考能力和解决问题的能力。例如:在"酗酒问题"这一专题中,要求教师组织学生外出调查,然后根据调查结果进行讨论。还有的专题,教材中未下结论,要求学生先到现场参观、调查,然后以小组为单位写出报告。[②]

---

① 程天.国内外现有生物教材的比较分析[J].教育导刊,2003(8):107-108.
② 钟启泉,张华.世界课程改革趋势研究(下卷)[M].北京:北京师范大学出版社,2001:849.

活动 2-23

英国教材中的问题设计①

"食物的消化"一章的问题是:

我们如何消化所吃的食物?

Raebel 打算吃一个汉堡包,当 Raebel 将汉堡包放进嘴里后,将会发生什么情况?

消化道为消化食物做了哪些准备?

食物是如何进行消化的?

"食物——生命的燃料"一章中提出下列问题:

不同的食物提供给我们多少能量? 我们需要多少能量?

假如我们吃多了,会出现什么情况?

如何减肥? 为什么能够减肥?

假如我们吃得太少了,会出现什么情况?

思考与分析

1. 英国教材中的问题设计有哪些优缺点?
2. 在教学中你怎样按照该问题设计来设计教学过程? 每一问题下应有哪些教学内容?

5. 日本

日本的生物学知识编入了《理科》教科书,这一教科书涵盖物理学、化学、生物学、地学四个学科。教科书中各学科除了有专门章节阐述外,还分别阐述了与本学科有关的其他学科知识,也就是学科间的相互融合。生物部分的知识基本上是以生物的生命活动为基本特征进行编写的。其内容体系主要是:初一年级:生物的种类和生活(自然与生物;植物的种类和结构;动物的种类和结构);初二年级:生物体的构造(生物和细胞;多细胞生物体的构造);初三年级:生物界的相互关系(生物界的生产和消费;生物界的分解者;生物间的关系;人类和自然)。

高中阶段先后开设《理科Ⅰ》(必修)和《理科Ⅱ》(选修),要求学生就在自然界中所能看到的事物、现象,以及科学史方面的实例拟订课题,并通过对一些课题的独立探索和自由研究,学习科学的实验研究方法,培养科学地看待自然的态度和解决问题的能力。由此可见,日本的初、高中生物教学内容都是从学生周围的事物开始,强调生物学的共性,把大自然作为观察、实验的课堂。这对于激发兴趣,启发诱导,培养观察能力、思维能力、解决实际问题的能力以及生物学观点和科学自然观的培养都是十分有益的。②

纵观上述国家和地区的中学生物学教科书,不难得出四条结论:一是教科书以生物的生命活动为基本特征进行编写,能使学生较为全面地理解生物的生命特征;二是教科书内容与科学、技术、社会实际紧密联系,提高了教学的先进性、现代性及实用性;三是教科书注重自然情景的观察、讨论、分析,有利于学生综合能力和科学自然观的培养;四是注重学科间的横向联系,减少知识重叠,提高教学效率。这些特点是当今世界中学教科书发展的总态势。

国外的综合体系教科书打破生物、化学、物理和地理等传统学科的划分,将各学科融合在一起,更

---

① 张为民,邢智峰.英国中学生物学教材的特点分析(一)[J].中学生物教学,1999(3).
② 单德臣,李金峰等.英美日韩四国中学生物学教材简介[J].济南教育学院学报,1999(3).

有利于揭示知识的本质联系,加强学科之间的联系,避免学科之间知识的脱节与重复,使学生对自然形成统一和整体的认识。这是今后课程与教材改革的方向。

案例研究 2-21

表 2-12 中国、美国、英国教科书"分子与细胞"部分比较①

教科书名称	分子与细胞部分的内容架构
人教版教科书	第1章 走近细胞,第2章 组成细胞的分子,第3章 细胞的基本结构,第4章 细胞的物质输入和输出,第5章 细胞的能量供应和利用,第6章 细胞的生命历程。
BSCS Biology（美国）	第1单元 能量物质和生物体：第1章 生命的化学,第2章 能量、生命和生物圈,第3章 与环境进行物质交换,第4章 自养,第5章 细胞呼吸释放化学能。 第2单元 细胞稳态与发育：第6章 细胞的结构和各部分功能,第8章 细胞周期。
Advanced Biology（英国）	第1单元 从分子到生物体：第2章 生命的化学,第3章 细胞是基本单位。 第2单元 呼吸、营养与运输：第7章 物质的跨膜运输,第8章 酶与生物化学反应,第9章 能量的释放,第10章 气体交换,第11章 异养,第12章 自养。 第5单元 繁殖、生长与发育：第26章 细胞分裂与细胞周期。

思考与分析

1. 分析以上（见表 2-12）三套教科书安排分子与细胞部分内容的内在逻辑,并讨论其优缺点。
2. 你认为国内教科书的内容安排可以如何改进？说出你的理由。

本章小结

1. 课程受社会、知识以及学生等多种客观因素的影响。课程的产生和发展要符合社会发展、知识增长和学生成长的综合要求,从而促进受教育者成为具有一定素质的人。

2. 我国的基础教育课程改革既要积极吸取国外先进的课程理念,同时也要立足本国国情,发扬本国优良的教育传统。要改革我国过去中央集权式的课程管理制度,实行中央、地方、学校三级化的课程管理。要针对不同地方、不同学段设置多样化的课程结构,鼓励一线教师积极参与课程研究。

3. 课程目标是学习完某一课程门类或科目以后所要达到的学生发展状态和水平的描述性指标,是在课程的设计和开发过程中,根据既定的教育宗旨和教育目的赋予课程的具体价值和任务指标。

4. 尽管不同组织或个人从各自不同的角度对科学素养的内涵给出不同的理解方式或内容,但从本质上看,科学素养的内涵所涉及的范围主要包括三个方面：对科学知识的理解；对科学本质（科学过程和方法）的理解；理解科学技术对社会的影响。

5. 中学生物课程具有科学性、学科性等基本性质,教师要正确把握中学生物课程的性质,达到中学生物课程的教育目标。对中学生物课程地位和价值的深入分析,有助于教师在生物课程教学过程中,引导中学生全面健康地发展。对我国中学生物课程设置以及国外生物课程改革情况的介绍,有助于了解和比较国际上生物课程的发展变化。

6. 生物课程标准以全新的教育理念、系统的课程体系、长远的课程目标和全面的评价方式等特点,突破生物教学大纲的限制,引导中学生物教学朝着新课程改革的趋势顺利推进。

---

① 谭永平.国际视野下的人教版高中生物课程标准实验教材[J].课程·教材·教法,2007(5).

7. 义务教育新课标生物教科书有四套,均以生物的基本特征为纲,以生物的生命活动为主线,把相关的生物知识有机地结合在一起,从而建立一个完整的具有内在联系的知识结构体系。教科书贯穿了对学生的爱国主义、辩证唯物主义、科学态度和思维方法的教育,并帮助学生逐步养成良好的生活与卫生习惯,确立积极、健康的生活态度。

8. 高中新课标生物教科书有五套,均分为必修模块和选修模块,教科书重视学生的生活经验,以探究活动贯穿整个教科书内容,教科书内容选取高中学生必备的生物学基础知识和技能,同时关注生物科技的新观念、新知识、新技术核心的发展。

9. 海外生物教科书无论是初中还是高中都更倾向于综合体系,打破生物、化学、物理和地理等传统学科的划分,将各学科融合在一起,更有利于揭示知识的本质联系,加强学科之间的联系,避免学科之间知识的脱节与重复,使学生对自然形成统一和整体的认识,是今后课程与教材改革的方向。

关键术语

◆ 课程、课程改革
◆ 课程目标、科学素养
◆ 中学生物课程、课程性质、课程价值、课程设计
◆ 生物教学大纲、生物课程标准
◆ 生物教科书

学习链接

推荐书目:

1. 中华人民共和国教育部.义务教育生物学课程标准(2011年版)[S].北京:北京师范大学出版社,2012.
2. 中华人民共和国教育部.普通高中生物课程标准(实验)[S].南京:江苏教育出版社,2003.
3. 中华人民共和国教育部.全日制普通高中生物学教学大纲(实验修订版)[S].北京:人民教育出版社,2000.
4. 中华人民共和国教育部.普通高中课程方案(实验)[S].北京:人民教育出版社,2003.

推荐网站:

1. 中国教育资源服务平台(教育论坛)http://bbs.cersp.com/
2. 中国生物课程网 http://bio.cersp.com/
3. 科学网 http://www.sciencenet.cn/
4. 中国基础教育网 http://www.cbe21.com/

检测—拓展

检测

1. 关于课程的概念,不同学者持有不同的观点,你比较认同哪一种说法?说出你的理由。
2. 课程目标是指什么?它有什么重要作用?
3. 普通高中生物课程标准中的课程目标与教学大纲的课程目标相比在哪些方面有所发展?
4. 根据本章的学习,你认为科学的本质是什么?科学素养包括哪些方面?
5. 你认为一个具备生物科学素养的人应该达到什么标准呢?
6. 分科的中学生物课程和综合理科课程各有哪些优势和局限?
7. 1932年的初中植物学课程标准就提出"以自然为教本,而教师从旁启发之,书籍则仅用以补助观察及实验之不足,而不宜据首要地位"等教法。你认为这说明了什么?

8. 生物课程标准与以往的生物教学大纲相比,突出的优点是什么?

9. 初、高中生物课程标准的主要内容分别有哪些?它们有何区别和联系?

拓展

1. 新课程改革突出以人为本的理念,关注全体学生的全面发展,你认为这是一种儿童中心主义的课程设计理念吗?

2. 针对当前世界各国课程改革的趋势,作为未来的中学教师,你认为自己应当做好哪些方面的准备?

3. 你所在地区目前采用的教材是否体现了新课标中关于课程目标的要求?在教学中如何更好地利用教材,提高学生的生物科学素养?

4. 搜集历届生物教学大纲,讨论人们对于"生物学"教学价值认识的转变。

5. 在世界各国的课程改革中,为什么理科各科的课程标准都不约而同地将探究性学习作为各科教学的核心要求?

6. 自编或精选某一节生物教学案例,评析其设计是否体现生物课程标准的理念和要求。

7. 你能否理解教科书的作用,以及其中所体现的课程理念?

8. 你对教科书编制的内容选择和框架设计的方法有哪些了解?能否从栏目设置、内容选取等具体方面去评价教科书?

阅读视野

课程改革面临的困难及发展对策[①]

21世纪生物课程标准的制定,将对中学生物课程的发展产生重大的影响,课堂教学也将发生变化。同任何课程改革一样,这一改革也将遇到多方面的困难。根据北京近年来初中生物学课程改革的经验和从北京部分高中试用美国"BSCS 生物科学"教材中所获取的经验,可以帮助我们预见我国21世纪课程改革计划的实施将会遇到的困难,也有助于我们制订适当的发展策略。这些困难和应采取的对策有:

1. 课程改革首先是观念的变革

我国新的课程标准在课程理念、内容、要求等方面发生了重大变化,要求教师要改变他们头脑中的一些认识、观念,如许多教师认为知识是生物学教学中最有价值的东西,而新的要求则要求他们在课堂教学中用更多的时间来发展学生的探究能力和科学精神。教学方法上也要求教师放弃一些原来熟悉的东西,而接受一些陌生的东西。大多数的生物教师期待着这一改革,会积极地参与,但对少部分教师来说可能是一个痛苦的转变过程。课程改革会因此遇到一些阻力。

阻力也会来自于学生和家长。在 BSCS 教材的试教过程中,一些教师遇到了来自学生和家长的阻力。试验班的许多学生担心他们在这种探究式的学习过程中没有学习到更多的知识,或认为课堂上主动学习没有教师灌输式的教学所学的知识内容多。一些家长也有同样的认识,甚至要求自己的孩子在学习 BSCS 的同时,还要学原有的统编教材。他们将知识看成是学习的唯一成果,没有意识到科学态度、探索精神、思维技能和解决问题的能力也是学习的重要方面。

课程改革首先是人的观念的变革,其中最重要的是生物学教师观念的改变以及相应教学技能的提高。因此,建立有效的师资培训体系将是保障课程改革成功的重要环节。

2. 提高生物教师的专业技能

近年来,人们更加意识到在职培训和生物教师专业技能的发展在课程改革中所具有的重要作用。

---

① 刘恩山.21世纪我国中学生物学课程改革的构想和发展策略[J].学科教育,2001(2):1-6.

同时也认识到,传统的培训方式在课程改革中的作用是十分有限的。新的课程标准的实施需要生物学教师转变观念,掌握新的教学理论、教学策略,能够营造良好的学习环境,使学生主动地参与学习,构建他们的生物学知识。目前,我国多数的在职师资培训尚不能满足新一轮课程改革对教师提出的要求。师资培训也要进行相应的改革。在有些地方,应对培训者进行培训,并根据课程改革的需要研究和重新设计师资培训方案。

3. 扩大教材编写队伍和提高教材质量

实施课程标准的重要任务是编写出符合标准的理念和要求的教材(包括学生课本、教师指导、教学资料在内),这对于教材编写人员在教育观念和专业知识和技能方面有更高的要求。长期以来我们的教材,大都是以知识为中心、学科为中心的教材,因此在编写以探究为特色、以学生为本的教材方面我们尚缺乏相应的经验和技能。

从教材编写队伍来看,目前国家级的专业教材编写机构只有一个,有能力独立发展教材的省市也为数不多,能按照21世纪课程标准编写教材的队伍在总体上还显得力量不够。这对于21世纪课程标准的实施,特别是对发展适合当地特点的多样化的教材来说都可能遇到一定的困难。为有效地改变这一现状,应加强对国内外优秀生物教材的研究;组织对课程、教材编写人员的培训;并考虑从全国集中一支较强力量的教材编写队伍,首先编好1~2套实验教材。取得经验、锻炼出一支队伍后,再发展适合不同地区特点的多样化的教材。

4. 彻底改革评价体系

生物课程现行的评价体系仍是单一的以书面考试成绩为依据的评价。这种以考查学生记忆和理解为主要内容的试卷,很难全面反映出一个学生综合的学习成果。传统的评价体系不改变,将严重制约课程改革计划的实现。要研究和制订一个能够对学生在态度、知识、技能、创造性等六个领域的学习成果进行全面评价的,便于学校和教师使用的,新的评价体系。

5. 提高生物课程的地位

在我国,至少有两个因素影响了生物课程的地位:一个是人们对生物课程的认识,另一个是生物在高考中的地位。在我国,中学生物学课没有得到正确地认识,有的人认为生物是一门描述性的"软科学",物理、化学是"硬科学"。生物课程对于学生发展所作出的贡献不及理、化课程。另外,自20世纪70年代末我国恢复高考以来,生物在高考中的分数比重是理科中最低的,这也决定了这门课程的地位。因此,生物在中学理科课程中的地位是最低的,突出地表现在课时数量、投入和课表安排等方面。一些学校的生物教师的工资收入和晋升的机会也受到了影响。因此,调整生物课程的地位,使之与物理和化学课程保持一个平衡的关系,将有助于提高课程改革的实效。

课程改革不仅是编写一个新的课程标准和出版几套新的教材,更重要的是广大生物教师能够在课堂教学中真正接受新的课程理念、掌握新的教学策略,将课程标准中的要求落实到课堂教学活动之中,这样才是真正意义上的课程改革。因此,对教师和相关人员进行培训、对评价体系和教育管理体系的相应改革都是保证下一步课程改革成功的不可缺少的部分。

课堂教学中体现"面向全体学生"理念的策略[①]

素质教育是面向全体学生的教育,它要使每个学生在原有的基础上都得到应有的发展和提高,而面向全体学生,首先应从课堂教学开始。那么,课堂教学中应如何体现"面向全体学生"这一理念呢?

---

① 教育部基础教育司,教育部师范教育司.生物课程标准研修[M].北京:高等教育出版社,2004:33-34.

1. 精心设计问题,让每位学生都有事可做

教师在上课前,要对班内学生的情况做全面、彻底的了解,根据班内学生的具体情况和教学大纲的要求及教材的内容体系,精心设计一些新颖独特、具有挑战性、起点低、层次多的问题来刺激学生,引导其积极解决问题,形成课堂竞争的氛围,充分调动每位学生的积极主动性,让每位学生都积极地参与到教学活动中来。

2. 课堂提问及练习既要有针对性,又要有全面性

课堂提问及练习,要针对不同的学生提出不同的问题及设置不同的练习,防止出现"问而不答、启而不发"的现象,还要顾及教室内每一位置的学生,绝不能有"被遗忘的角落";要有民主氛围,让学生敢于插话提问,敢于发表不同意见;要适当运用趣问、悬问、逆问、梯问等设问技巧,紧紧抓住学生的求知心理,启开疑窦,促进全体学生共同活动。

3. 努力改进教学方法,调动全体学生的积极主动性

教师上课时要利用多种教学手段,努力促进学生手、脑、口等多种感觉协同活动,充分保障每一位学生的主体地位。教学方法要坚持启发式,反对注入式。采取多种教学方法,促进每一位学生的发展。

4. 布置给学生的作业要根据难易程度分级编组

布置给学生的作业要分成不同的级别,对不同程度的学生提出不同的要求,让每位同学都能"跳一跳,够得着,能够多少够多少"。

参 考 文 献

[1] 廖哲勋,田慧生.课程新论[M].北京:教育科学出版社,2003.
[2] 单丁.课程流派研究[M].济南:山东教育出版社,1998.
[3] 宋乃庆,徐仲林,靳玉乐.中国基础教育新课程的理念与创新[M].北京:中国人事出版社,2002.
[4] 崔鸿,杨华,王重力.生物课程教育学[M].武汉:华中师范大学出版社,2006.
[5] 中华人民共和国教育部基础教育司.全日制普通高级中学生物教学大纲(试验修订版)[S].北京:人民教育出版社,2005.
[6] 中华人民共和国教育部.义务教育生物学课程标准(2011年版)[S].北京:北京师范大学出版社,2012.
[7] 中华人民共和国教育部.普通高中生物课程标准(实验)[S].南京:江苏教育出版社,2003.
[8] 顾志跃.科学教育概论[M].北京:科学出版社.1999.
[9] 有宝华.综合课程论[M].上海:上海教育出版社,2002.
[10] 刘恩山.中学生物学教学论[M].北京:高等教育出版社,2003.
[11] 汪忠.新编生物学教学论[M].上海:华东师范大学出版社,2006.
[12] 王重力.生物课程与教学论[M].长春:东北师范大学出版社,2007.
[13] 余自强.生物课程论[M].北京:教育科学出版社,2006.
[14] 汪忠.生物新课程教学论[M].北京:高等教育出版社,2003.
[15] 教育部基础教育司,教育部师范教育司.生物课程标准研修[M].北京:高等教育出版社,2004.
[16] 刘恩山.普通高中生物课程标准(实验)解读[M].南京:江苏教育出版社,2003.
[17] 李伟.国家课程标准的框架和特点分析[J].人民教育,2001(11).
[18] 中国科普研究所,中国科协普及部,国家科委社会发展司(执笔李大光).中国公众科学素养调查报告[J].民主与科学,1999(2).
[19] 何薇.中国公众科学素养调查结果回顾[J].民主与科学,2004(5).
[20] 袁汝兵,吴循.各省(市)公众科学素养调查综述[J].中国科技论坛,2007(5).

［21］ 张洁.浅谈中学生物学科的教育价值[J].学科教学,2008(3).
［22］ 马金生,徐宜兰.中学生物学课程设计策略的研究[J].山东教育学院学报,2002(1).
［23］ 刘恩山.《普通高中生物课程标准》的设计思路和主要特点[J].生物学通报,2003(5).
［24］ 汪忠.《生物课程标准》和《生物教学大纲》的比较[J].生物学通报,2002(2).
［25］ 杨重云.浅谈高中生物课程标准的特点[J].中学生物教学,2004(10).
［26］ 殷宁,汪忠.苏教版高中《生物》教科书的结构与特色[J].基础教育课程,2006(7).
［27］ 吴成军.香港与内地高中生物学教材的比较[J].生物学教学,2004(5).
［28］ 刘真.台湾省国民中学生物课程介绍[J].中学生物教学,2000(6).
［29］ 张为民,邢智峰.英国中学生物学教材的特点分析(一)[J].中学生物教学,1999(3).
［30］ 单德臣,李金峰等.英美日韩四国中学生物学教材简介[J].济南教育学院学报,1999(3).
［31］ 谭永平.国际视野下的人教版高中生物课程标准实验教材[J].课程·教材·教法,2007(5).
［32］ 张华.课程与教学论[M].上海:上海教育出版社,2001.

第3章 中学生物课程教学过程与模式

学习目标

1. 掌握生物教学原则的概念。
2. 理解生物教学原则和生物教学过程的特点。
3. 对概念图在教学中的意义有较深刻的认识,能就概念图在改进生物教学方面的作用从理论上进行论述。
4. 用概念图进行教学,能指导学生绘制概念图,能利用概念图进行评价。
5. 概述合作学习的基本要素及这些要素的含义。
6. 能根据初中或高中生物的某一单元,制订合作学习的方案。
7. 简述探究教学的基本特征和探究活动的基本形式。
8. 根据高中生物的某一教学内容,设计探究学习的方案。
9. 简述STS的定义、特性及STS教育和传统教学的不同点。
10. 运用优化理论使生物教学达到优化,取得良好的教学效果。
11. 能将各种教学方法熟练并灵活运用于生物教学实践。
12. 了解中学生物课堂教学类型。
13. 掌握中学生物不同课型的教学模式。

本章内容结构图

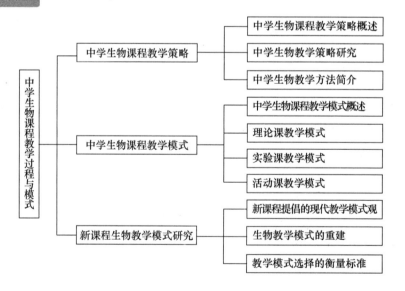

本章序幕

当一堂生物课的下课铃声响起时,也许你会这样问自己:这节课我上得成功吗?在我的这节生物课中,学生们学到了什么?掌握得怎么样?还有更好的教学方法吗?

以高中生物"细胞有丝分裂"的内容为例,A 老师和 B 老师设计了两种不同的教学方法。A 老师在情景引入后通过在黑板上绘出细胞分裂的四个时期,学生对有丝分裂的过程和特点都有一个清楚的认识;B 老师则让学生以小组合作学习的方式,在预先准备好的图纸上贴出各时期的染色体。对于同一内容,不同的教师有不同的教学方法,这就大大增加了教师自由发挥的空间,使人有种"英雄有用武之地"的感觉。

按照教学论的观点,教学方法是同教学目的、教学内容、教学对象的心理特点、教学手段和教学组织形式密切联系着的。研究中学生物教学方法的改革,必须紧密结合中学生物的教学目的和教学内容,适应中学生的年龄特点,并且联系中学生物教学手段和教学组织形式的改革,才能取得良好的效果。在教学方法上,强调多种方法的交叉使用和互相配合。传统的教学往往采用固定的教学方法,形成一套模式。现代教学论有了较大的改变。由于教学方法日益增多,对教学方法的本质研究日益深入,教育家越来越认识到教学方法是多种多样的,没有一种万能的教学方法。把某种教学方法绝对化,也不符合唯物辩证法关于具体事物具体分析,用不同的方法解决不同的矛盾这一原则。因此,现代教学论趋向于根据教学目的、内容和学生选用不同的教学方法,并把几种教学方法配合起来使用。

3.1 中学生物课程教学策略

有些中学生物教师反映,学了一些教学理论,还是解决不了教学中的实际问题。这并不能说明教学理论没有用处,而是因为这些教师没有结合实际问题掌握有关的教学理论,也就是说,还没有形成某些教学策略。

有些中学生物教师读了一些先进教师的经验材料,听了先进教师的课,总觉得这是他人的经验、方法,虽然好,但自己所教班级的情况不同,不适用于本班,还是学不到什么东西。这并不是说明这些先进经验没有用处,而是因为这些教师没有抓住先进经验中带有规律性的教法,也就是说,没有抓住解决某一问题的教学策略。

教学理论侧重于论述"应该怎样""为什么应该这样"。例如,许多教学理论不厌其烦地论证学生是学习过程的主体,学生应该成为主体,应该发挥学生的学习积极主动性等。而教学策略则侧重研究"在什么条件下才能实现应该的事"。例如,在教学过程中,学生是不会自然而然地成为学习活动的主人的,那么在什么情境下学生才能成为主人,才能有学习的积极主动性,采取什么策略学生才会积极主动起来,这便是教学策略要研究的问题。所以,作为一名优秀教师,不仅要懂得教学理论,而且要把这些理论运用于一定的教学策略。

3.1.1 中学生物课程教学策略概述

"策略"最早见于军事领域,后应用于教育。一般讲,教学策略是为达到某种教学目的使用的手段和方法。在此意义上,教学策略同义于教学方法。但从广义上讲,教学策略不仅用来表示为达到某种教学目的而使用的手段或方法,而且还用来指教学活动的序列计划和师生间连续的有实在内容的交流技巧、艺术。它的内涵较为广泛。教学方法这一概念侧重指教学过程的横向结构,指教师的教、学生的学以及教材等教学构成要素之间相互作用的稳定的组合方式,它的实质就是具体处理教与学的关系问题。教学策略包含多方面的含义,包括目标

> **核心概念**
>
> 教学策略:是指以一定的教育思想为指导,在特定的教学情境中,为实现教学目标而制订并在实施过程中不断调适、优化,以使教学效果趋于最佳的系统决策与设计。

的设立、媒体的选择、方法的确立、活动的组织、反馈的方法、成绩的评定等。

3.1.1.1 教学策略的特征

生物教学策略，是为了解决生物教学问题、完成生物教学任务、实现生物教学目标而确定师生活动成分及其相互联系与组织方式的谋划和方略；是根据生物教学目标和教学条件选择、组织各种基本活动方法，调节、控制主体的内部注意、感知、思维和操作活动，对教学活动进行内部定向指导、监控和调节的准绳。生物教学策略常常依据一定的教学理论或假说制订，是生物教学活动的指导思想、行动规则和组织依据，是生物教学方法的精髓、灵魂和本质特征。因此，生物课程教学策略具有其自身的特点。

1. 目的性与适用性

目的性是指教学策略对于实现教学目的的适合与有效程度；适用性是指教学策略对于教学内容、教学主体、教学过程及其规律的契合与适宜程度。随着教学改革，新的教学活动产生了新的教学策略。教学策略的适用程度取决于其反映教学过程规律的程度，取决于它遵循正确的教学原则要求的程度。

2. 共性化与个性化

教学策略要遵循教学规律，符合教学的共性。教学要素包括教师、学生、教学内容、教学方法和教学环境等。不同的教师、不同的学生、不同的教学内容、不同的教学方法、不同的教学环境都会影响教学策略的选择。所以，我们难以发现完全一模一样的教学实践过程。每个教师都能在学习、借鉴、加工、吸收他人经验的基础上结合所处环境，发展和创造出带有鲜明个性化色彩的教学策略。

3. 稳定性与灵活性

教学策略一旦制订，即具有相对稳定性。但在实施过程中，教学的多变因素需要教学策略的不断调节来适应其变化，以求能更好地达到教学目标。

4. 思想性与技巧性

教学策略首先是在一定的教育思想、教学理念的指导下转化为方式、程序、手段等具体行为来体现的。所以说，教学观念是教学策略的前提和方向，而教学技巧是更好地达到教学目标的保证和"推进器"。只有教学技巧的设计而没有教学理念的指导，教学就会迷失方向；只有教学理念的支撑而没有教学技巧的配合，教学就会剩下空洞的躯干。

3.1.1.2 中学生物课程教学基本原则

许多优秀的生物教师在长期的教学实践中，根据生物学科特点，总结出了很多教学规律与原则，这里我们讨论最基本的四条教学原则：科学性与思想性相统一的原则、直观性原则、综合化原则、实践性原则。

1. 科学性与思想性相统一的原则

科学性是指教学内容的真理性和方法的正确性；思想性是指教学内容的方向性和教育性。德国教育家赫尔巴特说，"不存在任何无教学的教育"，也"不存在任何无教育的教学"，教学永远具有教育性。这一教学原则要求我们把这二者有机地结合起来，即达到教书和育人的辩证统一。怎样做到教书和育人的辩证统一？至少应做到以下两点。

（1）确保教学内容的科学性。科学性是对教学的根本要求，因而，生物教学，首先要追求科学性。有了科学性，才能有思想性。什么是科学性？按自然界的本来面目来介绍生命自然界，就是科学性。从某种意义上来说，科学性强，思想性就在其中。例如，只有确切掌握生物和环境相互作用，构成一个统一整体的事实，才有可能形成正确的生态学观点。事实不清楚，基础知识不准确，形成某种正确的观点是不可能的，思想性就无从谈起。在教学中，我们要做到严肃认真，实事求是，不要犯科学性错误。在评课中,教学技巧欠缺有时可以原谅,而科学性错误是不可原谅的。如把鲸说成鲸鱼,把银杏说成是果实,把向日葵说成是种子,这些说法都是科学性的错误。还有一些教师容易犯"目的论",如说"植物为了传代,花儿开得很美","叶子是扁平型,为了多接受阳光","猫足下有肉垫,为的是走起路来没有声音",这一切都是自然选择的结果,而不是有意识的活动。

案例研究 3-1

> **这一拟人化的教学片段有没有错误?**[①]
>
> 一位教师在上"生殖与发育"一节课时,采用拟人的语言进行教学。其中一个教学片段是:
>
> 精子:"我的名字叫精子,我长得像一只蝌蚪,可以像蝌蚪一样游来游去,但我比蝌蚪小多了,全长只有60微米左右,是人体中最小的细胞,你们得用显微镜才能看得见我。"
>
> 卵细胞:"我的名字叫卵细胞,我的形状近似球形,我可比精子大多了,成熟的我直径可达0.2毫米,是人体中最大的细胞。"
>
> 精子:"父亲一次能产生2亿到5亿个精子,他们都是我的同胞兄弟。我和兄弟们在精液里游来游去,并随着精液进入阴道,开始了寻找卵细胞的漫长旅程。"
>
> 卵细胞:"正常情况下,妈妈每次只生我一个,顶多也只有两个同胞姐妹同时降生,而且分别也只允许一个或最多两个精子同时与我们结合。"
>
> 精子:"哦,看来我们兄弟之间要进行比赛了。那么,卵细胞,我们……"
>
> "对话"暂停。
>
> 我问道:"精子和卵细胞会在哪里相遇呢?"立刻有学生回答:"卵巢。""对吗?"我问道,"请同学们到课文中找答案。"很快有学生找到正确答案:"精子是在输卵管与卵细胞相遇的。"我表扬了这位同学,继续进行"对话"。
>
> 精子:"我和兄弟们进入人体后,要闯过一道道艰难险阻,历经四五个小时的长途跋涉,终于在输卵管找到了你——心爱的卵细胞,而我的许多兄弟在途中已经被淘汰了。"
>
> 这时,有学生提问"有多少精子能遇到卵细胞?"我首先表扬了这位同学爱动脑筋,然后解答道:"每次大约有20~200个精子能与卵细胞相遇。"同学们没有继续提问,于是我说道:"精子们与卵细胞相遇后,又发生了什么呢?让我们继续听他们的'对话'。"这时配以授精图片。
>
> 精子:"在我们这些有幸见到你的兄弟中,只有最强壮、最充满活力的才能与你结合。"
>
> 卵细胞:"在众多精子中,我选中了你,因为你最活泼强健,又充满智慧。"
>
> 精子:"我太高兴了!于是我更加努力地摆动尾部,用力钻入卵细胞中。我终于成功了!"
>
> **分析**
>
> 你认为这一教学片段中有哪些科学性错误?

(2) 渗入思想教育的营养。要增加思想教育的实效性,在教学中一定要坚决摒弃脱离教材,空洞的说教,要力戒标语、口号式的做法,要结合具体的知识,适当地点拨和升华,逐渐地渗入学生的心田。比如从运动系统、循环系统的角度阐述体力劳动和体育运动对人体健康的好处;从呼吸、神经等系统的生理卫生说明吸烟、酗酒的危害;讲青春期身体重要器官要到25岁左右才发育完善,说明晚婚晚育的生理学基础;高中《生物》课本结合遗传病阐明了《婚姻法》规定直系血亲和三代以内旁系血亲禁止结婚的道理。像这样一些具有思想意义的内容,在生物教学中进行,要比离开科学知识单纯进行纪律教育、道德规劝效果要好。

[①] 汪忠.新编生物学教学论[M].上海:华东师范大学出版社,2006:89.

2. 直观性原则

直观性原则在生物教学中,具有十分重要的作用。首先是因为直观性原则符合人的认识规律,即感知——概括——应用,第一个环节就是感知。学生的学习是从感性认识开始的,是以感知为基础的,利用各种直观手段可以使理论知识具体化、间接知识直接化,抽象知识形象化,给学生识记、理解、运用知识创造条件;再者,直观性原则符合中学生思维发展的规律。中学生的智力发展,突出地表现在形象思维向抽象思维的发展上,以形象思维为主,因而直观手段有助于学生形成正确的感知;另外,从生物自身的特点来说,生物是研究生命现象及其规律的科学。所研究的对象有的是我们每时每刻都能接触到的生命体,如果我们能引导、组织学生认真观察大自然中形形色色的生物,定会增强学生的感性认识,提高他们的学习兴趣;生物知识有的要从微观的角度深入到细胞和分子水平,知识比较抽象、深奥、难懂,这时就更应该借助各种直观手段,获得感性知识,形成正确的概念。

生物教学中的直观手段很多,一般可以分为直接直观、间接直观、语言和文字直观(如图 3-1 所示)。

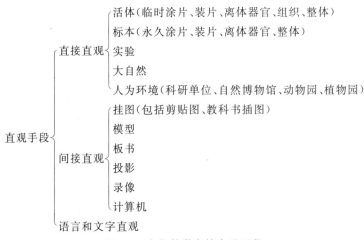

图 3-1　生物教学中的直观手段

怎样进行直观性教学?

如涉及有关的生物及其结构,应尽量创设条件,运用活体或标本、挂图、模型等,必要时,还要把课堂延伸到课外,进行园地观察教学、野外实践教学,以丰富学生的感知。

有关生理、生化的内容,直观性差,难以理解,我们要设法通过实验让学生感知,如光合作用、蒸腾作用、呼吸作用等教学内容。

值得一提的是,多媒体的开发,又给直观教学带来了一场革命,特别是对于生物学科更是这样。生物作为一门自然学科,正在从宏观研究向微观领域纵深。而多媒体教学既可以展示生物体的宏观世界,又能展示出生物体的微观世界;既能展示出生物的静止状态,又能展现出生物的动态景观;既有利于观察完整的个体,又有利于观察局部器官;既可激发学生的学习兴趣,又可加深学生对知识的理解和记忆等等。所以生物教学不能再仅仅是"一支粉笔、一根教鞭、一块黑板、一张挂图、一本教科书"的传统模式,多媒体进入生物课堂是非常必要的。

3. 综合化原则

美国教育家布鲁纳主张,要注重学科的"基本结构"。所谓基本结构也就是学科的基础知识、基本原理及其内在的联系和规律。这是综合化原则,也叫"结构化原则"。首先,一切科学的理性认识都必须借助于概念才能进行,是学科中最基础的部分。其次,从生理机制和心理机制分析,综合化、结构化的知识可以更好地纳入学生的认知结构中,也便于在大脑皮层中保存。研究证明,综合化、结构化的知识比零散的知识更易于提取,在我们需要的时候,能得到更好地应用。再者,学生在头脑中如果形成纵横交错的知识结构,则能更好地将知识融会贯通、触类旁通。如果学生获得的知识支离破碎,互相隔绝,则不利于对学生能力的培养,也不利于利用知识。

学生完整知识体系的建立,一方面有赖于教师平时对教材内容的前后连贯,一方面有赖于教师不断引导学生对知识的纵横归纳。因此,教师深入钻研教材,掌握教材的逻辑体系,这是把知识综合化的基础。

我国著名的特级生物教师马德纯老师就特别重视知识的综合化、条理化和纲领化。他在教学中,总结出了生物网络式结构教学法,如排泄系统的网络式知识结构(如图3-2所示)。

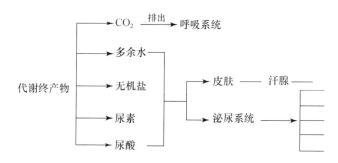

图3-2 排泄系统的网络式知识结构

这样,在学生头脑中形成的是一个清晰简明的知识层次框架,是一个科学的知识结构,这有利于知识的贮存和理解。同时,这种知识结构的教学,蕴藏着很大的联想性,有助于知识的迁移,还有助于培养和提高学生的自学能力,综合、归纳和发散型思维能力。

4. 实践性原则

人们常说"实践出真知","实践是源泉",这也道出了实践在社会生活中的重要作用,在教育领域中也是这样。

实践性原则是指教学中理论和实践相结合,通过实验和实习、探究等活动,使学生掌握比较完全的生物知识、技能以及解决实际问题的能力。

日常生活中的生命现象和生物事实是与学生关系最密切的实际,一些是学生非常熟悉的,一些是学生尚未了解的。密切联系这些实际,一是易于引起学习兴趣;二是有利于加深理解;三是有利于学生毕业后适应现代化社会生活;四是有利于学生正确认识当代人口、资源、环境污染等重大社会问题。因此,中学生物要重视联系日常生活的实际。

3.1.2 中学生物教学策略研究

目前大多数教学过程基本上是以课堂教学为中心进行的,如图3-3所示,课堂教学的选择首先要在认真分析教学内容(有时也称为教学任务)和教学对象的基础上,选定合适的教育教学模式;然后结合知识点的类型及其目标层次,确定教学方法和教学组织形式,最后得出本节(课)的课堂教学结构。针对生物课程的特点,常用的教学策略主要有以下几种。

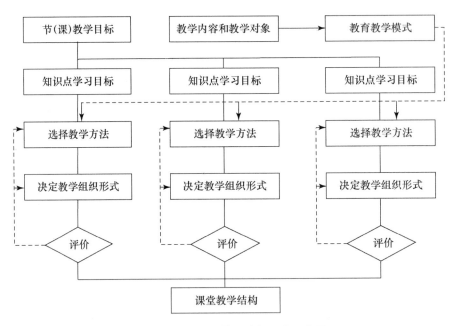

图 3-3 课堂教学策略选择程序示意图

3.1.2.1 概念图策略

概念图(concept maps)是用来组织和阐述知识的工具,通常以圆形图表或方形图表来表示。它包括概念与概念或命题(propositions)之间的关系,这种概念或命题之间的关系用连线来表明,连线上的字词将两者间的关系给予明确。

图 3-4 是诺瓦克(Novak)博士提出的概念图模型。由此可见,概念(concepts)、命题(propositions)、交叉连接(cross-links)和层级结构(hierarchical frameworks)是概念图的四个图表特征。概念

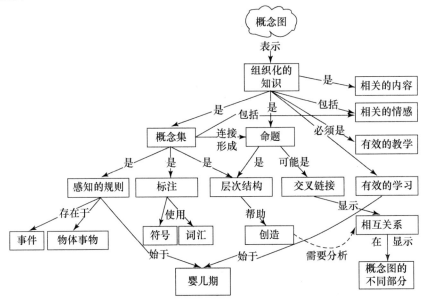

图 3-4 诺瓦克博士的概念图模型

是感知到的事物的规则属性,通常用专有名词或符号进行标记;命题是对事物现象、结构和规则的陈述,在概念图中,命题是两个概念之间通过某个连接词而形成的意义关系;交叉连接表示不同知识领域概念之间的相互关系;层级结构是概念的展现方式,通常情况下,一般、最概括的概念置于概念图的最上层,从属的概念安排在下面。某一领域的知识还可以考虑通过超级链接提供相关的文献资料和背景知识。因此,概念图是表示概念和概念之间相互关系的空间网络结构图。

小资料 3-1

概念图的由来及理论基础[①]

概念图最早是在 20 世纪 60 年代由美国康奈尔大学诺瓦克(Joseph D. Novak)教授等人提出,但概念图这一概念名词的确定却是在 20 世纪 80 年代。

20 世纪 60 年代初期,行为主义理论还在北美盛行,由于行为主义理论不能很好地解释区别于低级动物的人是如何获得知识的,奥苏贝尔(David P. Ausubel)于 1962 年第一次提出关于人的学习的认知理论,并在第二年发表《有意义的言语学习心理学》一书,书中对该理论作了精辟的论述。奥苏贝尔认为,人的学习应该是意义学习,影响学习的最主要因素是学习者已掌握的知识,当学习者有意义学习的倾向,并把所要学的新知识同原有的知识联系起来时,意义学习便发生了。奥苏贝尔甚至在其最有影响的著作《教育心理学:一种认知观》(1968 年再版)的扉页上写道:"如果我不得不把教育心理学的所有内容简约成一条原理的话,我会说:影响学习的最重要的因素是学生已知的内容。弄清了这一点后,进行相应的教学。"

奥苏贝尔同时对概念的形成和同化进行区分,认为意义学习的心理机制是同化,除了学龄前儿童,学生的学习都是通过概念同化习得新概念的。概念的上位关系、下位关系和组合关系的层级排列最终形成了学生的认知结构。

奥苏贝尔的理论受到了社会的广泛关注。但是,如何知道学生已经掌握了哪些知识?诺瓦克教授根据意义学习和概念同化理论开发了概念图这样一种新工具,并首先在研究儿童能够理解诸如能量、细胞和进化等抽象概念的过程中进行了应用。很快他们发现,该工具同样可以用于教学设计和帮助学生进行有意义的学习,由此导致了对概念图更深入的研究。

后来的研究表明,现代的认知主义学习理论和建构主义学习理论都非常好地支持概念图教学的意义。令人惊奇的是,被誉为构建 21 世纪教育新模式的信息技术和脑科学,也为概念图的正确性和无比广阔的应用前景提供了大量的事实说明。

例如,现代脑科学发现,人的大脑是由大约 140 亿个神经元组成,每个神经元都与其他的神经元形成功能网络。人类对大脑的认识已经发展到泛脑网络阶段,泛脑网络学说认为,人的大脑可从宏观到微观分为回路、神经元群、神经元及分子序列四级层次的网络。人的学习、记忆和思维正是通过这样一个网络系统来进行的。概念图的结构特征非常符合人脑的生理机制。

1. 概念图的教学功能

(1) 概念图可用做课程与教学设计。在课程与教学规划设计中,概念图以其简明扼要的层次化结构来展示概念的逻辑关系,使教师便于从整体上把握知识结构,掌握概念的来龙去脉,清晰各概念所处的地位和概念间的相互关系,从而优质高效地完成课程与教学预案。概念图能将隐藏在教师头脑中的教学内容、知识体系以可视化的形式表达出来,相当于在虚拟环境中提前完成了一次教学设计。

[①] 朱学庆.概念图的知识及其研究综述[J].上海教育科研,2002(10):32.

（2）概念图能促进知识同化，实现知识整合。皮亚杰(Jean Piaget)认为，知识是以一定的层次结构在人脑中表征的，这种层次结构往往以显性或隐性的图式来储存，人们在回忆某一具体概念时，常常首先回忆起包含该概念的概念网络，然后再形成该概念的具体细节。现代心理学研究发现，专家头脑中的知识经常呈现一定的网络层次，而且网络间的节点是牢固并有意义地联系着的，而"新手"头脑中的知识经常是散乱的，即使各个知识点间有联系，也是不牢固或不充分的，正因为如此，才使得专家和"新手"在知识结构、解决问题等方面存在显著差异。概念图是一个有层次的意义网络，它与人类认知结构中表征、组织、储存知识的方式基本吻合。概念图能帮助学生梳理概念的层次关系，并在各概念间建立有意义的联系，所以能加深学生对概念的理解。一般而言，学生所进行的学习大部分归属于在已有的认知结构中通过对新概念和新命题的理解和归类来修正、整合原认知结构的过程，也可以说学习的过程就是建网过程——不断地向网络增添新内容。概念图的层次化、交叉性特点，造就了其促进知识同化，实现知识整合的功能。

（3）概念图能引发教学互动，实现意义学习。我们认为概念图是实现课堂互动、合作学习的有利工具。在合作学习中，由于个体的认知水平不同，各自对概念有着不同的理解，因此从个性化概念图到班级概念图的过程就是思想碰撞、探究合作的过程；从个体对潜在概念图的质疑、反思、批判到科学概念图的形成、发展、应用，期间不仅需要师生共同构建和谐、健康的学习情境，而且需要协力挖掘和共享一切学习资源，来促进知识的同化，实现有意义学习。

脑科学研究表明，人的大脑两半球具有不同的功能，左半脑主要进行逻辑思维、象征性关系和对比细节的逻辑分析，负责语言、概念、分析、计算等任务；右半脑主要同形象思维、空间和直觉有关，负责对音乐、图形、整体性映象和几何空间的鉴别能力。大脑两半球通过胼胝体联结而相互作用，进行协同运动。但是，人脑的思考是一个复杂的过程，大多数时间并不是按顺序进行的，而是跳跃的、反复的，形成联想式或发散性的思维。如果学习内容没有有效地组织，则学习者很难对这些不熟悉的信息进行逻辑或创造性的思考，因此，意义学习往往是对加工、综合及结构化的知识的学习的过程。概念图是一个可视的、浓缩的、结构化的知识精品，它把知识信息设计成为一个有助于学习和创造的逻辑化网络模式，体现了形象性和逻辑性的统一。因此，概念图的设计是左、右半脑协同完成的，它不仅能拓展科学概念，而且其所具有的发散性和非线性结构特征是培养创造性思维、构建有意义学习的有效手段。

此外，作为一种浓缩化、可视化的知识结构载体，概念图在科学研究中同样具有重要作用，如它能帮助研究者解读概念、研究概念、展示研究成果。概念图的层次化结构和有序化的发展脉络，可以启迪人们思维，梳理科研进程，诱导科学创新。

概念图的特点业已受到众多人士的关注，概念图的强大功能已受到越来越多学者和教师的重视，国外特别是欧美国家已将研究、推广概念图设置为教育改革策略之一。目前，很多国家成立了专门的研究机构，如美国宾夕法尼亚州立大学主持的"概念图评价在课堂学习中的可靠性、有效性和现实性研究"；马来西亚沙捞越大学主持的"概念图作为一种科学学习工具和认知过程理解工具的案例研究"等。

2. 如何构建概念图

构建概念图可以使新旧知识之间、概念之间的关系清晰可见，使学习者将这些关系外化。从这个意义上说，概念图帮助学生了解知识的结构，了解知识构建的过程。这就是帮助学生学会学习。那么，怎样构建概念图呢？

根据诺瓦克博士的介绍，要确定一篇研究报告、一章内容的主要概念，或哪怕想到某一门学科的概念，第一步是必须列出概念或关键词。而要列出至少10～15个概念或关键词，首先就要去通读文章并思考和总结出其中的概念和关键词。

第二步是把含义最广、最有包容性的概念放在图的顶端。可是,有时要确定含义最广、最有包容性的概念比较困难。这时,可以注意一下概念的背景,或了解概念出现的顺序。

第三步,用线条把最顶端的概念与和它有联系的概念连接起来,并用连接词语注明连线。但诺瓦克博士向教师建议,任何一个概念下面不要有三个以上连接的概念。概念间的连线可以是单向、双向或无方向的。连接词语应能说明两个概念之间的关系。这种说明语可视为一句陈述,或叫命题。连线使概念之间建立了意义。当许多相互联系的概念捏到一起时,就看到了这方面知识的意义。

第四步,继续寻找概念图不同部分概念之间交叉连线的联结,并标明连接线,同时根据自己对该部分概念的理解增加新的概念。

第五步,把说明概念的具体例子写在概念旁(如果有必要)。

对同一组概念可以画出许多不同形式的概念图,所以概念图的画法不是一种。随着对概念之间关系理解的变化,概念图也会发生变化。

案例研究 3-2

下面以人教版高二生物《细胞质的结构和功能》为例,介绍制作概念图的流程。①

1. 选取制作人熟悉的某一知识领域,包含词汇和事件。

概念图的结构跟其所将要运用的情境关系很大,最好选出课文中重要的概念,包含词汇和事件,以此来创设一种情境,以便于确定概念图的层级结构,如表 3-1 所示。

表 3-1　课文中的重要概念

概念(词汇)	概念(事件)
细胞质、细胞器、细胞核、线粒体、内质网、核糖体、高尔基体、中心体、分泌物……	分泌、有氧呼吸、加工、有丝分裂

2. 描述上述词汇和事件的基本概念,确定关键概念和概念等级,如表 3-2 所示。

表 3-2　基本概念的描述

	主要概念	次要概念
细胞质	细胞质基质	1. 细胞质基质是代谢的主要场所 2. 细胞质基质中存在多种细胞器 ……
	细胞器	主要有线粒体、内质网、核糖体、高尔基体、中心体和溶酶体等

3. 寻找连接词,使两个概念形成有意义的句子。

例如:线粒体是活细胞进行有氧呼吸的主要场所。

　　　核糖体是细胞内合成蛋白质的场所。

　　　高尔基体可以对蛋白质进行加工。

　　　……

---

① 概念图在生物教学中的体会[J/OL]. (2007-10-16)[2008-11-25]. http://shengwu.zxxk.com/Soft/522665.html.

4. 制作"前概念图",包含概念层次(不含连接词)。

把每一对相关的概念用连线连接,注意主次关系(见图3-5)。

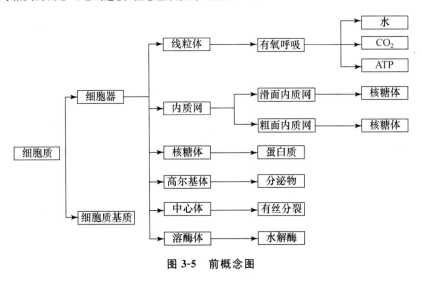

图3-5　前概念图

5. 在图上增加连接词定义概念间的关系(见图3-6)。

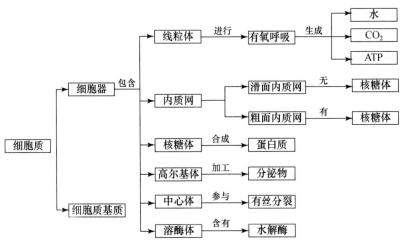

图3-6　概念间的关系图

线上标明二者的关系。这样,同一领域及不同领域中的知识通过某一相关概念而连接起来。然后再经过修改或修饰,各级概念及其关系清晰了,概念图就基本上做好了。

注意:

(1) 从某种程度上讲,任何概念之间都有关系,所以一定要精选出要连接的概念,且要慎重考虑连接词。

(2) 要避免在概念框中用一些句子,否则会使人误认为整个概念图的下级结构可能是根据这一陈述建立的,而不是另一层概念群。

(3) 用计算机软件做概念图有很多优点。除了方便修改、操作、超链接及美观以外,还可以处理成计算机其他文件格式,打印,输出,复制,并及时用于分析。

活动 3-1

绘制"健康饮水"概念图

在现实生活中,常会将热水瓶里装的隔天开水倒掉,因为隔天的开水已经"变质"了!那么要怎样喝开水才又健康,又节约水资源呢?

组织学生分成五组采用调查、查资料等方式搞清楚以下五方面的内容:
1. 人体对水的需求随一天时间的变化的规律;
2. 结合本地气候合理安排每天饮水;
3. 健康水的要求和本地水质与健康水的差距;
4. 本地人在饮水方面有哪些不好的习惯;
5. 哪些水是健康"杀手"并说明原因。

将五方面内容综合考虑,绘制"健康饮水"概念图,并谈谈参与活动的感想。

3. 概念图的评价

诺瓦克、戈温、华莱士和明茨(Novak,Gowin,Wallace & Mintzes)等人制订了一套概括性较强且教师比较容易接受的整体分析的评价方法,该方法的评分一般按 4(最完全、有效)—0(缺失或无效)五个等级记分。评价概念图的六项指标具体如下:

命题:在概念之间建立起有意义的联系;

层级:最高层的概念分解成若干有效的层级,从最一般到最具体;

分支:从最高层的概念分解出最概括的概念或下一层概念;

交叉连接:不同分支中的下一层概念之间的联结整合是有效的、有意义和重要的;

例子:最能区别次一级的概念;

概念化程度:理解最高层概念和与之相连接的次级概念的程度。

从这六个方面分别评分,然后再综合评价概念图,这种评价方法是简单且可行的。

4. 概念图在教学中的应用

概念图作为一种学习工具,可以应用在教学评价、课堂教学、学习交流等教学活动中。诺瓦克博士研究概念图的初衷是用来帮助学习。建构主义学习理论认为,要记住知识并懂得意义,新知识就应当与现有的知识结构整合。概念图的作用是促进这个过程的形成。这是因为概念图可以把整合的过程清晰地呈现出来,并使学习者看到概念之间的关系。研究发现,在学习中使用概念图的学生,在较长一段时间以后,其知识的保持超过不用概念图学习的学生。用画概念图和看概念图学习的学生,他们的知识面也比用死记硬背来学习的学生宽,更能解决问题。诺瓦克博士的研究小组发现,当学生试图用图来表示对知识的理解时,他们最肯动脑筋。学生对概念的理解常常出现不完全或者有缺陷,结果造成了误解。学生画的概念图表达了他们对概念正确的或错误的理解,有助于教师诊断被学生误解的概念,从而找出影响教学效率的原因。

活动 3-2

讨论:
1. 基于概念构图的教学策略有什么样的应用特点?
2. 概念图教学策略与课程标准中提出的"不过分强调概念的严密性和系统性"有矛盾吗?谈谈你的看法。

3.1.2.2 合作学习的教学策略

20世纪以来,随着科技、经济和文化的飞速发展,全球以交往为纽带,形成高度个性化与高度社会化的双向建构格局,人类比以往任何时候都更需要在经济、科技、教育、生态环境等问题上增进彼此间的理解和相互合作。如今的青少年面临着一个日渐开放、崇尚合作的社会,他们不仅要"学会认知""学会做事",而且要"学会共同生活,培养在人类活动中的参与和合作精神"。

合作学习从20世纪70年代在美国兴起,迄今已有近四十年的历史了。但由于合作学习在不同国家的实践各不相同,各个国家对合作学习的阐释也不尽相同。如苏联称"合作学习"为"合作的教育学",欧美国家称之为"合作授课"等。

合作学习的基本含义包括:①学生以小组的形式一起学习;②教师的角色由传播者转变为服务者或帮助者;③学习的责任由教师转移到学生;④学生不仅要自己学会,还有责任帮助小组中的其他成员学会。

1. 合作学习与传统教学的比较

在教学改革中,不得不面对的一个事实是,课堂教学是十分复杂的社会实践活动,影响的变量很多,因而教学改革的着眼点也各异。人们经常持这样的观点:"教学过程中最主要的人际关系——教师和学生群体的关系,对教学质量的影响最直接、最具体,因而影响也最大。"[①]国内有的学者在课堂教学的研究中也把师生交往作为课堂教学的主要活动形式。

在这样的思想引领下的教学改革所创设的课堂面貌并没有给人以焕然一新之感。我们看到的仍是这样一番景象:学生排排坐着听老师讲课,眼睛看着老师,背对着其他同学;互动局限于教师单方面传递给学生信息和问答式的交流;大多数情况下学生保持沉默,最好的情况也无非是学生做一些教师呈现的练习,而且是单独完成的;在课堂中,教师总是无所不知的知识的权威,学生的学习是被动的。从某种意义上可以说,在这样的课堂中,教师是演员,学生则作为观众静静地坐着观看教师表演。

合作学习针对传统教学的上述缺陷,着眼于同伴人际互动的变革,将合作性的小组结构纳入到课堂教学当中,构建了师生、生生之间多边、立体的互动结构,从而实现了课堂教学体系的全面转变,被誉为"近十几年来最成功和最重要的教学改革"。合作学习与传统教学相比体现出如下截然不同的特征:教师不再是信息和知识的唯一来源,师生、生生共同学会学习。在合作学习课堂中,生生之间椅子对椅子,眼睛看眼睛,膝盖碰膝盖。学生相互交谈、相互倾听、相互教、相互学。这里,学生成了演员,教师则是导演、动机激发者、评估者和促进者。合作学习和传统教学的若干特征比较参见表3-3。

表3-3 合作学习和传统教学的若干特征比较

	传统教学(学生参与水平低)	合作学习(学生参与水平高)
教学本质论	教学是一种特殊的认识过程	教学是特殊的认识过程和交往过程
目标	强调学术性目标	学术性目标和社会交往目标并重
内容	教师向所有的学生呈现相同的内容 学生在选择任务时没有发言权	不同的学生承担内容的不同部分 学生在选择任务时有发言权
施教对象	一般面向中等学生	基本面向所有的学生

---

① 朱菊云. 师生关系与教学质量[J]. 南京师范大学学报:哲社版,1987(2).

续表

组织形式		传统教学(学生参与水平低)	合作学习(学生参与水平高)
组织形式	基本特点	大班教学为主,小组学习为辅	大班教学为辅,小组学习为主
	小组学习内涵	分组随意散漫,倾向于同质分组 指定一名小组领导者 不注重互动 忽略小组合作技能的培养 计算个人成绩	分组程序严密科学,大多为异质分组 角色轮换,分享领导 强调积极互动:目标分享、角色互补、资源稀缺、时间有限 直接教合作技能 不计算个人成绩
角色	教师	知识的权威、知识的传递者	学习的指导者、促进者、咨询者
	学生	消极被动的知识接受器	积极主动地参与学习
互动		有限的师生互动	强调师生、生生、师师等多边互动的统一
教学方式	教的方式	从教师单向地传递给学生	从教师、学生等多种渠道传递给学生
	学的方式	偏重于记忆	偏重于意义建构
学习情境		过分强化竞争或是个人单干	强调合作,并合理利用竞争和单干
评估		强调常模参照评估	强调标准参照评估
文化观		统一性	多元性

2. 合作学习与竞争学习、个别学习

有人认为合作与竞争是相互排斥的,不可融合的。实际上这种观点是不准确的。美国人类学家玛格丽特·米德(Margaret Mead)指出人类社会是合作与竞争功能的混合体。合作与竞争之间的平衡随着文化的不同而变化,有时以合作为主要特征,有时以竞争为主要特征。但是合作,而不是竞争才是人类最重要的特点。[①]

在学习过程中也存在合作和竞争形态。我国台湾学者黄政杰曾提到过:学习形态主要分为个别、竞争与合作三种方式[②]。个别学习是指学生所要完成的学习目标与其他同学毫无关系,每一学生都有各自的学习目标和学习材料,依照自己的速率而学习,学习结果以标准参照为评价取向,不与其他同学作比较。学习者在个别学习中完全追求自己的兴趣,重视自己的努力和成就,不受其他学习者学习成败的影响。

竞争学习是指学习者个人与个人之间的竞争。其学习关系是消极的相互依赖关系,学习者是以其他学习者的失败来证明自己的成功。在竞争学习中,只有少数学习者能达到预定目标,学习结果是以常模参照为评价取向的。在此种学习模式中,学习者认为别人得到的越多自己得到的就会越少,把自己的成功建立在其他学习者失败的基础之上,这和现代社会所提倡的学习方式是格格不入的。但并不是说竞争学习就一无是处,比如,在小组间进行竞争学习,可以提高合作的效率。我们在教学过程中只要利用好竞争学习的优点,也可以让竞争学习发挥应有的作用。

合作学习是指学习者一起达到其共同的目标。学习者的个人目标和其学习小组的集体目标应是

---

① 王坦.合作学习——原理和策略[M].北京:学苑出版社,2001:213.
② 黄政杰,林佩璇.合作学习[M].台湾:五南图书出版股份有限公司,1996:15.

一致的,个人和群体之间是积极的相互依赖关系。在合作学习中,所有学习成员都是相互得利的,是一种"你的成功就是我的成功"的学习模式,在合作学习中,学习者会意识到只有在小组其他成员都成功的前提下,自己才能获得成功;同时,也只有自己成功了,小组才能成功。

美国著名合作学习研究者多伊奇认为:

(1) 合作学习的目标结构是个人达成目标的努力可以帮助他人达成目标;
(2) 竞争学习的目标结构是个人达成目标的努力会妨碍他人达成目标;
(3) 个人学习的目标结构是个人达成目标的努力与他人达成目标无关。

表3-4 合作学习与竞争学习、个别学习的比较

	合作学习	竞争学习	个别学习
学习目标	目标是重要的	目标对学生而言并非最重要,他们关心的是输赢	目标与个人同样重要,人人期望最后达到自己的目标
教学活动	适用于任何教学工作,愈复杂与抽象的工作愈需要合作	着重于技巧的练习、知识的记忆和复习	简单的技巧或知识的获得
师生互动	教师督导、参与学习小组教导合作技巧	教师是协调、反馈、增强和支持的主要来源;教师提出问题,澄清规则,是争议的协调者和正确答案的判断者	教师是协助、反馈、增强和支持的主要来源
学生互动	鼓励学生互动、帮助与分享,是一种积极的相互依赖关系	依照同质组成小组以维持公平竞争,是一种消极的互相依赖	学生之间没有相互依赖
学生和教材之间的关系	按照课程目标安排教材	为小组或个人安排教材	教材的安排及教学纯粹为个人而做
学习的空间安排	小团体	学生在小组内学习	有自己的作业空间
评价标准	标准参照,学生的学习与既定标准相比较,以决定其成绩	常模参照,通过相互比较学生的学习结果,决定其成绩	标准参照

从上述三者(见表3-4)的比较中我们可以看出,合作学习有其自身的优越性,是当今社会最重要的一种学习模式。合作学习模式弥补了传统学习模式中的不足,加强了学生之间积极的同伴互助关系,正是这种积极互赖关系,不只是在学校学习过程中,而且在促进学生的情意和社会性发展方面都会对学生产生积极而又重要的影响。合作学习的倡导者还认为:合作和竞争是可以同时存在于教学活动中的。合作学习并没有否认竞争与个人活动的价值。他们认为合作与竞争是矛盾统一体,为了完成复杂的任务就必须合作,而为追求更完美的结果又必须竞争,即在小组内以"合作"为主,但不排除竞争,尤其是组间竞争可促进小组内部更好地合作。合作学习的基本理念之一就是强调"组内成员合作,组建成员竞争";合作学习与个别学习也是互不排斥的,有研究表明,有效合作学习的前提是个别学习,每个学生只有具备了个人学习能力,才能确保合作学习的实效性。

合作学习、竞争学习和个别学习三者之间相互融合,相互补充,把三者共同纳入教学过程之中,按照教学进程的需要安排不同的学习模式,这是对传统单一教学模式的变革与创新,符合教学规律和时代的需求,是适应现代社会发展需要的。

3. 合作学习的主要模式

合作学习自20世纪70年代初兴起以来,发展十分迅速,由于人们对它的理解见仁见智,不尽相

同,因而形成了许多流派。与此相适应,也就产生了数十种乃至上百种关于合作学习的具体方法和策略。根据有关资料显示,仅在美国,合作学习的方法和模式目前就达到了一百余种。但是,与其他领域的革新不同,在合作学习领域,目前尚未有一个在所有方面都被普遍认可和接受的模式。根据国际合作教育研究协会主席戴维森(Neil Davidson)的概括,目前的合作学习模式可概括为以下六种:

(1) 学生团队学习模式。在有关学生学业研究中,美国教育学家斯莱文发现个体责任与团体奖励或团体目标的联结是学业成功的关键。为此他在20世纪80年代初以这种联结为核心,构建了学生团队学习模式。团队,意即团体或小组,之所以称团队,是期望将体育运动中的团队精神迁移到课堂领域中。这种模式的实例主要是学生小组成就分工法,简称STAD(Students Teams-Achievement Divisions)。STAD是由当代合作学习的主要代表人物斯莱文博士创设的一种合作学习方略。在STAD中,根据过去的成就、民族、种族、性别等因素,学生被分成4人学习小组,要求成员在成绩水平、性别、种族等方面具有异质性。教学程序是先由教师授课,然后学生们在他们各自的小组中进行共同学习,使所有小组成员掌握所教内容。最后,所有的学生都就所学内容参加个人测验。此时,不允许他们互相帮助。学生的测验得分用来与自己以往测验的平均分相比,根据学生们达到或超过自己先前成绩的程度来计分。在此基础上,将小组成员的个人分数相加构成小组分数,达到一定标准的小组可以获得认可或得到其他形式的奖励。

(2) 共同学习模式。这种模式是美国著名学者约翰逊兄弟于20世纪80年代中期开发的理论模式。与其他模式不同,约翰逊的模式更多的是一种理论建构,而较少涉及在具体课程中的应用。这种模式可被看作是一种课堂讨论程序,主要用于课堂讨论。小组的规模可以是2~4人,一般以3人为最佳。学生被鼓励共同倾听、解释、共享观点和资料、相互鼓励支持。约翰逊兄弟认为,理论化程度越高的内容越需要更多的讨论。合作学习的5个要素是构成合作学习程序的基础。这5个要素是:"积极互动、面对面的促进性相互作用、个人责任、社交技能和小组自加工。"按照上述要素的要求,共同学习模式通常涉及以下教学程序:①教师将教学目标具体化,确定小组规模并将学生分成不同的学习小组,设计具有互赖性的教学材料,分配角色。②教师就学习任务进行解释,特别强调小组的目标,采取适当方式来确保个体责任的落实,使预想的小组行为具体化。③学生在各自的小组中共同努力以达到小组的目标,他们互帮互助,彼此分享信息,并就小组任务进行合作活动。④教师监控小组的活动和个体行为,当学生需要时及时提供帮助和教授合作技能。⑤无论是教师,还是学生,都要对学习成绩及小组活动过程进行评价。这种模式不仅适用于高水平的认知活动,也可用于基本事实和技能的掌握,因为团体活动适合于任何水平的共同任务。

(3) 团体探究模式。这种模式由以色列特拉维夫大学教授沙伦首创,在以色列广泛流行。这种模式的具体做法是将一个复杂主题分解成多个子题目,分别由不同的研究组进行探究。这一点类似于"一段时间的小组议论"。一般可以分成6个阶段:①教师确定将要学习的总课题,组织研究团体。②研究团体共同计划活动——确定研究对象、程序、角色分工,根据兴趣与爱好,学生自行分成小组进行活动。③每个小组制订计划并开展调查和探究,个体收集资料、分析资料,相互交流信息、材料和观点。④研究团体和各小组准备报告。⑤每个小组向全班作报告,报告内容被分发给全班。⑥教师和学生共同合作对探究过程和结果进行评价。

(4) 结构方法模式。这种模式强调教师掌握一系列简单的、即时可用的团体活动结构,并根据不同的活动任务,用有意义的、艺术的方式来联结和排列这些结构,以形成复杂的课程。这一模式最初是与卡甘的研究相关联的。卡甘设计的不是具体的合作学习方略,而是一些小组可以运用的基本结构,这些基本结构可以派生出若干合作学习的具体策略供小组学习使用。经过研究,卡甘确定了7种基本结构:①课堂构建结构。这类结构包括一些旨在形成一个有凝聚力的课堂气氛的小组活动。

②小组构建结构。这类结构旨在强调小组关系的加强。③沟通建设者结构。这类结构旨在提高学生交流的技能。④精熟结构。这类结构运用团队协作来帮助学生掌握一些基本的技能和学科内容,复习学习内容,互教互学。⑤概念形成结构。这类结构利用诸如会见、上网等活动来帮助学生形成相关的概念。⑥劳动分工结构。这类结构包括诸如著名的切块拼接法等,它要求每一个小组成员都接触不同的信息,或者承担一部分具体的小组任务。⑦合作项目类型。这类结构强调小组成员就一些合作项目进行工作。这种合作学习的模式,强调教师的任务就在于选择和运用最适合于当前任务的结构。这其中的某些具体结构有许多是从其他模式借用过来的活动程序。卡甘特别注重"同时性互动",为此这种模式常将四人小组分成两半,以提高互动的频度和质量。

(5) 复杂指导模式。这一模式由科恩首创,其名源于它给予学生的任务和学生团体的组织方式的复杂性。它原本被设计用于数学和科学学科的探究,现已扩展到了其他领域。这种模式在任务的确定和分配上类似于团体探究模式,但探究活动是由教师和团体成员共同进行的,而不像团体探究模式中主要以个体方式进行。全班通常被分为由四五人组成的多个小组,每组有不同的学习场所,分别探究不同的但相关的现象,然后向全班报告其结论。在这种模式中,重要的是设计考察不同能力水平的活动任务,以整合各种水平的行为表现。这一任务的完成需要每一个体的知识和才能。与其他模式相比,这一模式的独特之处在于,它高度关注学生在课堂中的地位,强调通过为地位较低的学生寻求其胜任的活动领域来改善他们的地位,并激励他们发展其他领域的能力。

(6) 合作方法模式。这一模式源于伯里顿和巴内斯的语言和学习理论,最初被应用于语言艺术和科学科目的学习之中,后来逐步扩展到其他领域,在英、澳、美、加等英语国家广泛流行。这一模式的意图在于通过对话和讨论构建个人意义,达成对世界及人在其中的意义的理解,形成自己的信念和价值观。在这种模式中,团体中的相互依存更多地被看作是一种理论假设,而不是一种技术。这种假设认为:发生于日常学习中的学习主要是社会性的,以语言为主要沟通手段,因此社会互动是人类学习中最重要的因素。

这种模式的教学活动通常分为五个阶段:吸引——教师介绍一种观点,为即将进行的团体工作提供基础;探索——学生对观点和信息进行初步的探究;迁移——学生进行信息重组的活动,如组织、澄清、详述、实践;呈现——学生向同伴呈现其发现;反思——学生对团体动力和学习经历进行反思,可个体进行,亦可以结对、小组乃至全班等形式合作进行。

合作方法模式的一个重要特点是有两种团体或称小组:一种是基本小组,探索、迁移等活动主要在这里进行;另一种是共享小组,呈现等活动主要在这里进行。

名师论教 3-1

合作学习内容的选择[①]

教学中选择合作学习的内容自然要依据课程标准的要求,但不可能也没有必要把所有学习内容都用来开展合作学习。教师要善于从教材和生活中挖掘合适的内容作为合作学习的任务,才能激发学生合作学习的欲望,提高合作学习的效果。

(1) 选择有现实性的内容,可增强社会责任感

例如,当学习完"新陈代谢与ATP"一节后,老师提出合作任务:萤火虫的发光器官位于腹部后端的下方,

---

① 施茂庆.谈如何选择合作学习的内容[J].生物学教学,2007(8).

该处具有发光细胞。发光细胞的周围有许多微细的气管,发光细胞内有荧光素和荧光素酶。荧光素接受ATP提供的能量后被激活。在荧光素酶的催化作用下,激活的荧光素与氧气发生反应,形成氧化荧光素,发出荧光。荧光是冷光,发光效率高达98%左右,耗能少,而且安全。近年来,我国频繁发生煤矿瓦斯爆炸事件,请运用该原理,为煤矿工人设计一盏安全高效的矿灯,并画出草图。这样的合作内容,要求学生把生物学知识转化为生产力,做到学以致用。

若只靠一位学生进行设计,由于受到知识和生活经验的限制,设计的方案往往有一定的不足。若小组讨论,全班交流,方案会不断改进,不断完善。由于这种设计有现实性,学生们讨论的热情很高,学习兴趣十足,这样提供了成员之间合作的机会,增加了课堂上学生之间合作、互助的频度和强度,从而有力地促进了学生社会化程度的提高。

(2) 选择有开放性的内容,可拓展思维空间

如组织学生讨论如何培养这种造型的植物(见图3-7),一个同学就可能有一种答案,但几个同学交流合作就可能有三种答案:一种是利用向光性原理,用暗箱给予单侧光照射;另一种利用植物的向地性原理,把花盆横放;还有一种是用铁丝把植物按需要的形状固定。

图3-7 "S"形植物示意图

由于学生间原有的认识特点、经验水平的不同,对事物的理解存在差异,通过合作学习,将使理解更加丰富和全面,使学生个体从那些不同的观点及方法中得到启迪,有利于学习的广泛迁移,促进学生做到取长补短,加深对问题的认识。

(3) 选择有探究性的内容,可激发合作欲望

例如在学习"光合作用的发现"时,教师设计问题串,层层剖析,步步引导,由浅入深,启发思考,在讨论中不断发现新问题,形成一条渐进式的问题链,帮助学生获取知识信息,最终构建完整的认识体系,培养学生的学习能力,达到教与学的目的。

具体教学过程:(图示)比利时医生海尔蒙特实验,提出:小树种在土壤中长成大树过程,植物吸收了土壤中的哪些成分?→(图示)普利斯特利蜡烛和小鼠分别与植物在一起的实验,提出:植物吸收的是什么气体?释放的是什么?其吸收的气体有什么作用?如何设置对照组→(图示)英格豪斯重复普利斯特利的实验,提出:光有什么用?光能到哪里去了?绿叶中的什么东西在起作用?→(图示)恩吉尔曼的水绵实验,提出:好氧细菌集中于叶绿体所有受光部位的周围,这说明什么问题呢?为什么要选用水绵作为实验材料?为什么要选用黑暗并且没有空气的环境?为什么要先用极细光束照射水绵,而后又让水绵完全曝露在光下?→(图示)范·尼尔发现紫硫细菌的化能合成作用,提出:如何推测出光合作用的方程式→(图示)希尔离体叶绿体接受氢受体实验,提出:其反应式是什么?这个过程还需要什么?它为光合作用起到什么作用?有机物是由什么物质合成的?光合作用有几个过程?→(图示)鲁宾、卡门的同位素标记H_2O和CO_2的实验,提出:在光合作用中产生的氧到底是来自水还是二氧化碳?应标记哪一种元素?如何设计这个实验呢?

科学家做每一次实验均源于对某一问题的再思考,而每个问题的产生都是智慧的结晶,有些问题由个人解决起来也许有一定困难,在解决一个问题时,往往又发现存在着新问题,这样的学习要求从纵深处去思考,模拟科学家的思维,提高学习的思维敏捷性。

(4) 选择有层次性的内容,可扩大合作参与面

例如,在教学"新陈代谢与ATP"一节的过程中,教师指导学生看书,要求学生阅读课本后小组讨论:①什么是ATP?它的结构有什么特点?②ATP是细胞能量的直接来源,它是否在细胞中大量存在?它是如何完成其功能的?③细胞合成ATP的能量从哪里来?④试讨论动物、人、真菌等所需能量的来源和绿色植物有何不同。⑤请举例说明,细胞的哪些活动需要ATP直接提供能量。⑥该怎么理解"ATP是细胞的能量通货"?⑦电鳗能发出强大的电能,我们需要捕捉电鳗时,该怎么办?为什么?试解释之。

有一定层次的问题可以兼顾全体学生,在讨论过程中每位同学均有话可谈,至于应用层次高的题目,同学也能在他人的提示下得到初步印象,从而进一步分析,直至解决问题。

(5)选择有挑战性的内容,可提高合作效率

例如,在高中生物教学中,收集和处理信息、开展研究性学习、高三专题复习、生物学实验等内容或题材,就有一定挑战性,要完成这些任务,就有必要进行分工合作,发挥学习共同体的创造性作用,积极参与到合作学习中来。有适度挑战性的学习任务是使学生产生学习激情的最好催化剂,难度要控制在学生的"最近发展区",使学生通过努力能够摘到"桃子"。

以这样的内容进行合作学习,学生有新奇感,在思维活动中能享受到合作的乐趣,并能促使学生在更高水平上进行思维,做到合作讨论有结果,合作学习有收获,合作的效果凸现。

案例研究 3-3

"生物的进化"合作学习的教学设计[①]

生物的进化非常复杂,对它的探索到目前也没有终止,关于生物进化机制存在多种假说。因此本节内容概念性、理论性都比较强,知识上也具有综合性和发散性辩证统一的特点,是开发学生综合能力的好材料。笔者尝试运用合作学习理论进行教学以达到学生的知识、能力、情感和价值观培养等和谐发展。

1. 教材分析

"生物进化"是第7章的内容,本节是在初中达尔文"自然选择学说"的基础上及学生学习了高中《生物》第6章"遗传和变异",掌握了基因突变、基因重组、染色体数目变异的知识后,重点讲述现代生物进化理论的基本内容。本节中关于种群的内容,可为第8章"生物与环境"中有关种群的内容打下基础。

2. 课时安排

90分钟小组任务。

3. 小组任务

根据教学目标、教学内容和学生的知识基础,把本节分成5个主题:①生物进化理论(各假说的特点是什么?你认为哪个更合理一些?)②种群(概念和特点)为什么研究基因库和基因频率?)③进化的原材料(为什么突变和基因重组是进化的原材料?)④自然选择(你能从性状的角度解释生物进化的方向吗?为什么基因频率的改变是定向的?自然选择有几种类型?)⑤隔离及物种的形成(造成生殖隔离的因素有哪些?自然选择使曼彻斯特地区的桦尺蠖种群中的黑色突变类型迅速发展,但是,这个种群至今没有形成新物种,为什么?物种形成的方式有哪些?)并列出所要合作完成的任务,提前1周分配给8个小组(每个小组由6~7个成员组成)。每个小组内部再通过任务分工对这些问题进行资料收集。

4. 培训学生的合作技能

让学生明确自己应有的合作品质和应遵守的小组合作规则。

5. 教师角色

5.1 随机提问小组中的某个成员,根据他的表现评价小组活动的质量,以达到既体现个人的价值又利用集体影响增强小组成员的个人责任感。

5.2 教师运用多种维度评价学生,要使学生相信各种不同的能力都与成功完成小组的任务有关。

---

① 王泽."生物的进化"合作学习的教学设计[J].生物学通报,2005(4).

6. 课堂教学（见表3-5）

表3-5 小组合作学习流程图

程　序	学　生		教　师
创设情境引入课题(5 min)	● 明确目标，做好准备 ● 回忆"自然选择学说"的中心内容		● 指出本课时小组合作的内容、目标 ● 放映录像：非洲草原野牛四季生活、生殖过程及迁徙路经大河时，许多野牛个体被淹死或被鳄鱼吃掉的情景
主题1 生物进化理论(15 min)	● 说明自己的观点 ● 相互聆听他人的观点 ● 为自己的观点辩护 ● 修正自己的观点 ● 帮助与鼓励他人参与对其他人观点的反馈 ● 通过磋商、辩论、民主地解决认知冲突	小组活动	● 提问(powerpoint显示)：达尔文生物进化理论的意义和局限性（引出对其他学说的讨论）
主题2 种群(15 min)			● 提问：影响基因频率的因素有哪些？怎样计算基因频率？ ● 用CAI课件模拟英国曼彻斯特地区从19世纪中期到20世纪中期，浅色型桦尺蠖和黑色型桦尺蠖所占比例发生剧烈变化的过程 ● 提问：生物进化的实质是什么？
主题3 进化的原材料(10 min)			● 提问：生物的自然突变率很低，而且一般都是有害的，为什么还能改变种群的基因频率？突变和基因重组决定生物的进化方向吗？
主题4 自然选择(15 min)			● 以桦尺蠖变化为例让学生从性状和基因两方面分析生物进化的原因
主题5 隔离及物种的形成(15 min)			● 演示课件：加拉帕戈斯群岛的地图，群岛的不同小岛上的植被情况（突出果实的大小）。具有不同特征的地雀（特别突出地雀喙形大小的特征）：分别让不同小组学生根据地雀喙形大小的特征和岛屿生存条件将地雀安放在适宜的岛上（放错会发出鸣响，答对则给其小组加分） ● 提问：地理隔离是如何导致一个物种的两个种群产生分化的？物种形成的根本特征是什么？
向全班汇报 (10 min)	● 教师指定或小组推荐组员 ● 回答来自教师、其他小组的提问 ● 组间评价、补充、修正		● 提问题以澄清、完善学生的理解 ● 让没有表现的学生回答问题 ● 给学生积极反馈、评价
总结提升 (5 min)	● 给小组表现的机会		● 提问：用生物进化论的观点解释病菌抗药性不断增强的原因；生物进化离我们遥远吗？你对2003年春天爆发的"非典"事件有什么感想？ ● 总结、反馈小组活动情况

7. 教学评价

当学生活动时，教师至少走近每个小组一次，观察和记录学生交互作用的情况，用Likert式五点评定量表（见附录）来评定学生间出现的交互作用类型和频率，从1（从来不）到5（一直）。

表 3-6　交互作用类型频率表

交互作用类型	$\overline{X}$	SD
参与	4.731	0.34
合作	4.581	0.55
倾听	4.686	1.61
贡献	4.710	0.72
鼓励	4.436	1.10
帮助	4.526	0.88
解决分歧	4.709	0.46

7.1　由表 3-6 可知学生的总体情况较好,学生间出现了较多的交互作用,这是保证合作学习成功的前提。特别是在参与、贡献、解决分歧三方面表现突出,分析其原因,可能是:首先,教师根据教学目标、学生的知识基础和掌握的其他信息资料等科学地设计了具有一定挑战性的活动任务,并建立了以个人表现为基础的小组得分制、组间竞争制。为了成就小组目标,学生不得不以一种有效的交互作用的方式交往。其次,小组规则和品质检查表让学生了解自己应怎样合作。再次,在合作学习过程中,教师依据学生的性格、能力和行为表现等方面的差异,对他们分别进行不同的激励性评价,使性格内向沉默寡言的学生克服心理障碍,大胆发表自己的见解,评价他人的观点,为自己的观点辩护,据理力争,使成绩差的学生向其他同学学习,查漏补缺,增强自信,积极与小组成员交互。

7.2　从表 3-6 也可看出学生在倾听、鼓励、帮助方面个体差异相对较大。这也说明许多独生子女在家中地位特殊,缺乏合作意识和培养社交技能的环境。而这些技能也不是在短时间内所能形成,因此,需要继续采取措施加强这方面技能的培养。有很多问题还要从心理学、社会学、管理学等方面进一步研究,但我们相信,合作学习是一种极具潜力的教学方法,它一定会为学生创造一个更美好的课堂、一个更有意义的学习经历。

附录

Likert 式五点评定量表

教师_____　　日期_____

被观察的小组_____

观察时间的长度_____

(1) 积极地投入工作

　　从来不　偶尔　有时　经常　一直

(2) 相互配合

　　从来不　偶尔　有时　经常　一直

(3) 倾听他人发言

　　从来不　偶尔　有时　经常　一直

(4) 提供自己的观点和解决办法

　　从来不　偶尔　有时　经常　一直

(5) 鼓励他人提供想法或给予反馈

　　从来不　偶尔　有时　经常　一直

(6) 给同伴提供帮助

　　从来不　偶尔　有时　经常　一直

(7) 民主解决观点分歧

　　从来不　偶尔　有时　经常　一直

问题与思考

1. 该教学设计在哪些方面较好地体现了新课程关于倡导"合作学习"的精神？
2. 除体现"合作学习"精神外，该教学设计还在哪些方面较为成功地贯彻新课程的理念？
3. 该教学设计还存在哪些不足？

活动 3-3

请阅读下列案例，分析案例中合作学习失败的原因，并为该教师提出解决问题的办法。

拿到新课标《生物》教材的时候，我静心琢磨教材设计者的设计意图，发现书中许多内容是让孩子们自己动手寻求科学的答案，其间更多的是在小组合作的基础上进行探究学习。夹着课本走到天真的孩子们中间，引导孩子们开始科学的徜徉。几节课下来，我发现一个奇怪的现象：合作学习中有些孩子忙得手忙脚乱，而有的孩子好似事不关己，高高挂起的态势，在一边独自"偷闲"。下课后，我就喊了一个"悠闲"孩子，问他："你上课的时候，怎么不和同学一起动手学习呢？"这个孩子满怀委屈地说："老师，不是我不想和他们一起学习，而是×××（小组长）太霸道，从来不听我的，也不让我玩实验器材。"孩子的一席话，犹如一记闷棍，敲得我又陷入迷茫：什么样的小组合作学习才能使孩子们都乐意动手呢？如何恰当地发挥小组长的作用呢？

3.1.2.3 探究学习的教学策略

1. 探究、科学探究的含义

"探究"，英文名 inquiry，起源于拉丁文的 in 或 inward（在……之中）和 quaerere（质询，寻找）。广义上的探究指一切独立解决问题的活动。广义的探究是人类的天性，是一种认知内驱力，可表现为好奇、好问、寻根究底。狭义的探究在对象和方式上与广义探究有很大的区别。狭义探究专指科学探究（scientific inquiry）或科学研究。在《美国国家科学教育标准》中对科学探究的表述是："科学探究指的是科学家们用来研究自然界并根据研究所获事实证据作出解释的各种方式。科学探究也指的是学生构建知识、形成科学观念、领悟科学研究方法的各种活动。"[1]

科学探究是人们观察和了解世界的方式的一种，它不仅仅是实际动手活动，也不等同于科学方法。在探究中我们必须坚持科学的态度和科学的思维方法，遵循科学探究的程序，使用科学方法、探究技能，才能发现科学真理。鉴于此，我们应在教育中恰当地引入科学探究，将其作为重要理念强调，作为教学建议提出。

2. 探究学习的本质

关于"什么是探究学习"这一问题，不同的人站在不同的角度给出的定义是不同的。例如，探究学习的主要倡导者施瓦布（Schwab J.）认为："探究学习是指这样一种学习活动：儿童通过自主地参与知识的获得过程，掌握研究自然所必需的探究能力；同时，形成认识自然的基础——科学概念；进而培养探索世界的积极态度。"杜威（J. Dewey）在《我们怎样思维》一书中论述了探究的本质及阶段。他认为探究在本质上是一种反省思维，即"对任何一种信念或假设的知识进行的积极、持续、审慎的思考，而支持这种信念或知识可能得出的进一步结构，便是这种思考的依据"[2]。安德森（Lorin W. Anderson）在他主编的《教学和教育百科全书》中，对探究教学的几个方面作了高度的概括。探究教学

---

[1] 〔美〕国家研究理事会. 美国国家科学教育标准[M]. 戢守志等，译. 北京：科学技术出版社，1999：30.
[2] 徐学福，宋乃庆. 20世纪探究教学理论的发展及启示[J]. 西南师范大学学报：人文社科版，2001(4).

的本质特征是：不直接把构成教学目标的有关概念和认知策略直接告诉学生，取而代之，教师创造一种智力和社会交往环境，让学生通过探索发现有利于开展这种探索的学科内容要素和认知策略。这种教学的基本原则是：由学生自己亲自制订获取知识的计划，能使学科内容有更强的内在联系、更容易理解，教学任务有利于激发内在动机，学生认知策略自然获得发展。同时，在这个过程中学生还认识到能力和知识是可变的，从而把学习过程看作是发展的，它既要以现有的学习方法为基础，又要将其不断地加以改进。[1]

任何对探究学习的界定都可能有局限，因而探究学习的定义应该是描述性和开放性的，即探究学习是指学生在教师指导下，为获得科学素养以类似或模拟科学探究的方式所进行的学习活动。

这一定义包含了三个基本因素。

其一，探究学习的目的是为了获得科学素养。科学素养既包括学生独立自主地发现问题、实验、操作、信息搜集与处理、表达与交流等探究活动能力，也包括科学知识、科学技能的获得，科学情感与态度的发展，特别是探索精神和创新能力的发展。

其二，探究学习是以类似或模拟科学探究的方式实现的。科学家的认识与学生的认识有所不同，因而学生不是科学家，学生的探究也不是科学研究，其目的不是为了发现人类新知，而是要更好地理解科学。我们应根据学习目的与学生发展水平对科学探究进行模拟。教育中的科学探究是指学生用以获取知识，体验过程，领悟科学思想、观念，学习科学方法的各种活动。"它是一种复杂的学习活动，需要做观察，需要提问题，需要查阅书刊及其他信息源以便了解已有的知识，需要设计调查和研究方案，需要根据实验证据来核查已有的结论，需要运用各种手段来搜集、分析和解释数据，需要提出答案、解释和预测，需要把结果告之于人。探究需要明确假设，需要运用判断思维和逻辑思维，需要考虑其他可能的解释。"[2]由此可见，探究学习应模拟科学探究的程序，掌握科学探究的方法、技能。

其三，探究学习是以学生为主体，但不可忽视教师的指导作用。探究是学生的探究，不能由教师安排好途径和方法，牵着学生顺路直达终点。对于要掌握的概念和原理，更不能为完成教学任务把答案直接告诉学生，让他们被动地接受。探究学习时，学生要独立思考，自己作出决定或选择，在探究活动各阶段都要充分发挥主动性、能动性和独立性。需要指出的是，突出学生的主体性并非忽视教师的作用。学生探究活动过程所涉及的观察、思考、推理、猜想、实验等活动是他们所不能独立完成的，学生也可能会在好奇心驱使下从事自发、盲目、低效或无效的探究活动，这时就需要教师在关键时刻给予必要的提示。教师的作用不能是过去的那种直接传递式，而应当是间接启发式，即启发学生思考，以促进学生从探究学习的一个阶段过渡到另一个阶段。

3. 探究模式

生物教学中的探究方法最主要的目的是，使学生在认识物质世界的过程中能够像科学家一样去处理他们所遇到的问题和情境。探究教学就意味着教师要试图去设计一种情境，以便学生去使用科学家所使用的方法，如认识问题、提出问题、应用调查的过程、提供一般的描述、预测和解释。换句话说，学生们在学习这些方法的过程中可以与科学家共享一种认识物质世界的经验。

生物教学中如何帮助学生学会探究学习方法呢？实际上，有关这方面的教学策略有许多。但这许许多多的教学策略都有一个共同点，那就是它们都是以建构主义的认识论作为理论基础的。因此，所有的教学策略：①以强调问题中心和实践体验为核心；②强调适当地运用调查和分析的方法，但这些方法与"科学方法"并不完全一样；③强调对科学的理解以及科学的建构。围绕这些核心的观点，澳

---

[1] 靳玉乐.探究教学论[M].重庆：西南师范大学出版社,2001：15.
[2] 〔美〕国家研究理事会.美国国家科学教育标准[M].戢守志等,译.北京：科学技术出版社,1999：30.

大利亚莫纳西大学的戴垂克(Dettrick,Graham W.)博士将探究学习的策略进行了较为全面的分析,他对理科教学中的探究策略进行了分类和划分。

(1) 学生中心的探究模式:这是一种自由式的探究模式。

相对来说,这种探究模式的实施过程比较简单。只要为学生提供理科某学科的背景信息,让学生自由地进行探索。采用的方法包括:①从寻求对有关物质世界的问题的答案开始进行探究,并且鼓励学生提出他们自己感兴趣的问题。②通过对一个问题的理解来提出其他的相关问题,从而使调查的活动持续下去。③问题、调查和学习都是直接或者间接地与学生所进行的具体经验(实践)和活动有关。④一个题目的调查活动可以多种方式进行,这样一堂课可以同时有许多种活动。⑤问题、调查和学习都是非常个别化的,不要使学生产生教师为全班提供同样课程的感觉。⑥进步的速度是由每个学生的能力、学生所进行的调查的难度和复杂性所决定的,因此使用的评价方法不是测验或者考试。⑦学生应该大量地进行有选择的练习和共享的学习,对一个合格的教师来说,应该发展学生之间的相互关系。⑧在这种模式中,教师具有许多重要的作用:其一是在学生不能提出问题时提出适当的问题框架;其二是帮助和辅助学生进行调查;其三是激发学生动机,进行课堂管理和规训;其四是激发学生兴趣,对学生提出挑战和评估。这些方法以及与其相配套的教材共同构成了"自由探究"的模式(下面的小资料部分来自美国 BSCS 生物课程的教材①)。

小资料 3-2

亲爱的学生:

你如果要成为一个生物学家——一个对有关生物问题进行调查的人,动物和植物便是你观察的对象。一些植物和动物可以大到让你看见并且抓在手里。而其他的一些植物和动物则太小,如果没有显微镜或者放大镜的帮助,你无法看到它们。生物的世界充满了不平常的、令人兴奋的有机体。我们希望你在一次令人兴奋的经历中进行你的生物学研究。

我们为你一个人设计了这个课程。你所要做的和你所要学的由你自己决定。可能你会决定对一个你们班级里没有人研究过的生物学问题进行研究。你的老师在这个课程中会为你提供一定的帮助,他为你提供你在调查过程中所需要的材料,帮助你解决你所遇到的问题,帮助你学习你在研究动物和植物的过程中所需要的新技能。

这本书与你过去使用的其他书不同,它没有充满生物学的事实信息,而是包含了大量的问题:有关生物的疑问。其中的每一个疑问都需要你设计你自己的实验,这样你可以知道更多关于生物的知识。你能够知道生物是怎样对它们周围的环境作出反应的,或者生物是如何汇总起来的。你要记住的最重要的事情是,你决定你要回答哪一个疑问。你可能发现你有一些我们没有想到的关于生物的问题。如果是这样,那就毫不犹豫地去设计实验去回答你的问题。

就像这本书不同于任何你曾经用过的书一样,你的班级也不同于你所遇到的其他班级。这种不同主要以下面几种方式表现出来。

1. 你不必与其他的班级成员竞争,看谁是"最好的"和"最聪明的"。
2. 你可以自由地决定你要学什么,并以最适合你的方式,老师和同学都不会强迫你去做他们所做的。
3. 你可以去做你能够做的,并学习尽可能与你所调查的问题一样多的东西。
4. 你在每个问题上所花的时间由你决定,但学年的长度和每周上生物课的天数会影响你的决定。如果你对一个有意义的调查感兴趣而且参与其中,你不会被别人干扰。

---

① 孙可平,邓小丽.理科教育展望[M].上海:华东师范大学出版社,2002:170-171.

> 在每个问题中你应该发现许多事情,这些事情对你来说很有趣。你不能在课堂上干扰其他人。其他人的权利和特权在任何时候都应该受到尊重。你在生物学课上的成功将很大程度上取决于你的好奇心、热情和创新性。作为学年的进步,我们希望你正在成为一个知道如何问问题和解决你周围生命世界中问题的人。
>
> 你忠诚的作者
1973年8月

(2) 施瓦布(Schwab)的探究模式:这是一种结构化的实验室探究模式。

施瓦布的探究模式是以生物科学课程研究(BSCS)的工作为基础提出来的,一般被认为主要是用于生物科学,但实际上它也可以应用到其他理科课程和教学中。这种方法比相对不太正式的自由探究模式具有更多的限制,也更加清晰。施瓦布的探究模式包括四个阶段的"句法结构":

阶段1:教师为学生"提出"一个调查领域以及适当的方法;

阶段2:学生在教师的指导下将问题结构化以辨明问题的要点;

阶段3:学生"思考"问题以辨明调查的困难或可能的理论不一致性;

阶段4:学生"思考"通过进一步的调查、数据的再组织、实验设计或者概念的发展来处理困难的途径。

这个方法的最大特点是,必须思考和判断与调查有关的方面。这些调查已经由科学家承担和完成。学生通过对这些调查的反思性批判,可以了解科学家进行研究的过程和思考的过程,还可以了解如何改进它们。有人甚至认为,这种方法是一种辅助性的元认知的方法。

在使用这种方法的过程中,教师的主要作用是指导学生提出假说、说明数据以及发展结构。这种结构被认为是一种说明物质世界的性质的可接受的方式。这里需要指出的是,施瓦布的探究模式正在受到范式变化观点的冲击,因为许多人认为它在很大程度上体现了传统科学范式的特征。实际上,它作为一种学习科学的方法,主要强调的并不是科学的内容,而是对科学家的研究过程和思考过程的反思性批判。为此,在科学范式发生变化的今天,我们仍然可以利用这种方法来学习科学。

(3) 萨兹曼(Suchman)的探究模式:这是一种结构化的探究推理模式。

施瓦布的探究模式基本上是以实验室和现场调查的研究活动为核心的。应该说,实验室和现场调查的研究活动是探究的基础。然而,一旦探究的问题由教师适当地结构化之后,如果不需要学生进行实验室和现场调查的工作,那么就可以使用萨兹曼的探究模型。这种探究方法的使用依赖于已知条件的使用、已知变量的使用以及将现存的数据作为教学和实践的基础。科学家可能期望将推理策略应用到解决问题的过程中,而这些问题对教师来说是有选择地加以强调。施瓦布的探究模式所强调的是反思性的批判,而萨兹曼的探究模式所强调的则是数据的使用、问题的形成以及推理的运用。

(4) "创造知识"的探究模式:这是学生进行协议探究的一个切入点。

这种探究模式与以学生为中心的探究模式具有一些共同的特点,教师的角色也是激发动机者、辅助者和课堂管理者;教师的作用也不是直接传播有关事实的信息。然而,在这一点上,两种方法之间又存在一定的差异。"以学生为中心"模式几乎都是侧重于在实验室或者现场进行不断的实践性调查;而"创造知识"的探究模式则从常规的课堂教学或者教师在教室前面安排座位开始。这种方法的主要依据是建构主义心理学。在皮亚杰看来,社会传播和个人经验是教师能够影响认知发展和知识增长的两个重要方面。在"创造知识"的模式中社会传播和个人经验两个方面都必须充分利用。小组讨论和班级的争论所产生的矛盾和不一致是造成不平衡的重要方法,这种不平衡是由于学生的知识图式的不适当而造成的,它的产生也为知识的进一步生长做好了准备。

这种探究模式的教学过程可以在两节课中进行并完成。第一节课的重要任务是完成知识创造过程中的调查任务,而第二节课则是提交相关的调查报告。在第一节课一般可以通过九个步骤来实现:

①教师等待或创设一种安静的范围以提出课题,比如以"熊猫"为题,然后划分出"我对熊猫知道些什么"和"关于熊猫我想要知道些什么"两类,让学生在未来的调查和研究中完成;
②教师等待一个合理的时间引起学生的注意,提出研究活动的要求,比如该课题要求学生自己动手独立完成;
③鼓励学生尽可能地将自己能够完成的填入两类列表中;
④当这些工作大部分令人满意地完成之后,教师要求学生停下来并进行下一步的活动,将学生划分为四人一组,对所完成的工作进行讨论;
⑤让学生有足够的时间对自己的工作进行讨论,在此期间教师可以提供一些与题目有关的信息,使学生能够使用这些信息创造更多的知识,比如放一段有关熊猫的录像,但同时还必须注意这些额外信息不应该提供过多的线索,从而阻碍了学生的积极思考,助长了学生复制的学习方式;
⑥讨论之后,再让学生将他所知道的信息和想要知道的信息填入分类表中,这时学生会产生进一步探究的欲望;
⑦可以再进一步将补充的信息再重复一遍,或者再增加其他的信息,以扩展现在的知识和提出进一步的挑战;
⑧重复小组讨论的过程,实际上⑦和⑧步骤是否进行取决于前面各个步骤的执行情况;
⑨结束讨论。

这时,教师可以要求学生将本节课所获得的知识分类表带到下一节课继续使用,也可以要求学生将这节课所收集到的信息写成小论文,并重新回顾一下该考察过程中所进行的调查和知识创造过程以及涉及的相应观念。

此节课完成之后,进行第二节课的活动。第二节课的活动包括两个方面的任务:一个任务是通过小组活动,提交调查报告。在进行这个任务的过程中,教师应该将这种学习活动看成是发展科学素养,使每个学生都有所发展。另外,教师必须在这个阶段强调学生交往能力的发展。在呈现每个小组的报告时,教师还应该组织全班范围的争论,引导学生对矛盾的议题展开讨论。另一个任务是在对矛盾议题进行争论的基础上,让学生制作一份活动清单,并列出认识到的问题,为下一阶段的现场实践活动准备的调查、活动、实验室调查以及图书馆的查阅资料工作。这个阶段的准备工作范围可以非常广泛。这项工作可以持续几天或者几周,这可以根据具体的教学、实践活动的可能性以及花费情况来确定。

(5)以主题为基础的探究模式:这是以学生为中心、多学科的自由探究模式。

主题探究的方法并不是一个新的观念。实际上,有许多主题方法在 20 世纪六七十年代就曾经比较流行。伴随着传统或强调学科事实的课程观向更为开放和更灵活的方向发展,主题方法超越了学科的边界。有人将主题的方法描述为一种"自由——进步主义的课程组织类型"。

主题方法以两个假说作为其有效的前提:第一个假说是关于知识性质的信念。在这里,知识是一个人的经验综合作用的结果,它不应该被划分为类别和学科。具体地说,如果学习发生在一种综合的、有助于发展经验之间相互联系并且避免人为地提出知识边界的背景中,那么呈现给学生的材料以及学生所具有的经验则更加有意义。第二个假说是关于学生学习的性质。这个假说认为,鼓励学生在一种没有威胁、支持性学校环境中进行主题探究,会使学生产生自然探索的学习行为。这个观点也是皮亚杰等许多人都提到过的。进一步说,学生有能力也有权利对他们自己的学习作出有意义的决定,并且学生可以选择相应的学习环境,使他们自己能够完全参与活动并享受活动所带来的快乐。这是一种自我激发动机的过程,会产生更为有效的学习。

主题探究方法的课堂实践以三个基本假定为依据:第一,需要创设一种弹性使用时间的环境,以便学生能够以个人或小组的形式并根据他们的能力和兴趣来调整用在完成任务上的时间和精力。第二,需要减少不必要的课程中的学科部分,特别是减少教材的统治作用,增加学习中有关个人经验的可能性。第三,发展每个学生的自我概念是非常重要的,自我概念与对学习的渴望和学习能力具有非常密切的关系。创设一种支持每个学生产生积极的社会合作的态度要比形成一种强烈的竞争氛围更重要。

另外,主题探究方法强调使每个学生成为积极的学习者,并将他们所学到的东西以各种方式应用到他们在日常生活中所遇到的事物之中。更具体地说,主题探究方法有助于促使学生把科学看成是人类总体活动和经验的一部分,而不是将科学看成是需要记忆的学科材料;帮助学生认识到科学给他们带来快乐,因为科学可以为他们"找出"和解决日常生活中的问题;主题探究方法也有助于刺激学生的好奇心,使他们去探究未知的和值得了解的事物;也使学生了解科学是与人们生活的环境和周围的世界有关的,科学是具有目的性的,也是非常令人满意的活动。为此,理科教学中发展主题探究方法具有以下几个方面的目的:

- 帮助学生理解科学的性质,指明它在人类总体的经验和活动中的地位;
- 帮助学生发展观察技能、形成一定的相互关系、探索任何能够构成经验网络的意义;
- 帮助学生掌握科学的概念和技术以使他们能够自信地将科学技术运用到解决日常的疑惑和问题之中;
- 帮助学生形成对科学和其他人类活动的积极态度;
- 为学生提供进行选择和决策的机会,使他们在推理、进行独立判断、反思他们自己观点公正性的过程中获得自信。

(6) 发现的探究模式。

发现法被人们所熟知是在20世纪50年代末。当时,美国为了应对苏联发射了第一颗人造地球卫星而召开了关于改革理科教育的伍兹豪尔会议。作为会议的总结性报告,美国著名认知心理学家杰罗姆·布鲁纳(Jerome Bruner)归纳并发表《教育过程》一书。在书中布鲁纳对"发现法"进行了详细论述。这种方法的核心思想是让学生体验科学家从发现过程中所获得的情感,从而激发学生学习科学的动机,而且学生可以通过"发现"的过程了解科学的性质、形成科学的知识。布鲁纳的发现法的提出引发了人们对科学性质和形成科学知识的途径的新思考,但此方法存在的一些问题也使人们产生置疑。

在发现法的课堂教学中,教师预先决定概念、过程、定律以及要"发现"的某些科学事实(学生所不知道的),课程的进行过程可以根据布鲁纳所提出的思维阶段来进行,即活动水平、图像水平及符号水平。教师根据各个水平上学生的不同思维特点指导学生进行发现的活动。许多理科教师虽然使用"发现法"一词,但实际上并没有真正体现布鲁纳所描述的发现法,这也是使用发现法时所必须注意的。

案例研究 3-4

"生物的变异"探究教学设计①

人教版《生物学》八年级下册"生物的变异Ⅰ"这一课是生物遗传的延续篇,通过理解生物变异的原因来体会生物的性状既受基因的控制,又受环境的影响,使学生对性状与基因的关系、遗传与变异问题的理解更加全面,为以后"生物的进化"和"生物与环境"两章的学习打下基础。

教学前,教师准备两种性状相差极大、不同品种的花生,指导学生分组,收集相关资料,制作课件。学生准备适当的测量工具,明确各自的任务,设计统计表格和图表格式。力求在教学中充分发挥学生的主体意识,营造自由的学习空间,让学生主动地去观察、分析、发现,主动地参与到教学活动的全过程;同时教师加以适当的启发、诱导、点拨,起到画龙点睛的功效,通过教师适宜的情感激励,形成一个师生互动、生生互动的教学氛围。

---

① 叶治平."生物的变异Ⅰ"教学设计与案例[J].生物学教学.2007(1).

教学实施过程：

1. 生活现象，导入课题

呈现四幅不同的杜鹃花投影片，提高课堂注意力，引发学习兴趣，并提出问题：不同种类的生物固然千差万别，有许多不同的特征，那么，同一种生物会不会有不同的特征呢？这些差异和什么有关？

2. 媒体呈现，形成认识

呈现多幅幻灯片，包括：①千姿百态的菊花，②多彩的玉米，③不同品种的羊，④果蝇的红眼与白眼，⑤颜色各异的青蛙，增加学生的感性认识。由此启发学生自主思考、联系实际，说出生活中常见的变异例子，教师引导学生形成"生物性状的变异是普遍存在的"认识。

3. 创设情境，引发兴趣

由课本提供的图片资料创设故事情景：晓刚去奶奶家玩，奶奶拿出了许多好吃的……"如果你是图中的一员，你认为怎样？你还能提出什么问题？""两个不同品种的花生，哪些方面会存在差异？"通过特定的情景，联系现实生活，引发学生的探究兴趣。

4. 分组探究，自主学习

教师帮助学生回顾探究的过程，和学生一起提出问题、作出假设，并填写在课前发下的探究活动记录表上，提示学生应考虑的几个问题：①测量花生的长度应用什么工具？应测量多少颗花生？②为什么要计算花生果实长度的平均值？③本活动中共有几项不同的工作，小组应如何分工才能提高效率？④统计结果转换成哪种形式的图表更易观察？学生带着课本设置的4个讨论题开始探究活动。每个小组都要将测量的花生果实长度的平均值写在黑板上。带着问题进行探究，目的更加明确。

5. 表达交流，教师点拨

请测量不同品种的小组作交流汇报（至少两组），交流本组的分工情况及合作效率，描述所测量的花生果实长度的分布范围和平均值。教师利用实物投影呈现汇报组的统计图，让全体学生参考对照，共同评价。接着运用电脑，将两组的测量结果用 Excel 合成在同一图表中，让学生们对照两个品种的花生果实长度的分布范围，为下一个环节做铺垫。

6. 设计问题串，层层深入

在上述基础上结合生活实际，创设问题情境，发散学生思维，指导学生经历"现象—问题—分析—结论"这一过程，循序渐进，启发学生说出引起生物变异的原因，主动获取新的知识。整个推导过程，是本节课的高潮部分。我有意将设计的问题逐渐增加难度，让学生逐步深入，发展学生的逻辑思维，以利于形成严谨的科学观、世界观。问题设计如下：

(1) 描述你测量的花生果实在不同长度范围内的数量分布状况，你得出什么结论？进一步探究：为什么同一个品种的花生果实有大的有小的，这种变异与什么有关？

(2) 比较两个品种花生果实长度的平均值，你得出的结论是什么？你测量的是哪一个品种的花生？进一步探究：这两种花生果实长度的平均值存在差异，这种差异由什么决定的？

(3) 将大花生的种子种在贫瘠的土壤中，把小花生的种子种在肥沃的土壤中，它们结出的果实会怎样？为什么？

(4) 选择大花生中的一粒饱满种粒栽种，所结的花生种子一定大吗？为什么？

问题与思考

1. 谈谈授课者独具匠心的教学设计。

2. 如何挖掘生物教学中的探究因素——对于生物变异如此简单的一个主题，授课者采取了哪些手段一步一步地引导学生进行探究？

3.1.2.4 科学—技术—社会(STS)教育

STS系科学(Science)、技术(Technology)、社会(Society)三个英文单词首字母的缩写。STS教育的基本精神强调把科学教育和当前的社会发展、社会生产、社会生活等紧密结合,使学生智能得到开发,劳动素质得到提高,未来意识和参与意识得到增强,即培养出具有良好科学素质的人才。生物是一门以实验为基础的自然学科,在生物教学中,我们不仅应重视科学知识的教育,更应重视生物科学知识在社会生产和生活中的应用;重视技术教育,使科学知识有效地转化为生产力;重视素质教育,提高全体受教育者的素质。

1. STS 与 STS 教育

科学教育中科学、技术与社会的问题由来已久。在20世纪六七十年代就有人试图把这一问题引入学校课程,借以培养学生的科学素养。例如,美国衣阿华大学在20世纪60年代初设计的"科学与社会"课程就曾轰动一时;加拿大的艾肯海德(Aikenhead)等人在20世纪70年代中期开发的"科学:一种认识方式课程"也取得了一定的效果。但STS真正作为一个专有名词叫响并得到各国科学教育工作者的认同则是在20世纪80年代初。在英国,约翰·齐曼(John Ziman)在其著作 *Teaching and Learning about Science and Society*(1980)中首次使用这一名词;在美国,STS则始于诺里斯·哈尔姆(Norris Harm)等人的"项目综合"研究(1981),该研究把STS列为学校理科课程五个受关注的问题之一。此后,STS运动作为理科课程改革的一个重要动因在世界科学教育界蓬勃兴起。

STS的主要论点如下。

科学:科学是通过它的理论,更是通过它的作用,被大多数人所认识,而在社会生活中普及的。随着起源于科学的技术不断革新,科学已经积累成为社会文化的重要内容。学校的科学教学也应着重在科学的探索活动和方法以及在日常生产、生活中的应用,由此可领悟到科学概念的物质力量。

技术:技术在科学与社会之间起桥梁作用,并把不同的学科统一起来。技术作为学校课程的组成部分,它提供解决问题的方法,丰富每一门学科,并把这些学科和日常生产、生活联系起来。培养掌握科学知识的技术队伍是我们科学教学工作的主要目标。

社会:科学提供知识,技术提供应用这些知识的手段和方法,社会则要求我们以一定的价值观念指导我们应该如何去对待科学和技术。

STS教育指的是在现实的技术和社会环境下进行的科学教育活动,其基本思想是把学生对于自然界的理解(科学)与人造世界(技术)和他们的日常生产、生活经验(社会)结合起来。这种关系可由图3-8来表示,其中单箭头表示学生对科学、技术和社会问题的理解,双箭头表示这三者之间的联系。

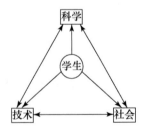

图3-8 科学、技术、社会与学生间的关系

2. STS教育与传统理科教育的区别

(1) 科学概念方面(见表3-7)

表3-7　STS教育与传统理科教育在科学概念方面的比较

传统教学	STS教育
(a) 概念本身就是学习结果。	(a) 概念的学习是对客观事物本质的认识过程。
(b) 学习概念主要是为了应付考试。	(b) 概念的学习是为了处理问题的需要。
(c) 主要靠记忆学习,难以持久。	(c) 从实际活动中领悟,并能用到新的情景。

(2) 过程技能方面(见表3-8)

表3-8　STS教育与传统理科教育在过程技能方面的比较

传统教学	STS教育
(a) 学生把科学过程看作是科学家才有的工作过程。	(a) 学生把科学过程当作他们学习的一部分。
(b) 学生把科学过程当作课程要求而被动地练习。	(b) 学生把科学过程看作是自己的需要,从而主动地练习和发展。
(c) 学生把科学过程看作抽象、可望而不可即的。	(c) 学生把科学过程看成是实在的、充满情趣的。

(3) 科学态度方面(见表3-9)

表3-9　STS教育与传统理科教育在科学态度方面的比较

传统教学	STS教育
(a) 学生对科学的兴趣逐渐降低。	(a) 学生对科学的兴趣逐渐增加。
(b) 学生把老师当作知识的供给者。	(b) 学生把老师当作科学的引路人。
(c) 学生把科学过程当作静态的知识去接受。	(c) 学生把科学当作处理问题的方法。

(4) 创造能力方面(见表3-10)

表3-10　STS教育与传统理科教育在创造能力方面的比较

传统教学	STS教育
(a) 学生只是被动接受知识。	(a) 学生常提出一些有创造性的问题。
(b) 学生难以识别特定问题的因果关系。	(b) 学生具有分析自然现象或实验现象的因果关系的能力。
(c) 很少有学生能够提出有创造性的见识。	(c) 学生乐于提出自己的、富有创造性的观点。

(5) 科学知识应用方面(见表3-11)

表3-11　STS教育与传统理科教育在科学知识应用方面的比较

传统教学	STS教育
(a) 学生认为所学的科学知识对自己没有实际意义。	(a) 学生能够把科学知识运用到日常生活中。
(b) 学生认为他们所学的科学知识与解决实际问题没有联系。	(b) 学生积极参与社会问题的解决,并能把科学学习与公民职责联系起来。
(c) 学生不能把所学的科学知识与现代技术问题联系起来。	(c) 学生很重视当代技术的发展,并把它当作科学的意义之所在。

3. STS教育的特点

(1) 强调参与。学生是未来社会的主人,他们将来不只是某一种职业的工作者,首先是社会的一员,将通过各种程序参与未来社会生活、生产和发展的决策。因此在今日的学习过程中,从学习内容到学习方式,都要有利于参与意识的培养和训练。

(2) 在科学和技术的关系上,技术得到比过去更多的重视。这是由于现代技术已经渗透到社会生活的各个领域。因此,在科学教育中不重视技术教育已经不能适应当今世界的发展了。

(3) 在科学技术和社会的关系上,强调价值取向。现代科学技术的发展,正在冲击和改变着人们的价值观念、伦理观念以及其他社会观念。人们已不再只着迷于宏大的工程建设,因为巨大的经济效益往往不足以弥补其对生态环境的损害;核技术和太空技术的发展,使人们不得不思考战争与和平的问题等等。对于这么多的观念冲突,科学教育自不能只耕耘而不问收获了。

(4) 强调科学、技术、社会的相互关系,必定导致自然科学和社会科学的交叉和兼容,从问题出发组织学习将是一种常用的形式,这构成了对传统学科体系的冲击。于是,它常常受到责难。其实,它不是不要学科体系,不要基础知识、基本概念、基本理论,而是力图使其在对实际问题的研究中发挥作用。

(5) 强调素质教育而不是片面强调精英教育。因为只有公民普遍的科学素养的提高,才会有科技精英的群星灿烂。于是它同时主张:"Science for all"(科学为大众),这对于许多发展中国家来说,可能更具有现实意义。我们需要科技精英,但更需要扫除文盲,减少科盲。没有民族素质的普遍提高,就缺乏产生文化、科技精英的深厚土壤。

4. 生物教学中实施STS教育

在生物教学中进行STS教育要包括以下几方面的内容。

(1) 现代生物科学技术的新发展、新成就、新成果,如人类基因组计划、克隆羊的诞生、现代生物工程、仿生技术等。

(2) 与工业、农业、林业生产密切联系的知识和技能,如作物的遗传育种、发酵工程、太空育种、病虫害的防治等。

(3) 与个人家庭生活密切联系的知识和技能,如人工呼吸技术、常见病的预防和简易治疗法、毒品的预防、艾滋病的预防、蔬菜水果的存储技术等。

(4) 一些重大的社会问题,如环境问题、优生优育、动植物资源的保护、基因资源的掠夺等。

这些内容的STS教育教学方式可有以下两种:一是编制专门的STS教材,开设STS课程。例如:北京师范大学附中开设的《人与环境》的选修课;二是充分挖掘教材中进行STS教育的因素,更新教学内容,渗透STS的教育思想,使之与中学生物教学有机地结合起来。例如,结合"矿质代谢"一节的教学可以介绍无土栽培原理和技术、施肥的方法等。学习了"环境保护"一节后,可要求学生课外进行我国环境污染情况的资料查阅和对本地环境状况的考察,然后进行汇报和交流,并写成考察报告,还可对当地政府提出环境保护的建议等。例如,宁波市教委教研室组织编写的高中生物STS的渗透材料,表3-12展示了"分子与细胞"模块的若干渗透材料要点。

表3-12 高中生物教学中STS思想的渗透内容和渗透方法举例

教学内容	渗透思想			渗透方法
	科学	技术	社会	
降低化学反应活化能的酶	酶的特性	实验:影响酶活性的条件;工业生产葡萄糖的方法——酶法和盐酸催化的比较	酶为生活添姿彩(溶菌酶、果胶酶、加酶洗衣粉的应用)	让学生设计探究实验,用讲座方法或者讨论方法介绍酶与科学、技术与生活的关系

续表

教学内容	渗透思想			渗透方法
	科学	技术	社会	
光合作用	光合作用的研究方法、原理	绿叶中色素的提取和分离实验,温室栽培技术;同位素标记技术	光合作用的研究历史,光合作用研究中尚未解决的问题	设计探究实验:探究环境因素对光合作用强度的影响;查阅科学史及光合作用应用的资料,进行交流、讨论
细胞呼吸	有氧呼吸、无氧呼吸	探究酵母菌细胞呼吸的方式	细胞呼吸的研究历史;细胞呼吸原理的应用(食醋、味精的生产;植物种植中的松土透气;等等)	设计探究实验:探究酵母菌细胞呼吸的方式;参观酿酒厂;查阅资料;讨论、交流
细胞的癌变	癌细胞的主要特征;致癌因子	癌症治疗技术	健康生活与防癌;与生物学有关的职业:医院里的医师	分析案例,介绍癌症治疗技术的最新进展,查阅资料;讨论、交流

小资料3-3

《人与环境》是北京师范大学附中开设的一门STS方面的选修课。下面是这门课的教学大纲。

教学目的

1. 使学生初步了解人与自然环境、社会环境的关系,了解各种环境问题和解决的途径。
2. 使学生了解人口的增长、人口质量的提高、人口迁移与环境的关系,以及当今人口问题的对策——计划生育的必要性。
3. 通过本课程的学习,提高学生分析问题的能力,树立对环境的正确认识与合理利用的态度。

教学计划

1. 目前暂在初二年级开设。
2. 每周授课为一学时,开设一学期,每学期共授课15学时至16学时。

教学内容要点及课时安排

1. 序言(2课时)

环境的概念。环境的结构:自然环境、社会环境、工程环境。

人类与环境的关系:环境为人类提供物质和活动场所;人类对环境的发生发展进行调节控制,以及造成的影响。

人类发展的过程与环境的关系及产生的环境问题:人类社会的初期,中期,现代社会。

2. 人类与环境(3课时)

世界人种与环境。环境与人口的容量。人口质量的提高与环境的关系。人口迁移与环境的关系。

当今世界人口问题与对策:人口迅猛的增长、城市人口日益增多、人口老龄化等。

3. 大气环境(2学时)

大气圈的结构。大气组成的成分。

大气环境的污染(固体、液体、气体、光学烟雾);污染源(工厂、家庭、交通运输工具等的排放);污染条件(自然条件:风、湍流、无风无云天气、高气压等气象条件;地形条件,社会条件等)。

大气污染的治理与控制。

4. 水环境(3学时)

人类生存与水资源的关系：生活用水、生产用水。

地球上天然水资源：总量、海洋水、陆地水(江、河、湖、沼;地下水)、其他水分。

天然水在自然界中的循环：自然界中水分的循环、全球水分循环。

水资源的环境问题：分布不均衡、城市用水超负荷、水体污染。

水资源问题的解决措施：跨流域调水、节约用水、减少排污、加强水资源的规划与管理、调整耗水量大的工业布局、改革产品结构。

5. 土壤环境(2学时)

土壤在环境中的地位。

全球陆地土壤结构：农田土壤、草地土壤、森林土壤等。

土壤的环境问题：土壤侵蚀(水土流失)及其原因;土壤污染及其原因。

土壤保护以及污染的防治：植树造林、种草,控制和消除污染源。

6. 生物环境(2学时)

生物与环境的关系：生物受环境的影响;生物在环境中的作用。

生态系统与生态平衡。

生物环境问题及防治：生态平衡的破坏及防治;生物污染及防治;生物病害及防治。

世界自然保护区。中国自然保护区。

7. 城市与环境(2学时)

城市的特点。城市性质的区分。

城市环境问题及防治：工业过度集中、城市规模过大、城市人口骤增、居住条件恶化、交通紊乱、噪声。

名师论教 3-2

中学生物学教学中 STS 教育的实施[①]

由于课堂教学在今后很长一段时间里仍然是我国学校教育的主要形式,因此,采用何种方式在课堂教学中进行 STS 教育是一个关键问题。我国现行的中学生物教学中 STS 教育主要是在生物学科课程的基础上采取渗透式的教学,在完成课程标准规定的教学目标的同时,也让学生了解到科学、技术、社会三者的发展关系,从而有利于保持生物学教学的稳定性和延续性。

教师在课堂教学中实施 STS 教育的重要环节在于选取 STS 教育的内容,而选取 STS 教育的内容的前提在于确定合适的切入点。在生物学教学中作为切入点的内容有：①与社会发展有重大关系的生物学知识;②与生活、生产相关并且被广泛应用的生物学知识;③与科学技术有关的社会热点问题;④生物学规律的发展成就及前沿问题。

依据这些内容,在教学中穿插描述"中国超级杂交水稻基因组计划、转基因食品、冬季新鲜花的培养、生男生女的多种原因、火星上有没有生命"等容易引起学生的好奇与求知欲的内容,开启学生探索生物世界的大门。而后,可引导学生走出校门在实际生活中联系理论,如在学习了"植物嫁接"的知识后,可带学生到花卉或果树种植基地进行实际操作,增强学生在生活实践中主动地学习生物学知识的能力。

---

① 刘茂琴.新课程标准下生物学教学中如何实施 STS 教育[J].生物学教学.2005(9).

在实验操作中,教师应尽可能多地给学生提供动脑动手的机会,让学生通过自己的亲身体验,解决一些现实问题。如在掌握了嫁接的有关知识后,让学生自己动手,亲自体验嫁接的过程。操作中,有些学生选择的接穗不合乎要求,教师要注意启发学生选择什么样的枝或芽做接穗。另外,无论是枝接还是芽接都要注意让接穗和砧木的形成层紧贴在一起。

在习题的教学中,教师应编写和收集学生比较熟悉的、与现实生活有密切联系的习题,因为这是基础教育发展的趋势和生物学教学改革的方向。如2004年上海生物学高考的一道题:雅鲁藏布大峡谷地区植被分布状况是"山麓热带雨林,山腰常绿阔叶林,顶部高山草甸",决定这种分布状况的非生物因素主要是什么?再如,我们吃的绿豆芽可食部分主要是什么结构?……

在教学中还可以通过专题讲座将学生的视野从课内延伸到课外,从学校延伸到社会,从基础生物学延伸到现代前沿科技。如对生物科学研究的"曼哈顿原子弹计划"等知识以及生物学的发展,生物学家科学思想和方法的介绍,拓宽学生的知识面。并且,通过引导学生合理地利用网络资源,有效地查找、选择和采集信息,让学生感受科学技术带来的机遇与挑战,拓宽教学的空间。此外,现状调查、问题探究、科学知识竞赛、角色扮演等都可作为进行STS教育的教学方法。这些灵活的教学方法在与传统的生物学知识传授相结合后,将极大地优化教学过程,调动学生参与学习的积极性,培养学生的创新意识,进而提高教学效率。

作为一门新兴的综合性的交叉学科,STS教育正以它所涉及的科学、技术和社会的相互关系,科学技术在社会生产和生活中的应用,多学科知识综合分析和解决问题的科学方法,以及培养学生关心社会的意识,用正确的价值观处理社会问题的能力等,充实着生物学教学所需要的素质教育的内容。随着课改的推进,通过在生物学教学中渗透STS教育将会更有效、更顺畅地达成培养学生科学素养的目的。

3.1.3 中学生物教学方法简介

3.1.3.1 教学方法概论

教学方法是指在教学过程中,为了完成教学任务,教师所采用的工作方式和教师指导下学生学习方式的总称。生物教学中常用的教学方法有如下几种。

第一种是以语言传递为主的教学方法。该方法主要是指通过教师运用口头语言向学生传授知识、技能以及学生独立阅读书面语言为主的教学方法。具体实施形式包括讲授法、谈话法、讨论法、读书指导法等。其中,讲授法在生物教学中是应用最为广泛的基本方法,它在实际的教学活动中又可以具体表现为讲述、讲解、讲读、讲演等多种形式。

第二种是以直接感知为主的方法。该方法又称为直观教学法。它是指在教学活动中教师通过实物、直观教具的演示或以亲身实践,以具体事物、现象的逼真描绘来激起学生的感性认识,获得生动的表象,从而促进对知识比较全面、比较深刻地掌握和理解的教学方法。这类方法的突出特点是其形象性、直观性、具体性和真实性。以直接感知为主的方法在生物的实际教学中,主要有演示法和参观法。

第三种是以实验和学生的实践活动为主要特征的教学方法。此类方法以实验和学生的实践活动为主要特征,通过实践性的教学活动(练习、实验等活动),巩固和完善所学知识、技能,培养学生能够运用理论知识解决实际问题的能力。这类方法包括练习法、实验法等。实验法是中学生物教学中最为重要的直观教学方法,体现了生物是以实验为基础的学科特征。这类方法将实验的改革作为教学方法改革的重点,使实验从形式到内容更适合于现代生物教学的需要,以获得更好的教学效率。例如,以实验为基础的探索法、实验—讨论法、以实验为中心的发现法、实验—观察—讨论教学法等。

第四种是以引导发现为主的方法。该方法主要是指教师组织和引导学生,使他们通过独立的发现和研究活动而获取知识的方法。这类方法的主要特点在于,在教师的积极引导下,学生在探索解决认识任务的过程中,他们的独立性得到了比较充分的发挥,从而逐步培养和发展学生的探索、研究、创新等方面的能力。发现法对于学生而言是一种学的方法;对于教师而言是一种教的方法。所以又有"发现学习"或"发现教学"之称。

在中学生物教学实践中所使用的教学方法有多种,不同的教学内容、不同的教学环境有不同的教学方法,相同的教学内容也可以有不同的教学方法。为了更好地选择和利用教学方法,这里对教学方法作几点说明。

1. 教学方法是联系教师、学生、教学内容的纽带

学生的学习是教学内容内化为学生发展成果的过程,老师借助合适的教学方法,就能帮助学生更好地实现知识的内化和发展。同时,师生也借助一定的教学方法实现了相应的教学目标和教学任务。

2. 教学方法是教学活动中师生双方的行为体系

教法与学法是不可分割的,教学方法不是我们教师独有的东西。它既包括教师教的方法,也包括学生学的方法,是教师的教和学生的学这两种方式协同作用共同完成的。教学过程是为学生的学服务的,教师不要唱独角戏。我国教育家陶行知先生提出的"教学合一"思想说的也是这个道理。

3. 教学方法受到教学目的、教学内容、具体的组织形式和其他各种条件的影响和制约

(1)教学方法受教学目的的影响和制约。特定的教学目标需要依靠相应的教学方法才能实现。任何教学任务和目标都要通过有效的教学方法来完成,教学的成功与否在很大程度上取决于能否恰当地选择或使用教学方法。

(2)教学方法受特定教学内容的影响和制约。在生物学教学活动中,教学方法与教学内容有着一定的统一性。教学方法总是伴随着特定的教学内容,同时,相同的教学内容,如果采用不同的教学方法,可能会出现不同的教学效果。如涉及生命的特征和过程的知识内容,教师若采取直观的,联系学生实际的、让学生动手实践的方法,则教学效果一般比教师讲授、学生阅读的教学方法要好。

(3)教学方法受到具体的教学组织形式的影响和制约。在教学活动中,不同的教学组织形式、不同的教学环境,就可能要运用不同的教学方法;同时,在教学方法确定下来之后,教学的组织形式也会受到一定的约束和限制。如班级集体教学的组织形式和个别化教学的组织形式所采用的教学方法肯定是不一样的。新一轮基础教育课程改革倡导的主动、合作、探究式学习比较适用于个别化教学、小班教学,而大班级集体教学会受到限制。

另外,学校设备条件、教师自身条件、学生实际情况也影响着教学方法的选择。如学生的理解力是不一样的,一样的课,不同的班级采用的方法应该有所区别。

4. 现代教学方法与传统教学方法相比,呈现出了不同的特征

(1)强调学生的主体性。现代教学方法要求学生成为学习的主体,主张要让学生理解学习过程,积极开展紧张的智力活动,从而掌握科学的学习方法,养成科学的思维习惯。这里注意一点,强调学生的主体性,并不是否定教师的主导地位,只是这个主导者已成为学生学习的伙伴,成为学习的组织者、引导者。

(2)体现教学的开放性。注重学习内容来源于社会和生活,强调生物理论与社会、科学和生活实际的联系。现代教学方法注意引导学生关注现实生活,关注学生参与学习的具体现实环境,提倡亲身参与社会实践活动。教学不是学生的被动记忆,而是主动发现、提出和解决问题的活动。这需要老师提供丰富的教学资源,帮助学生理解和掌握学习内容,促进学生进行思维联想,加强学生对知识的掌握和运用。

(3)重视现代教育技术的应用。现代教育信息技术,使教学方法呈现出了更大的灵活性、针对性、层次性、交互性。多媒体教学、网络教学,既作为一种教学方法的新理念,又作为教学方法的新形

态,在教学理论和实践应用两个领域都获得了快速的发展。现代教育技术促进了生物教学方法的改革,已逐渐成为改变传统教学方式的重要力量。

(4) 突出教学的情意性。发展学生的智力水平和能力是现代教学方法的特征,过去的教学把人的发展简化为知识的获取,教学的主要目的是让学生掌握更多的知识。但是,在如今的信息时代,知识是学不完的,唯有智慧、能力、人格和人文精神的充分发展,才能适应瞬息万变的现代社会。在教学方法的运用上,更注重在学生的认识活动中,伴随着情感的教育。如注重引起学生的兴趣,激发学生的学习动机,培养学生的情感,增强学生的自信心,使学生养成科学的人生态度,促进学生的个性全面、健康、和谐地发展。

常用的生物教学方法有讲授法、谈话法、讨论法、演示法、实验法、直观法、发现法等。生物教学是一个多要素、多层次、多序列的复合、开放、动态的系统工程。从教学设计上来看,教学过程是一个由学生、教师、教学目标、教学内容、教学方法(策略)、教学媒体、教学评价、教学环境等诸多因素组成的系统。教学方法只是其中的一个因素。只考虑这一个因素还不能从整体上提高教学质量。要想从整体上提高教学质量,我们还必须有整体的意识、各种要素优化组合的意识、动态的适应意识、信息调控意识,将各种要素纳入教学的全过程之中,实现生物教学的科学化和教学效果的最优化。

3.1.3.2 教学方法的优化组合

每种教学形式和方法都有各自的优点与不足以及适用的范围;同时,各种教学方法又相互渗透、相互作用。教学方法的优化组合是指根据相应教学阶段的任务、教材内容特点、学生的学习特点以及教师运用各种教学方法的可能性来寻找一种或几种更合适的教学方法,并对教学方法进行最优组合,配合运用,以达到最佳的教学效果。

怎样选择教学方法呢?换句话说,选择教学方法的基本依据是什么呢?

1. 依据教学的具体目标与任务

根据教学目标选择教学方法,主要是看目标的内容和层次。生物教学目标包括认知、技能和情感三个领域,每个领域又可分为若干层次。不同领域或不同层次教学目标的有效达成,要借助于相应的教学方法和技术。对教学方法选择的指导性因素应是具体的教学目标。例如,教学目标是了解、理解级的目标,运用指导阅读法、教授法、练习法、演示法是比较合适的;教学目标是应用级的目标,则可考虑练习法、演绎法、问题解决法等;如果教学目标要求熟练掌握某种操作技能,则可以采用演示法、实验法、练习法等;如果是培养学生情感态度与价值观方面的教学目标,在运用讲授法的同时,结合探究法、发现法、情境教学法就更合适。

2. 依据教学内容特点

生物教学的不同阶段、不同单元、不同课时的内容,要求教学方法的选择要具有多样性和灵活性。对理论性较强的知识内容,可多采用启发性较强的讲授方式,并穿插使用类比、归纳、演示等逻辑方法;对事实性知识,可通过实验演示、实物模型展示等直观手段,并配以图表,以归纳、比较、联系等形式强化记忆。

3. 依据学生的身心发展状况

学生的身心发展状况,主要是指学生现有的知识水平、智力发展水平、学习动机状态、年龄发展阶段的心理特征、认知方式与学习习惯等因素,这些因素也直接制约着教师对教学方法的选择。教师在教学设计过程中,要科学准确地研究分析学生的身心特点,有针对性地选择相应的教学方法。例如,高中阶段是学生逻辑思维发展趋于初步定型或成熟的时期,在概括能力、空间想象能力和推理能力等方面开始出现质的飞跃。这一学习阶段,可以适当增加理论讲授的比例,也可以同时采用体现学生独立发现和创新要求的方法,如讨论法、问题解决法、发现法等。再如,当教学中发现新旧知识因衔接不良而难以迁移时,应多用归纳法和练习法等进行复习,同时配合口头检查、书面检查、补充实验等形式,弥补原来的知识缺陷。

4. 依据教师的自身素质

教师素质在教学活动中主要表现在教师的语言表达能力、思维品质、教学技能、个性与特长、教学艺术与风格特征、教学组织与调控能力等方面。任何一种教学方法,只有适应了教师的素质条件,并能被教师充分理解和把握,才有可能在实际教学活动中有效地发挥其功能与作用。教师选择教学方法,在注意以上因素的同时,还应当根据自己的优势,扬长避短,选择最适合自己的教学方法。巴班斯基认为,教学的方法和形式,具有一定的补偿性,因而同一种任务、同一部分教学内容可用不同的方法和形式来解决。这往往要靠教师发挥长处,根据自己的特长选用某些方法。例如,在启发式教学前提下,善于表达的教师,可以通过生动形象的语言,引出教学内容;善于动手实验的老师,常常可以设计一些精巧的小实验,既活跃课堂教学气氛,又能从实验现象的分析、推理中解决教学的重点;善于绘画的教师,则可利用形象逼真的板画,勾画出所要认识的生物的特征,为学生的感知提供条件。

5. 依据教学环境条件

教学环境条件主要是指教学设备条件(信息技术、仪器设备条件、图书资料条件等)、教学空间(教室、实验室、生物园地等)和教学时间条件。教学环境的优劣,对教学方法功能的发挥也有着一定的影响。特别是现代信息技术的运用,进一步拓宽了教学方法的功能。

总之,每一种方法都有自己的特点和功能,没有一种所谓绝对好的方法,也没有绝对坏的方法。人们常说,"教学有法,但无定法",重要的是要依据以上各种因素,使各种教学方法优化组合,达到最佳的教学效果。教育是一门科学,又是一门艺术。说它是科学,因为它有规律可循;说它是艺术,因为它处处存在着创新,不同的人有着不同的风格。我们也可以这样理解,教育是一门科学,因为它是有规律的,有方法的;说它是一门艺术,是因为存在不同方法的优化和组合,不同的组合构成了不同教师的不同风格,方法本身的不同组合就是个人创新。

3.2 中学生物课程教学模式

3.2.1 中学生物课程教学模式概述

3.2.1.1 教学模式的概念

一般认为,教学模式是在一定教学思想或教学理论指导下建立起来的、较为稳定的教学活动结构框架和程序。结构框架是指教学模式可以从总体上反映教学活动整体功能及各要素之间的关系。程序是指教学模式的有序性和可行性。教学模式既可以从教学实践中概括、归纳和总结提炼出来,也可以在一定的理论指导下,先提出假设,再经过实践检验,修改完善而成。因此,教学模式或是教学经验的理论概括,或是一定教学理论的实践体现。

> **核心概念**
>
> 教学模式:是教学理论和实践的中介,是在一定教学理论指导下,为实现特定的教学目标,用来设计课程,选择教材,提示教师活动的基本范型。

3.2.1.2 教学模式的要素

(1) 教学理论:每一种模式都有所依据的教学理论,模式就是相应的教学理论在教学实践中的概括形式和可操作程序。

(2) 教学目标:是教学模式的核心,制约着其他要素。任何教学模式都是为完成一定的教学目标而形成的,在教学实践中一般也以是否达到了预期目标作为评价教学模式有效性的重要标准。

（3）操作程序：教学模式必须规定教学活动的大体阶段、基本步骤和时间分配。

（4）教学评价：对不同的教学模式的效果，应当有相应的不同评价标准和方法。

（5）实施条件：运用教学模式所需要的各种条件，包括学生、教师、教学内容、教学手段、教学场所和设备、教学时间和空间等。

3.2.1.3　课堂教学模式的基本特点

课堂教学模式应该是灵活多样的。但就其本质而言，应包含以下几个特点。

第一，教学目标重在培养能力。新型课堂教学模式与传统课堂教学模式的本质区别在于其教学目标不只是给学生灌输已有的知识，让学生死记硬背，而是在教学过程中更重视培养学生的思维能力和创新素质。

第二，教学策略重在提倡开放性。新型课堂教学的价值取向是培养学生的创新能力，因此在教学的方法、途径、目的、内容等方面都要体现出多样性、丰富性和开放性。这表现在首先要留给学生展示其个性、发挥其才能的足够空间；其次在时间安排、主题选择、研究方法的确定、结论的发表等方面，都要有较大的自由度；再次要特别注重因材施教，以发挥每个学生的个性优势和潜能。

第三，教学内容重在解决问题。创新的过程实质上就是发现问题和解决问题的过程。诺贝尔奖获得者李政道教授曾说过："求学问，需学问；只学答，非学问。"因此，新型课堂教学不应是直接呈现给学生现有的结论让学生单纯地去理解和记忆，而是应让所有的教学内容问题化，让学生的思维在思索问题的过程中始终保持活跃。

第四，教学过程重在加强实践。实践操作能力是学生创新素质的重要组成部分，所有创新素质的培养都源于丰富多彩的社会实践与现实需要，所以进行创新型教学必须与实践锻炼相结合。在课堂中，应为学生提供实践性的情境，留给学生动手操作的时间和机会，并把这些纳入考核和评价的范围。

第五，教学手段重在实现现代化。广大中小学生具有形式上追新、内容上求变、心理上寻奇及感官上追求刺激的心理特征，传统的教学手段很难满足他们。因此加快教学手段现代化，把现代化的多媒体教学手段应用到课堂教学中，必能增强对学生的吸引力，提高教学的有效性，同时也使学生的学习始终与网络化、智能化的全新知识环境保持同步，更好地激发学生的创造力。

3.2.1.4　中学生物教学模式的建构

1. 以大教育观为指导进行中学生物教学建模

21世纪是大科学时代，大科学时代要求大教育观。21世纪的教育不再是一次性教育，知识爆炸、知识老化周期的缩短必然召唤终身教育的到来。同时，信息技术的发展大大拓展了人们学习的空间和时间。正如美国未来学家托夫勒在其《未来的冲击》一书中指出："未来的学校不仅要传授资料，而且要传授控制资料的方法……他们必须学习如何去学习。"教育的目标正由精英教育转变为合格公民教育，由专才教育转变为通才教育，跨学科的综合性人才成为时代的需要，教育素质化成为教育的发展趋势之一。因此，中学生物教学建模必须以现代的教育观念、教育理论以及教育发展趋势为指导，建立培养适合时代需求的人才的教学模式。建立体现学生本位、重视能力培养、适合信息时代、适合学会学习的教学模式。

2. 以课程论为指导进行中学生物教学建模

内容决定模式，不同的学习内容应当选择不同的教学模式。

从课程组成角度看，中学生物课程体系包括学科课程、综合实践活动(包括研究性学习、社区服务、劳动技术等)。学科课程一般以课堂教学为主要组织形式，以知识的获得和能力发展为主要目标；综合实践课程侧重探究精神、解决实际问题能力的培养，注重获得体验，以学生的探究或实践活动为主要组织形式。两部分(见图3-9)的教学内容、功能目标、实施方式不同，所以要求的模式也不同。

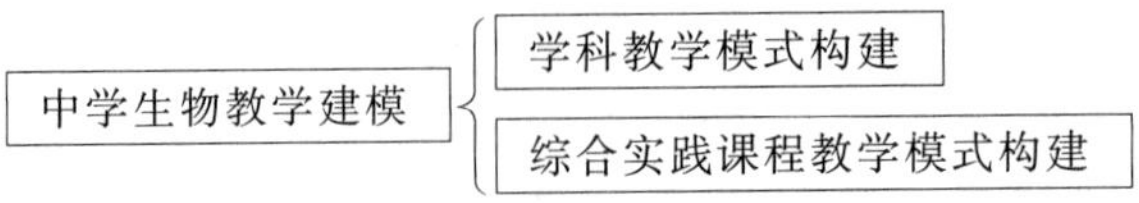

```
                                  ┌─ 学科教学模式构建
           中学生物教学建模 ──────┤
                                  └─ 综合实践课程教学模式构建
```

图 3-9　中学生物课程体系图

仅就学科课程而言,从教学任务的角度又可以分为新授课、复习课、实验课等不同课型;按照教学内容又可以分为事实学习、概念学习、规律学习、方法技能学习四类。不同的课堂类型、不同的教学内容应当建立不同的教学模式,从而形成系统的模式群。

中学生物教学建模的重要内涵就是要从课程、课型、教学内容三个维度建立不同的教学模式,并发展出相关的模式群。

3.2.1.5　构建中学生物教学模式的方法

1. 归纳法

归纳和演绎是人们认识过程中的两种推理形式。归纳是从个别事实走向一般的结论、概念的思维方法。教学模式来源于教学实践,是对在教学实践中有效的教学方法进行总结、概括、理论提升的结果。我国生物学科教学模式的建立绝大多数都是采用归纳法。利用归纳法进行中学生物教学建模,其一般操作程序如图 3-10 所示。

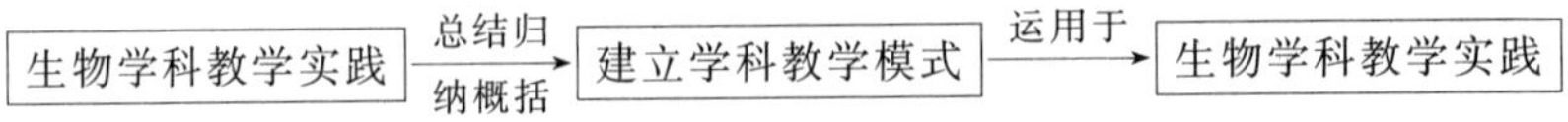

```
生物学科教学实践 ──总结归纳概括──> 建立学科教学模式 ──运用于──> 生物学科教学实践
```

图 3-10　归纳法构建教学模式的一般操作程序

大量的生物学教学实践、典型成功课例的积累,是每一位生物学教师的财富。中学教师人人可以参与学科建模,而且人人能够进行学科建模,要打破建模的神秘感,建立丰富多彩的教学模式。

利用归纳法构建教学模式,首先要充分认识原型的内容与形式,抓住本质特征,科学合理地进行简化和抽象,防止形式主义;其次建立模式必须要有明确的针对性,正确认识模式的适用条件。

归纳法构建教学模式的优点是以实践为基础,容易操作、易于推广,不足之处是需要时间较长,理论基础往往比较薄弱。

2. 演绎法

演绎是从一般的原理、概念走向个别结论的思维方法。利用演绎法进行教学模式构建一般是首先从需要解决的教学问题出发确定建模目的,然后根据某一种教育思想或教学理论,通过演绎推理建立针对性的模式,再后把模式运用于学科教学实践中进行检验,最后再经过修改、完善,建立学科教学模式的方法。该模式建立的一般程序如图 3-11 所示。

图 3-11　演绎法构建教学模式的一般操作程序

查有梁先生在《教育建模》一书中从发生认识论出发,根据认识的发生水平演绎出感知模式、游戏模式、具体模式、形式模式 4 种模式;从课程论出发,根据学科课程、活动课程、潜在课程演绎出 3 类 15 种模式;从教学论、学习论、艺术论、技术论出发,演绎出 20 种模式,可以借鉴。

国外教学模式的建立以演绎法比较普遍,我国近年也逐步开始使用。陕西师范大学张熊飞教授建立的"诱思探究教学模式"是一个成功的例子。利用演绎法进行教学模式构建是目前教学模式的重要生长点。其突出优点是利用该方法建立的教学模式的理论基础一般比较扎实,不足之处是模式脱胎于理论,在实践中不易推广,而且对建立者的理论要求较高,中学教师不易操作。

3. 嫁接法

嫁接法是指把明确有效的其他学科教学模式,通过适当改造,运用于生物学科的教学实践,从而建立本学科教学模式的建模方法。其基本过程如图3-12所示。

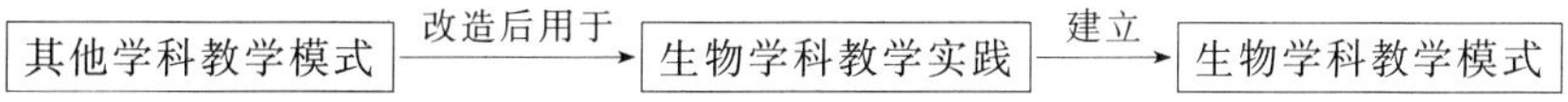

图 3-12　嫁接法构建教学模式的一般操作程序

例如,探究教学模式是产生于物理教学实践的教学模式,但它同样适用于生物教学,当根据生物学科的特点对之进行改造,并与生物教学实践相结合有效运用时,则形成生物探究教学模式。目前,探究教学模式已经被广泛应用,在生物教学中发挥了重要作用。

利用嫁接法构建教学模式由于已经具备成功的模式原型,所以操作比较简单快捷,但建模过程中务必要认真分析模式的功能目标和实施条件,把模式建立与本学科的学科特点和教学实际结合起来,防止生搬硬套,弄巧成拙。

4. 组合法

通过对两个或两个以上的学科教学模式进行组合,而形成新的教学模式的方法称作组合法。不同的模式具有不同的优点,当对不同的教学模式进行组合时,往往可以相互取长补短,体现"杂交优势"。其操作过程如图3-13所示。

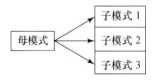

图 3-13　组合法构建教学模式的一般操作程序

例如,启发式教学模式与创新教学模式相结合则形成"启发—创新"教学模式,指导自学教学模式与探究教学模式相结合则形成"指导—探究"教学模式。组合法是比较简单的创新方法。

5. 派生法

派生法是指根据某一个成功的一般教学模式,派生出其下位教学模式,从而建立新的模式或模式群的方式。其操作方法如图3-14所示。

图 3-14　派生法构建教学模式的一般操作程序

子模式往往可以在模式指导思想不变的情况下,根据具体教学目标和教学条件,对教学流程的调整发展而来。例如多媒体教学模式,根据媒体的运用层次不同可以派生出:CAI模式、网络模式、人工智能模式。探究模式、研究模式,本质上都是由发现模式派生而来。采用派生法建立的子模式(群)往往比较符合教学实际。

教学建模的方法多样,在建模过程中,可以根据具体情况灵活选择使用。

3.2.1.6 教学模式与课型

课型,一是指课的类型,它是按某种分类基准(或方法)对各种课进行分类的基础上产生的。二是指课的模型,它是在对各种类型的课在教学观、教学策略、教材、教法等方面的共同特征进行抽象、概括的基础上形成的模型、模式。在这种意义下,课型与某种课堂教学模式相关。如果以教学任务作为课的分类基点,一般分为两类:(1)在一节课内主要完成教学过程某一特定阶段的教学任务,称单一课,通常有:新授课、练习课、复习课、实验课、检测课、考试讲评课等。(2)在一节课内完成两个以上或全部教学阶段任务,称综合课,通常用于小学中低年级。

课型是客观存在的事实,不以人的主观意念而转移。模式是主观对客观的认识和改造,因为模式内蕴含着构建者和运用者的思想、观念,所认同的教学原则,所选择的教学策略、方式和方法。

教学模式的构建和运用要依据和反映课型的特征,使教学活动更贴近教学规律。体现不同指导思想的教学模式对特定课型的表征方式是不同的,例如,对某种课型,有人用认知模式去表征,有人则用行为模式去表征。

综上所述,课型和教学模式的关系可用图3-15来表示。

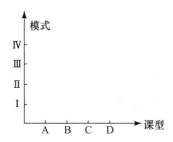

图3-15 课型和教学模式的关系

图意说明:
(1)课型与模式不存在一一对应关系。
(2)一种课型可以选择多种不同教学模式表征;一种模式可以应用于多种课型。

下面主要讨论理论课、实验课和活动课的教学模式。

3.2.2 理论课教学模式

根据近年来生物教学改革探索积累起来的经验,我们可以从教学活动方式、方法的视角,把理论课的教学模式分为以下五种类型。

1. 讲授型
(1)教学过程结构
传授——理解——巩固——运用——检查
(2)教法特点

这类课通常是"教师主讲,系统授课"。这是一种较传统的教学过程结构,这类课处理得好,能大容量高效率地系统传授知识,比较突出地体现了教学作为一种简约的认识过程的特性,因此它在教学实践中长期盛行不衰。但由于在这类课中,学习者客观地处于接受教师提供信息的被动地位,因此不利于学生主动性的发挥。因此,处理得不好,则可能变成"满堂灌""填鸭式"教学。但也必须看到,讲授型教学不一定都是被动的,关键是教师讲授的内容是否具有启发意义,教师能否激发起学生学习的积极性,使他们主动地从自己原有的知识中提取最有联系的旧知识,来同化和顺应新知识。

2. 问答型
(1)教学过程结构
提问——思考——答疑——练习——评价

(2) 教法特点

这类课通常是在"师生问答,启发教学,学思结合"中展开的,其主要的表现形式是设疑引思,师生谈话。

问答型教学历史悠久,孔子所提倡的启发式教学,可以看作是问答型教学的原型。孔子主张"不愤不启,不悱不发",当教师提出问题要学生思考,学生心求通而未通,则处于"愤"之状态;学生口欲言而不能言,则处于"悱"的状态,因此要先愤后启,先悱后发。

有人认为"一问一答,就是启发",这是对问答型教学的误解。问答型教学要非常讲究"问"的质量和技巧,提问是为了思考,"提问"要具有合理的思维强度才能引发思考,因此问答型教学所追求的是学思的有机结合。

3. 学导型

(1) 教学过程结构

情境——自学——辅导(精讲解疑)——练习——评价

(2) 教法特点

这类课能较充分地体现"学生为主体、教师为主导"的教学思想。它是对讲授型的一种改造,主要是把原来由教师系统讲授的部分,改为在教师所设置的情境诱导下由学生自学教材,通过学生主动的学习和教师的积极诱导,使学生掌握知识,提高能力,发展智力。它强调以学生自学为主,把学生自学作为整个教学结构中的重要环节,实行学在前,教在后;在教学过程中交错使用谈、议、讲、练、问、答、评等多种教学方式,充分调动学生作为学习主体的认识作用。

采用学导型结构进行教学,必须要加强课堂调控,随时排除学生在学习过程中出现的积极干扰和消极干扰。所谓积极干扰就是学习情绪过热,偏离教学目的,谈、议、问、答过多而思维效度较低;所谓消极干扰就是学习情绪低落或者心不在焉,只习惯于在教师讲授下被动学习,缺乏主动求知的意愿。因此,教师要加强自身修养,吃透教材,贴近学生,提高驾驭课堂的能力,学会循循善诱的本领。

4. 合作型

(1) 教学过程结构

问题——表象——论辩——耦联——小结

(2) 教法特点

这类课通常表现为"交往合作,人际互动,互教互学"。其主要特征是"合作""互动"。在策略上,这类课要求创设一个全员参与、主动参与、差异参与的氛围。在这一氛围中,竞争、合作和个体化行为兼容并存,充分体现师生互爱,人格平等,教学民主。通过讨论、争辩,使分散的观点逐步趋于集中,最后达到"耦联",是这类课的主要教学方法。实行集体教学,小组教学和个别教学交替融合,营造人际交往的环境,促进师生合作,生生合作,个体和群体合作,是这类课的组织策略。美国当代著名心理学家维拉图认为:"人的心理机能是由人、行为和环境三种因素之间连续不断交互作用所决定的。"合作型教学过程不仅能加深学生对教学内容的正确理解,而且能提高学生思维的敏捷性、灵活性、批判性、深刻性和独创性。上海育才中学的"读读、议议、讲讲、练练"的"茶馆式"课堂教学结构,就类似于合作型教学。

采用合作型教学过程结构,教师要加强教学调控,坚持教学民主,把求同思维和求异思维结合起来,不要轻易否定学生的观点和结论,以免压抑学生的创造性思维。

5. 探究型

(1) 教学过程结构

课题——背景——探索——结论——评价

(2) 教法特点

这类课通常是在"问题中心,自主探索,重在发现"中展开的。探究型教学是比较复杂的教学,因为探究型教学是一种双重的教学过程:探索者对所研究的课题的学习,同时也是对探究过程的学习。

问题是思维的发端,探究由问题引起。但是如果离开背景条件,探究将无法进行,因此必须有适于问题展开的背景材料,包括学生已有的知识和已有的经验。探索是一连串的猜想、假设、判断、概括、推理的过程,这一过程的末端是发现知识结构,发现科学规律。探究型教学中评价的环节通常不能少。评价的目的是让学生回顾假设是如何验证的,知识结构和科学规律是怎样发现的,使学生学会分析自己的思维过程和思考方法,以提高学生分析和解决问题的能力。较之上述几种课型,探究型教学的学生具有最大的自主性和独立性,他们不仅为追求发现而学,而且为追求自身发展而学,教师在这一过程中只起一种催化剂的作用。因此探究型教学具有最强大的内在学习动力。

探究型教学的效率往往不如其他各种课型,但其学习的记忆率和能力培养的效果比其他课型都要高。提高效率的着眼点是,学生必须具有一定的先行经验(知识)作铺垫,这样才能从强烈的问题意识中找出解决问题的线索。

显而易见,从讲授型到问答型、学导型、合作型、探究型,教师的中心地位由强变弱,而教师的主导作用则由弱变强,教师对课堂的主宰渐被教师的主导作用所取代;学生的被动地位由强变弱,而学生的主体作用则由弱变强,学生被动学习的局面逐渐被主动发展所取代。其关系如图3-16所示。

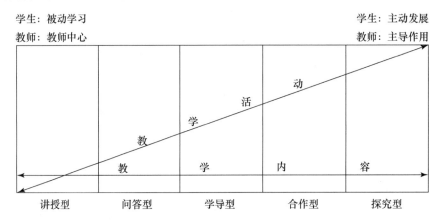

图 3-16 不同教学模式下教师与学生的地位关系图

活动 3-4

讨论:生物理论课教学相对比较枯燥,为了改变这种状况,你还能提出哪些趣味教学模式?即在教学过程中,师生双向交流,让学生始终积极主动地参与到教学中,不断激发学生的学习兴趣,培养学生能力。

3.2.3 实验课教学模式

生物是一门实验科学,生物实验是生物教学的主要内容。生物实验课是以实验室为主要学习场所,以生物实验作为主要教学内容,除了传授生物科学知识,更重要的是要通过实验操作使学生发展能力、掌握学习生物科学的方法。实验室的学习环境显著区别于学生的一般学习场所——教室。实验室中实验器具、实验药品、实验材料,包括生物标本、生物挂图等营造的学习氛围往往可以激发学生的新奇感和探究欲望。实验具有真实、直观、形象生动的特点,易于激发学生的直接兴趣。实验操作是完成实验的主要手段,学生选择适当的材料并正确使用,根据实验结果写出相应的结论,撰写实验报告,亲自动手完成实验,这些活动能激发学生的主动性,满足学生的操作愿望,有利于培养学生的实验操作能力、合作与沟通的能力、解决问题的能力和探究精神。

但从实验教学的现状看,实验教学是中学生物教学最为薄弱的环节,建构生物实验课教学模式可以帮助教师从整体上去认识和探讨教学过程中各要素之间的关系及多样化表现形式,有利于教师动态把握教学活动的本质和规律,提高实验教学质量。随着生物科学研究的发展,生物实验课在生物教学中的地位和作用越来越受到重视。实验数量大量增加,实验类型多样化,对实验要求的层次提高,要求教师采用多种类型的教学模式,因"类"施教。因此,建立生物实验课的教学模式是十分必要的。

案例研究 3-5

种子萌发必须条件的探究①

[**教学目标**] 知识目标:说出影响种子萌发的环境条件。

能力目标:通过参与实验方案的设计,探究影响种子萌发的环境条件,掌握对照实验这一方法,培养设计对照实验方案的能力和合作与沟通的能力、解决问题的能力。通过自主探究和小组合作探究,学会控制实验条件,检验不同的环境因素对种子萌发的影响,进行科学方法的训练。

情感、态度与价值观目标:通过探究种子萌发的环境条件,使学生认识到生命的来之不易,激发学生树立生态学的观点,认识保护环境的重要性。

[**重点难点**] 种子萌发的环境条件和设计对照实验。

[**实验器材**] 种子、锥形瓶、棉花、纱布、透明胶布(后 3 种器材未置于明面)、湿土

[**教学过程**] (即教学模式的操作程序)

不给学生固定的实验操作程序,只提供几个实验需要弄清楚的问题,向每人发锥形瓶三个、种子数粒,并明确告诉他们种子萌发的条件:温度、空气、水。随后让学生自行设计,在存在两个条件缺少第三个条件的情况下,证明上述三个条件对种子的萌发缺一不可。让学生每四人为一组进行分工,完成实验,最后每组交一份实验报告,这样学生不受课本的限制可以自己设计实验,并在各小组间进行交流,讨论以完善制订的计划,发展学生的多方面能力。

教师以实物(种子及萌发的豆芽等)或图片导入新课,创设问题的情境,引导学生联系生产实际,激发学生思考"种子的萌发需要哪些环境条件"。学生观察实物或图片,思考"种子萌发需要哪些环境条件"。教师播放春天农民播种的动画,引导学生分析选择春天播种的原因;引导学生对种子萌发的环境条件作出假设。学生观察动画,捕捉信息,思考并回答春天播种的有利条件;经过讨论、分析,对种子萌发的环境条件作出假设。

教师在黑板上写明实验名称及本实验要弄清的问题,无步骤要求,但有目的要求。教师组织学生以每四人为一个观察小组,自行分工:观察、记录、解剖、总结,确定探究条件,认真制订探究计划,让学生尽可能多地参与到实验过程中,培养学生的实验设计能力。在探究活动中,学生提出的探究问题会很多,教师要引导学生分析、排除,找出可能的必要条件,围绕主要问题作出假设,各小组参照教科书的实验方案设计实验,各实验小组内部充分讨论,对实验设计进行修订,使其更加完善。

各小组提出的问题有:应当选择什么样的种子?怎样才能探究不同环境条件对种子萌发的影响?应当

---

① 代晓莹,等.缄默知识与生物实践能力发展的关系[J].中学生物教学,2008(1):29-30.

将种子分几组,每一组应当有多少粒种子?每一组只有一粒种子可以吗?对照组应当提供什么样的温度、水分、空气等条件?对每一个实验组的处理,除了所研究的条件外,其他环境条件是否应与对照组相同?每隔多长时间观察一次?对各组实验是否应当同时观察?

学生协作学习,操作实验。

在实验结束后将每组观察到的现象进行交流和总结,通过分析,发现以下四名学生的实验过程具有一定的代表性。因此以他们为例探寻初中生能力培养的过程。在实验过程中,他们处于不同组,相距较远,将四名学生编号为 A1~A4,具体分析过程如表 3-13 所示。

表 3-13 四名典型初中生实验过程分析

编号	实验过程	思维过程	教学分析
A1 学生	a. 将种子分成 3 瓶,在 1 号瓶中放入湿土(取湿土时用的是桌子上的粉笔盒),在实验室中找了一大团棉花,堵住 1 号瓶 b. 拿着 2 号瓶到室外取回干土,将瓶置于一边 c. 3 号瓶中加进湿土,向老师提出要放置于冰箱	a. 湿土可为种子提供水分;置于室温,为种子提供适宜温度;用棉花堵住瓶子,隔绝空气 b. 隔绝空气的方法是来自平时观察到家中腌制酸菜时给菜缸加盖 c. 观察到湿土中有水,于是想到干土中没有水 d. 家中的冰箱用于冷藏,想到瓶子要降温应置于冰箱中	该生在探究实验中有良好表现,她参与意识强,实验的设计既正确又简便,分析问题较全面。她的实验操作能力也很强,喜欢主动探究。
A2 学生	a. 该过程与 A1 相同 b. 在实验室找到纱布包住种子,置于 2 号瓶,放一边 c. 向 3 号瓶中加入适量水,向老师提出置于冰箱	a. 与 A1 学生基本相同 b. 隔绝空气的方法是从电视上看到的 c. 觉得纱布可以隔绝空气中的水分 d. 在农村老家,见过爷爷给种子浇水时加的是适量水,冰箱的用法来源同 A1	该生在探究实验中表现积极、主动,她动作灵活、反应快,实验操作时间最短、完成的任务最好,设计的方案有创新,分析问题有条理。
A3 学生	整个过程自己没动手,只给老师讲述自己的想法 a. 向 1 号瓶中加水,把土加入瓶中,提出用某物堵住瓶口 b. 把土加入 2 号瓶,提出把瓶放入冰箱 c. 把土加入 3 号瓶,不加水,不堵瓶,将瓶子置于室温	a. 向瓶中加水时为种子提供水分,土的用处说不清楚,因为看到了就觉得应该用 b. 隔绝空气的方法是自己想的 c. 仍然说不清土的用处,冰箱的用处是想到了家里的冰箱	该生在探究实验中并不积极主动,实验操作依赖于同组同学,不愿积极动脑,思路较窄,没有扩展。
A4 学生	a. 一直在思考,动作很慢 b. 将种子置于 3 个瓶中,向 1 号瓶中加水,提出用东西堵住瓶子,但未行动 c. 在 2 号瓶中加水,提出置于冰箱 d. 在 3 号瓶中加水,瓶口暴露置于室温	a. 实验开始时,一直没有思路,不知该怎么做 b. 向瓶中加水为种子提供水分,隔绝空气的方法是自己想的 c. 冰箱方法同其他人	该生在探究实验的开始时花费很长时间,一直不知从哪儿入手。最后在老师的指点下和其他同学的帮助下勉强完成实验。

对照实验的设计是本节课的教学难点,七年级学生较难理解。教师在实验过程中要到各个小组巡回指导,随时发现问题,及时纠正,但不告诉学生结果,让学生自己找原因。虽然各小组的探究顺序和方法不同,但都达到了动手实验的目的,得出了一定的实验结果。

在各小组实验基本结束后,教师组织学生交流,每个学生的观点在和其他学生及教师一起建立的社会协商环境中受到考察、评论,同时每个学生也对别人的观点、看法进行思考并作出反应,得出正确的结论。然后由各小组代表发言,分析实验现象,总结实验结果,对本小组实验计划的不合理之处进行修改,评价其他小组的探究结果,全面了解学生在本节课的收获,尤其是能力方面的。最后在实验结束时学生交上实验报告,教师布置课下任务。

案例分析

该教学案例体现生物课标的基本理念——倡导探究性学习。"探究性学习是一种复杂的学习活动,需要做观察;需要提问题;需要查阅书刊及其他信息源以便了解已有的知识;需要设计调查和研究方案;需要根据实验证据来核查己有的结论;需要运用各种手段来搜集、分析和解释数据;需要提出答案、解释和预测;需要把结果告之于人。探究需要明确假设,需要运用判断思维和逻辑思维,需要考虑可能的其他解释。"(《美国国家科学课程标准》)新教材倡导探究性学习,是为了促进初中生学习方式的转变,变被动接受式学习为主动参与的探究性学习,使初中生在科学探究过程中逐步培养搜集和处理信息的能力、获取新知识的能力、分析和解决问题的能力以及交流和合作的能力。

在实验中采用小组合作的形式,初中生分若干小组,组内人数不多,在教师组织、引导下从事探究,互相合作设计实验,完成实验活动,小组不断讨论、交流意见,提出很多有创见的问题,体现出"使用教材而不是教教材""一切为了学生"等理念。本课注意了教师在教学过程中"引"和"导"的作用,给了学生分析和思考的时间与空间,学生真正成了课堂教学的主人,突出体现课堂教学的"三个中心",即以学生为中心、以学生的实际生活为中心、以探究活动为中心的新课改理念。

此案例建构了生物实验体验教学模式,特征如下。

1. 确定主题,创设情境

学生离不开动机、愿望和需求,兴趣和好奇心是构成学习动机的最真实、最活跃的成分。教师要善于利用多种教学手段,激发学生的兴趣和好奇心,向学生呈现与当前学习主题的基本内容相关的真实情境,如以真实的生活展示情境,以直观的实物(如模型、标本、录像、示范操作)演示情境,以优美的画面(包括简笔画、动画、图片)再现情境,以生动的语言描绘情境等。

2. 独立探索,设计实验

教师把课堂的主阵地还给学生,学生对实验材料和用具的选择、实验变量的控制、对照实验的设置、实验步骤安排、设计观察等进行整体考虑,并以小组为单位设计实验,尽量做到方法合理、器材简单、步骤简短、现象明显、结论正确。教师让学生了解实验方案包括的内容,设计实验的一般程序和遵循的原则,鼓励和引导学生从多方面寻找、筛选出最佳的实验方法,设计实验。

3. 协作学习,操作实验

学生通过组内协作,操作实验,对设计的实验方案进行验证。此时,教师应深入到各小组巡回指导,起到点拨、纠错、辅助作用。

4. 分析总结,综合评价

教师可以通过以下方法进行总结:首先,让学生在组内展开讨论,在教师规定的时间内,尽快说出尽可能多的解决问题的设想和方案,由小组集中以后向全班公布。然后,集体讨论各小组报上来的设想或方案,让学生自己判断正误。不论小组讨论还是集体讨论,学生都要敢于发表自己的意见,学会与同学交流,接受同学们的评价,虚心向他人学习,共同提高。教师可以从多角度、多层次给学生以提示(不是答案),给学生讨论以正确的导向,引导他们将感性知识上升为理性知识,促进知识和能力的迁移,继续新的实验探究。

合作式实验体验教学模式是以学生为中心(学生是认知过程的主体,是信息加工的主体,是意义的主动建构者),在整个教学过程中由教师起组织者、指导者、帮助者和促进者的作用,运用教学理论,以实验活动为基础,以改进、完善、设计实验为切入点,发展学生的实验操作能力、合作与沟通的能力、解决问题的能力和探究精神的一种教学模式。它的建立对丰富和发展实验教学理论,更好地指导生物实验课教学实践具有重要的现实意义。

活动 3-5

请大家在《生物学教学》《生物学通报》等杂志上收集中学生物实验教学案例,仿照本节分析它们所采用的教学方法和模式。

3.2.4 活动课教学模式

生物活动课教学是生物课程教学的重要组成部分,是课堂教学的补充和延伸,也是促进课堂教学的有效途径之一。优质高效的活动课有利于学生将学习重心由过分强调知识的传承转向知识探究过程,有利于培养学生的科学态度、探究能力和敢于创新的精神。只有教师精心设计,才能保障学生在科学探究活动中,通过经历与科学工作者进行科学探究时的相似过程,学习科学知识与技能,体验科学探究的乐趣,通晓科学探究的方法,领悟科学探究的思想和精神,树立科学的世界观。

生物活动课的基本特性是兴趣性、探索性、实用性,通过"教、学、做合一"的方法,使学生手脑并用,在活动中培养学生的科研意识、创造意识和实用意识,在活动中使学生形成兴趣,使个性得到发展,并将相应的能力迁移到其他学科上去,从而掌握一些基本的学习方法,提高学生的科学素质。

生物活动课根据认知的过程一般分为引导型活动、探究型活动、应用型活动等类型。引导型活动是教师创设一定的活动情景,来引发学生好奇心,激发学生的探索欲望,让学生根据自己的直观体验主动去提出一些认识不清的问题,从而引发认知上的认同或质疑。引导型活动非常强调直观体验和已有经验的结合,是探究型活动的前奏。探究型活动是教师创设符合学生的心理特点、学生喜爱的活动,努力开发哪怕是仅包含探究部分要素和特征的小型体验型活动,让学生在活动中体验科学探究的思想和基本特征,探究型活动是学生主体活动的一个重要方式。应用型活动是指在课堂中对某些日常生活中出现的实际问题,提出个人的见解和想法,让学生在实际问题中进行实践和体验,它是学生走向社会的桥梁。

生物活动课从学生参加的面来看,其组织形式可以是多种多样的,在学校中普遍采用的组织形式主要有以下两种。

1. 小组实践活动

小组实践活动是根据学生的兴趣和要求,由学生自愿组合参加的以某一课题或某一方面为内容的一种科学综合实践活动组织方式。其特点是小型分散、机动灵活,更适宜于发展学生的特长,更有利于因材施教。苏联著名教育家苏霍姆林斯基对此曾做过较高评价,指出:"课外小组活动的价值,在于使每个学生在一段较长时间内尝试自己的禀赋和能力,在活动中表现自己的爱好,找到自己心爱的工作。"因此,小组活动是科学综合实践活动的最基本、最主要的组织方式。在小组实践活动中,无论是活动目标与计划的制订,还是信息的搜集和整理或者实验探索,再到得出结论、解决问题,乃至最后成果的交流等等都是以小组合作的方式展开的。小组活动方式根据不同的组成人员可以以班级为单位进行,也可以以年级为单位,打破班级的限制,甚至还可以打破年级的限制,在全校范围内进行人员组合,形成特色活动小组。

2. 个人实践活动

个人活动是在教师指导下学生独立进行的一种科学综合实践活动方式。它能使每个学生的主动性和创造性得到更充分的发挥,更能满足学生的兴趣与爱好,培养刻苦钻研的精神,使有特殊才能的学生得以充分的发展。主要内容为开展家庭小实验、制作教具等科技实践作业活动,也包括课外科技题材阅读。但这种方式也有其缺点,如当课题过大时,一个人难以较好地完成任务,不利于合作意识的培养。因此,不宜在复杂课题活动的整个研究过程中采用个人活动方式,可以在某个课题研究的环节中使用。在学生个人完成活动后,应鼓励学生积极与他人进行交流与分享。

案例研究3-6

食物的旅行角色扮演活动

活动目标

1. 理解消化系统,并掌握消化系统。
2. 观察、表达、表演以及创造力得到提高,结合所学知识融会贯通。
3. 在小组合作中体验学习生物的乐趣。

活动预期成果形式

1. "消化道各器官的顺序与功能"小组贴图。
2. "我是消化器官"小组合作扮演。
3. 活动报告与总结等。

活动准备

挂图、消化道各器官的顺序与功能贴图、双面胶。

活动过程

第一阶段

　　1. 教师讲解基础知识,制定活动规则。
　　2. 结合书本和挂图,在教师的讲解下复习消化系统的基础知识。

第二阶段

一、消化系统器官拼图比赛

　　1. 教师介绍贴图规则,将消化系统的器官与功能按照相应的位置贴图到大纸片上。
　　2. 学生分小组,选出小组长,给每个小组分发贴图工具和材料。
　　3. 在小组同学的合作下,进行拼图比赛,看哪个小组贴的又快又准确。

二、贴图比赛效果评价

　　1. 小组长将本小组的成果在班级展示,并进行讲解。
　　2. 其他同学对贴图进行修改和评价。
　　3. 由教师进行点评,评出最快小组和最优小组。

第三阶段

　　角色扮演,加深理解。
　　1. 小组讨论选定扮演的器官。

2. 教师指导小组的扮演顺序。

3. 小组讨论组员的职责，以及所扮演消化器官的功能特点。

4. 教师扮演食物，由教室门口进入，各个小组扮演不同的器官，从口腔到肛门，教师走过每个小组的区域时，小组进行角色表演，并向全班同学解释扮演角色的特点。

（这个过程使学生通过表演更加深刻地理解和记忆消化道的各个器官顺序以及功能，同时，在学会表达中享受学习的乐趣，情感体验更加丰富，合作能力、表达能力都得到锻炼）

第四阶段

课堂小结，评选最优小组。

让学生在竞争中收获学习的乐趣，对于表现好的小组，及时给予肯定。

活动反思

根据新的课程标准要求，本节课旨在让全体学生参与到学习中，以学生为主体，在讲解记忆知识点的同时，注重锻炼学生的表达能力和综合素质。通过活动，学生体会了学习的乐趣，对消化系统的印象更为深刻。但本活动对于教师的组织能力和课堂驾驭能力有较高要求。

活动 3-6

一次综合实践活动的策划与设计

根据下列要求设计一次科学综合实践专题活动，并与同学讨论。

【活动主题】 对城市环境污染状况展开调研、形成研究报告。

【活动要求】 大学生和初中学生携手进行综合实践活动。

根据这些基本要求，编写综合实践活动的设计计划，并与同学讨论、交流。

3.3　新课程生物教学模式研究

新课程理念认为，教学是教师的教与学生的学的统一，教学过程是师生交往、积极互动、共同发展的过程。把教学本质定位于交往，是对教学过程的正本清源。教师与学生都是教学过程的主体，在教学过程中，强调师生间、学生间的动态信息交流，这种信息包括知识、情感、态度、需要、兴趣、价值观等方面以及生活经验、行为规范等，通过这种广泛的信息交流实现师生互动、相互沟通，相互影响，相互补充。可以说，创设师生交往、共同发展的互动教学关系，构建和谐的、民主的、平等的师生关系，是此次课程改革的一项重要任务。

为了能够积极引导学生主动参与、乐于探究、勤于动手，培养学生主动获取新知识的能力、分析问题和解决问题的能力，使学生真正成为课堂教学的主体，促进学生在知识与技能、过程与方法、情感态度与价值观等方面得到充分和自由的发展，许多教师在教学实践中，不断摸索和探讨课堂教学模式，初步构建出符合新课程理念的课堂教学模式。

3.3.1　新课程提倡的现代教学模式观

任何一项科学研究，都必须服务于经济的发展、人类的进步和社会的需要，并预见未来的变化。

毫无疑问,对生物教学模式的研究,也应服务于课程改革对未来发展的需要。以下是现代教学模式的主要内容。

1. 面向全体学生

面向全体学生的含义是对每一个学生负责,使他们都能达到教学目的要求的标准,这是素质教育的重要内容。

2. 主体参与及全面发展

新课程强调学生在课堂教学中的主体地位,强调学生参与教学的过程,在教学过程中学生能得到全面发展。要促进学生的全面发展,就应提倡发展学生的个性,每个个体的个性得到发展,也就奠定了全体学生发展的重要基础。没有个性就没有共性,没有个体就没有全体。注意摆正个体和全体、个性与共性的位置,使教学模式在全面贯彻教育方针上发挥应有的作用。

3. 以学生为本

如果说以往的教学模式建立在以知识为本的基础上,那么现代教学模式必须为学生的发展提供更为宽松的发展空间,让一代新人在学习中学会选择,在社会中认识社会,在参与中发展自我。我们的教学以促进学生的发展为中心,即便是对新知识的学习,它的着眼点不单纯地就知识论知识,重要的是通过知识学习求得学生自身的发展,这就是以学生为本的中心思想。它对建立现代教学模式具有重要价值。

4. 情感价值观

信息社会迅猛发展的今天,人们越来越重视人际关系和交往能力,树立情感价值观对建立适应社会发展的教学模式至关重要。教学中建立促进情感发展的机制,最大限度地发掘学生的情感要素,使之发挥最大效应,有利于实现素质教育的最终目的。

3.3.2 生物教学模式的重建

生物教学模式是体现生物学教学思想的工具,是生物教学的任务、教学过程和学习过程的典范,是生物教学设计的模式。

随着新一轮的课程改革,人们清醒地认识到,课程实施是课程改革的关键所在,而课程实施的基本途径是教学,所以教学创新就成为新课程发展中的应有之义。如果不进行教学创新,新课程发展就会流于形式。

传统的教学要求教师以相同的方式对待每一个学生,每一个学生以相同的方式学习相同的学科,然后以相同的测验接受统一的评价,从而甄别出成绩好的学生和成绩不良的学生。这种乍看起来相当公平的教学是以假设每一个人都是相同的思想为基础的。然而,多元智力理论提出,世界上没有两个人具有完全相同的智力,每一个人都是用各自独特的组合方式把各种智力组装在一起。学生会表现出某些特别发达的智力,并倾向于用不同的智力来学习。对教师来说要么忽视学生之间的差异,要么承认这些差异。如果说教师忽视学生间的差异多半是出于无奈的话,那么承认学生间的差异就是个性化教学的表现。因此,在可能的范围内,教师的教应该根据不同的学生智力特点来进行,教师应该根据教学内容的不同和教育对象的不同创设各种适宜的、能够促进学生全面发展的教学手段、方法和策略,使学生能以向他人(包括自己)展现他们所学的、所理解的内容的方式去了解和掌握教学材料,并给予每个学生最大限度的发展机会。

《基础教育课程改革纲要(试行)》指出,要"改变课程实施过于强调接受学习、死记硬背、机械训练的现状",提倡自主、研究与合作的学习方式,使学生在教师的指导下主动地、富有个性地和创造性地学习,真正实现学生学习方式的根本性转变。在此基础上,遵照课程理念"面向全体学生、提高生物科学素养和倡导探究型学习"的原则,在课堂教学实践中着重对"教"与"学"进行探索和研究,提出一些能满足不同类型学生需要的一些教学模式。这些教学模式包括:讨论探究型模式、生物探究式教学模式、边讲边实验教学模式、组织课堂"学法"教学模式、生物知识结构教学模式、生物STS教学模式、生物教学与多媒体整合教学模式、实验教学程序观察模式等。现仅举几例说明如下:

3.3.2.1 讨论探究型教学模式

1. 讨论探究型教学模式的特点

该模式的核心是讨论与探究,一般情况是学生在教师的引导下,为解决某个问题而进行的讨论、探究,辨明是非真伪以获取知识的教学模式。讨论和探究的问题往往是本节课的中心问题,如教学的关键、教学的重点和难点等,设置问题大小、多少根据教学内容来定,提出问题的方式由教师直接发问,适当借助多媒体等手段呈现和说明。教师提出的问题有一定的难度和灵活性,学生现存的知识很难解决,需要发挥集体的智慧在教师的引导下启发争论,最后得以解决。

小组讨论以4~5人为好,小组长掌握讨论的进程,并负责收集和整理本组的讨论结果,选派代表发言。小组代表向全班进行汇报,这种组与组之间的交流,有利于集思广益,取长补短,扩展思路,开阔眼界。教师在学生进行汇报时,可以适当地提示和引导,最后进行综合分析和总结,并提出应注意的问题。这种教学模式,比较受教师们的欢迎,使用也较普遍。

2. 讨论探究型教学模式的优点

(1) 符合新课程理念,能够极大限度地调动学生学习的积极性。人人都有机会发表自己的见解,特别是对那些平时很少提问和发言的学生来说,即便是说错了,在小组里也不会受到讽刺和嘲笑。这种教学模式给所有的学生创造了表现自我、完善自我的机会。

(2) 能够将培养学生分析、总结、表达和思维等能力落到实处。在小组同学充分发表见解和交流想法的基础上,小组代表要将组里讨论探究的结果进行分类、整理和综合,并归纳总结出有一定逻辑关系的发言稿。小组代表在班上交流,这是多种能力展示的集合。

(3) 能够促进教师与学生、学生与学生之间交流互动。课堂上教师一言堂,使得大多学生没有表现自我的机会,大家虽然同窗几年,却不曾有面对面的争论与研究。讨论探究型教学模式改变了传统的教学状态,使学生从消极的听课者转变为自主学习的探究者和思考者,这是提高教学质量的一个重要方面。

3. 运用讨论探究型教学模式容易产生的问题

(1) 时间和节奏把握不准。一些教师把讨论作为陪衬,只是形式上的表现,如给学生的时间过短,只议不论;还有的教师,学生讨论探究的时间过长,控制不住,最后草草收场。

(2) 讨论探究的问题把握不准。一些教师给出的问题根本没有讨论探究的意义(很简单)或问题过难,学生讨论不起来。这些都是对学生了解不够,教师凭自己的想象提出问题,既脱离教学实际又脱离学生的实际。

(3) 仍然没有摆脱教师为中心的传统教学思想。这种教学模式,问题是教师提出的,教师安排学生的讨论探究,教师掌握学生讨论的时间和组发言,教师总结提高。学生只是按照教师的安排活动,而这种活动是单一的为了回答教师提出的问题的活动,这不过是"问答式"的变形。只有当学生可以在课堂上提出问题,提出疑义,提出不同意见,讨论探究才能实现它的原始目的。

案例研究 3-7

授课教师：北大附中　倪一浓

课题：生物对环境的适应和影响①

教学设计（见表 3-14）

表 3-14　"生物对环境的适应和影响"教学设计

学习内容	学生活动	教师活动
向学生展示三幅不同环境照片（生物和环境非常和谐的照片）。	学生体会生物与环境的和谐关系。	展示课件。引入课题和探究活动的内容："给生物找个家"。
探究活动："给生物找个家"——观察生物标本，探究生物对环境的适应性特征。	以小组为单位进行观察和讨论，根据记录表上的要求（课前准备好的），总结并纪录相关生物标本的特征，并做出相应的结论。	布置活动，提出观察和讨论的要求及讨论的题目——根据各组桌上摆放标本的形态特点，小组讨论，猜想它生活在什么样的环境中，这种环境具有什么特点？
各小组交流探究的结果。班级研讨，明确生物对环境的适应是普遍存在的。	各小组选派代表，表述观察和讨论的结果，并观看相关生物的生境照片。	观察、指导。 倾听、补充、总结。 肯定学生的发言，纠正观察和理解错误。
发现生物对环境的影响。 生物对环境的适应和影响的辩证关系。	列举生活实例，分析生物对环境的影响。 倾听，提问。	引导学生达成共识：生物对环境的适应是普遍存在的。当然，生物对环境也是有影响的。出示教学照片，引出"生物对环境的影响"问题。回答提问，总结。

本节课的主题是围绕着"给生物找个家"的探究活动，开展分析、讨论，最终使学生理解生物与环境的适应性和对环境的影响。这种讨论探究型教学模式，在一定程度上转变了学生原有的单纯接受式的学习方式。通过讨论、分析、探究的形式组织教学，可以充分调动和发挥学生参与课堂教学过程的积极性。

3.3.2.2　组织课堂"学法"教学模式

1. 组织课堂"学法"教学模式的四个过程

（1）信息输入阶段：首先让学生明确新知识的特点，然后根据协同率的原则，在教学中让多种感官协同感知，增强感知的相互作用。在输入新知识的同时，尽可能让学生有看的、有听的、有摸的、有做的和有想的，以提高感知效应。

（2）同化操作阶段：该阶段要求教师在学生感知新知识时，激活学生的旧知识，伸出知识的挂钩，使新旧知识相互联系，形成新知识增长点。

（3）记忆保持阶段：是强化学生头脑里新的知识结构，防止遗忘，已达到记忆保持目的的阶段。

（4）迁移应用阶段：在学生保持记忆的基础上，注重知识的运用、能力的培养、技能的形成。

---

① 周然. 新课程与生物学教学模式的重建[J/OL]. (2004-09-28). http://203.208.35.101/search?q=cache:pvl6xEHuMNoJ;www.hdav-ec.org/kgzc/5/page/a-page-024.doc+％E6％B8％85％E5％8D％8E％E9％99％84％E4％B8％AD+％E5％88％98％E5％81％A5+％E8％A7％82％E5％AF％9F&hl=zh-CN&ct=clnk&cd=14&gl=cn&st_usg=ALhdy2-dIju05kcAMGSCEflVZEFNOZ4l5g.

2. 组织课堂"学法"教学模式的优点

(1) 调动学生的多种感官,参与记忆的过程,能够调动学生的兴趣,积极参与课堂教学的过程。

(2) 新旧知识相互融合,配合教材的变化和比较,揭示本质,获得意义,实现理解。

(3) 教会学生认知结构的升华,便于记忆。另一方面,引导学生运用多种记忆方法尽心记忆,逐渐形成自己的记忆方法。

(4) 能够帮助学生对知识融会贯通,培养学生分析、归纳、综合的能力。

3. 组织课堂"学法"教学模式容易产生的问题

(1) 由于教师要"让多种感官协同感知,"所以课堂上容易控制不好,节奏易乱。

(2) 在学生学习新知识时,激活旧知识,使新旧知识相互形成知识体系,如果操作不好,容易造成喧宾夺主。

(3) 此模式对新教师来说具有一定的难度。

案例研究 3-8

授课教师:清华附中　刘健

课题:观察[①]

教学设计(见表 3-15)

表 3-15 "观察"教学设计

学习内容	学生活动	教师活动
引入新课	思考,尝试回答问题。	通过巴甫洛夫的故事引入本节主题,并提出问题:"你认为什么是观察?"
讲授新课 一、观察需要多种感官的参与	活动1: 在蒙住双眼的情况下,"观察"一只给定的毛绒玩具,之后要求能够识别、再认出这只玩具。 交流: 你是用什么方法找到这只玩具的? 活动2: 聆听大自然的声音。	组织学生活动。 在活动总结中引导学生认识到除视觉以外的其他感官在观察中的作用。 多媒体演示大自然的声音。 小结:观察可以运用多种感官。
二、科学观察的特点	朗读、欣赏。 思考:这篇文章中鲁迅先生观察了哪些事物?运用了哪些感官? 对比、分析两种观察的差异,在教师的引导下总结出科学观察应有的特征。	多媒体展示鲁迅先生的名篇《从百草园到三味书屋》。 多媒体展示法布尔《昆虫记》片断。 小结:科学的观察应该有明确的目的,观察时要全面、细致、实事求是,并及时记录下来;对长时期的观察要有计划,有耐心;观察时要积极思考,多问几个为什么?
三、精确的观察需要借助工具	观察、体验视觉误差。 思考、回答。 识别各种工具,说明用途和使用方法。	多媒体演示视觉误差图片(或温度感觉误差的体验活动)。 设问:我们如何才能更准确地观察周围的事物? 小结:精确的观察需要工具(多媒体展示常见的工具)。

[①] 周然. 新课程与生物学教学模式的重建[J/OL]. (2004-09-28). http://203.208.35.101/search? q=cache:pvl6xEHuMNoJ:www.hdav-ec.org/kgzc/5/page/a-page-024.doc＋%E6%B5%85%E5%8D%8E%E7%99%84%E4%B8%AD＋%E5%88%98%E5%81%A5＋%E8%A7%82%E5%AF%9F&hl=zh-CN&ct=clnk&cd=14&gl=cn&st_usg=ALhdy2-dIju05kcAMGSCEflVZEFNOZ4l5g.

续表

学习内容	学生活动	教师活动
四、总结观察的概念	思考：什么是观察？ 回答、补充完善。	总结：观察是通过人们的感官或仪器，有目的有计划地对自然状态下的客观事物进行系统考察和描述的一种活动。
复习巩固：制订观察计划	活动：制订观察计划。 选取一种校园生物，小组讨论、制订观察计划。	提供讨论大纲。 组织小组内的讨论和全班的交流，帮助小组完善观察计划。

本节课的重点是教会学生如何进行科学的观察。我们知道，科学的探究是生物新课程的一个重要组成部分。各种版本的新课程教材都设计了许多探究活动，其目的是通过这些活动发展学生的科学探究能力。然而学生在进行科学探究之前，需要具备一些基本的技能，比如观察的能力、合作交流的能力等。本节课的设计者，通过一系列活动，包括动用学生多种感官，帮助学生重新建立观察的正确概念，认识到什么是科学的观察，学习如何进行观察，逐步形成良好的观察习惯和观察品质，并为将来进行科学探究做好准备。

3.3.2.3 情境探究型教学模式

1. 情境探究型教学模式的一般程序：创始情境——定向导入——合作探究——总结交流——理解掌握

（1）教师根据教学目标，结合教学内容，通过问题的设置、语言的引发，实物的演示、音像的感染等，营造一种特定的环境和气氛，把学生有意识地带入这个环境中，创造有助于学习本节内容的情境。

（2）在教师创设的情境中，学生能很快地集中注意力，并能根据教师的设疑，产生疑问，同时也能产生深入学习的动力。

（3）教师在学生提出问题的基础上，引导学生通过多种活动形式进行合作探究。学生在教师的引导下以小组的形式或集体的形式，通过教师精心设计的活动、实验、资料图片等方式参与教学的全部过程。学生在合作探究中不仅感受情景，也感受获得新知的愉快。

（4）在教师的组织下，小组将探究结果展示说明，然后通过教师的总结、提炼和归纳，将学生感受的零散知识内容概括为统一完美和谐的整体，最后达到对知识的理解和掌握。

情境探究型教学模式，不像语言传递和实际训练那样要靠教师向学生直接提出要求或进行具体的指导，而是寓教学内容于各种具体的、生动的、有趣的活动之中，其目的是创设理智、情感并存的意境，唤起学生的想象，以加深他们对事物的认识并获得情感上的体验。

情境探究型教学模式，最重要的是要为学生创设能顺利实现教学任务的"情境"，只有把学生引入情境之中，才能对学生发生积极的影响。这种模式从现象上看，似乎教师并没有直接参与指导，但实际上却需要教师进行大量精细而复杂的组织工作，在教学艺术和教育机制方面都对教师提出较高的要求，否则，教师的主导作用就不易充分发挥。

2. 情境探究型教学模式的优点

（1）它以现代教育思想和观点构建符合现代基础教育发展需要的教学模式。在信息社会里，人们交往的动力是人的情感，在现代教学领域里，也要借助情感调动内因，以情促教，以情激学。

（2）在这样的教学模式下，学生不再厌烦学习，而对学习产生了兴趣，充满自信心，变苦学为乐学，可促使学生自觉自愿地参与学习，并能养成有条不紊的、踏踏实实的学习习惯。

(3) 学生在情境探究中,学会观察、思考、合作、交流和操作等方法。对疑难问题很快形成思路,领会选择对策,所有这些都是基于学生内动力和学习的潜能。

(4) 智能得到开发,能力得到发展。这里主要是学生轻松愉快地投入教学中来,主动地参与教学活动,增加了动手、动脑、动口的机会,不仅观察能力、表达能力、交往能力、联系实际能力得到了发展,同时也促使大脑的发育和智力的开发。

3. 情境探究型教学模式的薄弱之处

(1) 这种教学模式核心环节是创设情境,许多教师并不掌握如何去创设和谐、宽松、愉快的学习环境。随着学生年龄的增加,创设情境的难度就越大,因此这种教学模式的适用范围自然形成金字塔形。

(2) 这种教学模式环节单一,灵活度较大,对于不同层次的学生反应不一。如果设计欠周密,很可能造成忽视一部分学生的发展与成长,特别是那些内向型性格的学生。

(3) 此模式对于生物学科来说还是比较容易操作的,但是有些学科如数学、政治等,创造主动、活泼、愉快的情境就显得难度大了。所以此模式容易受到学科特点的限制。

案例研究 3-9

授课教师:人大附中　黄森

课题:细胞核是遗传信息库[①]

教学设计(见表 3-16)

表 3-16 "细胞核是遗传信息库"教学设计

学习内容	学生活动	教师活动
一、导入新课 生物体内存在着遗传信息。 生物体的各项特征是由遗传信息所决定的。	通过回忆以前的知识迅速思考回答。	简单回顾前一节课的内容后提出问题:组成我们身体的细胞都是一样的吗?细胞之间的差异以及人和人之间的差异是如何产生的?引起学生思考。然后将人体比喻成楼房,楼房的构造是由建筑图纸上的信息决定的,从而引出遗传信息的存在。
二、遗传信息怎样决定生物的性状及遗传信息的多样性 遗传信息是由 A、T、G、C 这四种化学成分来编码的,它们排列顺序的变化就代表了多种多样的遗传信息。	自己动手通过剪纸拼人脸活动来模拟遗传信息对人的一张脸上各个器官的控制,完成后进行交流,看能否在班内找出同样一张脸。	组织和帮助学生利用教师准备好的材料拼出人脸,并在脸旁贴上决定这张人脸的遗传信息的序列。 挑选一名学生为大家介绍自己创造的卡通人物,并读出决定该张人脸的遗传信息的序列,让全班同学与之对照看是否相同。 最后提问:使用已有的这些材料可拼出多少张不同的脸?引出遗传信息的多样性。

[①] 周然. 新课程与生物学教学模式的重建[J/OL]. (2004-09-28). http://203.208.35.101/search?q=cache:pvl6xEHuMNoJ:www.hdavec.org/kgzc/5/page/a-page-024.doc+%E6%B8%85%E5%8D%8E%E9%99%84%E4%B8%AD+%E5%88%98%E5%81%A5+%E8%A7%82%E5%AF%9F&hl=zh-CN&ct=clnk&cd=14&gl=cn&st_usg=ALhdy2-dIju05kcAMGSCEflVZEFNOZ4l5g.

续表

学习内容	学生活动	教师活动
三、遗传信息在细胞核中	观看小品"多莉找妈妈"讨论谁是多莉真正的母亲。 得出遗传信息在细胞核中的结论。	小品演完后引导学生讨论。 鼓励学生通过分析小品中的细节推断出遗传信息在细胞中的位置。
四、遗传信息的载体——DNA 染色体是由DNA和蛋白质所组成的。 DNA的双螺旋结构。 DNA是遗传信息的载体。 基因是具有特定遗传信息的DNA分子的片段。	观察染色体的形态和组成。 观察DNA分子的结构,找出A、T、G、C四种化学成分。 明白基因的概念。 分析三者的关系。	由"信息的存在需要载体"引出寻找遗传信息的载体。 连续演示由一个洋葱不断放大直至DNA分子的图片,介绍染色体和DNA的形态结构,交代基因的概念。

本节课内容较难,学生接受起来较抽象、不好理解。但是从这节课的设计上看,教师是费了一番心思的。首先教师在引言部分精心设计情境、定向导入,将学生的注意力集中起来。第二,借助剪纸贴脸的活动,让学生理解,遗传物质是怎样控制生物的形态、结构等特征的。第三,教师在讲解遗传信息的载体——DNA之前,没有先讲解,而是让学生表演了一个小品——"多莉找妈妈"。通过这一活动,激发了学生的热情,调动了学生的积极性,扮演科学家的学生还制作了精美的FLASH动画,令人赞叹。小品最后请同学们帮忙寻找多莉真正的妈妈,引起激烈讨论,同学们各抒己见。整个过程一环扣一环,教师在各个环节上都设置了一定的情境,让学生通过探究,学会观察、思考、合作、交流和操作等方法,对疑难问题很快形成思路,并培养和锻炼了学生的多种能力。

3.3.3 教学模式选择的依据

1. 依据教学目标选择教学模式

教学目标是教学所欲达成的目的,是教学的终极追求,它是主导教学的统帅和灵魂。教学目标不同,所选择和采用的教学模式也应不同。如着眼于培养学生自学能力,可采用自学式教学模式;着眼于在单位时间内传授较多的较为系统的基本知识,可采用传授式教学模式;着眼于培养创造性思维能力,可采用探究式教学模式,等等。

2. 依据教学内容的性质选择教学模式

采用何种模式进行教学,要根据教学内容的性质来确定。如传授式教学模式和自学式教学模式比较适合于学习事实、现象、过程的基本知识;生物实验中训练技能技巧的内容则运用练习式教学模式比较适合;而生物课中概括性、规律性的知识,运用探究式教学模式比较适合,等等。

3. 依据学生年龄特征和已有知识水平选择教学模式

从初中到高中,学生的学习自觉性逐渐增强,观察能力有显著的提高,更乐于独立提出问题,并试图解决问题。因此,在学生已经具备一定的旧知的情况下,随着年级的增高,选择自学式、探究式教学模式的可能性也就愈大。

教学模式不是僵化的刻板的公式。各种教学模式各有特点和特定的适用范围。没有普遍适用于任何范围的万能模式。如果只运用一种教学模式,会导致教学活动单调、重复和教学气氛枯燥乏味,遏制教师和学生的创造性的发挥。教学活动除有科学性、规定性的一面以外,还有艺术性、创造性的一面,教师可以选定某种模式作为设计教学活动的参考,但不能把某种教学模式作为固定的框架而生搬硬套。作为中学教师,尤其是新教师,应该掌握一些基本的教学模式,例如讲授式、自学式、练习式教学模式等,以便于灵活变通地运用,逐步熟练掌握多种教学模式。教师要善于从教学实际出发,最优地选择适合具体教学情境的模式,创造性地、艺术性地运用,并从各种教学模式的结合与变化中寻求提高教学质量的途径。

活动 3-7

讨论:
1. 新课程倡导怎样的课堂教学模式?
2. 你认为选择生物教学方法的出发点和方式还有哪些?谈谈你对选择教学方法与培养学生实践能力关系的看法。

本章小结

1. 生物教学策略是根据生物教学目标和教学条件选择、组织各种基本活动方法,调节、控制主体的内部注意、感知、思维和操作活动,对教学活动进行内部定向指导、调控的认知知识和技能。生物课程教学策略具有目的性与适用性、共性化与个性化、稳定性与灵活性、思想性与技巧性等特点。

2. 概念图(concept maps)是用来组织和阐述知识的工具,通常以圆形图表或方形图表来表示。它包括概念与概念或命题(propositions)之间的关系,这种概念或命题之间的关系用连线来标明,连线上的字词将两者间的关系给予明确。

3. 合作学习从 20 世纪 70 年代起在美国兴起,迄今已有近四十年的历史了。合作学习的基本含义包括:①学生以小组的形式一起学习;②教师的角色由传播者转变为服务者或帮助者;③学习的责任由教师转移到学生;④学生不仅要自己学会,还有责任帮助小组中的其他成员学会。

4. 生物教学中的探究方法最主要的目的是,使学生在认识物质世界的过程中能够像科学家一样去处理他们所遇到的问题和情境。探究教学就意味着教师要试图去设计一种情境,以便学生去使用科学家所使用的方法,如认识问题、提出问题、应用调查的过程、提供一般的描述、预测和解释。换句话说,学生们在学习这些方法的过程中可以与科学家共享一种认识物质世界的经验。

5. 生物学是一门以实验为基础的自然学科,在生物教学中,我们不仅应重视科学知识的教育,更应重视生物科学知识在社会生产和生活中的应用;重视技术教育,使科学知识有效地转化为生产力;重视素质教育,提高全体受教育者的素质。

6. 常用的生物教学方法有讲授法、谈话法、讨论法、演示法、实验法、直观法、发现法等。生物教学是一个多要素、多层次、多序列的复合、开放、动态的系统工程。从教学设计上来看,教学过程是一个由学生、教师、教学目标、教学内容、教学方法(策略)、教学媒体、教学评价、教学环境等诸多因素组成的系统。教学方法只是其中的一个因素。只考虑这一个因素还不能从整体上提高教学质量。要想从整体上提高教学质量,我们还必须有整体的意识、各种要素优化组合的意识、动态的适应意识、信息调控意识,将各种要素纳入教学的全过程之中,实现生物教学的科学化和教学效果的最优化。

7. 教学模式是在一定教学思想和教学理论指导下建立起来的,在教学过程中比较稳定的教学程序及方法、策略体系。模式可以来源于教学实践,但使实践概括化和集约化,上升为理论,丰富和发展教学理论。模式也可以来源于理论思辨,使某种教育思想或教学理论具体化、操作化,从而保证理论对实践的指导作用。如果说,从研究教学的性质、目的任务、教学思想、教学规律等问题概括为"教学原理",是教学论的基础理论部分的话,那么,研究教学模式则是教学理论(原理)应用于实践的中介,它具有处方性、优效性、可操作性的特点,它的主要任务是根据一定的教学思想和教学理论去设计教学,组织和实施教学。一种课型可以选择多种不同的教学模式表征;一种模式可以应用于多种课型。

8.《基础教育课程改革纲要(试行)》指出,要"改变课程实施过于强调接受学习、死记硬背、机械训练的现状",提倡自主、研究与合作的学习方式,使学生在教师的指导下主动地、富有个性地和创造性地学习,真正实现学生学习方式的根本性转变。在此基础上,遵照课程理念"面向全体学生、提高生物科学素养和倡导探究型学习"的原则,在课堂教学实践中着重对"教"与"学"进行探索和研究,提出一些能满足不同类型学生需要的一些教学模式。这些教学模式包括:讨论探究型模式、生物探究式教学模式、边讲边实验教学模式、组织课堂"学法"教学模式、生物知识结构教学模式、生物STS教学模式、生物教学与多媒体整合教学模式、实验教学程序观察模式等。

关键术语

◆ 教学策略、直观性、综合化、实践性
◆ 概念图、合作学习、竞争学习、个别学习、科学探究、探究学习、科学—技术—社会(STS)教育
◆ 教学方法的优化组合、教学模式与课型

学习链接

推荐网站:
1. 中国基础教育网　http://www.cbe21.com/
2. 全国中小学教师继续教育网　http://www.teacher.com.cn/
3. 中国教育资源服务平台　http://www.cersp.com/
4. 中小学教育在线论坛　http://www.xmta.com/js/bbs/index.asp
5. 广州生物教研网　http://biology.guangztr.edu.cn/

推荐书目:
1. 刘宏武.选择适合的学习方式[M].北京:中央民族大学出版社,2004.
2. 查有梁.新教学模式之建构[M].南宁:广西教育出版社,2003.

检测—拓展

检测
1. 概念图有哪些必要组成因素?
2. 合作学习中应如何分组?
3. 讨论探究学习的优点和缺点。
4. 讨论STS教育与传统教学的不同点。
5. 常见的生物教学方法有哪些?如何在实际生物教学中将它们进行优化组合?
6. 简述教学模式改革的趋势。

拓展
1. 几种教学策略能否有机结合,互相搭配出灵活多变的教学方法?请举例说明。
2. 选择初中或高中生物的一个知识单元,用概念图表达自己的教学计划。
3. 以小组为单位,选择初中或高中生物课本的某一单元内容,制订一个合作学习方案。
4. 你认为在合作学习指导中还有哪些挑战?我们应该如何去面对?
5. 教学中如何促进学生探究技能的养成?

6. 材料分析：

夸美纽斯曾经写道："教师是自然的仆人，不是自然的主人；他的使命是培植，不是改变，所以，假如他发现了某门学科与某个学生的天性不合，他决不应强迫他去学习；因为在某一方面缺少的东西多半会由另一方面去补足。……假如没有一个学生违背本人的意志，被迫去学习任何学科，我们就不会有发生厌恶和智力受到抑制的情形了。每个人都会顺着他的自然的倾向去发展。"

这段话表达了怎样的教学思想？应如何看待这种思想？如何在教育实践中运用这种思想？

阅读视野

浅议 SSI 教学

科技的日新月异在促进社会快速变迁和人类生活质量改善的同时，也给社会带来了许多负面影响，争议性的社会议题层出不穷，如全球气候变暖、克隆技术、基因改造食品等。这些议题或是由于科学家本身的实验证据不充分，或是由于人们不同的生活经历、背景、价值观和道德观，导致对于同一个议题具有不同的态度和观点，甚至做出不同的决策，而产生了社会性的争议。这些议题被称为"社会性科学议题"（Socioscientific Issues，简称"SSI"）。这些议题有以下几个特点：（1）属于开放性且结构不良领域的问题，不像数学或理化生那样的演算推理题一样，提供给学生严格的条件，学生依据条件通过逻辑的推理得出唯一正确的答案；（2）问题的解决方法往往因涉及的社会团体不同而有不同的提案，这些提案的内容又不会有太多的交集，大多数时候还呈现出对立的局面，因而在社会上常常引起不同团体之间的争议和冲突；（3）此类问题解决的抉择，常常涉及个人的价值判断，决定的过程与结果会反映出个人的道德推理或伦理水平；（4）问题跨越了许多相关的领域，如科学、社会、政治、法律、生态保护、伦理道德等，人们必须同时从这些方面作跨领域的思考，才能全面的反映问题。

SSI 的上述特点为师生提供了大量的讨论空间，将 SSI 运用于教学中即为 SSI 教学。SSI 教学中学生根据自己已有的科学知识、经验，结合自己的情感态度价值观等对开放性的、结构不良领域的、具有争议的社会性科学议题，利用证据，通过非形式推理进行辩论、论证，形成自己的判断，发表自己的言论和观点，做出合理的决策。

基于 SSI 教学在科学教育中的重要作用，研究者提出了如辩论赛、角色扮演、模仿、做决策游戏、个案研究或专题报告、实地考察或调查、风险评估和分析、议题写作等教学策略，也探讨了 SSI 的教学模式。例如，布哈姆和米切尔的五阶段教学模式把 SSI 教学划分为以下五个环节。

（1）观察。教师播放录音带或让学生阅读新闻稿，再以提问的方式帮助学生进行观察，引导学生融入情境。

（2）问题与假设。由学生或教师引出与观察情境有关的问题假设，如"发生了什么？""事情背后的真相是什么？""如果是你，你会怎么解决两难的局面？"……

（3）收集资料。在清楚地描述了事情的情境后，教师指导学生收集和整理代表各社会团体的信息、资料。

（4）道德争议的分析。这个阶段要求学生尽可能严格地评估和比较议题在价值和内容上的优缺点，教师则作为引导者，帮助学生熟悉较为复杂的分析过程，提供更多方位的建议。

（5）决策或解决办法。学生从多方位对议题进行思考后，做出决定，在这个过程中，他们必须了解达成共识的难度，对于答案不唯一的内容，要想所有人都满意是不可能的。

科学技术的发展对公民的科学素养提出了新的标准，为了开展社会生活，形成良好的科学素养是中学阶段学生成长的重要目标。生物课程兼有科学课程和技术课程的双重属性。因此，提高学生的生物科学素养是中学生物教学的重要目标。SSI 教学形式多样、题材丰富，内容涵盖了科学、技术、社会的各个层面,在中学生物教学中实施SSI教育,有助于促进学生对于科学概念、科学本质的理解,有利于学生科学态度与价值观的养成,增强对科学、技术、社会的关系的了解。

参 考 文 献

[1] 徐洪林.生物学中引入概念图策略的研究[D].北京:北京师范大学硕士学位论文,2001.
[2] 高文.教学模式论[M].上海:上海教育出版社,2002.
[3] 施良方.学习论[M].北京:人民教育出版社,1994.
[4] 沈德立.脑功能开发的理论与实践[M].北京:教育科学出版社,2001.
[5] 张丽萍等.概念图及其功能研究[J].高等理科教育,2007(4).
[6] 庞日斌,王冬凌.合作学习的理论与实践[M].北京:开明出版社,2003.
[7] 高文主.现代教学的模式化研究[M].济南:山东教育出版社,1998.
[8] 吴立岗.教学的原理、模式和活动[M].南宁:广西教育出版社,1998.
[9] 查有梁.教育建模[M].南宁:广西教育出版社,1998.
[10] 麦曦.现代课堂教学论纲[M].广州第四期中学教师继续教育课程班讲义,2000.
[11] 吴永军.新课程学习方式[M].南京:南京师范大学出版社,2005.
[12] 迟旭华.新理念指导下的五段式科学教学模式的实践解说[J].辽宁教育,2006(3).
[13] 中华人民共和国教育部.生物课程标准(实验稿).北京:北京师范大学出版社,2001.
[14] 蔡铁权.科学教育中的SSI教学[J].全球教育展望,2009,10(38).
[15] 张奇,张黎.SSI课程与学生非形式推理能力的培养[J].华东师范大学学报:教育科学版,2007,25(2).
[16] 孟献华,李广洲.国外"社会性科学议题"课程及其研究综述[J].比较教育研究,2010(11).

第4章　中学生物学生学习活动与学习策略

学习目标

1. 界定学习,知道学习的特点。
2. 描述行为主义学习理论,并与其他理论方法区分。
3. 理解强化理论,并能区分惩罚与消极强化。
4. 知道桑代克与斯金纳观点的不同。
5. 描述、举例说明行为主义和新行为主义在生物课堂中的应用,包括联结、强化、惩罚。
6. 了解认知主义学习理论的特点。
7. 了解建构主义的主要观点,并学会应用。
8. 了解中学生物学习活动特点、类型及其策略。
9. 了解当前教育教学改革的新发展。

本章内容结构图

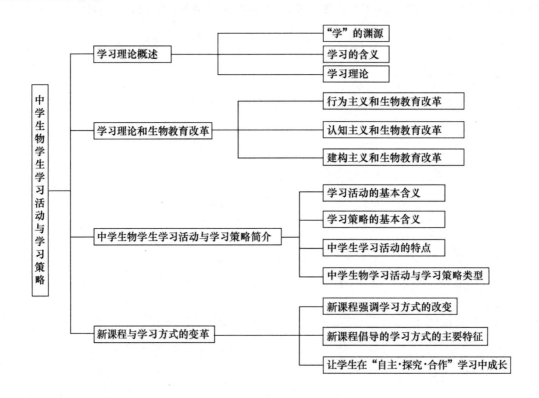

本章序幕

老师该不该这样做？

据《南京日报》(2004年7月4日)报道，因为美国对基础教育的要求越来越高，教师为了让学生努力学习，达到要求，费尽了心思。有一位教师向学生允诺，如果他们班阅读课全部达标，他将亲吻一头大肚皮的猪。结果是学生确实达标了，老师也遵循了自己的诺言。

教师的这种方法确实让学生有了学习的动力，达到学习目标，但这是不是我们想要的呢？我们的学生终究是要离开学校的，试想一下，离开了学校之后，谁会用这种方法去激励他们？如果支持他们学习的动力是为了体验一种新奇的刺激，这种动力能持续多久呢？

4.1 学习理论概述

学习不是人类特有的本领，但人类无疑是在我们目前所能知道的世界中，学习能力最强的生物。而且，学习对人类的生存和发展来说，又是最重要的社会行为。在记载孔子及其弟子言论的《论语》中，开卷的标题就是"学而第一"，记载的孔子的第一句话就是"学而时习之，不亦说乎。"

那么，什么是学习呢？不同领域的人们有不同的定义。在人类的整个文明史中，人类对这一问题的探索从没有间断过，它们一直是许多领域，包括哲学界、教育界和不同自然科学领域里研究的核心问题。

4.1.1 "学"的渊源

中国古代的教育思想都集中地体现在有关"学"的论述上，如《学记》是中国历史上最早的一本教育学专著。

"学"的甲骨文写法是"學"，左上方、右上方表示手；"㸚"表示占卜的活动，即学的活动；"冖"表示房间，即学的场所；"子"表示一个孩子，即学的主体。合起来的意思就是孩子在一所房子里学习有关的知识。"教"在甲骨文中的写法为"敎"，左上方"㸚"表示占卜的活动，即教的内容；左下方"子"表示一个孩子，即教的对象；右上方"／"表示鞭子或棍子，即教的工具和手段；右下方"又"表示两只手。整个字合起来表示成人拿着器械督促孩子的学习行为。因此，从词源上看，"学"与"教"是统一的，是从不同的角度描述同一种事物、同一种活动。

4.1.2 学习的含义

学习有三个含义：第一，人和动物都要通过学习来改变自己，适应环境，以获得更优越的生存条件，这个学习指的是广义的学习；第二，人尤其能学习，他与动物的学习有着本质的不同，这个学习指的是狭义的学习；第三，学习对于青少年有着特别重要的意义，这个学习主要指的是学生的学习，是在教育情境中在教师指导下，有目的、有计划、有组织地系统掌握间接知识的过程。

我们通常所说的学习主要指的是学生的学习。这种学习具有以下特点：(1) 学习不仅指学习后所表现的结果，还包括行为变化的过程。(2) 所说的"行为"，既包括可观察的外显行为，也包括不能直接观察的内隐行为。(3) 学习的行为变化是由经验引起的，所说的"经验"是个体在后天活动中获得的。(4) 学习的行为变化是比较持久的。(5) 所说的"行为变化"，既包括由坏向好的变化，也包括由好向坏的变化。

根据以上所述,我们概括出一般意义上学习的定义:学习(learning)是指学习者因经验而获得知识或者引起行为、能力和心理倾向较持久的改变的过程。

活动 4-1

讨论下列问题:
动物的印随行为是不是一种学习行为?
运动员服用兴奋剂后成绩暂时提高,是不是一种学习行为?
一个婴儿在牙牙学语"嗒—嗒—嗒—嗒—嗒—嗒",是不是一种学习行为?
一个学步儿童在唱《蜗牛与黄鹂鸟》,是不是一种学习行为?

4.1.3 学习理论

在心理学领域,围绕学习过程中知识如何获得、行为如何改变的问题,出现了很多经典的研究学习的心理学实验,形成了几大体系的学习理论。

4.1.3.1 行为主义学习理论

1. 桑代克的联结主义理论

> **核心概念**
>
> 学习理论(learning theory):教育学和教育心理学的一门分支学科,描述或说明人类和动物学习的类型、过程,以及有效学习的条件。

案例研究 4-1

猫开笼实验

(1) 如图 4-1 所示,在一个迷笼中有一块踏板,踏板通过绳子和门钮连在一起,猫只要踏下踏板,门闩就会被拉动,笼门就可打开,笼外放有鱼和肉。

(2) 研究者把一只饥饿的猫关入迷笼中,猫在笼中用爪子够不到食物,于是乱咬、乱跳。后来偶然碰到踏板,笼门打开,取到食物。

(3) 再次将猫放回笼中,猫仍然需要经过乱咬、乱跳等过程才能逃到笼外。

(4) 但随着实验次数的增加,猫的无效动作逐渐减少,打开笼门所需的时间逐渐减少。

(5) 最后,猫一入笼内,就能打开笼门而取得食物。

图 4-1 猫开笼实验

问题与思考
1. 猫被关在迷笼里,有没有首先"考虑"如何逃出去?
2. 第一次逃出迷笼的经历和方法,有没有让猫产生深刻的印象?

这个实验就是著名的心理学家桑代克(E. L Thorndike)所创立的,他认为:①学习是渐进的、盲目的。如猫一开始并没考虑如何去打开笼门,而是在玩的时候,碰巧踏到踏板拉动绳子打开了笼门。②在反复的尝试中,错误的反应被逐渐地摒弃,正确的则不断得到加强,直至最终形成了固定的"刺激—反应联结"。如第一次的逃跑经历并没有给猫留下什么印象,还要做很多无用的尝试,它才能一入笼内就拉动绳子打开笼门,建立起"刺激—反应联结"。

这就是桑代克的联结主义理论,因为建立这种联结需要不断尝试错误,所以又称"试误学习理论"(trail-and-error learning)。学习就是形成一定的"刺激—反应(stimulation-reaction,简称S—R)联结"。

根据"刺激—反应联结",桑代克还提出了著名的"练习率"和"效果率"。

练习率认为,S—R联结的牢固程度与练习次数有关。如果猫在建立S—R联结后,停止做这个实验,很久之后再把它放入迷笼,它同样不知道立刻拉动绳子逃出去。

效果率认为,S—R联结的增强或削弱与反应后获得的是奖赏还是惩罚有关。如果猫拉动绳子的结果不是逃出去并获得食物,而是被打,就不会建立上述的联结。

活动 4-2

请你结合中学教学中常用的"题海战术"解释"练习率",并谈谈它们的优点和不足。

2. 斯金纳的新行为主义学习理论

案例研究 4-2

白鼠的学习实验

(1) 如图 4-2 所示,在一个特制的箱内装有一个杠杆,杠杆与传递食丸的机械装置相连,只要杠杆手柄一被压动,一颗食丸便滚进食盘。

(2) 白鼠被放进箱内,自由活动,当它踏上杠杆手柄时,有食丸放出,于是吃到食物。

(3) 它一旦再按压杠杆,食丸又滚出,反复几次,白鼠就学会了按压杠杆手柄来取得食物的条件反射。

图 4-2 斯金纳箱

我们知道,机体由于刺激而被动引发的反应称为"应激性反应",如狗看到食物就会流口水。而机体由自身主动发出的反应称为"操作性反应",如人们读书或写字的行为。上述实验中白鼠踏上杠杆获得食物并没有受到外界的刺激,称为"操作性反应"。

为了促进这一操作性反应的发生,上述实验创立者斯金纳(B. F. Skinner)给了一定的条件"食物"做奖赏和激励。他认为如果一个操作性反应发生后,接着呈现一个强化刺激,则这种反应发生的频率会增加。斯金纳在对学习问题进行了大量研究的基础上提出了强化理论,十分强调强化在学习中的重要性。斯金纳把强化分成积极强化和消极强化两种。积极强化是获得强化物以加强某种反应;消极强化是去掉可厌的刺激物,是由于刺激的退出而加强了某种行为。教学中的积极强化物是教师的赞许、表扬等,消极强化物是教师的皱眉、训斥等。这两种强化都增加了反应再发生的可能性。

斯金纳认为不能把消极强化与惩罚混为一谈。他通过系统的实验观察得出了一条重要结论:惩罚就是企图呈现消极强化物或排除积极强化物去刺激某个反应,仅是一种治标的方法,它对被惩罚者和惩罚者都是不利的。他的实验证明,惩罚只能暂时降低反应率,而不能减少消退过程中反应的总次数。在他的实验中,当白鼠已牢固建立按杠杆得到食物的条件反射后,在它再按杠杆时给予电刺激,这时反应率会迅速下降。如果以后杠杆不带电了,按压率又会直线上升。

斯金纳与早期的行为主义者有所不同,更重视通过反馈来强化学习行为,进一步发展了桑代克的"效果率",并上升到理论高度。

活动 4-3

请你谈谈如何在实际教学中合适地选用"奖赏"和"惩罚"?

前面两个实验中,研究者都把学习看作是 S—R 联结的过程,在这个过程中,学习者的学习是可以观察的外显反应,这个反应成为习惯是后效强化的结果。这一学派在学习理论体系中被称为"行为主义"。

但是其他的心理学家对这种观点产生了怀疑,他们认为心理学研究不应只局限于可见行为,还应涉及内在的心理过程。

4.1.3.2 认知主义学习理论

案例研究 4-3

黑猩猩的学习实验

(1) 如图 4-3 所示,在一个封闭的房间里,放着三个木箱,房顶上挂有一串香蕉。黑猩猩站在地上不能直接够到香蕉。

(2) 研究者把黑猩猩放进房间里,它便想得到房顶的香蕉,于是用"手"去取。黑猩猩用"手"够香蕉失败后,停止活动,四处张望,若有所思。

(3) 之后,它突然起身,将木箱堆积起来,然后站在木箱上取到香蕉。

图 4-3 黑猩猩的学习实验示意图

黑猩猩并没有像桑代克迷笼中的猫那样乱咬、乱跳,而是在观察房间里的情况之后,发现箱子是获得香蕉的工具。所以,该实验的研究者苛勒认为,黑猩猩对问题的解决不是逐渐地"试误"过程,而是对知觉经验的重新组织,是对情境关系的"顿悟"。这就是格式塔学派或称完形学派的理论。这里的"格式塔"(又称"完形")指的是对情境中事物关系的理解和认知而构成一种完形。

案例研究 4-4

白鼠的学习实验

(1) 实验开始时,白鼠被置于起点处,食物放在其中一条通路的一端。白鼠从起点至食物放置处为一次尝试,如图 4-4 所示。

(2) 托尔曼在实验中发现,若干次尝试之后,白鼠从起点到达食物处的速度明显提高,在选择处停留的时间越来越短,结果如图4-5所示。

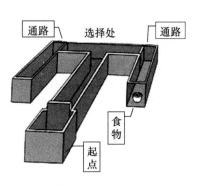
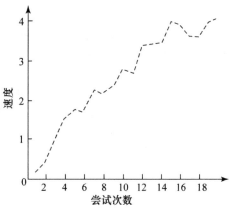

图4-4 白鼠学习实验模型示意图　　图4-5 白鼠尝试次数与速度关系示意图

这个过程与猫开笼实验很相似,但是实验创立者托尔曼不同意桑代克等人认为学习是盲目的观点。他认为动物学习是有目的的,白鼠的目的就是获得食物。他重视刺激与反应之间的心理过程,认为有机体在达到目的的过程中,会遇到各式各样的环境条件,必须认知这一条件,才能克服困难,达到目的。

因此,他提出了一个"中间变量"的概念,将行为主义的公式"S—R联结"改为"S—O—R联结",这里的"O"是"organism"的简写,就是"中间变量",代表有机体的内部变化。

苛勒和托尔曼都是认知主义学习理论的代表人物,从他们的观点可以看出,认知主义心理学家把学习看作是对事物进行认识、辨别、理解,从而获得新知识的过程。

认知主义学习理论还有很多其他的重要代表人物及思想,如奥苏伯尔的有意义学习、加涅的信息加工学习理论、布鲁纳的发现学习等。

4.1.3.3 建构主义学习理论

案例研究 4-5

一个小学生第一次学习笔算除法时,把24÷8=3写成了如右下式的形式。从该式的结果"3"来看,是对的,但用课本中关于除法列式的知识来衡量,这样写是错误的。在学生看来,加、减、乘法的竖式能这样写,除法当然也可以这样写。

$$\begin{array}{r} 24 \\ \div\ 8 \\ \hline 3 \end{array}$$

问题与思考
如果你是老师,你将如何对待学生的这种写法?

可见,学生的学习是以自己原有知识背景进行的。当老师肯定其写法不是错误,而是不简便后,学生则会通过实际练习对新旧信息进行检验、批判和调整,在此过程中发现原有方法的不足,从而自动接受老师的指导。这个案例体现了建构主义的思想,即学习是学生主动建构意义的过程,使学生的认识由抽象走向"思维中的具体"。

小资料 4-1

建构主义的主要观点

所谓建构的意义是指事物的性质、规律以及事物之间的内在联系。在学习过程中帮助学习者建构知识意义就是要帮助学习者对当前学习内容所反映的事物的性质、规律以及该事物同其他事物之间的内在联系达到较深刻的理解。

因此,建构主义的主要观点有:(1) 以学习者为中心;(2) 学习是学习者主动建构内部心理表征的过程,强调学习过程中要充分发挥学习者的主动性;(3) 学习过程同时包括两方面的建构,既包括对旧知识的改组和重构,也包括对新信息的意义建构;(4) 学习既是个别化行为,学习也需要交流与合作;(5) 强调学习的情境性,重视教学过程中对情境的创设;(6) 强调资源对意义建构的重要性。

活动 4-4

1. 请用简单的语言描述两幅漫画(见图 4-6、图 4-7)的内容。
2. 两位同学一组,扮演漫画中的角色并进行对话。

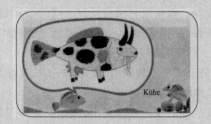

图 4-6 "长脚的鱼"

图 4-7 "心目中的对象"

问题与思考
你如何将这两幅漫画与建构主义理论联系起来?它们反映了建构主义的哪些观点?

1. 建构主义的知识观

建构主义所关心的首先是知识问题——知识是什么以及知识来自何处。建构主义强调,知识并不是对现实世界的绝对正确的表征,不是放之各种情境皆准的教条,它们处在不断的发展之中,而且在不同情境中,它们需要被重新建构。

在对科学知识的看法上,建构主义和传统的认识论有根本的不同:传统的认识论把科学知识看作是对客观实在的精确反映,是经过严格的科学方法获得的,是客观真理或者是客观真理的接近;建构主义认为,科学知识不是对现实的准确表征,它只是一种解释、一种假设,检验科学知识的标准是看它在实践中是否可行,是否起作用。

2. 建构主义的学习观

建构主义认为,学习者的知识是在一定情境下,借助于他人的帮助,如人与人之间的协作、交流、利用必要的信息等等,通过意义的建构而获得的。理想的学习环境应当包括情境、协作、交流和意义建构四个部分。

(1) 情境。学习环境中的情境必须有利于学习者对所学内容的意义建构。在教学设计中,创设有利于学习者建构意义的情境是最重要的环节或方面。

(2) 协作。协作应该贯穿于整个学习活动过程中。教师与学生之间、学生与学生之间的协作,对学习资料的收集与分析、假设的提出与验证、学习进程的自我反馈和学习结果的评价以及意义的最终建构都有十分重要的作用。协作在一定的意义上是协商的意识。

(3) 交流。交流是协作过程中最基本的方式或环节。交流对于推进每个学习者的学习进程,是至关重要的手段。

(4) 意义建构。这是教学过程的最终目标。其建构的意义是指事物的性质、规律以及事物之间的内在联系。

3. 建构主义的教学观

建构主义的教学是基于建构主义的认识论和学习观之上的,学习者必须自己通过主动的、互动的方式学习新知识,教师不再是以自己的看法及课本现有的知识来直接传授给学生,而是要把教学植根于学生的经验世界之中。建构主义本身并没有一套固定的教学模式或教学方法,它只是一个认知和学习知识的理念。在整个学习过程中,教师必须随着教学情境的变化改变自己的知识和教学方式,以对应学生的学习。

因此,师生之间的感情、心智活动在教学中彼此交融,两者的知识都在这个过程中成长。以建构主义为基础的科学教育中,教师本身除了是教学者之外,也是一位学习者,这与我国传统教育所说的"教学相长"的理念不谋而合。

建构主义教学观强调以下几点:

(1) 从学习者的经验出发;
(2) 角色的调整;
(3) 布置良好的学习情境;
(4) 鼓励学习者反省和思考;
(5) 重视合作的学习方式。

活动 4-5

请你谈一谈建构主义理论为生物教育改革提供了哪些有益的启示。

4.2 学习理论和生物教育改革

一些学者把行为主义、认知主义和建构主义视为三种"平行"的学习理论,不管此说法是否正确,足见这三种学习理论具有非常广泛的影响力,为生物教育改革提供了坚实的理论基础。依据不同的学习理论,我们可以对生物学学习活动中的同一现象做出不同的解说,而这些解说都有其合理性。

4.2.1 行为主义和生物教育改革

4.2.1.1 行为主义如何解释学习

行为主义认为,学习是一种行为,当主体学习时反应速率就增强,不学习时反应速率则下降。因此它把学习定义为反应概率的变化。学习是一门科学,学习过程是循序渐进的过程;而教学则是一门艺术,是把学生与教学大纲结合起来的艺术,是安排可能强化的事件来促进学习,教师起着监督者或中间人的作用。行为主义激烈抨击传统的班级教学,指责它效率低下,质量不高,根据操作性条件反射和积极强化的理论,提出了"教学机器"和"程序教学"。程序教学主要有五条原则:积极反应、小的步子、即时反馈、自定步调、最低的错误率。

总之,行为主义认为学习就是通过强化建立刺激与反应之间的联结,教学的目标在于传递客观世界知识,学习者的目标是在这种传递过程中达到教育者所确定的目标,但无视这种传递过程中学生的理解及心理过程。

4.2.1.2 行为主义理论在生物教学中的应用案例研究

程序题综合教学法是一种新的教学方法,也叫主题分段教学法。它是吸取著名的程序教学法原理,结合我国目前的情况加以改进而创立的,可在各种学科及授课类型中加以应用。其原理"程序教学法"是行为主义心理学家创设的机械程序教学,根据美国哥伦比亚大学教授埃德伍德·桑代克(Edward Thorndike)的学习定律(效果律、准备律、练习律),这种教学机器又叫"斯金纳教学机",后来又进一步发展为用非机械的程序进行教学。

程序题综合教学法教学目的明确,逻辑性强,重点突出,循序渐进。应用这种教学法,学生积极性高,能认真学习,反复练习,教师能及时了解教学效果,又能结合电子计算机进行。

程序题综合教学法的课时计划在课的类型、教学目的、教具上与其他教学法相似,但在教具上要准备程序题图表(可制成挂图形式)及学生答卷等。在教学过程中与其他教学法大不相同。首先教师要根据教材内容,按次编写程序课题,注意重点难点,课本内容逻辑性等,列出问题。问题要具有吸引力,每一问题或图表作一个分段主题挂在讲台上,也可将分段主题写在黑板上,比较节约,大的主题下也可再分小的主题,使学生思考和解答,然后让学生自行按次阅读教材,使学生自愿或由教师指名答复,必要时进行讨论,再由教师正确总结解答,这样逐一提出每个题目,通过解答、讨论、总结将教材内容讲完。为了增强理解,可以反复练习,再由教师提出重点、难点讨论讲解,最后可以给出题目答卷,让学生自主进行书面解答,让他们互相评分。这种教学法可以不留给学生家庭书面作业。

案例研究 4-6

关于"细胞"一节的程序题综合教学

1. 教学目标

(1) 分析细胞学说建立的过程。
(2) 使用显微镜观察多种多样的细胞。
(3) 辨别动植物细胞结构的异同。
(4) 描述细胞的分裂繁殖和生长。

2. 教具及器材

程序题图表(可制成挂图形式)。挂图:虎克的画像及其自制的显微镜及软木细胞图,现代显微镜,动、植物细胞模式图,细胞的分裂和生长图表,学生书面答卷。

器材:西瓜、番茄成熟果实,白菜或青菜(小白菜)叶柄。

模型:细胞结构等模型。

3. 教学过程

(1) 教师在组织教学后,可提问1~2个"绪论"中的问题,如什么是生物学,怎样学好生物学等,也可以不复习前课直接讲新课。

(2) 教师依次出示程序题有关图表,并宣读程序题。

程序题(分段主题)1:细胞是谁发现的?怎样发现的?怎样才能看到细胞?教师让学生阅读"细胞"一节后,讨论、解答、总结。

程序题2:动物和植物细胞结构分别有哪些?有何异同?教师让学生阅读"(1)细胞的基本结构"一段课文,然后结合细胞结构图表模型使学生解答,讨论综合题,这一段是本课的重点和难点,应加强学习。

程序题3:切割西瓜、番茄等果实时,流出甜味或酸味的汁液或切割白菜或青菜的叶柄流出汁液是从哪里流出来的?让学生思考讨论,解答总结。

程序题4:细胞是怎样分裂的?让学生阅读"(2)细胞的分裂"一段文图,进行解答讨论。

程序题5:细胞是怎样生长的?生物都能由小长大,这是为什么?细胞的哪些特性和它们的生长有关?让学生阅读"(3)细胞的生长"一段,讨论解答总结。

程序题6:让学生解答课后问题。最后教师可对本课内容重点作一个总结,也可出几个题目(书面答卷或板书)让学生解答,互相评分。

4.2.2 认知主义和生物教育改革

4.2.2.1 认知主义如何解释学习

认知主义认为世界是由客观实体及其联系构成的,强调内部的认知结构,并将学习的认知过程与计算机的信息加工过程进行类比。其反应在生物学教学上,强调教学的目标在于帮助学习者习得生物体、生命现象、生命的本质及其关系,促使这些外在的知识及其结果内化为学习者的内部认知结构。不过,认知主义过于重视知识的确定性和普遍性,这在学习的初级阶段是合理的,但它没有使认识进一步提高,学生获得的可能是教条式的知识。

4.2.2.2 认知主义理论在生物教学中的应用案例研究

认知主义认为,当个体原有的认知结构与来自外界的新奇对象之间有适度的不一致时,个体就会出现惊讶、质疑、迷惑和矛盾,从而激发个体去探究。从中学生的认知结构看,他们虽然已经具有初步的感知、思维能力和知识经验,但周围的许多事物对他们来说仍然是陌生的、新奇的,但又无法给予明确的解答、解释,这就大大激发了他们的好奇心。正是在这种好奇心的促使下,他们特别喜欢尝试,从中得到欢乐,产生兴趣,获得知识。

在生物教学中,教师主要是引导学生观察各种生命现象,因此,直观教具的使用就成为成功教学不可忽视的重要环节。观察、实验不但是研究生物学的基本方法,也是培养学生多种能力的重要途径。教师要详细分析、研究生物学教材,联系实际,精选教学内容,认真组织开展以培养学生动手、观察、独立思考、分析问题等能力为主的探究性活动,教学中尽量以探究性的引导活动代替以往权威性的讲解。课堂上应创设探究情境,精心设计选用直观教具,让学生充分观察,允许学生动手拆卸组装,使他们在愉快的情境中体会到学习生物学的乐趣,通过反复的探究过程完成对生命活动基本规律和原理的认知。

案例研究 4-7

运用认知主义进行"光合作用的原理和应用"的教学

1. 课前准备好重复英国科学家普利斯特利的实验的用具。
2. 在光线充足的地方,将一支点燃的蜡烛和一支小白鼠分别放到一个密闭的玻璃罩里,看到蜡烛不久就熄灭了,小白鼠也很快死去。
3. 再将蜡烛与绿色植物一起放在这个玻璃罩内,小白鼠不容易窒息而死。
4. 接着改进这个实验:用一个纸盒将玻璃罩罩住,使它不接受光线,重复做这两个实验,发现不能得到上述的实验结果。如果时间条件允许的话,可以让学生自己动手设计并展示这个实验。
5. 在学生仔细观察这两组实验的时候,向学生提出这样的问题:"蜡烛燃烧和小白鼠呼吸需要的是什么气体呢?""为什么第二组实验的结果和第一组不同呢?"让学生分小组进行讨论后回答问题。

这样,学生就会对这个实验充满好奇心,并会根据教师的问题积极主动地对实验仔细观察并思考,得出相关的结论和答案。

4.2.3 建构主义和生物教育改革

4.2.3.1 建构主义如何解释学习

与认知主义相比,建构主义更重视学习活动中学生的主体性作用,重视学生面对具体情境时进行意义建构。与实际教学活动的密切联系常常被视为现代建构主义的一个重要特点,建构主义反映在生物学教育上,简单地说,就是生物学学习是学生主动建构意义的过程。也就是说,学生对生物学对象的认识并非是一种被动的反应,而是主体以已有的知识和经验为基础的主动建构,学生对生物学对象的观察、记忆和思考,都应是一种主动建构的过程。

4.2.3.2 建构主义理论在生物教学中的应用案例研究

案例研究 4-8

呼吸系统的组成和呼吸作用的原理①

搭脚手架(首先搭建概念框架)

在进入探究环节之前教师应先帮助学生认识与"呼吸运动"有关的结构,如呼吸系统的组成、胸廓的结构等,然后再学习呼吸系统的整体结构与呼吸作用的原理。教师分析学习任务,并通过对概念框架的分析,把大问题分解成几个小问题,呈现给学生。

进入情境(情境是为学生而设,为学而设)

每个小组学生面前摆放人体呼吸系统模型以及人体胸腔剖面图图谱,新鲜的哺乳动物的肺或肺的干制标本。呼吸运动模型。

课件展示视频录像或动画,如潜水员潜水作业前检查呼吸器具和氧气瓶、婴儿出生时的第一声啼哭等。

计算:学生自测自己 1 分钟内的呼吸次数,计算每天气体进出身体的次数。

引申:上述现象,说明人的生命活动离不开呼吸。人的呼吸,是由呼吸系统来完成的。

---

① 王青梅.基于建构主义的高中生物课教学[EB/OL].(2012-03-28).http://wenku.baidu.com/view/241e0a78a26925cc5bfa2.html.

独立探索(教师起初的引导、帮助可以多一些,以后逐渐减少)

学生独立观察人体呼吸系统模式图或解剖模型,观察人体胸腔剖面图,新鲜的哺乳动物的肺或肺的干制标本。

教师要求学生阅读关于胸廓的文字。(知识支架)

教师让学生感受呼吸运动中胸廓的变化以及进出身体的气体变化。(策略支架)

学生一只手放在胸部下侧,轻触自己胸侧的肋骨处,一只手放在鼻腔前,缓慢吸气和呼气,感受自己在吸气和呼气时鼻孔前面的气体有什么变化,胸廓发生了什么变化。

协作学习(小组协商、讨论,共享集体思维成果)

互相切磋独立探索中存在的问题。

讨论问题:

人体呼吸系统是由哪些器官组成的?最重要的器官是什么?说明理由。

胸廓是由哪几个部分组成的?

在吸气和呼气时,鼻孔前面的气体有什么变化?原因是什么?

在吸气和呼气时,你的胸廓有起伏吗?是什么力量使胸廓进行运动的?

呼吸运动时,哪些肌肉的收缩、舒张引起了胸廓容积的变化?在呼吸肌收缩和舒张时,肋骨和膈的位置发生了什么变化?胸廓容积发生了什么变化?随着胸廓容积的变化,肺的容积发生了怎样的变化?是肺容积的变化导致了气体的吸入和呼出吗?

效果评价(形式多样)

表达交流:小组、大组、全班进行各种形式的交流。

检测:学生分析、归纳:肺与外界气体交换的原理和过程;对照动画,讲述肺与外界气体交换的过程。

案例分析

上述的设计着眼于意义的主动建构,明显不同于传统观念的教学处理。如何运用建构主义学习理论来指导生物学课程课堂教学的设计,是一项有意义的教学改革课题。例如,如何设计有利于学生意义建构的课堂教学结构,如何培养学生学会意义赋予、模式建构、概念图建构和科学地思维,需要广大一线教师在实践中去学习、研究和尝试。

4.3 中学生物学生学习活动与学习策略简介

独生子小舟是个居住环境优越,家庭经济富裕的孩子,家长非常重视对小舟的培养和教育,期望他早成材,成为优秀人才。

在小学表现不错的小舟,自升入初中后,很快出现了情绪低落,沉默寡言,精神萎靡;在学习中焦急忧虑,神志恍惚,坐立不安;对待人生消极自卑,行为懒散,出现了自暴自弃的心理状态。这些都严重影响了他的成长和发展。为何会出现这种情况呢?

小舟进入初中后,面对的教学环境变了,老师的教法变了,学科多了,内容抽象了。但他还是用小学的学习方法和学习习惯学习,依赖于爷爷奶奶的辅导学习,因而导致了学习适应不良。加之认为自己天生愚笨,便产生了自卑心理。学习适应不良,是中学生常见的一种适应性障碍,作为教师,应该及时注意学生的变化,并对学生的学习活动和学习策略进行指导。

4.3.1 学习活动的基本含义

学习者个体在利用和发展本人遗传素质的基础上,在外界因素作用下,依靠本人发挥主观能动性,利用人类社会创造和积累的文明信息载体(语言、书刊、人类创造的事物和人类改造过的自然事物等)和人类文明的传播者(家庭成员、教师和有关社会成员等),通过刺激反应、探索尝试、认知结构的组织和重新组织、模仿练习、反复实践和继续创造,将外部信息转化为学习者的智慧和品德的多种途径和方法,从而使其知识结构系统化,这个过程就称为学习活动。

4.3.2 学习策略的基本含义

对于学习策略,许多学者都有自己的不同定义,总结起来有以下三种观点:首先,学习策略是具体的学习方法或技能(注意、观察、记忆、思维等)。其次,学习策略是学习的调节和控制技能(预习、新知识掌握、复习、课外阅读等过程中的信息加工方式和自我评价)。第三,学习策略是学习方法与学习的调节与控制的有机体。

学生掌握学习策略有利于学生在课堂学习活动中高效率地掌握知识、培养技能,使学习过程成为一个积极的、主动的、高效的求索和建构过程;有利于学生创新意识、创新精神和创新能力的培养;有利于适应现代社会信息快速传递、生存空间急需拓展的状况,符合终身教育、终身学习的理念,从而奠定学习可持续发展的基础。

国内外的大量教学研究,从各方面证明了学习策略是完全可以教会的。首先,学习策略的掌握必须联系学科教学才有最佳的效果。在学科教学中,学生掌握了学习策略,通过复杂的原理,找出其规律,了解其与所学知识的联系,培养学生的逻辑思维能力。其次,掌握学习策略可以使知识系统化,培养学生的认知条理性。再次,学生掌握了学习策略,可以指导他们自己解决问题,不必对每一种知识或每一个问题都需经历或学过才有解决实际问题的能力,即人们常说的能力的培养。最后,可以为学生走出校门、走向社会,适应科学技术的日新月异打下基础,为其后续学习做好准备。所以,掌握基本学科课程的学习策略,有非常深远的意义。

4.3.3 中学生学习活动的特点

4.3.3.1 以掌握间接经验为主

间接经验是指别人或前人所积累的经验,它是人类在长期的社会实践活动中所创造的宝贵精神财富,是人类认识世界和改造世界的有力武器。掌握了间接经验,中学生就能少走弯路,尽快地适应社会生活。中学生所掌握的间接经验比小学生更系统、更复杂、更理性化、更加接近科学文化知识的完整体系,但又是不同于大学生的专业化的间接经验。中学生的主要任务是掌握系统的基本的科学文化知识和技能,为将来的工作和劳动打下坚实的基础。中学生掌握间接经验,其主要途径是课堂学习。然而,间接经验并非中学生亲自实践得来的,有可能理解得不深刻。间接知识可以转化为能力,但缺乏自己的探索。因此,中学生在学习书本知识的同时,还应适当地参加一些社会实践活动,积极参加丰富多彩的课外活动,亲自获得一些直接的经验,以加深对间接知识的理解,培养自己综合运用知识、主动探索新知识和创造性地解决问题的能力。为此,中学生应主动构建一个以课堂学习为主、课内与课外学习相结合的新的学习系统。

4.3.3.2 全面提高身心素质

普通中学教育属于基础教育,不是专业教育,也不是职业教育。中学生应以德、智、体、美、劳全面发展,知、情、意、行协同发展,身心素质的全面和谐发展作为学习的目标,形成知识、能力、个性和特长协同发展的高效能的学习系统,把自身素质的整体性发展与国家的需要统一起来,以适应升学和就业两方面的需要。

4.3.3.3 学习策略和技巧更完善

中学生对于较简单的无意义学习材料,人为地赋予意义,或采用各种记忆方法;对于复杂的意义学习材料,通常使用分段、归纳、类比、扩展、评价、自问自答、列提纲、分类、列图表等方法。中学生的元认知能力逐步发展起来,他们经常思考怎样学习效果才好,他们常给自己确立学习目标,制订达标的措施,在学习过程中不断评价自己达标的情况,并根据反馈信息来修正学习策略。他们能较主动地调控自己的学习过程,学习活动的自我组织水平有较大提高。他们常能自觉地反省自己的学习过程,不断地总结学习的经验和教训。

4.3.3.4 学习的途径、方式和方法多样化

中学生不但注意向书本学习,也注意向社会学习,他们积极参加各种课外活动和社会公益活动,广泛地吸取信息。他们不只是增加知识的数量,而且开始意识到掌握基本知识结构的重要性,重视学习知识的系统化和综合化。他们开始重视把书本知识和实践活动结合起来,形成知识、能力和个性的协调发展。他们既注意勤奋学习,又注意改进学习方法和策略,对不同学科能采取不同的学习方法。他们既讲学习质量,又讲学习速度,快速阅读、快速作文、快速解题的能力迅速发展。他们既重视知识的吸收、理解、巩固,又重视知识的实际应用。有的学生还能运用现代化的科技手段(如录音、录像等)来提高学习效率。

4.3.4 中学生物学习活动与学习策略类型

4.3.4.1 接受性学习活动

接受性学习活动,主要以听、看、读为手段,与之有关的学习方法可分为听取法、观察法、自学阅读法、复习巩固法。

1. 听取法

听取法和教师的讲法密不可分,教师如果是满堂灌的注入法,学生就是死记硬背的听取法,这是应该摒弃的。教师如果改为启发式或探究式的教学法,学生必然在听取法上有相应的改变。这里就存在教师在学生学习方法上的导向问题。

2. 观察法

这是一种模仿性学习,又称观察学习,主要是通过视觉获得感性知识,并把形象思维和抽象思维结合起来获得技能和理性知识的一种方法。教师要引导学生明确观察的目的、观察的重点,教师要做好演示示范。

3. 自学阅读法

自学阅读法是教师指导学生通过阅读教科书或其他有关参考书,培养学生自学能力并获得知识的一种方法。良好的自学阅读能力是学生顺利地掌握知识、发展智力的重要手段。学生可以借助阅读进行预习、课内学习和课后复习,还可以把阅读和观察结合起来,把课内学习和阅读课外参考书结合起来。

4. 复习巩固法

这是学生及时消化、巩固知识,并使知识系统化、条理化的一种学习方法。记忆是学习的基础,是创造的前提,所以学习中依据不同知识的特点,配以适宜的复习巩固,可以有效地提高学习效率和质量。教师在指导学生复习时,应要求学生在复习课本知识的基础上,使知识系统化、条理化,掌握知识内在的本质联系,并设法使知识巩固在记忆里。联系实际法、理解记忆法、图解法、表解法、比较法、衍

射法、识图法和口诀法都是学生要掌握的识记方法。

4.3.4.2 表达性学习活动

1. 语言表达法

语言表达法是一种以语言表达为特征的表达性学习活动。它是运用学过的知识表述一定内容,既能锻炼思维能力,又能锻炼语言表达能力的有益形式。教师可以有意识地在上课时指导学生口述回答问题,鼓励学生在学习讨论中积极发言,从而使学生的逻辑思维能力和语言表达能力得到锻炼。

2. 写作法

这是一种以书面形式为特征的表达性学习活动。包括书面作业、写读书心得、写观察记录、写小论文等。

3. 应用活动法

这是引导学生应用知识展开一些实地作业的学习活动,如野外采集、小实验、调查、访问、饲养、种植等。教师也可以引导学生适当开展一些探究活动。在开展这类活动时,教师要注意做示范指导或书面指导,及时纠正不当之处等。

4.3.4.3 探究性学习活动

探究性学习是由美国芝加哥大学教授施瓦布倡导的,他主张学生的学习过程与科学家的研究过程一样,遵循科学探索的一般规律。学生通过主动参与探究,不仅学"知",而且学"做",即学会科学方法。

1. 探究性讨论活动

这种方法主要适用于生物学原理的学习,让学生主动参与获取知识的过程。其一般步骤是:教师提供有关知识和背景材料→提出问题→观察、比较、分析、讨论→得出结论→验证结论。

案例研究 4-9

探究甲状腺激素的功能

(1) 教师在学生已经具备了"新陈代谢"和"神经调节"知识的基础上,介绍有关的背景材料,设置一定的情境:用含有甲状腺激素的饲料喂蝌蚪,蝌蚪很快变成了一只小青蛙;成年狗和小狗的甲状腺被摘除后的症状;甲亢、呆小症、地方性甲状腺肿大患者的挂图和有关病症的介绍等。

(2) 学生的求知欲和好奇心被激发,就会顿生疑窦:这些病症是不是甲状腺激素在作怪?甲状腺激素与生长发育有什么关系?甲状腺激素与神经系统的兴奋性有何关系?甲状腺激素与物质的氧化分解有何关系?

(3) 要求学生根据资料进行讨论、分析、类比,归纳出甲状腺激素的功能。

(4) 通过甲亢、呆小症等甲状腺激素分泌失调的病症来验证讨论。

---

2. 探究性实验活动

验证性实验是在已有结论的基础上,学生按部就班完成实验步骤。而探究性实验则是学生不知道结论,没有现成的实验设计,需要学生通过实验去探寻结论,科学家们正是通过探究性实验来修正旧的理论,使生命科学不断发展的。因此,探究性实验融知识传授、技能训练和科研能力培养于一体。其一般步骤是:观察→问题→假设→实验→思考→应用。

案例研究 4-10

探究叶绿素形成与光照的关系

(1) 首先要求观察黄豆芽与绿豆芽、韭菜与韭黄的叶,比较叶色的差异。
(2) 通过观察,提出问题:绿色植物细胞内叶绿素的形成受什么影响?
(3) 进行假设:光照对叶绿素的形成有没有影响?
(4) 通过两种光照条件的控制设计实验,并设置对照组,进行观察、记录。
(5) 全班交流,得出结论,并将结论进一步引申到农业生产上如何培育韭黄、黄豆芽。

3. 课内、课外的探究性学习

在新编初中教材中有许多探究实验,如"影响鼠妇分布的环境因素""蚯蚓的生活环境""草履虫对刺激的反应"等,教学中要引导学生学会探究的一般方法:提出问题→作出假设→制订计划→实施计划→得出结论→表达交流,并在探究活动中提高观察能力和实验操作能力,养成良好的习惯和态度。

学生在课外还可以进行观察实验,其内容非常丰富,如对蚯蚓、蚂蚁、蜜蜂等生活习性的观察探究。也可以联系生产实际及日常生活等,解释一些现象,开展实践活动。

4.4 新课程与学习方式的变革

在一间教室里,一位教师正在试验以学习小组的形式进行教学。但她看到的却是一团糟:一个组的学生们正在为由谁来记录而争吵;另一小组中,一个组员静静地坐着,因太害羞而不加入小组活动;第三小组的两名组员在谈论足球,而另一组员在做作业。这位教师希望学生以什么方式进行学习?她成功了吗?如果你是这位教师你会怎么做?

我国的教育工作历来很重视如何"教"的问题,近年来也已日益关注学生如何"学"的问题。学习的性质、学习的过程、学习的方法、学习的动机以及学习的迁移等问题,现已成为教育理论工作者的热门课题;而对学生学习方法的指导,则已成为教育实践工作者的一项义不容辞的工作,并取得了相当好的效果。

教学过程是师生的双边活动,学与教是互动且不可分割的过程。在教学过程中所采用的方式方法,从教师的角度讲是教的方法,从学生的角度讲是学的方法。教师的责任在于,引导学生找到适合自己的学习方式,使学生学会学习。

4.4.1 新课程强调学习方式的改变

自主学习、合作学习、探究学习是我国基础教育课程改革中极力倡导的三种学习方式,也是当今学习研究的重要主题。现代教育的发展形势要求教师要切实改变传统的教学方法,按照学生自学的方法精心设计相应的教学方案,寓学法于教法之中,使教法和学法融为一体。

核心概念

学习方式(learning approaches)是人们在学习时所具有或偏爱的方式,即学习者在研究解决其学习任务时所表现出来的具有个人特色的方式。

每种学习形式和方法都有各自的优点和不足,以及适用范围。学习方法还有辩证统一性,各种方法相互渗透,相互作用。因此,教师应根据相应阶段的任务、教材内容的特点、学生学习的特点以及教师运用各种方法的可能性来对学生进行学法指导,并对教学方法进行最优组合,配合运用。

4.4.2 新课程倡导的学习方式的主要特征

4.4.2.1 自主学习

自主学习是学生在学习活动中自我决定、自我选择、自我调控、自我评价反思,发展自身主体性的过程。自主学习强调学生是学习的主体,提倡学生参与确定学习目标、学习进度和评价学习目标,在学习中积极思考,在解决问题中学习。新课程注重与学生生活实际相联系,在结构形式和内容呈现方式上也注重学生的自主学习,使学生的活动时间和空间在课业进程中有合法的地位。

作为教师应当帮助学生制订适当的学习目标,并确认和协调达到目标的最佳途径;指导学生形成良好的学习习惯,掌握学习策略;创设丰富的教学环境,激发学生的学习动机,培养学生的学习兴趣。

案例研究 4-11

一位教师要求学生亲自设计植物向性运动的实验,课本上没有现成的方法步骤。其教学安排如下:
1. 什么是实验设计?
教师引导学生思考以下两个问题:
(1) 一个比较完整的实验设计方案应该包括哪些内容?
(2) 在实验设计中必须要遵循的两个重要原则是什么?
(利用胶片让学生回顾"酶的专一性"实验,引导学生分析、归纳出实验设计方案中的重要环节,并强调设计实验中的两个原则:对照性原则和控制单一变量原则。)
(让学生分析、归纳,并阅读实验设计的补充材料,加深对实验设计方法的理解。)
2. 介绍本实验的原理、目的、实验材料。
3. 设计实验题目:(1) 植物的向光性;(2) 植物的向水性;(3) 植物的向重力性。
学生按三个设计题目分为三个大组,分别研究、探讨设计方案,并以小组为单位写出设计方案。
4. 三个小组的学生分述自己设计的方案,并互相交流。
老师引导学生分析,找出可行性方案及最佳方案。
5. 三个小组的同学按可行性方案实施操作。
6. 教师提示学生注意:定期观察,做好数据记录。(下节课展示结果)
7. 作业:完成实验报告册内容。

案例分析
培养学生独立思考、自主性学习不是一朝一夕的事,必须从每节课以及每节课的每一个环节抓起。问题要有启发性,使学生的思考具有方向性。在学生自学开始之前,根据教材所要解决的重点知识,设计一两个问题,让学生在阅读教材时围绕提出的问题进行思考。

自主学习具有能动性、独立性和异步性三个基本特点:

(1) 自主学习的能动性。自主性学习是把学习建立在人的能动性基础上,它以尊重、信任、发挥人的能动性为前提。能动性的表现形式有:自觉(自律)与主动(积极)。自主学习是一种自律学习,一种主动学习。自主学习使学生的学习状态发生了根本变化:从他律到自律,从被动到主动,从消极到积极,不仅开发出了学生的潜能,而且培养了学生学习的责任心。

(2) 自主学习的独立性。自主学习把学习建立在人的独立性基础上,自主学习的实质就是独立学习,独立性是自主学习的灵魂,要求学生能够不依赖教师和别人,自主独立地开展教学活动。

(3) 自主学习的异步性。自主学习尊重学生的个别差异,学生在充分了解自身的客观条件,并进行综合评估的基础上,根据自身的需要,制订出具体的学习目标,选择相关的学习内容,并对学习结果做出自我评估。学习的异步性,使不少学生脱颖而出,使暂时落后的学生能够在教师的指导和帮助下尽快赶上来。

总之,自主学习是一种学生把自己置于主人地位的学习,学习也就变成自己的事、自觉自愿的事。学习积极性的根源在于学生内部学习动机,而这种积极性一旦被调动起来,学生将主动参与到学习活动中去,学习也将是高效的。教师要放手给学生必要的个人空间,为学生的创造、发现、表现提供更多的机会,特别是为不同个性特点的学生提供必要的发展空间。

可以说,自主学习不仅能开发出学生潜在的能力,而且能激活、诱导出学生学习的积极性,使他们养成良好的学习态度和学习习惯。"一切天赋和诺言都不如习惯更有力量"。

4.4.2.2 探究学习

探究性学习是一种在好奇心驱使下以问题为导向的、有高度智力投入且内容和形式都十分丰富的学习活动。这种学习活动的实质是开展科学探究。生物课程中的科学探究使学生积极主动地获取生物科学知识、领悟科学研究方法而进行各种活动。科学探究通常包括提出问题、作出假设、制订计划、实施计划、得出结论和表达、交流。开展这种类似科学研究的学习活动,是为了使学生学会主动地获取科学知识,体验科学过程与方法,形成一定的科学探究能力和科学态度与价值观,培养创新精神。

案例研究 4-12

> *教学内容*
> 泌尿系统
> *探究内容*
> 泌尿系统的组成和滤过作用
> *探究设计*
> 1. 引出泌尿系统的概念。
> 2. 学生做过滤作用实验,观察哪些物质(沙子、淀粉、水)通过滤纸,哪些没有通过。
> 3. 出示泌尿系统模型和挂图,提出问题:尿在哪里形成?尿是怎样形成的?途经哪些器官最后排出体外?学生观察、讨论、汇报总结泌尿系统的组成,得出结论:当血液流经肾脏后会形成尿(可做适当提示)。
> 4. 提出问题:尿的主要成分是什么?尿和血液的成分有什么差别?学生思考后,教师出示血液和尿液比较表,学生进行分析、思考。
> 5. 回顾探究实验。
> 6. 观察肾单位结构图,思考当血液流经肾小球时会发生什么现象。
> 7. 观察尿的生成图解,理解尿的形成过程。
> *案例分析*
> 教师在指导学生探究时要给他们提供要探究的问题、使用的材料、探究的方法和探究的目标,由学生根据观察、实验及思考得到探究结果。

探究学习有以下特征。
(1) 学生对自然事物与现象主动地去研究,经过探究自然的过程获得科学上的知识。
(2) 为了研究自然而培养所需要的探求能力。
(3) 有效地形成认识自然基础的科学概念。
(4) 培养探究未知自然的积极态度。
(5) 通过探究活动而学得的知识是科学概念而不是文字知识。

探究学习要注意以下事项。
(1) 探究要有一定的时间与空间。
(2) 从挑战性问题出发。并不是任何问题都可以引起学生的兴趣,只有富于挑战性的问题才能激发学生的探究兴趣。
(3) 关注过程。在探究过程中不只是学习知识,同时也让学生有了多种体验。

4.4.2.3 合作学习

合作学习是指在教学过程中,以学习小组为教学基本组织形式,教师与学生之间、学生与学生之间,彼此通过协调的活动,共同完成学习任务,并以小组总体表现为主要奖励依据的一种教学策略。它强调组员之间积极的相互支持配合,强调发挥每一个学生的积极性。为了实现这种互动式、交流式的学习方式,课程应为不同层次的学生提供参与学习、体验成功的机会,增进学生之间有效的沟通与交往。教师除了充分地开发好课堂的空间,更要组织好课外活动和活动项目。

合作不是简单地把学生分成小组,让他们一起学习,学生不一定知道如何合作,即使知道也不一定去做。许多教师认为把学生分成小组,他们所进行的就是合作性学习,但实际上学生并没有进行真正意义上的合作性学习。把学生安置在小组中学习与在学生中构建合作性学习并非一码事。

有关合作学习的内容请参见本书第3章第1节。

活动 4-6

讨论下面这些做法是不是合作学习。
1. 当学生们做作业时,让他们坐在一起相互交谈。
2. 给每个学生布置任务,并让那些先完成的学生去帮助那些未完成的学生。
3. 给每个小组布置一份报告,有一个学生完成这项工作,而其他人只在上面签个名。

4.4.3 让学生在"自主·探究·合作"学习中成长

4.4.3.1 帮助学生学会提出问题的策略

(1) 将兴趣转化为适合合作探究的问题。
(2) 创设情境引发、引导学生提出问题的兴趣。
(3) 呈现矛盾的现象及其不同解释,如演示出乎学生预料、引发学生疑问的现象。
(4) 头脑风暴——鼓励学生尽量提出问题,互相启发,而不做任何评判。
(5) 故意唱反调,或反问几句,或问问为什么,使问题深化、清晰。
(6) 引发学生的不同观点,产生争议性问题。
(7) 提供提出问题的范例。
(8) 问题枝干训练:要求学生利用一些问题枝干来提问,以此来训练学生提出不同类型的问题。

4.4.3.2 促进合作过程中的积极互动的策略

(1) 给小组设计富有特色的队名。
(2) 确定小组学习的共同目标。
(3) 进行角色分配,使每个人的角色互补或相关,如组长、观察员、记录员、报告者等。
(4) 进行工作分工,使每一成员所负责的任务成为其他成员完成相应任务的基础。
(5) 共享资源,使每人只拥有完成整体任务的一部分或全组只有一项共同使用的资源。
(6) 建立互相制约的奖励系统等。

4.4.3.3 指导学生合作的技巧

(1) 通过海报、布告或班级公约等形式强调合作技巧的重要性。
(2) 通过教师示范、让学生进行角色扮演或自由表达等方式,以确定学生是否理解了合作技巧。
(3) 安排适当情境,提供学生进行合作的练习机会,每次练习一两项,待熟练后,再练习新的合作技巧。
(4) 通过小组或全班的形式,给学生提供反馈,让他们进行反省和改进。

4.4.3.4 指导学生沟通的技巧

(1) 批评对事不对人。
(2) 描述自己所了解的内容,不急于对别人的观点作判断。
(3) 针对具体事例,而非抽象概念进行讨论。
(4) 进行角色转换,去除自我中心,整合不同观念等。

活动 4-7

1. 在下列 11 种学习方式中,即背诵、实验、考试、参观、听讲、看电视、作业练习、去图书馆、读课外书、运用电脑、与朋友聊天,你最喜欢的学习方式是什么?最有效的学习方式是什么?
2. 让学生分成小组学习就一定是合作学习吗?

本章小结

1. 学习(learning)是指学习者因经验而获得知识或者引起行为、能力和心理倾向较持久的改变的过程。
2. 行为主义把学习看作是 S—R 联结的过程,在这个过程中,学习者的学习是可以观察的外显反应,这个反应成为习惯是后效强化的结果。
3. 认知主义认为心理学研究不应只局限于可见行为,还应涉及内在的心理过程,它把学习看作是对事物进行认识、辨别、理解,从而获得新知识的过程。
4. 建构主义认为,学习者的知识是在一定情境下,借助于他人的帮助,通过意义的建构而获得的。
5. 现代教学论将学习活动分为接受性学习活动、表达性学习活动和探究性学习活动。不同的学习活动,需要采用不同的学习方法和策略。
6. 自主学习、合作学习、探究学习是我国基础教育课程改革中极力倡导的三种学习方式,也是当今学习研究的重要主题。

关键术语

◆ 学习、学习理论、行为主义、认知主义、建构主义
◆ 操作性条件反射、联结主义、练习率、效果率、强化

◆ 学习活动、学习策略、自主学习、合作学习、探究学习

学习链接

1. 西安教育网　http://www.xaedu.sn.cn/cms/
2. 惟存教育网—理性思考栏目　http://www.being.org.cn/theory/index.htm
3. 新浪爱问知识人　http://iask.sina.com.cn/

检测—拓展

检测

1. 结合生物教育中的知识和技能的学习,谈谈"学习"一词的含义。
2. 教师在合作学习中的作用与在直接教学中的作用有何不同?
3. 建构主义的学习观有什么特点?请举例说明。
4. 中学生物课程主要有哪些类型的学习活动?

拓展

1. 罗宾逊认为合作学习对天资聪慧的学生来说是一种权益的剥夺,你是否同意这种观点?
2. 你是否完全赞同建构主义的观点?如果不是,请具体谈一谈你自己的看法。

阅读视野

最有效的合作交流

英国戏剧作家萧伯纳说:"倘若你有一个苹果,我也有一个苹果,而我们彼此交换苹果,那么,你和我仍然是各有一个苹果。但是,倘若你有一种思想,我也有一种思想,而我们彼此交流这些思想,那么,我们每人将各有两种思想。"将这句话运用在教学中,则体现出合作与交流的重要性。有效的合作与交流能够促进学生之间的相互交流、共同发展,促进师生教学相长。图4-8展示了几种师生之间的合作与交流方式。

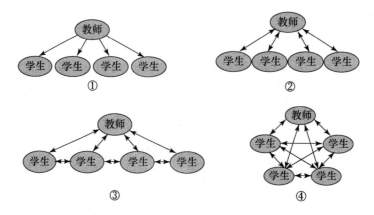

图4-8　师生之间的合作与交流方式图

(1) 效果较差。教师跟全班学生仅保持单向交往。
(2) 效果尚好。教师试图跟学生发展来回的双向交往。
(3) 效果较好。教师跟学生保持来回的多向交往,也允许学生间的正常交往。
(4) 效果最好。教师在集体中是一个参与者,师生、学生间有来回的正常交往。

参 考 文 献

[1] 施良方.学习论——学习心理学的理论与原理[M].第一版.北京:人民教育出版社,1994.
[2] 陈允成,理查德·D.帕森斯.教育心理学[M].上海:上海人民出版社,2007.
[3] 胡继飞,郑晓惠.生物学教育心理学[M].广州:广东高等教育出版社,2002.
[4] 张建伟,陈琦.认知建构主义与教学[J].北京师范大学学报:社会科学版,1996(4).
[5] 曹李莉.建构主义在生物教学中的应用[J].中学生物学,2001(2).

第5章　中学生物教学设计

学习目标

1. 理解教学设计的概念。
2. 知道教学设计的一般模式。
3. 了解教学策略设计。
4. 了解教学媒体与学习环境设计。
5. 掌握教学过程的设计。
6. 知道如何进行教学设计成果的评价。
7. 了解信息环境下的教学设计。
8. 区分和掌握中学生物理论课、实验课和活动课教学设计实施的特点。

本章内容结构图

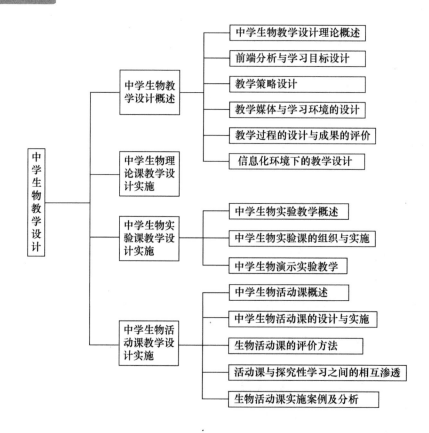

本章序幕

在一项关于学生对教学的反映的大型研究中,学生中最普遍的批评意见集中在他们所接受的教育的质量、教师的教学质量和教师对学生的表现的期望值上面。最突出的批评意见是教师在知识传授中对讲解与练习的严重依赖、缺少互动和许多学生提到的缺少"动手学习"等方面。学生表达了一种强烈的感觉:他们所学的远没有他们所应该学的那么多。许多学生表示他们的老师并没有真正关心他们,没有真正关心他们的学习,没有真正愿意与他们进行互动交流。

结果是什么呢?学生没有全身心地、劲头十足地学习他们不愿意学或者没必要学的东西。为什么会出现这样的情况呢?作为教师,我们应该如何去进行教学设计,从学生出发,创造有意义的学习呢?

5.1 中学生物教学设计概述

有位老师在《光合作用》一节的教学设计中,提出了自己的设计理念,并针对该内容进行了教材分析和学情分析,确定了教学的目标、重点和难点,然后详细介绍了自己的教学过程。

问题与思考

你对"教学设计"这一概念了解多少?你认为这位老师的设计是否全面?如果让你来对《光合作用》这节内容进行教学设计,你将从哪些方面入手?

5.1.1 中学生物教学设计理论概述

5.1.1.1 教学设计的概念

教师通过教学设计,将对生物课程标准的理解、对具体的教学内容和教学对象的分析等加以整合,作出对教学的整体规划、构想和系统设计,形成一种思路,对一系列具体操作层面的教学事件作出整体安排,形成一个个体现一定教育思想观念、具有可操作性的教学方案。从某种意义上来说,教学设计实际上是课程实施过程中的一个决策过程,教师要回答"为什么教""教什么""怎么教""教得怎么样"等问题,对教学作出整体安排。[①]

> **核心概念**
>
> 教学设计(instructional design)是运用系统思想和方法,以学习理论、教学理论和传播理论为基础来计划和安排教学过程的诸环节及诸要素,以实现教学效果最优化为目的的一种计划过程或操作程序。

5.1.1.2 教学设计的理论基础

1. 传播学理论

传播,是由英文"communication"翻译而来,原意为通讯、传达、交换(意见)、交流等。传播是人类社会信息交流的行为与过程。关于传播的含义可以说是众说纷纭,较有代表的解释是:传播是利用传播媒体把信息从信息源传递到受信者的过程。

传播是一种社会行为,其基本的社会功能有:传播信息、协调行为、教育、娱乐等。教育是一种有目的、有组织的传播活动。当传播用于教育目的并具有教育相关特性时,就称为教育传播。教育传播与新闻传播、广告传播、文化艺术传播等有显著的区别,它是一种以培养和训练人为目的而进行的传播活动。

---

① 俞如旺.生物微格教学[M].厦门:厦门大学出版社,2007:59.

传播是一个动态的过程。深入研究传播的有效方法之一,是通过科学的抽象,把传播的全过程分解为若干组成要素,然后分别研究各个组成要素在传播过程中所处的地位和作用,以及这些要素之间的相互联系和作用,并用最简要的方式描述出来,这就是所谓的模式方法。应用模式方法分析传播过程,产生了许多传播模式。传播过程研究的要素也构成了教学设计过程的基本要素。

名师论教 5-1

拉斯韦尔的"5W"模式①

1948年,美国政治学家哈罗德·拉斯韦尔(Harold Lasswell)在《社会传播的构造与功能》一文中,提出了传播过程的"5W"模式,即:谁(Who),说了什么(Say What),通过什么渠道(In Which Channel),对谁(To Whom),取得了什么效果(With What Effect)。

拉斯韦尔是用文字描述这一传播模式的,后来的研究者将文字描述的"5W"模式画成一个图解模式,如图5-1所示。

图5-1 "5W"模式图

传播学理论说明了教学传播过程所设计的要素,揭示了教学过程中各个要素之间的相互联系。现代教学设计应用拉斯威尔"5W"模式,主要是发挥传播者(教师)、受者(学生)的主动性、积极性,选择和组合适合教育内容的教育媒体,通过这些媒体将信息直接或间接地传递给受者,并通过实践检验或证明其产生的效果。因此,教学设计把人们对传播过程的研究所形成的传播学理论作为理论基础。

2. 教学理论

教学理论是一门理论科学,也是一门应用科学。它既要研究教学的现象、问题,揭示教学的一般规律,也要研究利用和遵循规律解决教学实际问题的方法策略和技术。教学设计是在既定教学目标的指引下,分析教学问题,设计、试行、评价以及修改解决教学问题方案的过程。为了解决好教学问题就必须遵循和运用教学客观规律。因此,教学设计必须以教学理论为理论依据。

3. 学习理论

学习理论的研究试图解释学习是如何发生的、学习是一个什么样的过程,如何才能进行有效的学习等。教学设计重视为学生的学习创造环境,是根据学生的需要构建不同的教学方案,在充分发挥学生潜能的基础上促进学生潜能的进一步发展。因而教学设计必须充分了解人类的学习本质以及学习的形成机制,即必须以学习理论作为其理论基础。对于教育工作者,研究学习理论不仅可以了解学生的学习规律,使教育、教学有更坚实的理论基础,还可以据此改进自身的学习,提高自身素质,从而提高教学质量。

---

① 杜士珍.现代教育技术基础[M].武汉:华中师范大学出版社,2002:30.

4. 一般系统理论

系统科学是"三论"(系统论、信息论和控制论)和"新三论"(耗散结构理论、协同论和突变论)的总称。系统科学理论可以归纳综合为三个基本原理,它们是反馈原理、有序原理和整理原理。系统方法,是按事物本身的系统性把研究对象作为一个具有一定组织、结构和功能的整体加以考察的一种方法,具体地说,即从系统与要素之间、要素与要素之间、系统与外部环境之间的相互联系、相互制约、相互作用的关系中综合地研究对象的一种方法。系统方法是系统科学基本原理和基本观念在认识和解决实际问题中的应用。把系统方法用框图描述,如图 5-2 所示。

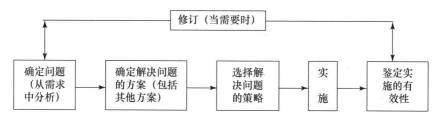

图 5-2　系统方法模式图

教学设计的研究对象是教学系统,对教学系统的设计离不开对系统要素的分析与综合。要设计最优化的教学过程,最初教学目标的设定,控制教学目标的指向和各因素的操作显得非常重要。只有把教学设计根植于系统方法进行设计与操作,才能做到对教师、学生、教学内容、教学条件、教学方法等各种教学要素进行综合、系统的考虑,协调它们之间错综复杂的关系,分析各要素的地位和作用,使各要素得到最紧密的、最佳的组合,制订出最优化的教学策略,并通过评价、修改来实现教学过程的最优化。因此,教学设计应以一般系统理论为理论基础。

5.1.1.3　教学设计的一般模式

由于教学背景和应用水平各不相同,导致数百种教学设计过程模式的产生。不同教学背景对教学设计过程的要求各不相同,适用于一种背景的教学设计过程模式未必就适用于另一种背景。除了教学背景外,教学设计过程模式的应用水平也各不相同。综合分析不同教学背景与应用水平的教学设计过程模式,可归纳出一般的教学设计过程模式,如图 5-3 所示。其基本组成部分包括学习需要分析、学习内容分析、学习者分析、学习目标的阐述、教学策略的制定以及教学设计成果的评价。其中,学生、目标、策略和评价构成教学设计的四大基本组成要素。

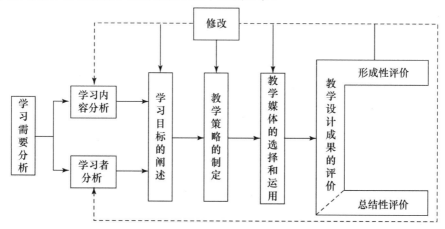

图 5-3　教学设计的一般模式图

这里有几点需要说明的是：第一，我们把教学设计过程划分成诸要素的目的是为了使我们更加深入地了解、分析、掌握和发展整个教学设计过程的技术。在实际教学设计工作中，我们应在系统思想的指导下，使各要素相辅相成，发挥整体功能，优化教学效果。第二，我们应当认识到教学系统是开放的系统，教学过程是开放的过程，它所涉及的如环境、学生、教师、教学媒体等各个因素也是处于不断的变化之中。第三，我们应当认识到，虽然该一般模式把教学设计过程的诸要素按一定的线性排列，但它们之间的关系并不是单纯的线性关系，而是相互影响、相互制约、错综复杂的非线性关系。

活动 5-1

讨论：作为一名教师，在进行实际的教学设计时，你该如何依据教学设计的基本原则，创造性地设计教学方案、教学材料，开发并形成自己的教学设计过程模式？

5.1.2 前端分析与学习目标设计

教学设计的前端分析是指在教学设计开始的时候，对一些直接影响教学设计的进行但又不属于具体设计事项的问题的分析过程，包括学习需要分析、学习内容分析和学习者分析。

5.1.2.1 学习需要分析

学习需要分析是教学设计的前端分析中一个重要组成部分，是系统思想运用于教学设计实践的结果。在教学设计实践发展过程中，人们从最初只关注的"如何教"，即教学策略的选择与运用到后来关注"教什么"，即教学目标、教学内容的确定与安排，现在又开始顾及到"为什么教"，即学习需要的分析。学习需要分析可以使教学设计有的放矢。

一般而言，需要是指事物的目前状态与所希望达到的状态之间的差距。作为教学设计中一个特定概念的学习需要，是指学生在学习方面目前的状况与期望水平之间的差距。这里期望来自社会和学生自身两个方面，是社会和学生自身对其能力素质及其发展的要求。目前的状况是指学生群体和个体在能力素质方面已达到的水平。期望的状况与目前的状况之间的差距揭示出学生在学习过程中存在的问题，而问题的存在也说明了通过教学去解决问题的必要性。

学习需要分析是指通过系统的分析，发现教学中存在的问题，确定问题的性质，论证解决问题的必要性和可行性的调查研究过程。学习需要分析主要是进行三方面的工作：一是深入调查研究，分析教学中需要解决的问题是什么；二是通过分析该问题产生的原因，以确定解决该问题的必要途径；三是分析现有的资源条件和制约因素，明确设计教学方案以解决该问题的可行性。

5.1.2.2 学习内容分析

所谓学习内容是指为实现教学目标，要求学生系统学习的知识、技能和行为经验的总和。学习内容有一定的层次，在教学设计领域，通常把学习内容划分为课程（狭义的课程）、单元和项目（一个知识点或一项技能）三个层次。同时学习内容也有一定的结构，其各组成部分不是孤立存在的，而是具有一定联系的整体。学习内容的内在联系有两种基本形式：一是序列联系，即学习内容各组成部分是按某种次序排列的，如时间次序、简单到复杂的次序；二是部分与整体的联系，即学习内容的一部分是另一部分的构成要素。

学习内容分析是指对学生从起始能力（教学之前已具有的知识、技能等）转化为教学目标所规定的终点能力（满足学习需要后学生所形成的知识、技能等）所需学习的从属先决知识、技能和态度及其关系进行详细剖析的过程。以学习需要分析所确定的教学目标为依据，学习内容分析包括两方面的基本内容：一是根据教学目标的陈述确定学习内容的类型（包括言语信息、智力技能、认知策略、动作技能、态度等）；二是确定学习内容的广度和深度，并揭示组成学习内容的各项先决知识、技能的联系。学习内容的广度是指学生须达到的知识深浅和技能复杂的水平。由此可见,学习内容分析既与"教什么"有关系,又与"如何教"有关系。

5.1.2.3 学习者分析

学习者分析,又称教学对象分析。教学设计的目的是为了促进学生的学习,为了实现教学目标,仅对学习内容进行分析是不够的,还应该对学习者即学生有个客观的了解。因为学生是学习活动的主体,只有按学生的实际情况安排教学活动才有可能取得优化和成功,所以必须重视对学习者的分析。具体而言,分析学习者的目的是为了了解学生的能力、特征以及风格,为教学外部条件适应学生的内部条件提供重要依据。它包括以下三方面的内容:

1. 起始能力预估

起始能力又称初始能力,是指学生在从事特定学科内容的学习前已经具备的知识技能基础,以及对有关学习内容的认识与态度。预估学习者的起始能力的目的,是为了了解三方面的内容:一是了解学生是否具备了从事新的学习所必备的知识与技能基础;二是了解学生对将要学习的内容知道了多少;三是对学生学习态度的了解。

2. 学生的一般特征分析

学生的一般特征是指学习者具有的与具体学科内容无关,但影响其学习的生理、心理和社会特征,它包括年龄、性别、认知成熟度、学习动机、生活经验等内容。在一般特征方面,学生之间既有共同的地方,也存在着个体差异。例如,相同年龄的学生具有大致相同的感知能力、信息处理能力,但个体间也会存在智商、认知成熟度等方面的差异。因此,在教学过程中,教师应把握学生在一般特征方面的相同点,并以此作为集中教学时选择教学内容、制订教学策略等工作的依据,同时还要充分重视学生在一般特征方面的差异,并以此作为制订个别化学习策略,进行个别辅导等工作的依据。重视学生在一般特征方面的个别差异对实现因材施教的教学目标有着非常现实的意义。美国著名教育技术专家海涅克等就曾指出:"对学生的一般特征,即使做一些粗略的分析,对教学方法和媒体的选择也是有益的。"

小资料 5-1

中学生的一般特征[①]

中学生思维的一般特征是:首先,在小学阶段发展的基础上,思维能力迅速得到发展,他们的抽象思维处于优势地位。初中生的抽象逻辑思维属于经验型,需要感性经验的支持,高中生的抽象逻辑思维属于理论型,他们能够用理论做指导来分析综合各种事实材料,从而不断扩大自己的知识领域。其次,中学生在其思维发展过程中也存在一个明显的"关键年龄"(约13岁~14岁),是经验型的抽象逻辑思维向理论型水平的转变,到高中二年级转化初步完成。此外,在情感方面,初中学生的自我意识更为明确,同一性、勤奋感是其情感发展的主要方面。在高中阶段,独立性、自主性是其情感发展的主要方面。

获得学生一般特征信息可以通过以下几种途径:①访谈:包括对学生本人进行访谈,以及对学生的教师、班主任、家长、同学的访谈。②观察:利用观察表对学生的学习活动和与他人交往等方面进行观察记录。③问卷调查:通过对学生或与学生有关人员填写的问卷进行分析,获得相关信息。④文献调研:查阅有关研究学生智力、技能、情感等一般特征的文献。

3. 学习者的学习风格分析

学习风格是学习者感知不同刺激,并对不同刺激作出反应所表现出来的所有心理特征,也就是

---

① 杜士珍.现代教育技术基础[M].武汉:华中师范大学出版社,2002:235.

学习者在学习过程中经常喜欢采用的某些特殊学习方式、学习策略的倾向。学习者是生活在社会中的人,每个学习者都有自己独特的个性和心理特征。他们在信息接受、信息加工、信息输出方面有差异,在认识方面有差异,在个性意识方面有差异,在生理结构方面有差异。另外,他们对学习环境和学习条件的需求也不同。

每个学习者都是带着一定的心理、生理结构和认知结构进入学习环境的。在各种学习环境中,每一个学习者都必须自己感知信息,并对信息进行加工。而不同的学习者学习风格不同,对信息的感知和处理也就不同。在进行教学设计时,要充分考虑学习者的学习风格,针对不同的学习者确定不同的学习内容,选取不同的教学媒体,制订不同的教学策略,使每个学习者的潜能都得到开发,真正体现面向全体学生的教学理念。

 小资料 5-2

　　克内克提出教学中应该掌握的学习风格有五类:信息加工的风格、感知或接受刺激所用的感官、感情的需求、社会性的需求、环境和情绪的需求(实际需求和感觉到的需求)。

只有在教学设计中充分考虑和照顾到不同学习风格学生的特点,才能收到良好的教学效果。如在教学中考虑到学生有的适于接受视觉刺激,即使在讲解比较抽象的生理过程时,也要尽可能提供板书、图标等形象材料以帮助适于接受视觉刺激的学生进行学习。

5.1.2.4 学习目标设计

通过学习需要分析,确定了教学设计项目总的学习目标;通过学习内容分析,确定了完成学习目标所必须掌握的各个知识点与从属技能项目;通过对学习者起始能力的分析,又确定了学习起点。至此,教与学的内容框架已基本确定了。教学设计接下来的工作,就是要进行学习目标的设计。

虽然目的和目标都是指某种行为活动的指向和结果体现,但两者是有差别的。一般而言,目的比较抽象,是某种行为活动普遍性、统一性的宗旨或方针;目标则比较具体,是指对某种行为活动的个别化、特殊的、阶段性的追求。某一行为活动目的的实现有赖于隶属它的具体活动目标的实现,并且目的的内涵贯穿于各个具体目标之中。因此,学习目的和学习目标也是有区别的。学习目的是学习活动预期达到的效果,是对学习意图概括性的说明,它是由一系列相关的学习目标组成的系统。而学习目标是学生在学完一个指定的学习单元后能够做些什么事情的具体的、明确的表述,它从不同的方面和不同程度上具体地阐明学习目的。

 **小资料 5-3**

行为目标的构成[①]

　　一个规范、明确的行为目标的表述,应当包含以下四个要素:

(1) 行为主体。行为主体指的是学习者,因为行为目标描述的是学生的行为,而不是教师的行为。

(2) 行为动词。行为动词用以描述学生所形成的可观察、可测量的具体行为。

(3) 情景或条件。指影响学生产生学习结果的特定的限制或范围,主要说明学生在何种情况下完成指定的操作,对条件的表述有四种类型:①使用手册和辅助手段或者不允许使用。②提供信息和提示。③使用工具和特殊设备或者不用。④完成行为的情境。

(4) 表现水平或标准。指学生对目标所达到的最低表现水准,用以评量学习表现或学习结果所达到的程度。

---

① 刘恩山.中学生物学教学论[M].北京:高等教育出版社,2003:173-174.

活动 5-2

活动目的：通过具体的案例比较，体会如何科学地进行教学目标设计。

活动步骤：

请阅读以下两名教师对北京版初一《生物》课本中第三章《生物体的结构》中《细胞》这一教学单元前两个课时的教学目标设计（见表5-1）。

表 5-1　教学目标设计比较

学时安排		第一学时	第二学时
教学内容		实验一（观察植物细胞的基本结构）	实验二（观察人口腔上皮细胞）
教学目标	教师A	观察植物细胞的基本结构	观察人口腔上皮细胞
	教师B	1. 使学生进一步掌握显微镜的使用 2. 练习制作临时装片 3. 通过自己的观察进一步体会细胞是构成生物体的基本单位	1. 使学生进一步掌握显微镜的使用 2. 练习制作临时装片：动物细胞涂片 3. 了解动物细胞的基本结构，并通过比较，了解动物细胞与植物细胞的区别

1. 请比较教师 A 和教师 B 的教学目标设计，哪一个对于指导教学活动更好？哪一个更便于对教学的效果进行评价？为什么？
2. 分析以上对于教学目标的表述，哪一个表述说的不是教学目标？
3. 以上目标的定位是否合理？还有没有不全面的地方？你认为还需要补充什么？你认为是否明确具体？应该如何写更好？

名师论教 5-2

教育目标分类[①]

教育目标分类的发展已有七十多年的历史，许多教育心理学家对此做了大量的研究。依照美国教育心理学家布鲁姆（B. S. Bloom）提出的教育目标分类学说，所有以培养人为核心的教育目标可分为三个领域，即认知领域、情感领域和动作技能领域。

认知领域六级目标：知识、领会、运用、分析、综合、评价。

情感领域五级目标：接受或注意、反应、价值化、组织、价值或价值体系的性格化。

动作技能领域七级目标：知觉、定向、有指导的反应、机械动作、复杂的外显行为、适应、创新。

5.1.3　教学策略设计

策略原指大规模军事行动的计划和指挥，现常用于表示为达到某种目的所使用的手段和方法。在教育学中，策略常与方法、步骤具有相同的意思，并且常来指导教学活动的顺序安排和师生间连续的教学内容的交流。因此，我们可以这样来描述教学策略的定义：教学策略是对完成特定的教学目

---

① 杜士珍.现代教育技术基础[M].武汉：华中师范大学出版社，2002：241-242.

标而采用的教学活动的程序、方法、形式和媒体等因素的总体考虑。教学策略具有指示性和灵活性，而不是规定性和刻板性的，它可以较好地发挥教学理论具体化和教学活动概括化的作用。

5.1.3.1 三种基本的教学策略

古今中外许多教育家根据自己的认识，提出了多种教学策略的分类。在利用信息加工理论指导教学策略制订的时候，人们常会问到"谁是信息加工的控制点？是教的方面，还是学的方面？"这样的问题。若由学习者控制，这就形成了生成性教学策略；若由教师控制，这就形成了替代性教学策略。一般而言，按照教学策略的形成可以分为三类：

1. 生成性教学策略

所谓生成性教学策略，即鼓励或允许学生自己生成教学目标，自己对教学内容进行组织、细化、排列、强调、理解，自己向其他方面迁移，从教学中建构他们自己特有的意义。学生可以自己制订教学目标，自己对教学内容进行组织，安排学习顺序等，鼓励学生自己从教学中建构具有个人特有风格的学习。也就是说，学生自己安排和控制学习活动，在学习过程中处于主动地处理教学信息的地位。

由于这种教学策略允许学生自主地设计、实践和改善他们的学习策略，可以激发学生的学习积极性，培养学习兴趣，提高学生的学习能力。还有利于学生积极地把信息与他们自己的认知结构联系起来，对信息的处理过程主动深入，因此对某些学生来说学习效果较好。

但是，由于这种策略给学生的自主度比较大，若设计不恰当，可能导致认知超载或情绪低落，有些学生需要花费大量的时间进行学习，学习效率可能不高。另外，此种教学策略依赖于学生先前已具有的认知水平和学习策略，所以对某些同学来说可能达不到预想的效果，因此同一个班级里教学效果层次可能差别很大，这不利于教学的开展。所以，生成性教学策略的选择应该是根据教学情境的不同，因人而异的。

2. 替代性教学策略

相对生成性教学策略，替代性教学策略倾向于给学生提供全部的或部分的教学目标，提供经过细化、组织了的教学内容，安排教学顺序，并对学习迁移提供建议。这种教学策略更多地倾向于给学生提供许多教学活动，提出教学目标，让学生做好课前预习，组织、提炼教学内容，安排教学顺序，指导学生学习。

这种教学策略有时比生成性教学策略效率高，因为它能使学生在教师的指导下，短期内学习更多的内容，学习效果更加明显。这种教学策略尤其适合于知识储备和技能有限、学习策略不当的学生，依靠这种策略，他们的学习可以获得较大成功。

但是在这种策略的指导下，学生智力投入少，只进行了少量的智力操作，信息处理的深度不够，因此对某些学生来说，学习效果不如生成性教学策略好。另外，由于教学安排过于人为化，学生在学习过程中处于被动学习状态。对某些学生来说，教学内容缺乏挑战性，难以激发学习兴趣，这样就使学生过于依赖教师和教材，制约了他们学习能力的提高。

3. 指导性教学策略

前两种教学策略适合于不同的学生，在具体的教学情境中，应该根据教学目标的要求有所侧重。而指导性教学策略则是一个偏于"中性"的、适用范围较广的教学策略。由于这种教学策略强调教师的指导作用，而且按照一定的教学步骤，形成固定的结构形式，所以也可以称为指导性教学模式。其教学步骤如下。

（1）导入阶段。此阶段要求学生做好课前预习，把与学习内容相关的已有知识提取到工作记忆中，以便理解新的知识。同时要使学生产生对学习目标的期望，以更好地运用能够促进自己学习的策略。这个阶段包括激活注意、确立目的、激发兴趣和动机、预习课文四个步骤。

(2) 主体阶段。这是此教学模式的主要阶段。首先要回忆已有的相关知识,然后加工信息和实例,接着集中注意和运用学习策略,最后练习和评价反馈。这几个步骤可以根据教学的实际情况有所侧重。

(3) 结尾阶段。这个阶段的目的是让学生复习和细化学习的内容,以进一步将知识加以综合运用。它包括总结复习、迁移学习、再激发动机和结束四个过程。

(4) 评价阶段。首先要对作业进行评估,根据作业情况评估学生是否已经达到了教学目的;然后进行评价反馈以寻求补救。学生在教师的指导下进行评估之后得到反馈,做出总结,然后可以进行一些补救性活动,对薄弱环节进行附加练习。

5.1.3.2 教学策略的选择

对于教学来说,没有任何单一的策略能够适应于所有的情况,有效的教学需要有可供选择的各种策略因素来达到不同的教学目标,最好的教学策略就是在一定情况下达到特定目标的最有效的方法论体系。

1. 教学方法的分类

常用的教学方法有以下几类。

(1) 以语言传递信息为主的教学方法。它是指教师运用口头语言向学生传授知识和技能,学生独立阅读书面语言为主的教学方法,包括讲授法、问题法、语言指导法和讨论法等。

(2) 以直接感知为主的教学方法。它是指教师通过对实物、直观教具或实验的演示和组织教学性参观等,使学生利用感官直接感知客观事物或现象而获得知识的方法,包括演示法和参观法。

(3) 以实际训练为主的教学方法。它是指通过练习、实验和实习等实践活动,使学生巩固和完善知识和技能的方法,包括练习法、实验法和实习法。

(4) 以激发情感为主的教学方法。它是指教师在教学活动中创设一定的情境,或利用一定的教材内容,使学生通过体验产生兴趣,形成动机和培养正确态度的教学方法,包括情境教学法、联系实际教学法和故事教学法。

(5) 以引导探索为主的教学方法。它是指教师组织和引导学生通过独立的探索和研究活动而获得知识的方法。

2. 常用的生物教学方法

生物教学方法是在生物教学情景中,生物教师为了教和学而进行的以生物学为内容的教学活动方式。它既包括教师教的方法,也包括学生学的方法,是师生之间相互作用的方式方法。常用的生物教学方法有讲授法、谈话法、实验法、演示法、练习法、参观法、实习法、阅读法、讨论法、探究法、复习法等。

3. 教学方法选择的依据

(1) 依据教学目标与学习任务。不同的教学目标与教学任务需要不同的教学方法去完成。即使对于同一学科的教学,教学目标不同,需要采取的教学方法也不同。如果是完成传授新知识的任务,一般选择语言传递信息的方法和直接感知的方法;如果要使学生形成技能或完善技能,一般选择以实际训练为主的方法;如果是为了发展学生的智力,形成一定的能力,一般采用探索、研究的方法。

(2) 依据教学内容。不同学科性质的教材,应采用不同的教学方法,而同一学科中的具体内容的教学,又需要采用与之相适应的教学方法。

(3) 依据学生的实际情况。教师的"教"最终是为了学生能够很好地"学",教学方法要符合学生的原有认知水平和个性特征。所以,选择教学方法要考虑学生的已有知识、能力、智力、学习态度、学习气氛等诸方面的因素,只有调动了学生的学习积极性,才能达到良好的教学效果。

（4）依据教学方法的适用范围和使用条件。每种教学方法都有各自的适用范围和使用条件，同时又有各自的优点和局限。某种教学方法对于某种学科或某一课题是有效的，但对另一课题或另一种形式的教学可能是完全无用的；某种教学方法对于某些认知水平或具有某些学习习惯的学生是有效的，但对于另外某些学生可能是完全无效的，甚至会产生不好的学习效果。

（5）依据教师自身的素养。教学方法的运用是要通过教师来实现的，每个教师在选择教学方法时都要考虑自身的学识、能力、性格诸方面条件，尽量扬长避短，选择那些自己所熟悉、能够灵活运用的、能施展自己聪明才智的教学方法。

（6）依据教学条件和教学效率的要求。已有的教学条件是短期内难以改变的，尤其是在选择媒体时，尽量选择在教学条件允许的范围内，能够实现教学最优化的媒体。研究教学方法的一个重要目的就是提高教学效率，提高教学质量。实际教学中，选择某种教学方法还应考虑教学过程的效率，做到省时高效。

5.1.3.3 教学策略的应用

教学策略的应用要注意以下几点：

第一，教师首先要对教学目标等各种影响教学的可能因素有明确的认识。教师在教学策略的运用中要从教学活动的全过程入手，要兼顾教学的目的、任务、内容、学生的状况及学习动机和现有的教学资源，灵活机动地采取措施，确保学习有准备，有一定的学习动机，教学内容组织要科学有序，并能提供适当的指导和及时的反馈。

第二，要从整体上进行把握，不能只着眼于各种局部策略及其优化，而应该着重考虑预期的教学目标，从而有针对性地选择实现整体优化的教学策略。教学策略是教师在教学过程中对教学活动的整体性把握和推进的措施。

第三，对具体教学策略和方法进行灵活的创造。教学策略不是固定不变的，必须因地制宜，因人而异。具体的教学情境是复杂的，所以计划实施过程之中必然需要进行灵活选择。

在实际应用教学策略的过程中，我们还需要考虑很多方面的因素。由于教学对象的不同，教师所实施的最优教学策略也各不相同。教的策略要与学的策略相融合，这样才能使最优教学策略的效果充分发挥。虽然教学策略有明确的指向性和操作程序，但是具体的教学活动中存在着许多变量，教学策略不能生搬硬套，而要在运用中有所变化，有所创新。

5.1.4 教学媒体与学习环境的设计

5.1.4.1 媒体与教学媒体

1. 媒体

媒体一词来源于拉丁语"Medium"，音译为媒介，意为两者之间。它是指从信息源到受信者之间承载并传递、加工信息的载体或工具。媒体有两层含义：一是指承载信息所使用的符号系统，如文字、符号、语言、声音、图形、图像、软件程序等，媒体呈现时采用的符号系统将决定媒体的信息表达功能；二是指存贮和加工、传递信息的实体，如书本、挂图、投影片、录像带、微缩胶片、计算机磁盘等以及相关的采集、播放、处理设备。

2. 教学媒体

以采集、传递、存贮和加工教学信息为最终目的的工具和载体被称为教学媒体。教学媒体用于教学信息从信息源到学习者之间的传递，具有明确的教学目的、教学内容和教学对象。

由于现代教学媒体和技术的影响，使得教师和学生的相互关系发生了明显变化。教师与教科书不再是唯一的知识源泉。在拥有多种教学媒体支持的学习环境下，学生不再仅仅依赖于班级集中授课方式，他们可以更多地自主学习，自己设计学习计划，教师将成为学生学习过程的指导者、促进者。

学生在教师的指导下,通过班级授课、小组讨论、利用媒体和适宜于自己的多种学习方式进行学习。

5.1.4.2 教学媒体的选择

1. 教学媒体的分类

随着科学技术的发展,教学媒体的种类越来越多。为了快速有效地选择教学媒体,有必要对它们从各个角度加以分类。

(1) 依据媒体作用于人的感官的不同,可以将教学媒体分为非投影视觉媒体、投影视觉媒体、听觉媒体、视听媒体和综合媒体(见图5-4)。这是教学设计中最常用的教学媒体分类方法。

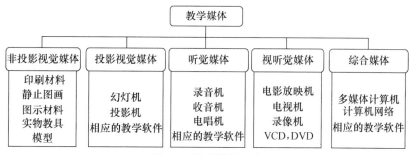

图 5-4 教学媒体分类

(2) 依据信息传播的方向,可以将教学媒体分为单向传播媒体和双向传播媒体。

单向传播媒体指学生无法及时向信息源反馈信息以影响信息源后续输出的媒体,如教科书、广播等。双向传播媒体指可使信息源根据学生的即时反馈及时调整后续输出,构成交互作用系统的媒体,如计算机辅助教学系统等。

(3) 依据教学组织形式的需要,可以将教学媒体分为远距离教学媒体、课堂教学媒体和个别化教学媒体。

远距离教学媒体指不受空间限制的媒体;课堂教学媒体指供一个班级同时分享信息的媒体;个别化教学媒体指在特定时间内只供一个学生享用信息的媒体。

2. 选择教学媒体的依据

不同的分类方法可以起到不同的指导作用。在实际教学中,往往需要从多个角度来考虑媒体的选择,所以,教师要根据教学的整体要求选择最佳媒体,而不能根据某一项指标来作出决定。每一种教学媒体都具有其自身的特性,应根据教学的需要选择媒体,而不能简单地断定某一种媒体比另一种媒体强。

(1) 依据教学内容。各门学科的性质不同,与之适应的教学媒体会有所区别;同一学科内各章节内容不同,对教学媒体也有不同要求。

(2) 依据教学目标。任何教学活动都有一定的教学目标,比如要使学生了解某个概念或规则,掌握某项技能,形成某种态度等。为了达到不同的教学目标常需使用不同的媒体去传递教学信息。

(3) 根据教学对象。教学对象因素包括年龄特征、兴趣爱好、学习能力、学习态度以及群体的规模等,这些都影响着媒体的选择与运用。比如,小学生的认知特点是偏重于直观形象思维,注意力不容易持久保持,对他们可以较多地使用幻灯、投影和录像。幻灯、投影片要生动形象、重点突出、色彩鲜艳,能活动的地方力求活动,每次课使用的片数不宜过多,解释要详细些;使用录像也宜选用短片,动画镜头可以多一些。随着年级的升高,学生的概括和抽象能力发展了,感知的经验也丰富起来,注意力持续集中的时间延长,为他们选用的教学媒体就可以广泛一些,传递的内容则可增加分析、综合、抽象、概括等理性知识的分量,重点应放在揭示事物的内在规律上,同一种媒体连续使用的时间也可长些。

(4) 依据教学条件。教学中能否选用某种媒体，还要看具体条件，包括资源、环境状况、经济能力、教师技能、时间、使用环境和管理水平等因素。比如录像教学具有视听结合、文理皆适的优点，但符合特定课题需要的录像片不一定随手可得。语言实验室是一种很有效的外语教学媒体，但并非每个学校都能具备，每堂课都能用上。又如使用计算机辅助教学前景看好，但也存在需要资金购买计算机、编制软件、培训教师等方面的问题。教师对教学媒体的熟练程度更是直接影响着教学媒体的选用，如不懂计算机的教师是决不会盲目地选用计算机辅助教学的。

除了以上四个方面，在实际选择教学媒体的过程中，还需要考虑各种教学媒体自身的特性，使用时间长短等方面的因素。

活动 5-3

体会教学媒体

活动步骤：

步骤一：选择一节课（任意选择一节你上过的或者正在上的一节课）。

　　　　课程名_____，本节课的主题内容_____

步骤二：这节课教师选择的教学媒体有：_____

步骤三：分析教学媒体。

　　　　分类：_____

步骤四：根据自己的听课感受，评论每一种教学媒体是否发挥了其应有的教学效果_____

步骤五：根据你的感受和分析，如果教师没有恰当地运用教学媒体，给教师一些建议。_____

5.1.4.3　学习环境的设计

自20世纪90年代以来，国内外学者对理解和定义学习环境作了许多努力。我们发现，虽然各种定义存在表述重心的差异，但也直接或间接地表现出共性：①环境是一种学习空间、场所；②环境是一种支持性的力量；③环境的要素主要由技术资源、工具和人组成；④环境主要支持自主、探究、协作或问题解决学习；⑤学习者控制学习。

这些共性的认识为全面认识学习环境提供了多元的有益视角，且为进一步的综合发展提供了可能。我们认为，对学习环境的理解可以从以下几个方面进行：①学习环境是为促进学习者发展，特别是学习者高阶能力发展而创设的学习空间，包括物质空间、活动空间和心理空间。②学习环境是各种支持性力量的结合，这些力量可能来自于各种资源、工具、教师的支持、心理环境等要素。但是各种要素的自然堆砌不可能自然构成整体的、积极的支持性力量，它们需要设计。③学习环境所支持的学习，通常是以学习为中心的学习方式。它对学习者、教师、学习内容的呈现、学习活动方式、效果评价等方面提出了建构主义倾向的改变。

基于上述理解，我们认为，所谓学习环境，是指促进学习者发展的各种支持性条件的统合。促进学习者发展规定了学习环境存在或创设的指向或意义；各种支持性条件包括各种资源、工具、人、活动、师生关系等要件；统合说明了围绕学习者发展，将各种支持性条件进行统整的可能性和必要性。根据学习者发展的需求，各种支持性条件的统合结果，往往就产生各种各样的教学活动类型、模式。

5.1.5 教学过程的设计与成果的评价

5.1.5.1 教学过程的设计

教学过程主要指引导学生掌握课堂学习内容的过程。它是一种特殊的认识过程。教学归根到底是引导学生掌握科学文化知识,而学生掌握科学文化知识实质上就是能动地认识世界。学生的智力、体力的发展和品德的形成,都离不开知识的掌握。学生循序渐进地学习和运用知识的认识活动是贯穿于教学过程的主要活动。教师必须通过教学过程来完成教学任务,达到教学目的。因此,对课堂教学过程的设计,直接关系到教学任务能否顺利完成,教学效果是否理想。下面就谈谈如何设计课堂教学过程。

1. 确定教学目标

教学目标是指某项教学活动试图达到的目的,依据教学目标组织教学,能有效地克服教学中的随意性和盲目性,使教学变得明确具体,可操作,可检测。教学目标虽然不是直接的教学过程,但它对教学起主导作用。教学过程如何进行应由教学目标来决定,而教学目标则是由课堂教学过程来实施。因此,确定教学目标十分重要。

那么如何确定教学目标呢?这要看教材的实际和学生的实际。教学对象不同,教材内容不同,则教学的目的、任务也不同。这就要教师吃透教材,熟悉自己的教学对象,才能确定自己的教学目标。

2. 选好切入点

当教学目标一旦确定下来,接下来就要考虑怎么进入教学了,这时就要选好突破口,切入课文。切入点怎么选,对教学过程关系很大。切入点选得好,教学就会顺利,一切问题都会迎刃而解;切入点不恰当,教学过程就不顺利,效果也不会好。切入点的选择可随教学目标而定。

3. 教学过程的安排

美国实用主义教育家杜威在教学过程上提出了五个阶段,又称五步教学法,即"讨论—反思—求异—辨析—质疑"。布鲁纳把学生的学习分为三个过程:第一个是新知识的获得;第二个是转换,使所得的知识整理成另一种形式以适合新任务;第三个是评价,即检核与估计知识的正确性。不论五个阶段或三个过程,它们都强调以教师为主导,以学生为主体,调动学生的积极性,激发学生的求知欲,使学生能主动地去学习课文知识。根据这个原则,在设计教学过程时首先要考虑学生学习知识、接受知识的特点。各个教学环节的安排应是有机、有序、合乎逻辑、合乎学生的实际。具体步骤可以这样安排:先针对教学目标选好切入点,接着围绕教学目标提出能统摄中心内容的问题,然后引导学生去探讨中心问题,让学生质疑,再引发学生去思考、讨论、回答问题,最后归纳、总结。

其实,课堂教学过程的安排设计,就是对教学方法的设计。而教学中实施教学目标的过程,也就是怎样运用教学方法的过程。

5.1.5.2 教学设计成果的评价

1. 教学评价概述

教学评价是以教学目标为依据,制订科学的标准,运用一切有效的技术手段,对教学活动的过程及其结果进行测量,并给予价值判断的过程。

教学评价可以依照不同的分类标准进行划分:按照评价功能的不同,可以把教学评价分为诊断性评价、形成性评价和总结性评价;按照评价基准的不同,可以把教学评价分为相对评价、绝对评价和自身评价(又称个体内差异评价);按照评价内容的不同,可以把教学评价分为过程评价和成果评价;按照评价表达的不同,可以把教学评价分为定性评价和定量评价。

2. 教学设计成果的评价指标

制约课堂教学效果的基本要素大致包括：目标、学生、教师、教材、方法和管理等。现将这些因素引发出来的评价指标分述如下。

(1) 与目标因素有关的指标

在前面我们介绍过布鲁姆的教育目标分类学说，据此可以直接推衍出某些评价指标，一般分为知识、技能和情感三个方面。在知识方面，又分为了解、理解、应用三个水平进行评价，同时对理科和文科提出不同的要求；技能方面，又分为模仿、独立操作两个水平进行评价；情感方面，又可以从经历、反应、领悟三个水平进行评价。

(2) 与学生因素有关的指标

首先，可以从学生的表情上分析学生对讲课速度和功课难度的适应性。例如，与教师讲解速度同步；与教师讲解速度不能同步，嫌快嫌慢；对讲解内容感到费解等。这些情况在全班学生中各有多少人？所占比例如何？

其次，可以从课堂提问中分析学生对功课的理解程度，例如，学生对所提问题的最初反应是热烈、高兴、很快举手，还是不很主动但作了思考，或是不理会、回避甚至恐惧等。

第三，可以从课堂秩序上分析学生对学习的注意或投入程度。例如，学生是积极主动地围绕教师的讲解和提问进行思考，在良好的秩序下互相讨论，还是虽然气氛平静，但注意力不完全和讲授同步，或是不太安静，有各种注意力涣散的表现。

(3) 与教师因素有关的指标

首先是教学能力问题，可以从讲述内容中判断教师的专业水平；从讲授的准确度和严谨情况判断教师的逻辑思维能力；从讲解时能否做到随机应变判断教师对学生反应的敏感程度和及时调整能力；从教学全过程的整体素质上判断教师是否经过系统的师范教育训练。

其次是课堂控制能力方面，可以从课堂纪律状况分析控制水平，了解是外部因素还是内部因素在影响着教学过程；从处理偶发事件的效果上推断教师维持正常教学秩序的能力。

再次是教学行为方面，可以从教态是否自然、大方、亲切判断师生情感的融洽程度和教学气氛的和谐程度；从语言是否生动流畅、文字是否规范简明、板书是否工整美观来判断教师的教学基本功。

此外是心理特征方面，可以从学生对教师的角色期望来衡量教师所应具有的心理品质。

 小资料 5-4

国家教育部颁发的《高等师范学校学生的教师职业技能训练大纲(试行)》中，明确提出了作为教师在普通话和口语表达技能、书写规范汉字和书面表达技能、教学工作技能(包括教学设计、使用媒体、课堂教学和教学研究等技能)和班主任工作技能等方面的具体指标和要求。

(4) 与教材因素有关的指标

这方面可以从讲授的内容上判断知识体系是否完整，条理是否清晰，层次是否分明，是否注意到了前后呼应和触类旁通；从教材难易程度上判断重点是否明确，难点是否可能解决等。

(5) 与教学方法和管理因素有关的指标

在教学方法方面，要判断所选用的方法是否符合学生的特点和教师的特点；能不能激发学生的学习动机，能不能维持学生的注意和兴趣；能不能促进学生的理解和记忆；对排除影响教学顺利进行的智力障碍和情绪障碍有没有好处；能给学生带来多大的满足感。

在教学管理方面,要判断学生是否有学习的需要和要求;学生是否乐意在这位教师的指导下学习;课堂秩序是否稳定,纪律是否严明;对偶发事件是否处理得当。

3. 教学设计成果的形成性评价

(1) 制订评价计划

制订评价计划可以解决四个问题,即在教学活动的每个环节中应收集何种资料才能确定成果的哪些地方是成功的、有效的,哪些地方是失败的、待改进的;应建立怎样的标准来解决收集的资料;应选用什么人来做成果的试用者;评价需要什么条件。

首先是确定收集资料的类型。所需要的资料主要有两类,一类是学生的学习成绩,另一类是教学过程情况。前者反映的是设计成果的试用给学生带来的行为变化和达到教学目标的情况,通常用数据表示,数据来源可以是学生对一系列测试项目的反应。后者反映的是设计成果在特定情境中的运行和作用情况,通常用陈述表示,陈述对象可以是影响学习成绩的各种相关因素的状况分析。

其次是确定评价标准。前面我们介绍的教学设计成果的评价体系,实际上是在评价时所要考虑的全部因素的集合,真正要成为可以衡量和比较的评价标准,还要将指标体系中各个指标依其主次关系进行权数分配,并要为所有指标进行定性描述和定量赋值。因此,在确定评价标准的时候,应当尽量采用定性与定量相结合的方法。

第三是选择被试人员。教学设计成果的形成性评价不可能也不应该拿许多学生和教师来做试验,只需挑选少数学生和个别教师作为被试样本,这就要求这个样本就有代表性。以学生为例,被试者取得的基本要求是这些学生的认知水平和能力应属常态分布,即同年级学生中各种水平和能力的人都应挑选。一般可用随机抽样的方法挑选被试人员,然后略作调整,以保证这些样本学生都能配合测试并善于表达。样本学生人数要适当,太多会消耗过多的时间和精力,太少又不能说明问题。

最后是阐述试用成果的背景条件。设计者应说明教学设计成果在什么背景下试用,其过程如何展开,应具备或提供什么条件,并将受什么限制。成果试用应尽可能在没有外部干扰的自然状态下进行,若需使用录音、录像来帮助收集材料,应避免影响教学环境的气氛。

(2) 选择评价方法

不论收集哪种类型的资料都要借助某些方法,在教学设计成果的形成性评价中,主要使用测验、调查和观察三种评价方法。这三种方法在收集资料方面各有特长:测验适宜于收集认知目标的学习成绩资料;调查适宜于收集情感目标的学习成绩资料;观察适宜于收集动作技能目标的学习成绩资料。

(3) 试用设计成果和收集资料

试用设计成果和收集资料是两项性质不同的工作,前者是手段,后者是目的,两者几乎是同时进行的。其步骤大致包括:向被试者说明注意事项;试行教学;观察教学;后置测验和问卷调查。

(4) 归纳和分析资料

通过上述的观察、测验和问卷,评价者获得了一系列所需的资料,为了便于分析,可以将这些资料归纳在一张图表中。然后对资料作一次初步分析:拿各类数据与评价标准作比较,考察各种现象的相互关系。经过分析,可能会发现一些重要问题,随即应对它们加以解释,并通过恰当的途径证实自己的解释。

(5) 报告评价结果

由于设计成果的修改工作不一定马上进行,也不一定由原设计者来做,因此需要把试行和评价的有关情况和结论形成书面报告。其内容包括设计成果的名称和宗旨、使用的范围和对象、试用的要求和过程、评价的项目和结果、修改的建议和措施、参评者的名单和职务,以及评价的时间等等。评价报告以简明扼要为宜,具体资料如各种数据、访谈记录、分析说明等可作为附件。

5.1.6 信息化环境下的教学设计

以多媒体和网络通信为基础的信息技术,其发展可谓日新月异。这不仅为教育教学提供了契机,也对教育教学提出了挑战。那么,在信息环境下应该怎样进行教学设计,才能使教育教学活动得以顺利展开?在教育信息化环境下的教学设计,我们将其简称为"信息化教学设计",以区别于20世纪90年代以前没有使用计算机和网络等信息技术的教学设计。具体说,信息化教学设计是运用系统方法,促进以学为中心的学习方式的转变,充分地、恰当地利用现代信息技术和信息资源,科学地安排教学过程的各个环节和要素,以实现教学过程的优化。

教育信息化环境下的教学设计是在传统的教学设计基础上发展起来的,这是由于信息技术的发展引起教学环境变化,从而引起教学活动的变化。信息化教学设计的目标是帮助全体教师在自己的日常课堂教学中充分利用信息技术和信息资源,培养学生的信息素养、创新精神和问题解决能力,从而增强学生的学习能力,提高他们的学业成就。

信息化教学设计包括教学计划的设计、教学计划的执行、教学活动的评价与反馈。一个完整的教学活动仅仅有一个设计得很好的教案是不够的,更重要的是执行教学计划。教师在实际的教学活动中需要随时根据教学活动的发展和变化调整自己的教学策略。通过研究,我们得出的教学设计操作模式如图5-5所示。

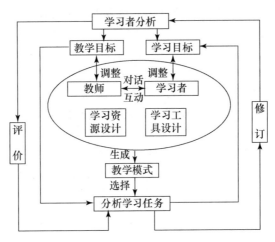

图 5-5 信息化教学设计模式图

有效的学习环境是学习资源和学习工具的整合,为学习者的学习活动提供资源、工具和人际支持。信息化环境,为我们设计学习资源和学习工具以及重新认识媒体提供了契机。

5.1.6.1 学习资源设计

信息化环境下的学习资源突破了原有的书本教材是知识主要来源的限制,提供了与学习活动相关的各种信息资源。利用网络,特别是因特网的使用,可以达到资源的全球化整合,如教育网站、电子图书馆、电子报刊和数据库等,除了可以提供特别丰富的数字化学习资源外,其最大的优越性是教育资源的共享。学习者只要具备了一定的操作技能,就可以随意获得相关的知识材料,实现对事物的多层面了解。

教师可以在教学前对所需的资源进行分类整理,将其保存在校园网上的特定文件夹中,学习者从该文件夹中选择有用信息;教师也可以向学习者提供相关网址、搜索引擎等,由学习者自己到因特网或本地资源库去搜集素材。教师有必要帮助学习者形成一定的搜索策略和对信息的分析和筛选能力。另外我们还要注意,人力资源(指的是学习者向往的有助于学习者学习和发展的人)也是学习资源的重要组成部分。通过因特网,学习者可以了解到自己想要的人才信息,也可以有机会直接与自己感兴趣的人才进行交流。由于这种人才是学习者自己挑选的,和人才的交流也是真诚而坦然的,这与学习者从其他途径获得信息、知识和经验的过程是不同的。

5.1.6.2 学习工具设计

学习者的学习活动需要借助工具来完成。根据对学习者学习所提供支持的差异,学习工具可被分为效能工具、认知工具、交流工具、协作工具和管理工具五类。

(1) 效能工具:效能工具是指帮助学习者提高工作效率的工具,如文字处理软件、作图工具、搜索引擎等。

(2) 认知工具:认知工具是指可以帮助学习者发展各种思维能力的软件系统,如语义网络工具、数据库、专家系统等。

(3) 交流工具:交流工具可以支持师生之间和学习者之间的沟通,增进师生之间以及学习者之间的相互了解与情感的交流,如基于局域网或因特网的电子邮件和聊天室等。

(4) 协作工具:在基于因特网的协作学习过程中,基本的协作模式有四种:竞争、协同、伙伴和角色扮演。可通过视频会议系统、聊天室、留言板等实现。

(5) 管理工具:管理工具可以帮助学习者进行学习的自我管理,也可以帮助教师监督和管理教学活动。

教师和教学设计者要明确在完成学习活动的过程中学习者具体可能利用到哪些工具,以及各种工具的主要性能,支持哪类活动和操作。教师要密切注意学习者对于各种学习工具的使用情况,了解学习者的学习方法和策略,在学习者遇到困难时及时给予帮助。

5.1.6.3 选择多媒化教材

教材的多媒化,就是利用多媒体技术,尤其是超媒体技术,建立起结构化、动态化、形象化的教学内容,建立包括文本、图像、声音和动画等格式的多元化信息表述。学习者在就某一内容进行学习时,可以在相关内容的知识点和资源中随意跳转。

案例研究 5-1

> 信息技术的发展使得新一代的多媒化教材不断问世。如果说超媒体使学习者完成基于 Web 页面的学习与操作,那么刚刚推出的多媒体电子书就显得和学习者的关系更加亲密了——这本书是拿在学习者的手上,在学习者阅读书面文字的同时,多媒体计算机的屏幕上就会出现类似导游或解说员的虚拟人物在虚拟的三维环境中向学习者讲解。
>
> 比如,一本介绍哺乳动物消化系统的多媒体电子书,学习者随意将书本翻至任何部分,虚拟的导游都会出现在相应的三维效果的消化器官内部,向学习者进行"实地"讲解。
>
> **问题与思考**
> 1. 教师应如何根据学习者的身心发展水平,帮助他们选择与教学内容相适的媒体教材?
> 2. 知识的形象生动表征与复杂现象的虚拟化表征,对于开发学习者的创造性思维有怎样的帮助?

5.2 中学生物理论课教学设计实施

案例研究 5-2

"DNA 是主要的遗传物质"一节的教学设计

一、前端分析

（一）教材分析

本节内容选自人教版课程标准实验教科书高中生物学必修 2 第三章"遗传与进化"第一节。主要讲述了 DNA 是遗传物质的直接证据——"肺炎双球菌的转化实验"和"噬菌体侵染细菌的实验"，从分子水平上来认识遗传的物质基础。本节是在前面学习了有关细胞学基础(有丝分裂、减数分裂和受精作用)、阐明了染色体在前后代遗传中所起的联系作用、分析了染色体的主要成分是 DNA 和蛋白质的基础上来学习的。同时本节在第三章中占有重要位置，学生只有真正理解这部分内容，才能在生物性状遗传和变异的复杂现象中，从根本上懂得生物遗传和变异的实质和规律。

（二）学情分析

通过前面的学习，学生已经具备了有丝分裂、减数分裂和受精作用等细胞学基础，掌握了染色体、蛋白质与 DNA 的化学组成等相关知识，熟悉同位素标记技术在生物科学研究中的应用，这为新知识的学习奠定了基础。学生对事物的探究有激情，学生初步具备提出问题、分析问题和解决问题的能力。

按照学生已有的学习习惯，学生非常注重知识点和现成实验结论的学习，而很少会关注对科学实验过程的分析以及对科学实验的思想、方法、过程与价值的领悟。

二、教学目标

（一）知识目标

1. 掌握人类对遗传物质的主要探索过程及原理。
2. 说出肺炎双球菌转化实验和"同位素标记法"研究噬菌体侵染细菌实验的设计思路。
3. 理解 DNA 是主要的遗传物质。

（二）能力目标

通过分析肺炎双球菌的转化实验和噬菌体侵染细菌的实验方法，尝试进行相关实验设计，提升科学思维的能力，以及运用科学思想和方法解决问题的能力。

（三）情感态度与价值观目标

1. 体验科学家严谨细致的工作作风和科学态度以及对真理不懈追求的科学精神。
2. 进一步形成敢于挑战、善于合作、善于探究的精神。
3. 认同人类对事物的认识是个不断深化和完善的过程。

三、本节课教学重点和难点

1. 肺炎双球菌转化实验的原理和过程。
2. 噬菌体侵染细菌实验的原理。

四、教学策略

本节课采用教师的引导与学生的探究性学习相结合的模式，以"将 DNA 与蛋白质等分开，单独地、直接地去观察它们的作用"的实验设计思路为主线，引导学生主动参与"证明 DNA 是主要的遗传物质"的实验设计，以及分析、推理等一系列探究活动。

本设计试图让学生回归到当时的历史背景下，以当时的一个科学家的身份，重走科学探索之路。通过提供背景资料、层层设疑等方式,让学生置身于科学实验探究的全过程。利用插图、多媒体课件,分步演示实验过程,让学生犹如身临其境体验科学探索过程。从而引导学生像科学家一样思考和解决问题,从中培养学生的科学思维和运用科学思想和方法解决问题的能力。

五、教学实施过程(见表5-2)

表5-2 教学过程

教学环节		教师的组织和引导	学生活动
设疑导入	第三章 基因的本质 第1节 DNA是主要的遗传物质	这一章我们要弄清楚基因的本质,首先要弄清楚什么是遗传物质。 多媒体展示同学们提供的亲子照片。 提问: 1. 为什么后代与亲代如此相似呢? 2. 染色体主要是由什么组成?遗传物质究竟是DNA,还是蛋白质?	小组讨论、分析减数分裂、受精作用中染色体的变化规律。复习受精卵中的染色体有一半来自父方,一半来自母方。 回忆染色体的主要成分:DNA和蛋白质,并对遗传物质做出预测
引导探究	一、对遗传物质的早期推测	早期多数科学家认为什么是生物的遗传物质?理由是什么?	学生阅读教材第42页。 说出对遗传物质的早期推测并简述原因。
	二、肺炎双球菌的转化实验 (一)英国科学家格里菲思的肺炎双球菌的体内转化实验	现在让我们一起沿着科学的发展过程,去探寻遗传物质的本质! 提出要求:希望同学们把自己放在当时的历史背景下,假如你就是当时的一位科学家,去思考并解决你遇到的各种问题。 引导学生从以下方面分析: 1. 实验材料 2. 实验过程、现象及分析、推论 (1)第一、第二、第三组的实验现象能说明什么? (2)利用课件展示第四组过程。 课件展示实验结果,与学生预测产生冲突。 展示:[思考与讨论] 小鼠体内分离出的S型活细菌是怎样产生的? 分离出的S型活细菌的后代也是有毒性的S型细菌,说明什么? 3. 这种转化因子是什么物质呢? 展示:[想一想] 如果你是当时的一位科学家,为了弄清楚这种转化因子到底是什么物质,你该如何设计这个实验呢?	学生归纳、总结比较两种肺炎双球菌的特点。 学生阅读课本并用语言概括格里菲思实验过程、现象及对现象的分析。 学生独立思考并回答。 小组充分讨论、思考并回答问题。 学生思考、分组讨论并把设计的简单思路写在学案上。 学生思路一:将S菌内各种物质分开,分别与R菌混合注入小鼠体内,看哪一只小鼠会得败血症而死。

续表

教学环节	教师的组织和引导	学生活动
（二）美国科学家艾弗里的肺炎双球菌体外转化实验	1. 多媒体展示艾弗里等人的实验过程及现象，并展示[思考与讨论] 在实验中设置 DNA 酶处理 DNA 的目的是什么？ 2. 提供问题串，启发学生推导出实验结论： (1) 转化因子是什么物质？ (2) 在肺炎双球菌的转化实验中转化因子的作用是什么？ (3) 这种转化能否稳定遗传？ 3. 这个实验最关键的实验设计思路是什么？	学生思路二：将 S 菌内各种物质分别用荧光标记，看哪一种物质会使 R 菌转化。 学生回答：设法将各种物质分开，分别观察它们的作用。 学生推导结论：DNA 才是使 R 型细菌产生稳定性遗传变化的物质。 学生思考、讨论
三、噬菌体侵染细菌的实验	引导学生总结两种思路的共同之处。 引导学生将艾弗里等人的实验与学生思路一的实验进行比较。 提供背景资料： 资料一：可是，艾弗里的实验不但没有使科学界接受反而引起了科学界许多人怀疑。 科学界的怀疑、否定，不但没有动摇艾弗里等人继续探索的坚定信心，反而加强了他们的信念，为进一步明确、探索而奋斗。 在 1949 年艾弗里及同事将 DNA 中蛋白质的污染降到 0.02%，但仍未能改变人们的观点。 资料二：是否有更好的实验材料，可以不用经过人工提纯 DNA，就能单独地去观察 DNA 或蛋白质的作用呢？ 终于在 1952 年，由美国科学家赫尔希和蔡斯找到了一种理想的实验材料——T2 噬菌体，通过噬菌体侵染细菌的实验从而证实了…… 引导学生从以下几点分析： 1. 实验材料 介绍 T2 噬菌体的结构与增殖特点。提供问题串，引导学生像科学家一样思考利用何种实验方法，证明 DNA 和蛋白质谁是遗传物质？	学生得出：艾弗里等人的实验方法更简单、更直观。 学生阅读、思考、体验科学史的发展过程。

续表

教学环节		教师的组织和引导	学生活动
深入探究		(1) 为什么T2噬菌体适宜于作为实验材料？	学生分组讨论并回答
		(2) 通过对T2噬菌体增殖特点的分析，你认为能体现遗传物质的什么特点？	学生分组讨论并回答
		(3) 如何利用遗传物质的这一特点来推断DNA或蛋白质谁是遗传物质？	遗传物质能指导子代噬菌体合成。
		(4) 你将利用何种实验方法分别观察蛋白质、DNA的作用？	只要证明蛋白质/DNA谁能指导子代噬菌体合成。
		(5) 蛋白质、DNA分别选用哪些元素进行标记？选用元素时应该注意什么？	放射性同位素标记
		2. 实验方法 放射性同位素标记法	^{35}S：标记蛋白质、^{32}P：标记DNA
	四、理解DNA只是主要的遗传物质，而不是唯一的	虽然艾弗里与赫尔希等人的实验方法不同，但是实验设计思路却有共同之处。思考一下，他们最关键的实验设计思路是什么？	学生比较两种实验方法后回答：设法把DNA与蛋白质分开，单独地、直接地去观察DNA或蛋白质的作用。
		设疑：是不是所有生物的遗传物质都是DNA呢？ 投影展示几种常见的RNA病毒，总结核酸是一切生物的遗传物质；具有细胞结构的生物和大多数病毒的遗传物质是DNA，少数RNA病毒的遗传物质是RNA，即DNA是主要的遗传物质。	学生思考 进一步了解遗传物质的种类，并理解DNA是主要的遗传物质
		1997年美国科学家Prusiner发现了一种新型生物——朊病毒，是一组至今没有查到任何核酸的蛋白质颗粒，它是导致疯牛病和人的克-雅氏病的病原体。你能推测该病毒的遗传物质是什么吗？	学生思考讨论：认识到对遗传物质的探究是不断深化和发展的。

六、教学反思

新课程注重科学史的学习，本节更是在课标中对"总结人类遗传物质的探索过程"提出了应用层次的要求。本节的教学内容涉及的实验，在现有的实验室条件下是不可能完成的，在传统的教学中，都是老师滔滔不绝地讲，学生默默地听，课堂气氛沉闷，教学效率低下。如何改变这种状况，在教学中充分发挥科学史的作用呢？而在培养小组合作探究能力方面，仅仅只局限于小组讨论。本节课试图让学生回归到当时的历史背景，以当时的一个科学家的身份，重走科学探索之路。通过提供背景资料、层层设疑等方式，让学生犹如身临其境体验科学探究的全过程。一方面，使学生在设疑、思考和解决问题的过程中，愉快地、主动地学习，学生的创造力不断被激活，课堂教学的有效性得到较大提高。另一方面，使学生能领悟到科学家们的科学探究方法和思维方法，更重要的是在潜移默化中，培养学生运用这些方法解决问题的能力。

5.3 中学生物实验课教学设计实施

生物实验课本身的特点及其在生物教学中的地位,决定了它在生物教学中的重要作用。但实际教学中,大部分的学校和教师仍太注重教材和书本知识,使生物实验变成了知识的简单验证和再现,学生做实验往往是在现有的、固定的模式下机械化地重复实验,或者是被教师的演示实验取而代之。生物实验课教学若仍固守传统的模式,我们培养的人才便可能知识单薄,思维呆滞,主观能动性和创造性欠缺,难以适应社会的发展。掌握生物实验课教学设计和实施技能是每位生物教师必须完成的任务。

5.3.1 中学生物实验教学概述

5.3.1.1 中学生物实验教学的概念

生物学是以实验为基础的自然科学,生物学的发展离不开实验。生物实验是生物科学研究的重要方法。中学生物实验教学是通过一定的仪器、设备或药品的处理对生物体的形态结构和生理功能进行有目的、有重点的观察和研究的教学过程。

5.3.1.2 中学生物实验的类型

随着现代生物科技的进步,生物实验类型也随之发生不断的变化。因此,中学生物实验可以从多个角度来分类(见表5-3)。

表5-3 中学生物实验的类型

分类依据	实验类型
教学形式	演示实验、学生实验、课外实验
实验的场所	实验室实验、自然实验
实验的质和量	定性实验、定量实验
实验内容	分类学实验、解剖学实验、生理学实验、生物化学实验、微生物学实验、遗传学实验、生态学实验
实验目的	验证性实验(判决性实验)、探索性实验
实验的方法和手段	比较实验、析因实验、模拟实验、调查实验
实验的进程	预备性实验、决断性实验、正式实验

5.3.1.3 中学生物实验教学的意义

1. 激发学生的学习兴趣

兴趣是人类认识客观世界的一种心理表现,是一个人获得知识、开阔视野、努力学习的一种强有力的内部驱动力。生物学实验是形象和直观的,必然会使学生产生好奇心,引起学生学习的兴趣。同时,学生通过自己动手操作实验,看到了自己平时看不到的生物微观世界、生理过程和生理现象,并且这些生理过程和生理现象都是在自己的努力下观察到和体验到的,操作愿望得到了满足,因此,会十分兴奋和感兴趣,这就大大地调动了学生学习生物学的积极性。

2. 培养学生的科学研究能力

实验是手脑并用的实践活动,是培养学生观察能力最直接、最有效的途径,可透过现象抓住事物的本质,分析问题的因果关系,找出解决问题的一些方法和措施。如果教师引导得当,将会使学生分析问题和解决问题的能力得到提高。

实验在一定程度上是模仿科学研究的过程,是一种基本的科学研究方法。探究性的实验教学以及学生开展实验设计的活动对培养学生提出问题、作出假设、设计实验、观察记录、分析推理等多方面的科学研究能力是十分有利的。

3. 为学生创设学习情境

学生学习生物学知识的过程符合学生的一般认知规律,由表及里,由感性到理性,由具体到抽象,由理解到应用。运用实验组织教学是为学生提供认识材料和学习情境的有效途径。例如,初中生在教师的指导下,进行光合作用产生淀粉的分组实验、观察光合作用产生氧气和需要二氧化碳的演示实验,并对各个实验结果进行分析、推理,在此基础上对光合作用的概念、公式、实质的理解就更深刻,对光合作用原理在生产生活实际中的应用也就更加自如。

4. 培养学生合作精神

由于现代科学的发展特点和各学科之间互相渗透,在科学研究等领域要求科学家、科研人员之间必须相互合作交流。这也是现代科研、生产和管理人员必须具备的素质之一。学生实验往往是以小组为单位,同学们在实验中相互协作,有助于培养学生之间的合作精神。

5.3.2 中学生物实验课的组织与实施

5.3.2.1 认真做好实验课前准备

要求教师在实验课前精心设计实验教学目标,包括知识与技能目标(生物基础知识、实验基础知识、实验现象、实验操作技能等)、过程与方法目标(观察能力、思维能力、实验研究方法等)、情感态度与价值观目标(学习兴趣、动机、实验态度、习惯等),并将这些目标落实到每一个细节中,使学生在潜移默化中形成良好的品质,提高科学素养。

具体要做的准备工作有以下三点。

(1) 完成生物学实验的设计。生物学实验方案设计的具体内容包括:实验目的、实验原理、实验内容、实验器材、实验方法和实验计划。其中设计对照组对实验方法设计成功与否起着关键作用。中学生物实验中常用的对照有以下四种。

①空白对照。以进行某种处理的组别为实验组,以不进行某种处理的组别为对照组。例如,在"探究酸雨的危害"的实验中设计了空白对照,将给小麦种子喷洒"酸雨"的组作为实验组,而以不喷洒"酸雨"的组作为对照组。

②条件对照。指虽然给对象施以某种实验处理,但这种处理是作为对照意义的,或者这种处理不是实验假设所给定的实验变量意义的。例如,"动物激素饲喂小动物"的实验,采用等组实验法,其实验设计含有:

甲组:饲喂甲状腺激素(实验组);

乙组:饲喂甲状腺抑制剂(条件对照组);

丙组:不饲喂药剂(空白对照组);

这一实验设置了条件对照和空白对照,通过比较、对照,更能充分说明实验变量——甲状腺激素能促进小动物的生长发育。

③自身对照。指实验与对照在同一对象上进行,即不另设对照组。例如,"植物细胞质壁分离和复原"中虽然只有一组实验对象,但实验的前后形成了自身对照。

④相互对照。指不另设对照组,而是几个实验组相互对比对照。例如,在"植物的向地性"实验中,设计了四组实验对象,即将"花生的幼根"分上、下、左、右四个方向摆放,每个幼根都会向下生长,相互对照,使实验结果更具有说服力。

(2) 做好实验的预试工作。将本次实验中学生可能用到的物品准备齐全,需要让学生自己准备的要安排好。对本次实验中可能出现的问题及难点要认真考虑,做到心中有数,并制订好相应的解决措施。

(3) 培训实验课学生骨干。在实验过程中,由于实验小组较多,教师在巡回指导时,有时顾了这组顾不了那组,容易导致课堂秩序的混乱,教师可在课前利用课外活动时间培训实验课学生骨干(如生物课外小组成员或各实验小组的组长),让他们在实验课上帮助教师辅导其他学生的操作和观察,成为老师的小助手。实践证明这样做效果非常好,由于有了这些小帮手的有效示范和帮助,学生都能专心实验,课堂纪律自然就好维持了。

学生方面要做的准备工作:教师应课前布置学生预习实验,包括本次实验的目的、方法、步骤及记录、总结等,不论是验证性实验还是探究性实验或是学生自己设计的创新性实验,都要求学生提前制订好详细的实验方案。只有课前做了认真细致的准备,学生对实验过程胸有成竹,做起实验来目的性强,才能活而不乱。

5.3.2.2 上好第一节实验课

学生的第一次实验课是非常重要的,教师必须给予足够的重视。第一次的生物实验课不管上得成功与否,都会给学生留下深刻的印象,对今后学生在实验课上能否养成一个良好的习惯至关重要,教师应做好充分的准备。

首先,让学生明确实验目的。课前就告诉学生,生物学是一门实验科学,通过生物实验可以获得许多感性认识和科学实验的方法,实验是探索生物奥秘的金钥匙。必要时可以在上实验课前带学生参观实验室,一方面免去学生正式上课时对实验室的过分好奇和新鲜感;另一方面也可以让学生体会到国家、学校、教师们为了同学们的学习,花了许多经费和劳力,培养学生热爱学校、尊敬教师、爱护公物的思想品德,并让学生学习相应的实验室规则,明确实验的意义、目的和责任。这些教育不仅有助于培养学生初步的生物科学素养和生物科学研究能力,同时,也为今后实验课的规范与管理打下了良好的基础。

其次,倡导合作学习,实现自我管理。合作学习是学生进行自主学习的一种常见形式,也是学生进行自我约束的最好形式。小组成员在进行实验时,既有分工,也有协作;既相互依赖,也相互制约。实验课前,教师应精心编排实验小组,在学生自愿组合的基础上,再根据学生的性格特点等因素进行调整。小组编排讲究组间同质、组内异质。组间同质,即组与组之间在实验能力、学习水平方面没有差异,起点一样;组内异质,即组内成员由各种能力、水平或个性差异的人员组成。组间同质、组内异质可以促进学生有效地开展实验活动。每组选定一个小组长,强化组内人员的分工和自我管理,学生学会了自我管理,课堂自然会秩序井然。

第三,认真做好实验课的结课工作。实验课下课前,教师不能因时间关系,草草收场,应该做好实验的结课工作。主要有以下两个方面:①帮助、指导学生进行实验小结,启发学生自我评价。实验结束前,用3~4分钟时间进行必要的总结,可以由教师也可以由学生来完成。②保持实验室卫生。引导学生养成实验结束后整理实验室的习惯。包括清理实验仪器,把仪器放回原位,清洁实验桌(台)凳,打扫实验室卫生等。

5.3.3 中学生物演示实验教学

5.3.3.1 演示实验概述

1. 演示实验概念

演示实验有狭义和广义的理解。狭义上,是指生物教师在课堂上进行有关生物学实验的操作,配合讲授或课堂讨论,让学生观察并掌握知识内容、实验操作的一种直观教学手段;广义上,我们把生物教师向学生展示与所学内容相关的活的生物、标本等直接的直观教具,进行示范性的实验,以及展示挂图、模型、录像等间接直观教具,并指导学生进行观察、分析、归纳以促进学生获得知识、理解知识、培养能力以及情感体验的教学手段,统称为演示实验,若从方法论角度,也可称为演示教学法。

2. 演示实验特点

(1) 灵活性。一般演示实验的设备比较简单,操作方便,可塑性强。教师可根据教学需要改进、增加演示实验,或调整演示实验的教学进程,以达到更好的教学效果。

(2) 短时性。课堂演示实验对时间的要求比较高,实验应尽可能在预定的教学时间内完成,而且占用的时间一般不能太长。

(3) 简洁性。演示实验不包含复杂的操作过程、复杂的实验操作技巧和设备仪器,也不要求学生有复杂的知识背景。由于课堂教学的时间以及环境的限制,演示实验在设计上必须精巧,演示结果要一目了然。

(4) 直观性。多数情况下,演示实验由教师在课堂上操作完成。因此不论是演示实验方案的设计,还是进行演示实验操作,都应该考虑到保证全班同学能够观察到演示实验操作的全过程,同时实验的结果应该清晰、明了,体现演示实验的直观性。

5.3.3.2 演示实验教学过程设计

1. 验证式演示实验——先授课后实验

验证式演示实验一般在讲授新知识后进行,用来巩固和验证所讲的知识,以达到加深理解、强化记忆的目的。此类实验教学是推理判断在前,实验论证在后,是一种从一般到特殊的认识过程。

案例研究 5-3

> 讲授"呼吸作用要释放能量"时,教师可先列举一些生活实例,如将手伸入刚收取的潮湿谷子中,会感觉有一定的温度等,激发学生思考、讨论呼吸作用可能释放能量。在学生思考、讨论并获得一定知识基础上教师再通过演示实验,加以验证。实验中,教师事先用甲、乙两个保温瓶分别装有等量的萌发种子和煮熟后冷却至室温的种子,各插入一支温度计,密封三四个小时后,让学生观察甲、乙两个保温瓶内温度的变化。学生会发现萌发种子进行呼吸时会产生热量。①
>
> **问题与思考**
> 这种先授课后实验的教学方式,符合学生怎样的认识规律?

2. 同步式演示实验——边授课边实验

教师一边做演示实验,一边进行新知识的讲授。

案例研究 5-4

> 在"花的结构"的教学过程中,教师一边将"桃花"的模型分步拆开,一边指导学生观察。桃花的结构由下向上、由外到内依次为花柄、花托、花萼、花冠、雄蕊、雌蕊。雄蕊由花丝和花药组成,花药里有花粉。雌蕊由柱头、花柱、子房三部分组成。子房里有胚珠(桃花只有一个胚珠)。如此真实、生动地由外及内展现花的结构,可很好地启发、引导学生观察、思维、归纳总结完整花的一般结构。

教师也可以根据实际情况,分步骤实施教学。在分步骤中,一般先提论点,再演示验证该论点。

---

① 俞如旺.生物微格教学[M].厦门:厦门大学出版社,2007:238-239.

案例研究 5-5

教师讲授"种子的成分"时,首先向学生说明:"种子是由许多成分组成的,其中之一就是水,下面我做一个实验加以证明。"接着,教师把干燥的小麦种子放在试管中,摇动数次,使学生听到种子撞击管壁的声音,但没有看到种子贴在管壁上的现象,以便说明种子的表面并没有水,里面也是干的。接着把试管倾斜在酒精灯上慢慢加热。过了一定时间,试管上部的内管壁出现水珠,停止加热。教师指导学生观察并启发学生思考,得出结论:"水从种子里蒸发出来,在上部冷的管壁上已凝成水珠,证明水是种子的成分之一。"接着,教师再指出:"种子的另一些成分中还有有机物,下面再做一个实验进行证明"……一直到把种子的全部成分讲授完为止。最后指出不仅小麦种子如此,一切种子都有这些成分,不过含量不同而已。①

3. 探索式演示实验——先实验后讲授

上课时教师说明总课题后,不提任何结论便开始进行演示实验,在实验进行中教师引导学生观察实验现象,实验完成后,指导学生结合相关知识讨论和思考,得出结论。

案例研究 5-6

在"种子萌发时吸收氧气"教学中,教师先进行演示实验,在甲、乙两个玻璃瓶中分别装有等量的萌发种子和煮熟后冷却至室温的种子,让学生观察蜡烛在甲、乙两瓶中的燃烧情况。将会看到燃烧的蜡烛放进装有萌发种子的瓶里,立即熄灭;放进装有煮熟后种子的瓶里,能继续燃烧。激发学生提出疑问并思考和讨论,得出萌发种子呼吸时吸收氧气,使蜡烛熄灭的结论。通过演示实验,一方面使学生轻松地掌握活的细胞在进行呼吸作用时吸收氧气的知识,另一方面引导学生自己得出结论,锻炼了学生探索知识、分析问题和解决问题的能力。②

5.4　中学生物活动课教学设计实施

活动课与一般的生物课是两种不同的课程形态。在生物学知识的系统性和知识学习的效率性等方面,一般的生物课占有明显的优势;在促进知识的综合化、提高学生主体地位、培养创造能力、发展个性特长和促进理论与实践相结合等方面,活动课又占有明显的优势。将生物课与活动课结合起来,开设生物活动课,可以实现课程的优势互补,提高学生全面素质。

问题与思考

活动课与一般的生物课各有什么特点?如何将两者进行有机的结合?

5.4.1　中学生物活动课概述

5.4.1.1　中学生物活动课的教学目标

生物活动课的教学目标不是追求生物学知识的掌握,而是从学生个性成长的需求与全面发展的高度来构建的,包括知识目标、能力目标和情感态度价值观目标。

1. 知识目标

知道生物学发展的历史过程及其对生产生活和社会发展的巨大影响,了解生物学前沿知识和发

---

① 俞如旺.生物微格教学[M].厦门:厦门大学出版社,2007:239.
② 同上注。

展趋势,了解当今社会中与生物学有关的重大问题,掌握一些生物学知识在现实生活中的应用。

2. 能力目标

具备观察能力、思考问题的能力、动手操作能力、搜集和处理信息的能力、科学阐述生物学问题的能力、发明创造能力、独立完成任务的能力、组织协调能力;学会科学探究的一般方法;学会运用所学的生物学知识分析和解决某些生活、生产或社会实践问题。

3. 情感态度价值观目标

热爱自然,珍爱生命,理解人与自然和谐发展的意义,关心人类共同命运中与生物学有关的问题,积极主动地参与各种生物学实践活动;培养学生实事求是的科学态度,探索自然奥秘的兴趣和积极进取的求索精神。

5.4.1.2 中学生物活动课的形式

生物活动课的活动形式有:科普讲座、科学实验、科学观察、科技小制作、科技小发明、科学小论文、参观访问、专题调查等。

生物活动课的组织形式有以下几种。

(1) 个人活动。个人活动能保证发挥每个学生的积极性、主动性和创造性,培养其独立工作能力。

(2) 小组活动。这是生物活动课中采用最多的形式。在小组活动中,每个学生都有明确的任务,都有实际动手、亲身体验的机会。小组活动可增加教师与学生、学生与学生之间的人际交往时间与频度,可以使学生意识到自己的活动是小组活动的组成部分。

(3) 集体活动。集体活动可跨班甚至跨年级进行。在集体活动中学生可以广泛地了解别人的意见和思想,获得比小组活动更多的人际交往机会。

5.4.2 中学生物活动课的设计及实施

生物活动课的形式有多种多样,不管是采用何种活动形式,传授知识是其中的重要内容,是活动的基础,因此在活动设计及实施过程中,必须注重知识传授的正确性、科学性和趣味性。参加生物活动课的学生有其突出的特点:有学习生物知识的兴趣,有学习生物知识的主动性,因此,作为指导教师,在活动过程中要摆正自己的位置,将自主权交与学生,充分发挥学生的主动性、积极性。

根据生物活动课的具体内容,一般可将之设计成独立专题活动课和主题系列活动课。独立专题活动课适合开展那些涉及知识面窄、所需活动时间不长、活动形式比较单一的活动内容,如标本制作、参观访问、科普讲座等。主题系列活动课适合那些涉及知识面较广、所需活动时间较长、活动形式多种多样的活动内容。主题系列活动课由两个环节组成:①确定和分解主题。主题的确定需要考虑能与社会生活相联系,能照顾每个学生的个性差异,能使学生获得最新的知识。主题确定以后,要根据主题特点将其分解成若干个子主题。主题的分解应由师生共同完成,以学生的提议为主,教师进行补充和归纳。②围绕子主题开展多种形式的活动。

活动 5-4

设计活动课

活动目的:围绕"植物与我们的生活"为主题设计活动课

活动步骤:

步骤一:讨论"植物与我们的生活"是否适合作为一个活动课的主题?理由:_____

步骤二:若可以把上面主题分解,子主题可以为:植物的分类、植物的栽培、药用植物、_____、_____等子主题。(尽可能找到更多的子主题)

步骤三:围绕这些子主题,可开展的系列活动有:_____

步骤四:你的活动课教学设计方案:_____

5.4.3 生物活动课的评价方法

生物活动课的评价要体现过程性和全面性。其主要评价指标有：
(1) 学生是否积极参与活动的组织与管理，活动组织是否严密，是否分工明确、责任具体？
(2) 每个学生是否有明确的任务，是否都做到了实际动手、亲身实践和体验？
(3) 学生在活动中是否乐于与人交往，是否能与其他同学合作？
(4) 学生是否在活动中认识了事物，获得了知识和本领，增强了社会责任感？

评价的形式有：学生自评、互评，教师、家长、学校评价。评价时要求评分与评语相结合，尽量使评价客观准确。

活动 5-5

除了以上的评价指标和形式，在实际教学中，你还知道哪些比较适用可行的评价方法？请举例说明。

5.4.4 活动课与探究性学习之间的相互渗透

活动课与其他教育形式一样，都是为了实现教育目的，使学生的身心得到发展。但活动课有其自身的特点，从而使其与探究性学习高度吻合。

1. 灵活性

与课堂教学相比，生物活动课不受教学计划和学校围墙的限制，活动的领域宽阔，接触面广泛。小实验、小制作、考察、夏令营等活动都是青少年愿意参加的。活动的内容、形式不拘一格。活动内容有小制作、小论文、实验、饲养等。活动形式有专题、讨论、实际调查、观察等。活动人数可多可少，活动的时间可长可短，活动方式可集中、分散。在这样的教学情景下，学生可以积极主动地探究与生命有关的现象并根据自己的知识作出一定的解释，进一步了解和认识自然界。

2. 自主性

生物活动课中，学生始终是"主人"，是活动的中心，全面培养学生综合素质是活动的目标之一。由于其丰富的活动内容，活动的组织形式不可能单一。比如参观，可以采用集体活动的方式；调查，采用先分组后综合的方式；实验，采用分组的方式；撰写小论文，采用个人的方式。而不管采用何种组织方式，都强调"以学生为本"，有利于学生素质的培养。学生在活动中培养了创造性思维和很强的动手能力。生物活动课在培养学生优秀的思维品质和熟练的动手能力方面是课堂教学所无法比拟的，许多科学家都强调教育应从让孩子们积累知识转到发展他们的智力和心理能力上。

3. 综合性

生物活动以活动课为中心，在这个过程中教师应注重学生科学素养的全面发展，关注学生学习中存在的困难、问题，采取有效的教学策略引导、帮助学生，加强直观教学，创设实验情境。根据学科特点，探究性学习中背景材料可以通过标本、挂图、录像等提供，备足备齐各类实验器材、药品，甚至上网查询资料，这种生动直观的学习方式能为学生提供丰富的感性认识，并能提供同时运用各学科知识、多方面智力的机会，更注意知识、技能的综合利用。

5.4.5 生物活动课实施案例及分析

案例研究 5-7

揭开"克隆"神秘的面纱——一节生物活动课的设计①

活动课是学生在教师指导下的一种科技活动,优秀的活动方案是学生活动成功的重要前提。在活动中教师应创造条件,引导学生参与一些活动方案的设计,倡导参与意识,把握好学生参与的契机,体现自主性和主导性原则。以"揭开'克隆'神秘的面纱"为例(见表 5-4),设计活动方案。

表 5-4 "揭开'克隆'神秘的面纱"活动方案

活动准备	活动形式:收集有关克隆的资料 教师行为:介绍、指导收集办法 学生行为:寻找、阅读
(一)比一比: 什么是克隆?	活动形式:小组竞赛 教师行为:制订比赛规则、拟订竞赛试题、推选主持人 学生行为:根据阅读了解的克隆知识回答问题,参与竞赛
(二)学一学: 什么是克隆?	活动形式:学习讨论 教师行为:总结、评价比赛 　　　　　出示克隆羊"多莉"产生的图解,介绍有关细胞核移植的技术 学生行为:分组讨论,教师辅导列出近年中国克隆技术大事记 引申思考:克隆技术可用于复制人吗? 　　　　　人能否百分之百的复制?情感、智力能克隆吗?克隆技术能给人类带来什么益处?什么麻烦?
(三)唇枪舌剑 话克隆——"科 学是把双刃剑"	活动形式:辩论赛 教师行为:说明最新的辩论赛规则 　　　　　将学生分成两组,确定正反方,推选主持人 　　　　　(正方:克隆技术利大于弊;反方:克隆技术弊大于利) 学生行为:讨论准备、发言辩论

分析

1. 选题、组织活动以学生为核心

"克隆"是学生急于想了解的生物知识。在掌握一定理论知识后,安排了"唇枪舌剑话克隆"这一环节,目的是让学生们在辩论中认识到科学技术的两面性,提升他们的精神境界、道德意识和能力,使学生的人格臻于完善。

2. 培养学生主动学习,体现学生主体性

收集有关克隆资料、举行有关克隆知识的竞赛、讨论克隆的利与弊、争辩克隆技术在人类生活的利弊这些环节都要求全体同学的参与,体现了学生的主体地位。基本知识的传授,不是传统教学上的教师照本宣科,而是通过学生积极地抢答,循序渐进,在活动中自发地掌握。为了便于指导,一个活动班的学生分为几个组,小组内进行讨论,教师从旁当顾问,帮助解决一些概念问题和活动主题的引导。统计这一节课的学生参与面,在全班面前说话、发言的达到60%,加上资料准备、组内讨论,能够达到95%。

---

① 何芳.揭开"克隆"神秘的面纱——一节生物活动课的设计及体会[EB/OL]. http://218.22.0.84/teacherhomepage/shenwu/jylw/3jx.htm.

3. 创设情境,激发兴趣

　　内容上选择以激发学生学习和运用生物科学的兴趣为主;分组进行讲评,增加了协作和竞争兴趣;对某些问题的引申,提出质疑,埋下伏笔,增加了不断进取的兴趣需求;通过小组竞赛,学生积极地回答问题,掌握了克隆的相关知识。

本章小结

　　1. 教学设计的过程实际上就是为教学活动制订蓝图的过程,其基本组成部分包括学习需要分析、学习内容分析、学习者分析、学习目标的阐述、教学策略的选择与制订以及教学设计成果的评价。
　　2. 信息化教学设计的目标是帮助全体教师在自己的日常课堂教学中充分利用信息技术和信息资源,培养学生的信息素养、创新精神和问题解决能力,增强其学习能力。
　　3. 中学生物实验教学是通过一定的仪器、设备或药品的处理对生物体的形态结构和生理功能进行有目的、有重点的观察和研究的教学过程。认真做好实验课前准备是生物实验教学成功的根本保障。
　　4. 生物活动课程是以学生的各种活动为中心,从学生需求和兴趣出发,注重学生对各种事件的亲身经历和体验,以培养学生动手操作能力为根本目的的一种新型课程。它与探究性学习相互渗透,相互促进。

关键术语

◆ 教学设计、一般模式
◆ 教学策略设计、教学媒体设计、学习环境设计、教学过程设计
◆ 教学设计成果的评价、信息化环境
◆ 理论课教学设计、实验课教学设计、活动课教学设计

学习链接

1. 教育技术专业系列课程网站　http://www.hainnu.edu.cn/licb/index.htm
2. 小学教学设计网　http://www.xxjxsj.cn/
3. 人民教育出版社课程教材研究所　http://www.pep.com.cn/
4. 上海市金山区松隐小学　http://www.syps.jsol.net/syps/Index.asp

检测—拓展

检测
1. 前端分析对教学设计有何重要意义?
2. 一般来说,教学设计应包含哪些主要内容? 各有何具体要求?

拓展
1. 从当前的高中生物课程教学内容中任选一节,尝试对这节课进行完整的教学设计,并作分析评价。
2. 选择合适内容,练习并完成一节实验课的教学设计全过程。

阅读视野

教学设计的不同界定[①]

　　何谓教学设计?
　　教学设计专家格斯塔弗森(K. L. Gustafson)指出,"教学设计"这一术语被用于描述包括分析教学

[①] 全国十二所重点师范大学.教育学基础[M].北京:教育科学出版社,2002:186-187.

内容、确定教学方法、指导试验和修改以及评定学习的整个过程。①

布里格斯(L. J. Briggs)认为"教学设计是分析学习需要和目标以形成满足学习需要的传送系统的全过程"②。

瑞奇(R. Richey)进一步认为,教学设计是"为了便于学习各种大小不同的学科单元,而对学习情境的发展、评价和保持进行详细规划的科学"③。

可见,格斯塔弗森倾向于从过程的角度对教学设计加以定义,这与西方教学理论界另一个常用的术语"教学开发"(instructional development)更加相近。布里格斯和瑞奇是根据系统的特性,描述了教学设计的特征,即系统性。

我国学者认为教学设计是指"对整个教学系统的规则,是教师教学准备工作的组成部分,是在分析学习者的特点、教学目标、教学内容、学习条件以及教学系统组成部分特点的基础上统筹全局,提出教学具体方案,包括一节课进行过程中的教学结构、教学方式、教学方法、知识来源、板书设计等"④。或"教学设计是以获得优化的教学效果为目的,以学习理论、教学理论和传播理论为理论基础,运用系统方法分析教学问题、确定教学目标、建立解决教学问题的策略方案、试行解决方案、评价试行结果和修改方案的过程"⑤。也有学者认为:"教学设计是为了达到一定的教学目的,对教什么(课程、内容等)和怎么教(组织、方法、传媒的使用等)进行设计。"⑥

尽管对教学设计概念界定的不同,但教学设计的过程实际上就是为教学活动制定蓝图的过程。通过教学设计,教师可以对教学活动的基本过程有个整体的把握,可以根据教学情境的需要和教学对象的特点确定合理的教学目标,实施可行的评价方案,从而保证教学活动的顺利进行。另外,通过教学设计,教师还可以有效地掌握学生学习的初始状态和学习后的状态,从而及时调整教学策略、方法,采取必要的教学措施,为下一阶段的教学奠定良好基础。

参 考 文 献

[1] 俞如旺.生物微格教学[M].厦门:厦门大学出版社,2007.
[2] 全国十二所重点师范大学.教育学基础[M].北京:教育科学出版社,2002.
[3] 杜士珍.现代教育技术基础[M].武汉:华中师范大学出版社,2002.
[4] 〔美〕芬克.创造有意义的学习经历:综合性大学课程设计原则[M].胡美馨,刘颖,译.杭州:浙江大学出版社,2006.
[5] 徐英俊.教学设计[M].北京:教育科学出版社,2001.
[6] 盛群力.现代教学设计应用模式[M].杭州:浙江大学出版社,2002.
[7] 谭志军,汤卫平.浅谈如何构建中学生物活动课[J].生物学教学,1999(11).

---

① Husen,Torsten&Pvostlethwaite,T. Nneville(eds)(1994). *The International Encyclopedia of Education*(2nd ed.). Volume5. P. 2875.
② 孙可平.现代教学设计纲要[M].西安:陕西教育人民出版社,1998:1.
③ 同上注.
④ 顾明远.教育大词典(第1卷)[M].上海:上海教育出版社,1990:210.
⑤ 王辉等.学校教育技术操作全书[M].北京:经济日报出版社,1999:577.
⑥ 李伯黍等.教育心理学[M].上海:华东师范大学出版社,1993:297.

第6章 中学生物教学实施技能

学习目标

1. 掌握创设教学情境的方法。
2. 学会生物教学基本技能(包括教态变化、教学语言、导入、讲授、板书、提问、演示、变化、结束等九个基本技能)。
3. 了解新课程中教学技能的变化。
4. 学会学习指导的技能。
5. 掌握信息技术与生物学教学整合的方法。
6. 理解开发与利用中学生物课程资源的重要性,并知道从哪些方面入手去开发和利用身边的课程资源。

本章内容结构图

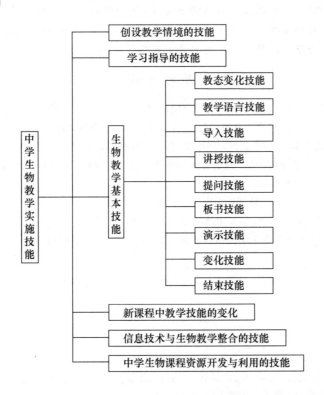

本章序幕

教学技能是教师在教学活动中顺利达成教学目标的一系列有效的行为方式。它是教师运用专业知识、教学理论,依据学习理论和教学原则进行教学设计、教学研究、组织课内外教学活动,有效地促进学生完成学习任务的活动方式。

目前,学者对教学技能分类的研究有很多,以下是几种比较有代表性的观点。

美国斯坦福大学的艾伦和瑞安从构成教学技能的多要素中抽出十四种要素设定为普通教学技能:(1)刺激多样化;(2)导入;(3)总结;(4)非语言启发;(5)强调学生参与;(6)流畅提问;(7)探索性提问;(8)高水平问题;(9)分散性问题;(10)确认(辨析专注行为);(11)图解的范例应用;(12)运用材料;(13)有计划地重复;(14)交流的完整性。

英国的微格教学工作者特罗特把在教学中能够观察、表现、实行量化分析并为教师所熟悉的教学行为,设定为六种教学技能:(1)变化的技能;(2)导入的技能;(3)强化的技能;(4)提问的技能;(5)例证的技能;(6)说明的技能。

日本东京学艺大学的井上光洋提出五大类教学技能:(1)教学设计技能。(2)课堂教学技能:①实质的技能;②评价的技能;③管理技能;④决策技能;⑤其他技能。(3)学校管理技能。(4)普通教学技能。(5)明确课题实质的教学技能。

人类几千年的教育实践,无数的教师都在自己所处的时代,努力地探索运用什么样的教学技能和怎样运用教学技能来提高教学效果。随着时代的发展和生物课程改革的深化,生物教师的教学技能的内容、结构都发生了一定的变化。作为一名生物教师,在新课程理念下,为了减轻学生过重的课业负担,增强学生的学习兴趣,提高课堂教学的效能,我们应该具备哪些教学技能呢?

6.1 生物教学基本技能

原国家教委下发的《高等师范学校学生的教师职业技能训练大纲》对教学技能做了如下的分类:教学设计、使用教学媒体、课堂教学、组织和指导课外活动、教学研究五类技能。通常认为课堂教学技能主要是教师在课堂上利用教学技能和教学经验进行某一学科教学的能力基础,是教师为完成特定的教学目标而进行的意识性行动。随着科学技术的发展和教育教学改革的深入,人们的教学观在不断更新,对教学技能的要求不断提高,教学技能的分类也会不断变化与发展。

问题与思考

信息化时代,多媒体教学已经被广泛、高频率地使用。有时,在上完一整节课,老师一个粉笔字也没写。是不是多媒体教学可以取代传统的授课方式,板书技能已经不重要了?是否教师扎实的基本功已不再是教师教学的根本保证?教师扎实的基本功是否不需要丰富和提高?

6.1.1 教态变化技能

6.1.1.1 教态变化技能概念

教态,就是教学姿态,一般理解或狭义理解为教师站在三尺讲台上的姿势形态,是教师在课堂教学中呈现出的表情、眼神、手势和身体姿态等,属非语言行为。通常也称为"无声语言"或"体态语言"。教态包括仪容、风度、神情、目光、姿势和举手投足等。

优美和谐的教态不仅给学生美的享受,同时也是教师个人气质和自身修养的自然流露,更重要的是它能辅助语言传授,融洽师生关系,调控课堂秩序,是科学完成教学任务的重要手段。

活动 6-1

案例: 一位教数学的老教师给人留下了深刻的印象。老先生冬天穿一身中式棉袄,脚穿一双中式棉鞋。在讲到数轴上的数对称时,他说:"什么叫对称?你看天安门前的石狮子。"(老先生慢慢屈腿,扬起右臂,用身体模仿石狮子的模样。他模仿完左边的石狮子,又模仿右边的石狮子)此后,当遇到对称问题的时候,就会情不自禁地回忆起老师的形象和幽默的形体变化。

思考: 谈谈阅读案例后自己的感受是什么?

6.1.1.2 教态变化的类型

1. 身体的动作

教师在课堂上身体的动作,主要指教师在教室里身体位置的移动和身体的局部动作。

(1) 教师在课堂上的走动

走动是教师传递信息的一种方式,如果一个教师一节课只以一个姿势站在那里一动也不动,课堂就会显得单调而沉闷。相反,教师适时地在学生面前走动,而又没有分散学生的注意力,课堂就会变得有生气,还能激发学生的兴趣,引起注意,调动学生的积极情绪。

教师在课堂上的走动大体有两种:一种是教师在讲课时并不总站在一个位置上,而是适当地在讲台周围走动;另一种是在学生做练习、讨论、实验时,教师在学生中间走动。从讲台上下来走到学生中间,这种空间距离的缩小,带给学生的直接影响是与学生心理上的接近。因此,教师走到学生中间可以密切师生关系,加强课堂上师生间的情感交流。同时,在走动中教师可进行个别辅导,解答疑难,了解情况,检查和督促学生完成学习任务。

(2) 教师身体局部的动作

教师除全身的动作外,头部和手等部位的动作均能表达一定的思想或辅助语言的表达。在生物教学中,经常要表示物体的形状、大小及动物的动作行为等,这些都可借助手势来说明,在与学生交流的过程中,头部的动作对于表达思想或态度起着重要的作用。例如,在学生回答问题或提出问题时,你使劲地点头则表示:"我知道了,你快讲吧!"如果你将眉毛抬到不能再抬高的程度,则表示:"我太惊奇了!"假使你慢慢地抬起眉毛并轻轻地点头,表示你正在注意听,而且对他的回答进行思索,会使学生更愿意谈自己的意见和见解。

2. 面部的表情

情感是打开学生智力渠道阀门的钥匙,课堂上师生之间情感的交流,是创造和谐的课堂气氛、良好智力环境的重要因素,在交流中教师的表情对激发学生的情感有特殊的重要作用。教师的面部表情是教师内心世界的外部表现,非常丰富。教师与学生的交流,学生首先注意到的是教师的面部表情,同样的教学内容,教师教学时面部表情不一样,学生的内心体验就不一样,所产生的教学效果肯定不同。

对面部语的基本要求是,教师要做到和蔼、可亲、热情、开朗,使学生感到真诚和信赖,给学生创设良好的心理环境。教师的面部语是为教学内容服务的,随着教学内容的变化,教师的面部表情也跟着变化,同时也随着学生的思想、感情的变化而变化。

特别值得一提的是微笑的运用。微笑是一个人乐观自信、积极向上的心理反应,教师在课堂上运用微笑的面部表情,能够感染学生,使之有乐观自信、积极向上的态度。许多教师都懂得微笑的意义,他们即使在十分疲惫或身体不适的情况下,在走进教室时总是面带微笑,因为他们懂得学生会从老师的微笑里感受到关心、爱护、理解和友谊。同时,教师的情感也会激发起学生相应的情感,他们也就会爱老师,又会从爱老师进而延伸到爱上老师的课,欣然接受老师的要求和教育。

3. 眼神的交往

眼睛是人与人沟通中最清楚、最正确的讯号。眼睛是心灵的窗户,是人身上的焦点,它不仅可以传递信息,增强语言表达的魅力,而且可以表达喜怒哀乐等情感,表示赞许、反对、劝勉、制止、命令等意向。

人的瞳孔是不能自行控制的,在亮度不变的情况下,瞳孔的放大和收缩表示一个人的态度或心情。如果一个人在感到兴奋时,他的瞳孔会扩张到比平时大四倍并显得闪烁发光。相反,在生气或情绪低沉时,人的瞳孔会收缩到很小。所以,在进行情感交流时,只要注视对方的眼睛,彼此的沟通就会建立起来。

在人与人进行谈话时,有些人的谈话会使人感到很舒服,有些人却会令人不自在,甚至有些人会让人觉得不值得信任。这主要是与相互之间注视的时间长短有关,当相互的目光接触时间超过全部谈话时间的三分之二时,可能意味着以下两种情况:一是对方认为你很吸引人,对你的谈话很感兴趣,这时对方的瞳孔会扩张;二是对方对你的谈话非常怀疑,而表现出的非语言性挑战,这种情形下对方的瞳孔会收缩。因此,若要与对方建立良好的默契,应有 60%～70% 的时间注视对方,这会使得对方喜欢听你的谈话。

在谈话时不但注视的时间长短很重要,注视的位置也同样重要。你若一直注视着对方前额上的三角区(两眼和额中间所形成的三角区域),就会造成一种严肃的气氛,使对方感觉你在谈正事,会影响对方。你若注视对方两眼与下颌稍下部位所组成的三角区,则是一种亲密的注视。

活动 6-2

1. 假如现在你的伙伴是一位面试主考官,请你尝试着自我介绍,并运用合适的眼神交往。
2. 请给你的伙伴讲一件假期中的趣事,并运用合适的眼神交往。

4. 适宜的停顿

停顿也是一种语言,是引起注意的一种有效方法。在讲述一个重要事实之前作一个短暂的停顿,能够有效地引起人们的注意。同样的句子中间突然插入停顿,也会起到同样的作用。三秒钟的停顿足以引起人们的注意,二十秒钟的沉默对人是一种折磨,更长时间的沉默简直会使人难以忍受。

一个新教师往往会害怕停顿和沉默,每当出现这种情形时,他们就赶紧用附加的问题或陈述填补进去。而一个有经验的教师在提出一个问题后,总是停顿一会儿让学生思考,做好回答的准备。当学生回答完问题之后再次停顿,给学生进一步思考的时间,促使问题回答得更全面。另外,在对一个概念分析、综合之后,或对一个问题演绎、推理之后,也要有一个适当的停顿,以使学生回味、咀嚼、消化、巩固所学的知识。一节课中恰当地进行停顿会使人感到有节奏感,不停顿地讲述 45 分钟,不给学生留下思考的余地是不可取的。

5. 声音的变化

一个平缓、单调无味的声音,会使课堂变得死气沉沉。声音的音质、声调和讲话速度的变化,以及富于表情的语言,会使教学变得很有生气。

声音的变化可以是由低到高,也可以是由高到低,一个有技能的训练有素的教师能熟练地运用这一方法。比如,一个有经验的教师在讲了一段有趣的故事之后,引起学生的笑声和议论声,当他开始把声音变弱,形成安静低沉的声调时,学生便会更加专心去听。而一个没有经验的缺乏训练的教师往往不会使用这一方法,当课堂变得喧闹嘈杂时,却一味简单地去增加刺激,不停地大声喊:"别讲话了!""请保持安静!"等。这种方法虽然有时暂时有效(也可能无效),但却影响了教师在学生心目中的威信,难免使学生产生轻视教师的想法。

讲话速度的变化也是引起注意的一个因素。当你从一种讲话速度变到另一种讲话速度时,即使有人已经分散了注意,也会重新将注意转移到你所讲的话题上来。

6.1.1.3 运用体态艺术应注意的事项

如前所说,体态语言在课堂教学中确实起到很重要的作用。但任何事情都是一分为二的,体态语言也不例外。如果教师在课堂上对体态语言运用不当,或运用得过多过滥,也会影响课堂教学,甚至会产生恶劣的影响。我们在运用体态语言来辅助课堂教学时一定要注意以下几点。

1. 要恰当准确

人通过任何一种器官,特别是面部的眼睛、眉毛、鼻子、嘴等可以表现很多复杂的感情。单说眼睛,人的"七情六欲"都可以从眼睛里折射出来。所以我们运用体态语时,一定要恰当准确。比如,讲到兴奋处,应睁大眼睛,让它散发出兴奋的光芒;讲到悲痛处,最好眼皮下垂,甚至让眼睛呆滞一会儿,给人一种痛苦之感;讲到愤怒时,可以两目圆视,固定眼珠,射出逼人的光芒;讲到重点或严谨处,可以冷静地注视着学生,并且让目光带有期望的色彩,以提醒学生注意。这样,体态语言就可充分发挥它的作用。

2. 要自然得体

课堂上教师的体态语言行为,一定要和自己内心的思想与活动相一致,做到亲切自然、庄重大方、一举手、一投足、一顾一盼,都要体现师长的风度,使学生看到表里如一的美好、真实形象。千万不可故意造作、扭扭捏捏,这样不但起不到好的影响,还会损害教师的形象。

3. 要协调一致

所谓协调一致,在这里有两重含义:一是指教师运用体态语要服从教学目的的要求,服从教学内容的需要;二是要与课堂教学的气氛、情境及学生的心理需要相统一,做到恰如其分,恰到好处。比如,讲一些庄重严肃的课文不能用轻浮的举止,讲一些悲痛的课文不能用喜悦的神情。发现学生不喜欢某一种体态语,或者某一种体态语用得过多过滥,引起反感,这时教师要注意及时调整自己的体态,或因势利导,采用受学生欢迎的体态。这样才能保证师生心理的沟通、感情的一致。

4. 要整体配合

这里的整体配合也有两个方面的含义:一是各种体态语言之间的整体配合。各种体态语可以单独使用,也可以综合使用,而综合使用往往更能发挥其综合效果。比如,为了制止课堂的违纪现象,可以眼神(注视或怒视)、手势(指点)、表情(气愤、发怒)、距离(靠近)等并用,以产生强烈的效果和作用。单用某一种就可能显得单薄。二是体态语言,即无声语言,与有声语言的配合使用。体态语言作为一种无声语言虽然有它的长处,但也有不足,在表情达意方面不如有声语言来得简洁明快,所以在课堂教学中,要注意把有声语言与无声语言进行优化组合,使其互相取长补短、相得益彰。比如讲解《周总理,你在哪里?》时,可以把悲痛的表情、手势等体态语言,与有情有声的口头语言相配合,以产生更强的感人效果。

名师论教 6-1

我国著名教育家叶圣陶说:"一出戏要唱功、做功都好是不容易的。……学戏开始,不是从整首戏入手的,一定要练基本功,唱腔、道白、身段、眼神、一举手、一投足,都要严格训练,一丝不苟。起初当然勉强,后来逐渐熟练表演起来就合乎规矩。"

教师运用体态语言也是一项基本功,和唱戏中的"做功"相似。教师要想教好,要想形成自己的教学风格,就必须像唱戏练"做功"一样,练好体态语言,并逐步做到熟练、协调、运用自如。只有这样,教师才有可能成为讲台上的"表演艺术家"。

6.1.2 教学语言技能

6.1.2.1 教学语言技能概念

教师在课堂上要讲解教材、传授知识、组织练习和不断激发学生积极的学习情绪,在这一过程中所运用的语言,就是教学语言。教学语言技能是教师传递信息,提供指导的语言行为方式,它不独立存在于教学之中,却是一切教学活动的最基本的教学行为。为了完成教学任务,教师必须按照学生的认知规律组织和改造教学内容,并用准确、生动、富于启发性的语言表达出来。因此,教师的语言水平是影响学生学习水平和学习能力的重要因素,成为实现学习目标的关键。我们强调教师的授课技能,从根本上是强调教师的语言技能。

6.1.2.2 教学语言技能的构成

教学语言技能由基本语言技能和特殊语言技能两方面因素构成。基本语言技能是课堂教学语言的基础。教师的课堂教学语言技能是在课堂教学的特殊环境中而形成的,这里主要介绍基本语言技能。

1. 语音和吐字

语音是语言的物质材料。有了语音这一载体,才使得表达信息的符号——语言能以声音的形式发出和被感知。在交际中,特别是在教学中,对语音的基本要求是要规范,即要用普通话语音来讲话,方言是交流的最大障碍。如有位教师对"多"和"独"的音区别不开,因此在讲"多幕剧"和"独幕剧"的区别时,这位教师若不借助于板书,学生就很难听明白。

2. 音量和语速

音量指的是声音的大小,声音小,听不清楚,声音过大,没必要,使人听起来会感到不舒服。音量应控制在教室安静的情况下,最后一排也能听清楚。音量大小和气息控制有关。要达到一定的音量,就要注意深呼吸,要注意有控制的用气。注意音量的保持,避免听清前半句,听不清后半句。要把每一句的最后一个字都清清楚楚地讲出来。

语速是指讲话的速度,耳朵有一定的承受力,太快就听不清。一般语速以每分钟200~250字为宜(播音员为350字/分)。

活动 6-3

下面一段文字是中学生物课堂教学讲稿的一部分,约250字,请你反复练习,把握最合适的语速。

"19世纪中叶,孟德尔通过植物的杂交实验提出,生物的每一个性状都是通过遗传因子(后称基因)来传递的。遗传因子在体细胞中成对存在,在减数分裂形成的配子中成单存在,配子结合后,遗传因子又恢复到成对状态。

19世纪末,科学家研究了生物生殖过程中细胞的有丝分裂、减数分裂和受精过程,了解到染色体的活动有一定的规律:体细胞(2N)→配子(N)→受精卵(2N)。

据此,有人设想:莫非遗传因子就是染色体,一条染色体就是一个遗传因子?这不可能,因为生物的性状很多,而染色体的数目有限。那么,一定是一个染色体上有许多个遗传因子(基因)。"

3．语调和节奏

语调是指讲话时声音的高低升降、抑扬顿挫的变化。合适的语调，可以加强口语表达的生动性。

节奏是指讲话时的快慢变化。它和语速有联系但不是一回事，每个字音长音短时间并不一样，句中句间长短不一的停顿，这种不一就是节奏。善于调节音程徐缓变化，形成和谐的节奏，同样可以加强口语表达的生动性。

4．词汇和语法

没有词就没有语言。一个人只有具备一定词汇量并能正确、熟练地运用于口头表达中，才能具有一定的口语技能。在课堂口语中，对词汇的要求是：①规范：要用普通话的语汇交流。方言有很大的障碍。②准确：表达客观事物或某个意思，要用恰当的词语。③生动：注意用词的形象性、可感性；注意词的感情色彩，能启发想象、联想、激发人的感情。

语法是指用词造句的规则。它是某一民族在形成民族共同语言的长期历史过程中形成的。按照一定的语言规则表达语言，才能被理解，才能互相交流。因此，教师的语言要合乎逻辑规律，符合语法。

活动 6-4

每个人用五分钟时间做准备，然后以小组为单位每个人轮流以教师的身份将下面的活动通知用口语的方式表达出来，各小组在分别推选出一位代表在全班表述。

活 动 通 知

一、时间安排：12月8日（星期六）上午7点到校准备，7:30乘车出发前往市体育中心。下午4点乘车返校。家长可以跟车前往，也可以自己解决交通问题。

二、家长和学生自备午餐、水。

三、着装要求：学生和家长自备运动装和运动鞋（班级统一购买白色帽子2.5元）。

四、场地安排：六年级在主席台前。

五、学校要求：

1．此次活动，为了方便学生及家长进行比赛，原则上不安排看台座位，各班交代学生带好坐垫，直接在塑胶地面上就座。

2．乘车到体育中心北门后，按指定位置放好东西，之后到北门集队，做好入场式准备。

3．入场式结束，各班返回指定位置，做好比赛准备。

4．比赛期间，不得随意进入比赛场地，凡干扰比赛正常进行者，一律扣分。

5．比赛结束，清扫各自就座位置，卫生室进行检查评比。

*步骤一：*小组内讨论，刚才被推选出的代表，他的语言有什么特色？

*步骤二：*回顾自己刚才说话的过程，认为当时的语速、音量、语调和节奏受到了哪些因素的影响？一般课堂教学中还受什么因素影响？

6.1.2.3 应用原则与要点

1．学科性和科学性原则

教学语言是学科的教学语言，因此必须应用本学科的专门用语——术语。专业术语是学科范围内的共同语言，不用这些术语，不仅不利于交流，而且往往会不严密，甚至可能出现错误。

教学语言的科学性包括准确性和逻辑性两个方面。教学语言的科学性是教学内容科学性的重要保证,而教学内容的科学性是教学中第一位的要求。如线段就不是直线,无色就不是白色。

2. 教育性和针对性原则

教师职业本身就使其教学语言具有一定的权威性,教学语言对学生的思想、情感、行为始终产生潜移默化的影响,有时甚至是决定性的影响。因此,作为教师,我们必须十分清醒地认识到这一点,密切注意到教学语言的教育性。

教学语言的针对性可以从内容和表达两方面来理解。内容方面,必须是学生已有的知识和经验的范围内能够理解的,与学生思想感情相通不能超越学生的认识能力,也不可和学生的兴趣需要相悖。表达方面,深入浅出、通俗易懂、简单明了、生动活泼。故弄玄虚、重复啰唆、平板紊乱的语言是不允许的。

3. 简明性和启发性原则

教学语言的简明性是指语言不多,一听就明白,就表达内容来说一定是经过提炼、认真组织的词语,一定是经过认真推敲、严格选择的句式。能留有余地以引起学生的思考。启发性的语言能激发学生的学习兴趣、热情和求知欲;启发学生联想、想象、分析、归纳、演绎等,从而激发学生积极思考;启发学生审美情趣,丰富学生思想感情。表 6-1 是教学语言技能评价表。

表 6-1 教学语言技能评价表

评价内容	评价标准				权重
	优	良	及格	不及格	
语言流畅,节奏适当					0.10
正确使用本学科名词术语					0.13
遣词造句通俗易懂					0.10
逻辑严密,条理清楚					0.13
感情充沛,有趣味性、启发性					0.10
讲普通话,字音正确					0.10
语调抑扬顿挫,舒缓适当					0.08
运用短句,防止语句冗长					0.08
简明扼要,没有不必要的重复					0.10
没有口头语和多余的语气助词					0.08

6.1.3 导入技能

导入与导言、引言相比,其性质、目的是基本相同的,但其内容丰富,形式更多样。导入是教师在一个新的教学内容或教学活动开始时,引导学生进入学习的行为方式。通过导入,教师把学生引导到一个特定的学习方向来,因而又叫定向导入。

6.1.3.1 导入的作用

有效地导入新课,是课堂教学中的一个重要环节。导入的作用在于集中学生的注意力,引起学生的兴趣,明确学习的目的、要求,为学好新知识创造良好的起点。有经验的教师非常重视导入的设计和使用。新课的开始,教师用贴切而精练的语言,正确、巧妙地导入新课,可以激发起学生强烈的求知欲望,引起他们的浓厚兴趣。好的导入可以点燃学生的思维的火花,开拓学生的思维的广阔性和灵活性。

6.1.3.2 导入的类型

教学没有固定的形式,一堂课如何开头,也没有固定的方法。由于教育对象不同、内容不同,开头也不会相同。即使是对同一内容,不同教师也有不同的处理方法。教师要根据所教学生的心理特点,结合教学内容,采用灵活多样的方式导入新课,通过导入把学生的注意力牢固地吸引住。生物教学中的导入形式很多,主要有以下几种。

1. 利用旧知识导入

通过复习旧知识的方式导入新知识,引导学生去发现问题,明确探索的目标,这是理科教学最常用的方式。

2. 利用直观演示导入

根据生物学科的特点,要尽量采用直观教学。采用直观教学,可以使抽象的知识具体化、形象化,为学生架起由形象向抽象过渡的桥梁。在课堂教学中,对一些抽象的概念,教师要为学生多提供具体事例,创设演示直观教具的机会,并引导学生在直观以及学生亲自动手演示教具的过程中,能够理顺思路,为他们进一步进行思维加工奠定基础,使学生逐步理解抽象概念。

案例 6-1

"花的结构"导入

学生学习"花的结构"时,教师可以展示各种花的图片,以及花的模型或挂图,指导学生观察,并提出以下问题:

① 花在自然界中虽然绚丽多彩、千姿百态,但基本结构是否一样?
② 花有哪些结构呢?

3. 利用实验演示导入

教师巧妙地设计一些小的实验或练习,指出一些现象让学生自己观察和分析,进行归纳总结,得出的结论就是本节要讲的主要内容,因而课题随之被揭示出来。这种导入方法,能帮助学生掌握抽象的知识,激发其思维活动。

案例 6-2

"根对水分的吸收"新课的导入

在上新课之前,可以给学生布置一个小实验,让学生在课下完成。这个实验是让学生用两个小萝卜或土豆,在上面各挖一个洞,在一个洞里放上清水,另一个洞里放上盐水,放在阳台上观察。一天后看这两个萝卜或土豆洞中的水有什么变化,用手捏萝卜或土豆有什么感觉,试分析这是为什么。上课时让学生讲述自己观察的现象,并说出分析的结果。

4. 从生产实践和生活实际问题导入

生产和实际生活中,有不少现象,人们往往能感觉它而不能理解它,一旦把它上升到理论的高度便能引起浓厚的兴趣。教师利用这种心理,使许多问题都可以从学生亲身经历过的实际问题或本身的生理现象导入新课。通过学生生活中熟悉的事例或自身的生理现象引入,能使学生有一种亲切感和实用感,容易引起学生学习的兴趣。

5. 以讲故事的方式导入

中学生的特点是求知欲强,颇具好奇心。他们爱听、爱看有趣的故事,教师应紧紧抓住学生这个心理,变学生的好奇心为浓厚的学习兴趣,使他们的思维活动积极活跃起来。教师根据教学内容适当地引入一些材料,从与教材有关的趣事逸闻出发导入,能激起学生对所学新课产生浓厚的兴趣。

6. 运用逻辑推理的方法导入

推理是人们头脑中根据已有的判断,经思维的分析综合,引出新的判断的过程。它是根据已有的概括性认识和有关材料或事实,对过去进行推断或对未来进行预测。

6.1.3.3 导入技能的构成

导入的类型是在深入钻研教学内容、明确教学目标和分析学生认知特点的基础上而确定的。因此,每种导入都应从教学目标出发,使学生明确学习目的和教学内容,启发他们学习的积极性和主动性,造成寻求答案的迫切心理,更好地理解和掌握知识。导入的设计必须具有合理的结构。典型的导入由以下四个方面构成(见图6-1)。

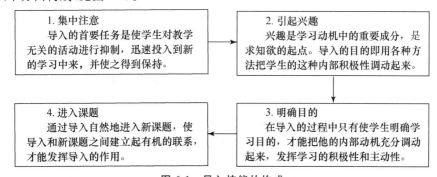

图 6-1　导入技能的构成

6.1.3.4 设计导入应注意的问题

导入在整个教学中是一个重要的环节,它直接影响学生学习的情绪和效果。在设计导入时要注意以下几个问题。

1. 针对性

教师设计导入一定要根据教学内容而不能脱离教学内容。所设计的导入方法要具体、简捷,一开始就把学生的思路带入一个新的知识情境中,让学生对要学习的新内容产生认识上的需要。导入只是一个开头,从课堂结构的角度来看,它的作用是为教学打开思路。如果脱离课堂整体,即使是再精彩的导入也失去它应有的作用,这是不可取的。

2. 启发性

导入对学生接受新内容要具有启发性,以便使学生实现知识的迁移。通过浅显而简明的事例,使学生得到启发。

3. 趣味性

设计导入要做到引人入胜,使教材内容以新鲜活泼的面貌出现在学生面前,最大限度地引起学生的兴趣,激发他们的学习积极性,防止学生产生厌倦心理。

4. 语言的艺术性

要想使新课的开始扣动学生的心弦,激起学生思维的浪花,像磁铁一样把学生牢牢地吸引住,这就需要教师讲究导入的语言艺术,考虑语言艺术的前提是语言的准确性、科学性和思想性。同时,还要考虑可接受性,不能单纯地为生动而生动。所以,设计导入要根据导入方法的不同,考虑采用不同的语言艺术。

6.1.4 讲授技能

讲授是课堂教学最主要的教学方式,讲授技能是最基本的教学技能之一。

6.1.4.1 讲授技能概述

讲授是教师通过口头语言向学生系统传授科学文化知识的教学方式。它主要通过叙述、描绘、解释、推论等引导学生了解现象,感知事实,理解概念、定律和公式,从而使学生认识问题、分析问题、解决问题,并促进学生智力与人格的全面发展。

6.1.4.2 讲授的基本形式

讲授通常有讲述、讲解、讲读和讲演四种基本形式。但在生物课堂教学活动中,通常使用的是讲述和讲解两种基本形式。

1. 讲述

讲述是指教师用生动形象的语言,对教学内容进行系统地叙述或描述,从而让学生理解和掌握知识的讲授方式。讲述分为叙述式和描述式。叙述式和描述式的作用在文科和理科教学中有所不同(见表6-2)。

表 6-2 叙述式和描述式在文科和理科教学中的作用

科 目	作 用	
	叙述式	描述式
文 科	叙述学习要求、政治事件、社会面貌、时代背景、人物关系、故事梗概、写作方法、历史事实、地理状况等。	刻画人物、描绘环境、介绍细节、渲染气氛、表达感情等。
理 科	叙述学习要求、数量之间的关系、自然现象的变化、物体结构和功能、生物种类和遗传、实验过程和操作方法等。	描述与课题内容密切相关的科学家或发明家的经历或业绩。

叙述式和描述式的相同之处在于:都是说事,而不是说理。其不同之处在于:叙述式的语言简洁明快,朴实无华;描述式的语言细腻形象,生动有趣。

2. 讲解

讲解是指教师对教材内容进行解释、说明、阐述、论证的讲授方式,通过解释概念含义,说明事理背景,阐述知识本质,论证逻辑关系,达到使学生理解和掌握知识的目的。与讲述不同的是:讲解不是讲事,而是讲理,侧重于发展逻辑思维能力。

讲解主要包括以下三种方式。

(1) 解说式。运用学生熟悉的事实、事例,引导学生在情境中接触概念,以感知为起点对概念进行理解,或者把已知与未知联系起来,说明事物的本质属性和基本特征。

(2) 解析式。解释和分析规律、原理和法则,是基础知识教学和基本技巧训练的重要方式之一。主要有归纳和演绎两种途径。归纳是通过讲授分析事实、经验或实验,抓住共同要素,概括本质属性,综合基本特征,用简练、准确的语言作出结论,再把结论用于实践,解决典型问题,最后对相似的、易混淆的内容进行比较,指明区别和联系;演绎,即首先讲解规律、原理和法则,再举出正反实例,加以应用。

(3) 解答式。以解答问题(思考题、练习题)为中心,具有一定的探索性。在事实中引出问题,或直接提出问题,明确解决问题的标准,提出解决问题的办法,进行比较、择优,进而找出论据,再开展论证,通过逻辑推理得出结果,最后归纳总结。

3. 讲读

讲读是在讲述、讲解的过程中,把阅读材料的内容有机结合起来的一种讲授方式。通常是一边读一边讲,以讲导读,以读助讲,随读指点、阐述、引申、论证或进行评述。

4. 讲演

讲演是讲授的最高形式。它要求教师不仅要系统而全面地描述事实、解释道理,而且还要通过深入地分析比较、综合概括、推理判断、归纳演绎等抽象思维手段,作出科学的结论,让学生理解和掌握理论知识,形成正确的立场、观点和方法。

活动 6-5

以小组为单位,每个人轮流向其他人讲解"显微镜的使用"和"光合作用的过程",讨论两个主题的讲解有什么不同,讲解过程中需要注意哪些问题。

6.1.4.3 讲授的基本要求

1. 讲授要准备充分

准备讲授,最重要的是理清思路。所谓思路是指认识客观规律的思维过程,它反映着本学科的规律与人的认识规律的统一。教师应对讲授内容作全面的分析和把握,做到准备充足,力图将系统的知识呈现给学生。

2. 讲授要有科学性

教学中所要传授的知识,应当是在人类目前达到的认识水平上已成定论的可靠知识。因此,教师讲授的内容应该是准确的、经得起实践检验的知识。同时,要求教师要以科学的认识论和方法论为指导,实事求是,从实际出发,树立尊重科学、严谨治学、去伪存真、求实创新的教风和学风。另外,教师上课要用严密的语言、精确的词汇表达概念,阐述定理公式,进行分析综合、推理判断。

3. 讲授要有启发性

讲授要根据教学要求,从学生的实际出发,借助各种教学手段,调动学生的积极性、主动性,引导他们积极地、创造性地思维,主动地去获取知识,真正达到发展智力、培养能力的目的。

4. 讲授要生动、形象

教师借助比喻、描绘、表演等手法或教学媒体手段使学生通过感知,领会抽象的概念、定理和规律,使学生"如临其境""如见其形""如闻其声",将抽象的概念具体化、深奥的哲理形象化、枯燥的知识趣味化。

5. 讲授要简洁

教师应使用简洁明快、既准确又精练、既有逻辑性又有概括性的语言进行知识传授。这就要求教师对教材的书面语言进行加工、提炼、斟酌,用最简练的语言表达最丰富的内容,使每一个字、每一句话都起到相应的作用。

6. 讲授要通俗

学生听得懂、听得明白,才有可能接受和掌握教师所讲授的教学内容。因此,讲授过程中传递的信息必须符合学生的知识背景。教师在选择例子和证据时,应做到适合学生的年龄特征和经历,尽可能选择学生比较熟悉的事物,使他们容易把这些事物与即将学习的知识联系起来,顺利实现新旧知识的迁移。

7. 讲授要注意和谐性

在讲课过程中,教师应注意语速、语调、响度等的科学运用,并根据学生的反应及时做出相应的调整。在确定基本的速度和音量后,语音的高低、强弱、快慢和停顿还应根据教学内容有一些变化、起伏,以吸引学生。

8. 讲授要与板书相配合

讲授与板书相互配合,可以更好地发挥讲授的作用。板书的基本内容包括图画、文字、公式和表格。板书内容一般都是教学内容的重点、难点,教师利用讲授对精心设计的板书内容加以点拨、讲解,能引导学生抓住教学的主要内容,提示学生重点和关键问题,帮助学生记忆和消化教学内容,有利于学生记好笔记和复习。

6.1.5 提问技能

提问是一项具有悠久历史渊源的教学技能,我国古代教育家孔子就常用富有启发性的提问进行教学。他认为教学应"循循善诱",运用"叩其两端"的追问方法,引导学生从事物的正反两方面去探求知识。古希腊哲学家苏格拉底也是一位提问高手,他使用"精神产婆术"的方法进行教学,通过不断的提问让学生回答,找出学生回答中的缺陷,使其意识到自己结论的荒谬,通过再思索,最终自己得出正确的结论。

6.1.5.1 课堂提问的功能

对学习者来说,学习过程实际上是一种提出问题、分析问题、解决问题的过程。教师巧妙的提问能够有效地点燃学生思维的火花,激发他们的求知欲,并为他们发现、解决疑难问题提供桥梁和阶梯,引导学生去探索达到目标的途径,在获得知识的同时,也增长了智慧,有助于他们养成勤于思考的习惯。其主要功能如下。

1. 激发学生的学习动机和兴趣

提问能够激发学生的好奇心,使学生产生探究的欲望,迸发学习的热情,产生学习的需求,进入"愤、悱"状态。

2. 促进学生学习

宋代朱熹说:"读书无疑者,须教有疑。有疑者却要无疑,到这里方是长进。"提问是教师对学生学习的一种支持行为。学生的学习是以学生的积极思维活动为基础的,学生的思维过程往往又是从问题开始的。提问能帮助学生复习巩固所学的知识和技能,提示教学重点,分散难点,促进学生对教材内容的记忆等。

3. 平稳过渡

每一科目的教学内容,其各个组成部分之间都相互联系,并以一定的方式关联在一起。提问可以为学生理清思路,把握学习内容之间内在的逻辑关系,实现教学内容各组成部分之间的平稳过渡。

4. 为学生提供参与机会

提问是课堂上的一种召唤、动员行为,是集体学习中引起相互活动的有效手段。提问给学生提供了一个流露情感、发表看法,与老师和班级其他成员沟通、交流的机会。学生通过聆听他人对问题的回答,展开争论,从而开拓自己的思路,便于对学习内容进行梳理、理解、记忆。提问给学生提供了一个参与教学过程的机会。

5. 培养能力

提问可以培养学生的思维能力、口头表达能力和交流能力。课堂提问能引起学生的认知矛盾并给学生适宜的紧张度，从而引发学生积极思考，引导学生思维的方向，扩大思维的广度，提高思维的深度。学生在回答问题时需组织语言，以便能言之有理、自圆其说，锻炼口语表达能力。同时，在与教师和其他学生探讨问题、寻求解决问题途径的过程中，培养了与他人交流、沟通的能力。

6. 反馈教学信息

提问过程是一个教师"教"与学生"学"的双向过程。教师通过对学生回答问题情况的了解，检查他们对有关问题的掌握情况（包括理解情况、记忆情况、运用情况等），便于教师和学生及时把握教与学的效果，调整教学方式和学习方式。提问还是教师诊断学生学习困难的有效途径。

7. 管理课堂教学

提问可以活跃课堂气氛，促进师生之间的情感交流，吸引学生的注意，有助于课堂教学活动的顺利进行，因此提问是进行课堂教学管理、维持良好课堂秩序的常用手段之一。

6.1.5.2 课堂提问的类型

1. 知识性提问

知识性提问是考查学生概念、字、词、公式、法则等基础知识记忆情况的提问方式，是一种最简单的提问。对于这类提问，学生只需凭记忆回答。简单的知识性提问限制学生的独立思考，没有给他们表达自己思想的机会。因此，课堂提问不能局限在这一层次上。

2. 理解性提问

理解性提问是用来检查学生对已学的知识及技能的理解和掌握情况的提问方式，多用于某个概念、原理讲解之后，或学期课程结束之后。学生要回答这类问题必须对已学过的知识进行回忆、解释、重新组合，对学习材料进行内化处理，组织语言然后表达出来。因此，理解性提问是较高级的提问。

3. 应用性提问

应用性提问是检查学生把所学概念、规则和原理等知识应用于新的问题情境中解决问题的能力水平的提问方式。

4. 分析性提问

分析性提问是要求学生通过分析知识结构因素，弄清概念之间的关系或者事件的前因后果，最后得出结论的提问方式。学生必须能辨别问题所包含的条件、原因和结果及它们之间的关系。学生仅靠记忆并不能回答这类提问，必须通过认真的思考，对材料进行加工、组织，寻找根据，进行解释和鉴别才能解决问题。这类提问多用于分析事物的构成要素、事物之间的关系和原理等方面。

5. 综合性提问

综合性提问是要求学生发现知识之间的内在联系，并在此基础上使学生把教材内容的概念、规则等重新组合的提问方式。这类提问强调对内容的整体性理解和把握，要求学生把原先个别的、分散的内容以创造性方式综合起来进行思考，找出这些内容之间的内在联系，形成一种新的关系，从中得出一定的结论。这种提问可以激发学生的想象力和创造力。

6. 评价性提问

评价性提问是一种要求学生运用准则和标准对观念、作品、方法、资料等做出价值判断，或者进行比较和选择的一种提问方式。这是一种评论性的提问，需要运用所学内容和各方面的知识和经验，并融进自己的思想感受和价值观念，进行独立思考，才能回答。它要求学生能提出个人的见解，形成自己的价值观，是最高水平的提问。

小资料 6-1

1. 在知识性提问中,教师经常使用的关键词是:谁、是什么、在哪里、什么时候、有哪些、写出等。
2. 在理解性提问中,教师经常使用的关键词是:请你用自己的话叙述、阐述、比较、对照、解释等。
3. 在应用性提问中,教师经常使用的关键词是:应用、运用、分类、分辨、选择、举例等。
4. 在分析性提问中,教师经常使用的关键词是:为什么、哪些因素、什么原理、什么关系、得出结论、论证、证明、分析等。
5. 在综合性提问中,教师经常使用的关键词是:预见、创作、假如……会……、如果……会……、结合……谈……、根据……你能想出……的解决方法、总结等。
6. 在评价性提问中,教师经常使用的关键词是:判断、评价、证明、你对……有什么看法等。

6.1.5.3 课堂提问的要求

1. 设问得当

在设计提问时,教师最好能以学生感兴趣的方式提出问题;应该服务于教学目标、教学内容,每个问题的设计都是实现特定教学目标、完成特定的教学内容的手段;直截了当,主次分明,围绕问题,范围适中,语言规范,概念准确;提问要从学生的实际情况出发,符合学生年龄特征、认知水平和理解能力;按照由浅入深、由易到难、由近及远、由简到繁的原则对问题进行设计。

2. 发问巧妙

对象明确,针对不同水平的学生提出难度不同的问题;表述清晰;适当停顿,发问后要稍作停顿,留给全班同学思考的时间,不宜匆匆指定学生作答;发问应简明易懂,并不重复,以免养成学生不注意教师发问的习惯;若某个学生没有注意到教师所提问题,可以指定另一个学生代替老师提问;如果学生不明白问题的意思,教师可用更明白的话把问题重复一遍。

3. 启发诱导

教师要创设良好的提问环境,提问时的面部表情、身体姿势以及与学生的距离、在教室内的位置等,都应使学生感到信赖和鼓舞,而不能表现出不耐烦、训斥、责难的态度,要耐心地倾听学生的回答,对一时回答不出的学生要适当等待,启发鼓励;对错误的或冗长的回答不要轻易打断,更不要训斥这些学生;对不作回答的学生不要批评、惩罚,应让他们听别人的回答;有些问题,学生的回答往往出乎意料,教师切不可妄作评判。

4. 归纳总结

学生回答问题后,教师应对其发言做总结性评价,并给出明确的问题答案,使他们的学习得到强化。必要的归纳和总结,对知识的系统与整合,认识的明晰与深化,问题的解决以及学生良好思维品质与表达能力的形成都具有十分重要的作用。

6.1.6 板书技能

板书在课堂教学中与讲授相辅相成,是教师向学生传递教学信息的重要手段。板书技能也是教师必须掌握的一项基本教学技能。

6.1.6.1 板书的基本概念

板书是教师上课时为帮助学生理解、掌握知识在黑板上书写的凝结简练的文字、图形、符号等,它是用来传递教学信息的一种言语活动方式,又称为教学书面语言。

教师经过一番精心设计而组合排列在黑板上的文字、数字以及线条、箭头和图形等适宜符号称之为正板书，通常写在黑板中部突出位置。一般把在教学过程中随讲、随写、随擦，写在黑板两端的一些辅助性文字、数字等符号称之为副板书。

板画是板书的一种特殊形式，板画也叫黑板画，是教师在传递教学信息的过程中，以简练的笔法，将事物、现象及其过程描绘而成的生动形象的特殊板书。板画是以线条、一笔画、简笔画、漫画、素描等方法绘制的形象画、模式图或示意图等图画形式来代替抽象的文字符号。

6.1.6.2 板书的作用

精心设计的板书浓缩着教师备课的精华。直观的板书，可以补充教师语言讲解的不足，展示教与学的思路，帮助学生理清教学内容的层次，理解教学内容，把握重点，突破难点。它能够启发学生的智慧，在课内利于学生听课、记笔记，在课后利于学生复习巩固、进一步理解和记忆，并能给学生美的享受，给学生做出示范，对学生产生潜移默化的影响。板书还便于教师熟记教学的内容和程序。

6.1.6.3 板书的类型

板书的形式随教学目标、教学内容、学生年龄特征及学习特点的不同而不同。选择适当的板书类型是增强教学效果的重要一环。常用的板书类型主要有以下几种。

1. 提纲式

提纲式板书运用简洁的重点词句，分层次、按部分地列出教材的知识结构提纲或者内容提要。这类板书适用于内容比较多，结构和层次比较清楚的教学内容。提纲式板书的特点是：条理清楚、从属关系分明，给人以清晰完整的印象，便于学生对教材内容和知识体系的理解和记忆。

2. 词语式

词语式板书通过摘录、排列教学内容中几个含有内在联系的关键性词语，将教学的主要内容、结构集中地展现出来。它的特点是简明扼要，富有启发性，能够引起学生连贯性的思考和对教学内容的整体把握与理解，有利于学生思维能力的培养。

3. 表格式

表格式板书是将教学内容的要点与彼此间的联系以表格的形式呈现的一种板书。它是根据教学内容可以明显分项的特点设计表格，由教师提出相应的问题，让学生思考后提炼出简要的词语填入表格，也可由教师边讲解边把关键词语填入表格，或者先把内容有目的地按一定位置书写，归纳、总结时再形成表格。这类板书能将教材多变的内容梳理成简明的框架结构，增强教学内容的整体感与透明度，同时还可以加深对事物的特征及其本质的认识。

4. 线索式

线索式板书是围绕某一教学主线，抓住重点，运用线条和箭头等符号，把教学内容的结构、脉络清晰地展现出来的板书。一般应用于游记、参观记这类记叙文，以及高年级的情节比较复杂的课文。这种板书指导性强，能把复杂的过程化繁为简，有助于学生理清文章的结构，了解作者的思路，便于理解、记忆和回忆。

5. 关系图式

关系图式板书是借助具有一定意义的线条、箭头、符号和文字组成某种文字图形的板书方法。它的特点是形象直观地展示教学内容，能将分散的相关知识系统化，便于学生发现事物之间的联系，有助于逻辑思维能力的培养。

6. 图文式

教师边讲边把教学内容所涉及的事物形态、结构等用单线图画出来(包括模式图、示意图、图解和图画等)，形象直观地展现在学生面前。这种板书图文并茂，容易引起学生的注意，激发学习兴趣，能够较好地培养学生的观察能力以及思维能力。

6.1.6.4 板书的原则

1. 目标明确，针对性强

板书是为一定的教学目标服务的，偏离了教学目标的板书是毫无意义的。设计板书之前，必须认真钻研教材，明确教学目标，从教材特点、课型特点和学生特点出发，只有这样，设计出来的板书，才能准确地展现教材内容，真正做到有的放矢，因课制宜、因人制宜。

2. 语言正确，科学性强

这是从内容上对教师的板书提出的要求。板书的用词要恰当，语言要准确，图表要规范、线条要整齐美观。板书要让学生看得懂，引发学生思考，避免由于疏忽而造成意思混乱或错误。

3. 书写规范，示范性强

板书是一项直观性很强的活动，教师的板书除了传授知识外，还会潜移默化地影响学生的书写习惯。因此，教师的板书应该规范、准确、整齐、美观，切忌龙飞凤舞、信手涂抹，不倒插笔，不写自造简化字，一字一句，甚至标点符号都要有所推敲。板书还应保证全体学生都看清楚，字的大小以后排学生能看清为宜。此外，在保证书写规范的同时，还应有适当的书写速度，尽量节省时间。

4. 重点突出，条理性强

板书要引导学生把握教学重点，全面系统地理解教学内容。因此，教师的板书要依据教学进程、教学内容的顺序与逻辑关系做到重点突出、详略得当、条理清楚、层次分明，力争在有限的课堂时间内，使学生能够纵观全课、了解全貌、抓住要领。

5. 形式多样，趣味性强

充满情趣的板书设计，好像一幅生动美丽的图画，给学生以美的享受，拨动着他们的心弦，激起他们浓厚的学习兴趣，加深对教学内容的理解和记忆，增强思维的积极性和持续性。在课堂教学中，教师应该根据教学的具体内容和学生思维的特点，运用好板书。

6.1.7 演示技能

演示是教师在传授知识时，运用各种直观教具、实验以及现代教学媒体传递信息的一种教学行为方式。演示有时在新知识讲解之前，有时在讲解之后，但多数是与讲解同步进行的。无论采取哪一种形式，演示对教学都有直观强化的作用。

6.1.7.1 演示技能概念

教学演示技能，简称演示技能，是指教师在课堂教学过程中向学生展示实物或实物的模型、标本、挂图，或通过幻灯、投影、电视等媒体展示或实验演示，说明有关事物的特点和发展变化过程，使学生获得感性认识的一种教学活动方式。

6.1.7.2 演示的类型

1. 实物、标本和模型演示

在教学过程中，演示实物、标本和模型的目的是使学生充分感知教学内容所反映的主要事物，了解其形态和结构的基本特征，获得对有关事物的直接的感性认识。

(1) 材料的演示要与语言讲解恰当结合。教师把实物、标本、模型等展示给学生之后，不做讲解只让学生自己观察的做法是不正确的。同样，在学生观察时，教师滔滔不绝地进行详尽的讲解，不给学生留下思考的余地，也是不可取的。

(2) 实物的演示与其他演示手段恰当结合。实物和标本所表现出来的现象，有时在结构上界线不清，影响学生清晰而准确地感知。为了深化学生的直观感觉，加深对所学知识的理解，凡是外部结构界线不清的,内部结构和生理过程难于观察的,都应配合挂图、黑板画、幻灯、投影、电视录像等演示手段,从而引导学生的观察向深入发展。

(3) 模型的演示要做必要的说明,一般可按标本的演示方法进行。但是有时它的大小比例以及表示颜色等与实物有所不同,必须向学生交代清楚。

(4) 必要时进行重复演示和观察。在教授新的教学内容后,学生已经获得了一定的知识,必要时可再次演示,以便起到验证、巩固、检查、加深已获得的知识的作用。

2. 挂图演示

挂图是教学中最早使用的一种教学辅助手段。它不但制作方法简单,而且使用灵活方便,不受地点条件的限制。挂图一般包括两类:一类是正规的印刷挂图,一类是教师自制的简略图、设计图、结构图、分类图、表格图和象形图等。挂图是教学中最常用的直观教具,在演示时要注意以下问题。

(1) 注意演示的及时性,把握好演示时间。挂图不能在课前就展示给学生,以免分散注意力。上课前应把挂图背面朝外挂在挂图架上或黑板上,需要时再挂在明显的位置上让学生观察,使用完毕再把它反过去或取下来放回原处。这样,学生就不至于被挂图分散注意力,观察时也会有一种新鲜感。

(2) 挂图、语言、文字有机结合。教师在演示过程中,一方面要进行必要的讲解,另一方面还要板书,使语言、图像、文字密切结合,发挥多种符号的作用,帮助学生理解。演示挂图时并不板书,总结时再进行板书,使板书起到归纳总结的作用,做到讲解、演示、板书有主有从。

(3) 画略图或使用辅助图配合主图。挂图的大小是有限的,尤其是在图形比较复杂的时候,不管多大的挂图都难免有个别细小的部分,不易被学生看清楚。如果在挂图上没有局部放大内容时,教师就应当在讲解中再在黑板上画一些略图,或使用辅助挂图,把局部放大,帮助学生配合主图看清一些重要而细小的部分。

3. 多媒体演示

多媒体(multimedia),它由 multi 和 media 两部分组成。一般理解为多种媒体的综合,多媒体技术不是各种信息媒体的简单复合,它是一种把文本、图形、图像、动画和声音等多种信息类型综合在一起,并通过计算机进行综合处理和控制,能支持完成一系列交互式操作的信息技术。多媒体在课堂中的使用是现代教育手段的重要组成部分,也是目前中小学教学改革的一个重要方面,在演示时要注意以下问题。

(1) 要保证画面的质量。清晰的、色彩鲜明、色调和谐的画面,能够引人入胜;反之,模糊的、色调暗淡的画面,会使人产生厌烦情绪。因此,演示前对幻灯、投影片等要精心设计,仔细挑选。

(2) 演示时间不宜过长。幻灯、投影等的演示虽然容易吸引学生的注意,激发学习的兴趣,但长时间演示会使学生产生视觉疲劳,因此,每次演示的时间不宜过长。同时,演示的次数要适量,不能过于频繁。

(3) 辅助课堂教学。幻灯、投影等的演示是为了更好地实施教学过程,更好地实现教学目标,对教学起到辅助的作用,在需要时用,不需要时就不用,教师不能对PPT等产生依赖心理,过多的使用会影响学生学习的效果,事倍功半。

4. 实验演示

在课堂教学中,为了使学生对教学内容获得直观的感性认识,有时也采用演示实验的方法。实验演示是在全班学生的关注下由教师操作完成,实现非常典型的师范作用,也是教师人格魅力养成的重要方面。因此,演示必须顺利、成功。

(1) 演示物品应放在具有一定高度的演示桌上。演示实验是做给学生看的,实验的操作过程、实验现象必须使全班学生都能清楚地看见。课前应做好准备,可用箱子加高或专门的木架平台提高演示的高度。

（2）演示材料应有足够的大小，保证学生看得清楚。如过小，例如水螅的运动，应使用投影器放大或分组演示，事先把实验器具放置在实物投影仪上。

（3）复杂的实验应先画好图解。例如演示"光合作用需要光和叶绿素"时，可在幻灯片上画出演示的过程，投影在屏幕上：遮光→光照几小时→取叶→酒精脱去叶绿素→加碘→遮光部分不变蓝。这样学生能更清楚地看到实验的过程，理解实验的实质，增强演示的直观效果。

（4）引导学生观察实验的详细过程并记下实验现象。演示时，教师首先要注意消除容易分散学生注意力的因素，演示桌上只能放与演示有关的材料和用具，不必要的东西应收起来。其次，教师应不断地利用讲解和谈话的方式组织学生进行观察。再次，教师必须把关键的地方交代清楚，消除学生不必要的疑问。

（5）事先练习好，确保操作无误。为使学生观察好演示实验，给他们树立正确操作的典范，使他们养成良好的操作习惯，教师必须正确地操作，注意实验操作的精确性。因此，教师必须在上课前进行充足的准备和多次操作练习。

6.1.8 变化技能

变化技能是指在课堂教学中，教师为了引起学生注意，减轻学生的疲劳，激起学生的兴趣，启发学生的思维，用变换信息传递方式或教学活动形式，来改变对学生刺激的一类教学行为，是教师必备的教学艺术和技巧。

6.1.8.1 变化技能的构成要素

1. 做好铺垫

教师要改变教学方式。在变化前要做好铺垫，使变化流畅自然。如：在讲新课前，可用准确简练的语言把上一节课的要点或与本节有关的知识叙述出来，为学习新课作铺垫。

2. 变换方式

在特定的教学环境中，根据教学内容和学生听课情况，教师变换信息传递方式或教学活动形式，再进行教学，是为了活跃气氛，充分调动学生的感官，引起学生的注意，调动学生参与，帮助学生领会学习内容。

3. 师生交流

在进行变化时，教师要注意学生的反应，要加强师生间的交流。这样，才能使变化发挥作用，达到预期的目的。

6.1.8.2 变化技能的类型

1. 教态的变化

教态的变化指教师说话的声音、表情及身体动作等变化，这些变化是教师教学热情、教学责任心的体现。教态的变化包括：①声音的变化，它可使教师的讲述更加生动、富有感染力，还可以突出重点，加深印象；②目光接触的变化，它可以表达教师对学生的情感，从目光接触中教师还可以获取信息，了解学生的兴趣和理解程度；③表情与动作的变化，它可以传递丰富的信息，使课堂变得有生气，激发学生学习的积极性；④身体位置的变化，它有利于缩短师生的空间距离，使学生感到在心理上和教师接近；⑤停顿，恰当地运用停顿并与声音变化相结合，会使人感到讲课具有节奏感。

2. 教学媒体的变化

（1）视觉通道和媒体。视觉教学媒体是多样的，它能吸引学生注意力，激发其兴趣。当然，只使用视觉媒体，或仅使用一种视觉媒体，容易使学生感到疲劳，应注意科学、合理地变换。运用视觉媒体的变化配合教师的讲解、演示,对学生理解知识有很大的帮助。

(2) 听觉通道和媒体。听觉通道传递教学信息使学生不易疲劳,且能为学生思考、想象留有余地。当前使用的许多教学媒体,都是视听结合的,在教学中,将一些视听媒体与教师的讲解、提问交替使用是完成教学任务的主要方式。

3. 相互作用的变化

在教学过程中进行的活动都可能以教师与全体学生、教师与个别学生、学生与教师、学生与教学内容、学生与学生之间相互作用的方式进行。相互作用的变化主要有师生交流方式的变化和学生活动方式的变化,相互作用的变化可以促进学生的学习。在教学中,教师应采用多种方式与学生交流,了解学生的想法。教师还应根据需要安排学生小组讨论、个别自学、实验操作等,激发学生的学习主动性,让学生练习、讨论问题和听取别人的意见,培养他们的能力。

总之,变化技能是教师常用的一项教学技能,要想能够在课堂上自如地运用,教育工作者要认真学习,善于钻研。

6.1.9 结束技能

结束技能是教师在一个教学内容结束或一节课的教学任务终了时,有目的、有计划地通过归纳总结、重复强调、实践等活动使学生对所学的新知识、新技能进行及时的巩固、概括、运用,把新知识新技能纳入原有的认知结构,使学生形成新的完整的认知结构,并为以后的教学做好过渡的一类教学行为。

6.1.9.1 结束的一般过程

在结束一节课或一个课题时,一般需经过以下几个环节。

(1) 简单回忆。对整个教学内容进行简单回顾,整理认识的思路。

(2) 提示要点。指出教学内容的重点、难点、关键点,必要时可做进一步的说明,进行巩固和强化。

(3) 提出问题或采用其他形式检验学习结果。

(4) 巩固应用。引导学生把所学知识应用到新的情境中去,在应用中解决新的问题,巩固知识,并进一步激发思维。

(5) 拓展延伸。有时为了拓展学生的思路,开阔学生的视野,或把前后知识联系起来,形成系统,需要在结课时对教学内容进行必要的扩展延伸。

6.1.9.2 结束的方法

教学结束的具体方法多种多样,教师可以根据不同科目、不同教学内容和不同年龄段的学生灵活选用。归纳起来,教学中常用的结课方法有以下几种。

1. 归纳法

归纳法是教师引领学生以准确简练的语言对课堂讲授的知识进行归纳、概括、总结,梳理讲授内容,理清知识脉络,突出重点和难点,归纳出一般的规律、系统的知识结构等的方法。它可以在一节课结束时进行,也可以在有联系的几节课结束后进行。

2. 比较法

比较法是教师对教学内容采用辨析、比较、讨论等方式结束课堂教学的方法,意在引导学生将新学概念与原有认知结构中的类似概念或对立概念,进行分析、比较,既找出它们各自的本质特征,又明确它们之间的内在联系和异同点,使学生对内容的理解更加准确、深刻,记忆更加牢固、清晰。

3. 悬念启下法

悬念启下法是课结束时,教师选择时机设置悬念,引发学生探究欲望的方法。课堂在扣人心弦处戛然而止,教师打出"欲知后事如何,且听下回分解"的招牌,引发学生产生继续探究的强烈愿望,为后续教学奠定良好的基础。

4. 练习法

练习法是教师通过让学生完成练习、作业的方式结束课堂教学的方法,这是最简单最常用的一种结课方式。教师通过精心设计的练习题,趁热打铁,既使学生所学基础知识、基本技能得到巩固和运用,又使课堂教学效果得到及时的反馈。

5. 游戏法

游戏法是一种把练习内容寓于游戏之中的结束课堂教学的方法。这种方法在初中阶段比较适用,初中生往往对大量的、枯燥的练习缺乏兴趣,甚至产生厌倦心理,学习处于被动状态。采用游戏法结束课堂教学能帮助他们从厌倦的情绪中解放出来,唤起他们主动参与练习的激情,收到事半功倍的效果,并从中体验成功的喜悦,唤起学生再一次追求成功的心向。

6. 提问法

提问法是在课堂结束时,教师围绕着教学内容进行口头提问,让学生回答,然后教师或其他学生再根据回答的情况进行必要的修正和补充的方法。需要指出的是,口头提问必须针对要点、难点和关键点,切忌走题。

7. 回应法

回应法是指教学结束与起始相呼应,使整个教学过程前后照应的方法。回应的内容包括开头设置的悬念、问题、困难、假设等,是悬念则释消,是问题则解决,是困难则克服,是假设则证实或证伪。回应法使教学表现出更强的逻辑性,让学生豁然开朗,茅塞顿开,同时还使学生产生一种"思路遥遥、惊回起点"的喜悦感,有助于增强学生进一步学习的兴趣。

8. 点题法

点题法是教学结束时,在学生对教材进行了认真研读,对一些问题作了深入思考的基础上,教师对教学内容直接或间接的说明、点拨,以表现、揭示主题的结束方法。

9. 激疑、答疑法

激疑、答疑法是在新内容讲完后让学生提出问题,教师和学生一起回答问题的结束方法。这种方法主要是让学生提出一些不太明白的问题,然后采用启发诱导的方式,帮助学生理解与解决问题。运用这种方法结课,要求教师具有较高的教学调控能力,能引导学生提出与教学内容相关的问题,并能引导学生对所提问题做出贴切的回答。

10. 发散法

发散法是引导学生对教学过程中得出的结论、命题、定律等进行进一步的发散性思考,以拓宽知识的覆盖面和适用面,并加深学生对已讲知识理解的结束方法。这种结束法可使教学的主题、内容得到进一步拓展,具有培养发散性思维和创造性思维的作用。

11. 假想法

假想法是对课文作各种假设,让学生依据假设推断另外的结局,以此培养学生创造力和想象力的结束方法。

12. 拓展延伸法

拓展延伸法是指教师在总结归纳所学知识的同时,与其他科目或以后将要学到的内容或生活实际联系起来,把知识向其他方面扩展或延伸的结课方法,以拓宽学生的知识面,激发学生学习、研究新知识的兴趣。

13. 汇报法

汇报法就是在一堂课结束时,让学生汇报这堂课的学习收获,培养学生的自我评价能力。让学生自己谈收获,学生兴趣浓,既能调动学生的积极性,又能使学生回顾本节课所学内容,进一步掌握本堂课所学知识。

除了以上结束方法,另外还有活动操作、设疑启发等结束方法,这里不再一一列举。

结束的方法虽然很多,但归纳起来主要有两类,即封闭结束和开放型结束。封闭型结束的目的是巩固学生所学的知识,把学生的注意力集中到课程的要点上,这种方法是对教学内容的归纳总结,对结论和要点的进一步明确和强调,并尽可能地引出新问题,把学生学到的知识应用到解决新问题中去。开放型结束是在一个与其他学科、生活现象或后续课程联系比较密切的教学内容完成后,结束不仅限于对教学内容要点的复习巩固,而是把所学的知识向其他方面延伸,以拓宽学生的知识面,引起更浓厚的学习兴趣,或把前后知识联系起来,使学生的知识系统化。在实际教学中具体采用什么方式结束课,要根据教学内容的性质和学生的年龄特点等灵活掌握。

6.1.9.3 结束的一般要求

在实际的课堂教学中,要充分发挥课堂教学结束的作用,圆满地完成课堂教学的任务,结束应按以下基本要求进行。

1. 自然贴切,水到渠成

课堂教学结束是一堂课发展的必然结果,它既反映了课堂教学内容的客观要求,又是课堂教学自身科学性的必然体现。教师在教学过程中,要严格按照课前设计的教学计划,教学过程由前而后依次进行。力求做到有目地调整课堂教学的节奏,有意识地照顾到课堂教学的结课,使课堂教学的结束做到自然妥帖,水到渠成。

2. 语言精练,紧扣中心

课堂教学结束的语言一定要少而精,紧扣本节课教学的中心,梳理知识,总结要点,形成知识网络结构,干净利落地结束全课,使之做到总结全课,首尾呼应,突出重点,深化主题,让学生的认识产生一个飞跃。有句格言说得好:"没有结束语的结尾平乏无力,可是没完没了的结尾则令人生畏。"课堂教学的结束语切忌冗长、拖泥带水,而应高度浓缩,画龙点睛,一语破的。总之,教师应该在结课前的几分钟内,以精练的语言使讲课的主题得以提炼升华,使学生对课堂所学知识有一个既清晰完整又主题鲜明的认识。

3. 内外沟通,立疑开拓

在学校教学中,课堂教学只是教学的基本形式,而不是唯一的组织形式。为了充分发挥各种教学组织形式在培养学生中的协同作用,课堂教学结束时,不能只局限于课堂本身,还要注意课内与课外的互动,学科课程与活动课程的联系,以及本学科课程与其他学科课程的沟通,以此拓宽学生的知识面。

6.2 创设教学情境的技能

案例研究 6-1

在"光合作用的发现"这一内容的教学过程中,为了激发学生的学习兴趣和积极性,引起学生对光合作用的重视,有位教师在上课开始创设了如下的情境:

(1) 播放绿色植物硕果累累的图片;

(2) 播放人和其他动物所吃的各种食物的照片;

(3) 提问:结合初中所学知识,谈谈你对绿色植物进行光合作用的了解?

在这样的情境下,学生积极讨论,踊跃发言,教师很好地实现了课程的导入目的。

6.2.1 创设情境的方法

创设教学情境对于课堂教学起着很重要的作用。情境的创设能创造出师生情感、欲望、求知探索精神的高度统一、融洽和步调一致的情绪氛围。以下是几种常用的创设情境的方法。

6.2.1.1 通过提问创设情境

教师根据教学目标,有目的地设置疑问,创设问题情境。"问题"是启动学生思维活动的"阀门"。没有问题情境,不可能激发学生创造性的思维活动。在教学过程中用问题激发学生探索的欲望,让学生的学习过程成为分析问题和解决问题的活动,这样既加深了对知识的理解,培养了能力,也提高了思维的敏捷性。

问题情境可设置在课堂教学的初始时,可作为课堂的引入部分。这样既能吸引学生的注意力,又能激发学生的求知欲望和学习热情;问题情境可设置在课堂教学过程中,在学生的思维稍有松懈时,引发思考,集中学生的注意力;问题情境还可以设置在教学结尾时,作为课程的总结、知识的延伸、下一节内容的铺垫。

案例研究 6-2

> 在讲到"性别决定和伴性遗传"时,教师提问:
> "人为什么会有男女之分?生男孩、生女孩是怎么回事?"
> "对全国的色盲患者的统计结果表明:男性色盲患者的发病率为7%,而女性色盲患者的发病率仅为0.49%。你们知道这是为什么吗?"
>
> **分析**
> 在这种问题情境下,学生们的兴致和注意力马上被调动起来,他们会聚精会神地听,积极主动地思考下面的课堂内容。

6.2.1.2 通过学生熟悉的生活现实创设情境

利用自然现象、生产生活实际、学生自身实际和社会实际,创设学习情境,将所学内容设在学生熟悉的现实情境中,特别是学生亲身经历的比较关心的生活原型,能够极大地激发学生的探究欲望和学习生物知识的兴趣,提高他们学习的积极性和主动性,又能使他们体验到学以致用的乐趣。

案例 6-3

在讲解"生物的呼吸作用"时,可以先让学生分析、解释一些生活实际现象:
"米饭为什么会变味?"
"酸奶、酸菜是如何制作的?"
"我们平常所吃的葵花籽在适宜的条件下能萌发吗?"
"家里养鱼为什么要经常换水?"
"夏季我们为何喜欢在树林中行走?"
"当我们去一些高原地区,或经过激烈运动后,总感觉到腰酸背痛,为什么?"
"如果我们把几个水果放进塑料袋中,扎好口子,过几天后打开,我们能闻到什么,为什么?"
"当陆生植物长期被水淹时会出现烂根现象,为什么?"

"长豆芽时为什么要换水?"
"粮食在入仓储存前为什么要晾晒?"
……

6.2.1.3 通过实验创设情境

即通过实验演示或学生实验操作创设情境。实验具有真实、直观的特点,这种情境创设在生物学教学中具有广泛的应用。

活动 6-6

在讲"植物生命活动的调节"这节课时,可以让学生以小组为单位在课前准备好燕麦胚芽鞘的实验(一组有光照射,一组无光照射),在上课时,展示给大家。通过观察燕麦胚芽鞘的向光弯曲现象后,明确"向光性"的概念。分析向光性的原因就要涉及生长素,此时用多媒体再现科学家发现生长素的实验(达尔文的实验、温特的实验)。

6.2.1.4 通过实物、模型、图片等直观教具创设情境

在生物教学中,有些内容比较抽象,或者离现实生活比较远,学生很难直接接触到,这时教师可以通过展示生物标本、图片、实物、模型等直观教具,让学生获得初步的感性认识,这样的情境也可以引导学生就某一问题进行探究学习。

特别需要指出的是"模型",它是生物课教学必不可少的教具之一。没有模型,学生的学习有时就像"隔纱看山",无法尽情领略风景,但是,如果用了教学模型,就可以使问题直观明朗起来。

活动 6-7

"人体泌尿系统的组成"这节内容中,"肾单位"是一种微观教学,若没有模型,只给学生想象的空间,势必会引起学生对科学知识的偏差认识,所以教学模型在本节是必不可少的。

如果给你提供新鲜的猪肾与肾的模型,你将如何展示它们,为学生创设直观的学习情境?

6.2.1.5 通过表演创设情境

即对问题进行情境假设,从而将学生带到一个假设的时间、地点、事件、对象情境中进行思考。表现自我、展示才华是孩子的天性。把有关的情节移植到教育教学的活动中,创设有情节的游戏,通过带领学生做游戏、当"演员",引导其深入角色,体验角色,加深对情节的理解。

活动 6-8

请你以生态系统为例,尝试组织学生扮演食物链中的各种角色,让他们理解保护生态平衡的重要性。

6.2.1.6 通过多媒体创设情境

随着信息技术的发展及其与学科课程的整合,信息技术已经在教学实践中得到了广泛的应用。特别是多媒体技术出现以后,为我们的教学提供了极大的方便。多媒体集声音、图像、动画、语言于一

体,是生物教师们常用的一种创设情境的方法。利用多媒体技术和网络资源可以获得丰富的生物学图片、音频、视频及动画资源。生物学本身研究的是生命的活动过程,传统的生物教学往往只能用静态讲解动态的生命活动,而利用信息技术获得相应的音频、视频或动画资料,可以直接向学生展示科学事实和事物,动态演示生命活动过程,增强学生的理解力,活跃课堂气氛,激发学生浓厚的学习兴趣和热情。

案例研究 6-3

在学习"食物中营养成分的作用"时,有位教师利用多媒体技术创设了如下情境:

他用多媒体播放一个关于"眼睛复明之谜"的 Flash 短片:从前有一个孝子为躲避战乱而与其母迁入深山生活,一段时间后,其母眼睛一到黄昏便失明。后来她常常听到乌鸦在院中鸣叫,就认为自己的失明是乌鸦造成的。她的儿子听后就用弓箭射杀乌鸦,并挖出乌鸦的心肝给母亲吃,结果她母亲的眼睛奇迹般地复明了。在学生观看完短片之后,请他们阅读、讨论教材中"食物中营养成分的作用"的内容,分析:孝子的母亲失明的原因可能是什么?为什么吃了乌鸦的心肝会复明?

问题与思考

1. 如果你是这位老师,你将如何获得"眼睛复明之谜"的 Flash 短片?
2. 在学习了上述几种创设情境的方法之后,除了利用多媒体技术创设学习情境外,你还想到了哪些方法来为"食物中营养成分的作用"这一内容创设情境,引发学生的学习兴趣?

6.2.2 创设情境的原则

1. 要符合学生的年龄、生理和心理特点

在学生身心发展的过程中,不同的年龄阶段表现出一些不同的特征。初中阶段的学生对形象的东西兴趣浓厚,抽象思维能力还较弱,对抽象的道理不易理解。随着年龄的增长,课本上和生活中知识积累的增加,学生到了高中阶段,抽象思维已经有了很大的发展,但仍经常需要具体的感性经验支持。在选择教学方法时,就要求教师从学生实际出发,各年级在创设情境时,方法应各有侧重。低年级要克服成人化倾向,多采用表演、游戏等直观参与性的方法。高年级要克服儿童化倾向,单纯的表演对学生已经没有吸引力,这时可以充分发挥学生的想象能力和创作意识,让学生把自己的理解融入一些创造过程中。

2. 要与教学目标紧密结合

在这个教学模式繁多、教学方法层出不穷的时代,教师要牢记,创设情境只是一种方法、手段,而不是最终目的。因此,要防止单纯地为迎合学生的快乐而使创设的情境流于形式,忽略了教学的主要内容和训练重点,造成喧宾夺主,不能帮助学生很好地理解知识,有时甚至对学生是一种误导,造成物极必反的后果。

3. 要紧扣时代气息并渗透情感教育

新的课程标准要求教学形式要跟上时代节奏,课程内容要与现实生活紧密联系。在飞速发展的信息时代,学生信息来源广阔,无形中对学校教学形成压力。这就要求教师在教学时选择的教学方法紧扣时代气息,将学生生活中熟悉的方式方法引进课堂,激发学生学习兴趣,创设的情境要让学生熟悉并易于理解,同时在相关教学内容中渗透情感、态度、价值观教育,培养学生正确的科学观和世界观。

6.3 学习指导的技能

案例研究 6-4

在某新教师培训中,有两位来自农村小学的学员反映,在他们各自的学校中都有一两个"乱班"。大多数课是教师在讲教师的,学生说学生的,教学效果和课堂纪律都无法保证。而教师既不能停他们的课,又没有什么好的办法,实在头疼。

新课程提倡的探究学习、自主学习、小组合作学习等多种学习方式,使得一些教学场面"十分热闹"。但仔细观察这些"热闹"的场面,发现真正认真参与的学生并不多。如何能够根据学生的年龄、心理特点,引导学生正确表现,学会学习?从上述案例中我们不难看出,有些老师缺乏对学生正确学习方式的指导和组织课堂的技巧。

由此引发出作为教师培训组织者的思考:以往在微格教学培训中关注较多的是教学技能方面的指导,是否还应该加大教师课堂调控方法、指导学生学习方法的培训,以利于教师成为学生学习活动的组织者、引领者和亲密伙伴等多重身份的转变。①

6.3.1 新课程背景下的教师学习指导技能

微格教学比较重视常规基本技能的培训,诸如:导入、讲解、演示、板书、提问等等。应该说,新教师经过多种技能的培训后,从创设教学情景、学科知识学习、教师上课时的体姿、语态等,有了很大的变化。但是,如何完成新教改中倡导的"教师角色转变",如何理解从"讲授者"到"组织者、引领者和亲密伙伴"的转型,如何由习惯的前台"主角"过渡成为"主角加导演",有时还要隐身于幕后,让学生们成为"新一代的主角"等,还是有待研究的。

课堂学习指导是指教师对课堂教学活动和课堂情境进行恰当的调节和引导,以便更好地完成教育和教学工作的手段。这种手段既可以在教学进度、教学过程中实施,还可以用来协调课堂中的人际关系、课堂纪律和某些偶发事件的处理。教师对于学生课堂学习指导能力的强与弱,直接影响到学生的学习效果和教师教学任务的完成。

6.3.2 学习指导实施案例

"授之以鱼,不如授之以渔",意思是传授方法比获取知识意义更重大,有些成绩较差的学生并不是智力差,而是学习习惯和学习方法不正确。因此,在课堂教学中,要有意识地注重对学生学习方法的指导,培养学生分析问题和解决问题的能力。

案例 6-4

在讲授《光合作用》时,有位老师让学生在探究的情景中学习,设计了《光合作用与人类》一课,首先在屏幕上展示几个问题:

A. 植物的光合作用与驾车族有什么关系?

---

① 王西平.倾听:新课程背景下教师重要的学习指导技能[J].北京教育,2006(1):42-43.

B. 光合作用能人工化吗？假若光合作用有朝一日能人工化，人类将会出现怎样的变化？
C. 设想一下，假如叶肉细胞中的叶绿素能移植到人的表皮细胞中，人类是发展，还是会毁灭？
D. 人类研究光合作用有哪些进展？

分析

显然，这些问题的提出，极大地激发了学生的学习兴趣，起到了一石激起千层浪的作用，为讲好光合作用的机理，作了比较好的铺垫。

案例 6-5

在讲《种子萌发的条件》时，有位老师让学生在体验中进行学习，把这一节课设计为实验课，先设计为几个问题：

A. 种子萌发所要具备的条件是什么？
B. 快速催芽时，如何充分利用温控环节？
C. 快速催芽在农业生产上有什么实际应用？

同时，他将实验的主动权交给学生，学生通过自己设计实验，动手操作观察记录，最后得出结论：种子萌发是温度、水分、氧气三者相互作用的结果，通过调节温度，可以延长或缩短催芽时间的长短，这在农业生产中具有很重要的意义。①

分析

这种"做中学"的学习方式把学生的学习情感和生活经验融为一体，既表现了知识的无穷魅力，又激发了学生对知识的兴趣性，改变了学生过去那种"听来的记不住，看到的记不牢"的学习状况。

对学生的学习方法的指导，这是课改中最难的部分，也是最为精彩的部分，学生如果具备了好的学习方法，可以说是终身受益。有报告表明，一个人大学毕业，他以后在工作中用到的知识，也只占全部学到知识的 11% 左右，绝大部分知识，却要在工作中不断研究、积累、充实、提高。这就要求每个人从小就有一个善于探究问题的头脑，善于归纳知识、掌握知识、运用知识，为在今后的工作中进行终身学习打下良好的基础。

6.4 新课程中教学技能的变化

阅读资料 6-1

新一轮基础教育课程改革，不仅要求教师树立新的课程理念，转换角色，改变旧的教学方式，而且对教师的教学基本技能也提出了新的挑战。我们要把新的课程理念转化为教学行为，首先以教师的教学基本技能呈现出来；我们深化课堂教学改革，构建新课程的课堂文化，要靠教师的教学基本技能去实现和支撑。因此，重新构建教师的技能结构，形成和掌握新课程的教学基本技能，不仅是课程改革的需要，而且是教师专业发展的需要。②

---

① 夏志华.谈新课程理念下生物学教学技能的变化[J].当代教育论坛，2005(7)：138.
② 汪忠.新编生物学教学论[M].上海：华东师范大学出版社，2006：147.

> **问题与思考**
> 作为新时代的教师,除了掌握扎实的教学基本功之外,我们还应该发展哪些必备的教学技能,以适应新课改的需要?

6.4.1 实现知识与技能、过程与方法、情感态度与价值观的统一的技能

改变课程的功能,新课程突出强调了知识与技能、过程与方法、情感态度与价值观三位一体。因此,在课堂教学中,教师要依据基础教育的性质和时代的特点,重新界定新时代的基础知识与基本技能的概念,教会学生掌握终身发展必备的基础知识和基本技能;要关注学生学习的过程与方式,注重学习过程,改变学习方式,让学生学会学习;要在学习的过程中潜移默化地培养学生的健康情感、积极态度和正确的价值观。并将知识与技能、过程与方法、情感态度与价值观体现在课堂教学目标中,贯穿在课堂教学过程中,落实在课堂教学行为中,促进学生全面和谐的发展。

6.4.2 统整学生的生活世界和科学世界的技能

课程的本质是生活、是经验。新课程加强与学生生活以及现代社会和科技发展的联系,关注学生的学习兴趣和经验,使课堂教学回归生活世界,打破了科学世界与生活世界之间的界限,统整学生的生活世界与科学世界。因此,在课堂教学中,教师一方面要使课程生活化,坚持"用教材教,不是教教材",学习生活中的语文、数学、科学、艺术……使知识不再是枯燥无味的符号、概念、定律、公式,让知识注入生命的活力;另一方面,要引导学生从自己的生活经验出发,激发学生学习兴趣,促使学生积极有效地参与教学,在生活中学习、建构知识,体验生活,体验人生,让学习成为学生生活的内在需要,提升学生的生活价值。

6.4.3 有效地与学生交往互动的技能

教学的本质是交往。新课程课堂教学过程,是师生交往互动的过程,是师生共创人生体验、共同发展的过程,是师生互教互学的学习共同体。因此,在课堂教学中,教师要建立民主、平等、和谐的师生关系,营造安全、自由、宽容、理解的教学氛围,改变课堂上教师一味关注自我表现的状况,要进行倾听与对话、沟通与交流、合作与共享,把课堂变成师生活动主体之间交往互动的空间,让知识在倾听与对话中生成,在沟通与交流中重组,在合作与共享中增值,实现"教学相长",共同发展。

6.4.4 转变角色,做学生学习的组织者、引导者、参与者的技能

新课程要求教师转变角色。教师不再是单一的知识传授者,而是学生学习的组织者、引导者、参与者。因此,在课堂教学中,教师要确立学生的主体地位,营造课堂教学的积极的心理氛围,创设丰富的教学情境,激发学生的学习动机,充分调动学生的学习积极性,带领学生走向知识;要帮助学生制订适当的学习目标,确认和协调达到目标的最佳途径,引导学生改变学习方式,指导学生建构知识;要以教师的教学行为方式参与学生的学习过程,在观察、倾听、对话、交流、合作中成为学生学习的参与者,与学生一起分享认识与情感,尊重学生的差异、人格和选择,与学生一起探究真理,并勇敢地承认自己的过失和错误。

6.4.5 按照学生学习规律进行教学,指导学生学习的技能

新课程倡导自主、合作、探究学习,促进学生改变学习方式,让学生主动地、富有个性地学习。因此,在课堂教学中,教师要改变自己的教学方式,按照学生学习规律进行教学,引导学生参与确定学习目标,制订学习进度,选择学习策略,调控学习过程,反馈学习结果,促进自主发展;要在合理分组的基础上,指导学生积极承担小组共同完成任务中个人的责任,规范操作,讨论研究,相互配合,积极有效地互动,共同加工完善小组的成果,积极参与交流,分享成果;要创设探索学习的情境,培养和激发学生的探究欲望,提供探究学习的时空,引导学生进行发现问题、实验操作、信息搜集与处理、分析与解决、表达与交流等探究活动,获得体验、建构知识、掌握解决问题的方法,从而提高学生的学习能力。

6.4.6 有效地进行学生学习过程性评价的技能

新的课程评价坚持"立足过程,促进发展",强化学生学习过程的评价,建立学生成长记录袋,及时帮助学生找出在学习中存在的问题,提出改进的建议,更好地促进学生的发展。因此,在课堂教学中,教师要全面评价学生课堂学习的表现,不仅要关注学生的知识与技能的习得情况,更要关注学生学习的过程与方法、情感态度与价值观,促进学生全面的发展;要以激励性评价为主,改变以往非对即错的程式化评价,关注学生的个性差异,从不同的角度寻找学生的闪光点,用热情鼓励与真诚赞赏学生,引导学生始终处于积极学习状态中;要从激励与关怀的目的出发,及时指出学生学习的错误与不足,杜绝讽刺挖苦的语言,赋予批评充满人文的关怀,尊重学生自尊心,让他们以积极乐观的态度对待挫折与困难,多给学生一些成功的机会和体验;要指导学生建立成长记录袋,收集、整理学科学习的记录,引导和促进学生自我教育、自我完善、自我发展。

6.4.7 充分开发和利用课程资源的技能

课程资源是新一轮国家基础教育课程改革提出的一个重要概念。新课程强调教师不单纯是课程的执行者,而是课程的建设者、开发者。因此,在课堂教学中,教师要改变"课程即学科""课程即教材"的传统观念,把师生的生活、经验、智慧、理解、问题、困惑、情感、态度、价值观等素材性课程资源真实地融入课堂教学过程,让自己和学生真实地体验到教学过程是师生的互动过程;要充分开发和利用学校现有的各种课程资源,图书资料、影视资料、实验室、多媒体、设备、教具等,还要开发和利用平时搜集和储存的校外各种课程资源,用于课堂教学之中;要创造性地使用教材,根据学生学习的需要,重组和优化课程内容,调整教材结构,科学合理地进行取舍,坚持"用教材教,不是教教材"。

6.4.8 实现现代信息技术与学科课程整合,为学生的学习和发展提供丰富多彩的教育环境和有力的学习工具的技能

运用现代信息技术,实现与学科课程的整合,为的是改变教学内容的呈现方式、学生的学习方式、教师的教学方式和师生互动方式,目的是为学生的学习和发展提供丰富多彩的教育环境和有力的学习工具,提高办学质量,促进学生的发展。因此,在课堂教学中,教师要树立以提高教学质量和效益为目的,以转变学生学习方式和促进学生发展为宗旨的教学技术应用观,既要认识到现代信息技术具有的巨大作用,又要看到它的工具本质,既要防止技术至上,又要避免陷入技术无用,要让现代信息技术为教学服务,为学生的学习服务;在运用现代信息技术的同时,不要抛弃传统的教学技术,如黑板、粉笔、挂图、模型等传统教具,录音机、幻灯机、投影仪等电化教学手段,这些在教学过程中同样具有独特的生命力,要把现代信息技术和传统教学手段结合起来,促进各种技术手段之间的协调互补。

6.5 信息技术与生物教学整合的技能

阅读资料 6-2

当前信息技术的发展几乎是很难用语言来形容。可以说,我们无时无刻不处在因信息技术的发展而发生的巨大变化中。2000 年 10 月召开的全国中小学信息技术教育工作会议把中小学校教育信息化推入了一个快速发展的崭新阶段。以此为契机,信息技术与学科教学整合也得以迅速发展,并且在理论与实践研究方面都取得了可喜的成果。利用信息技术变革课程与生物教学已经成为全社会和整个教育界的共识。

然而,在经济不发达的地区,生物教学依然继承着最原始的教学方式,"粉笔+黑板"依然是课堂教学的现实手段! 这样的课堂教学如何跟上时代的发展? 生物课程与信息技术的发展存在着严重的脱节,所以我们必须尽快把信息技术运用到生物教学中,以保证我们的学生学到的不再是陈旧的知识。同时要让我们的学生从被动地接受知识变为积极主动地获取知识。[①]

6.5.1 信息技术与生物教学整合的要求

现阶段,实际教学中我们对信息技术在整合中的地位和作用缺乏准确的定位,搞形式主义,只求在多媒体教室、网络教室上课,只求信息技术的引入,从而忽略了信息文化。因此,我们必须提出以下几点要求。

1. 最大限度运用一切资源

在教学资源上,要综合运用各种类型的教学设备和教育场所(教学资源包括教学软件、书本、计算机、网络等教学资料和设备以及教室、机房、宿舍、图书馆等教育场所)。要改变已有的习惯,将一切可以利用的信息资源都纳入教学的资源,一切教学的资源都应成为学生的资源。

2. 创设不同的教学环境

在教学环境上要利用不同类型的教学环境,营造氛围,打造一个全方位的信息技术软硬件平台,并用它们来获取信息、解决问题、交流思想、开展合作应用。

3. 确保协调发展

在教学过程中,要确保整合的连贯性,体现学科文化素养与信息素养的协调发展。在不同的年级水平上,对信息技术的整合要具有持续性,要正确理解信息技术在学科教育中的作用,避免把信息技术仅仅当作信息获取和加工的工具,重技术而轻情感,而丢掉"育人"的目的。

4. 以学生为主体

教学过程中,教师要根据具体的教学内容,适当地采取协作式或探究式等学习模式,引导并鼓励学生正确利用校园网上的资源,主动获取知识、应用知识、解决问题,激发学生的学习兴趣,培养学生的创新意识与能力。

6.5.2 实施方法

1. 充分利用网络学习资源

以课本和教参为基础,在相关的教育教学网查询并下载自己所需要的资料,学生则可以根据校园

[①] 井长清.信息技术和生物学教学整合的探索与思考[J].教学交流,2007(7):59.

网上提供的相关链接,获得更多的生物学知识和观点。

另外,可以根据教学内容的要求,利用信息技术开发教材,融知识性和趣味性于一体。

2. 开发网络课程

网络课为教师和学生之间提供了一个跨时间和空间的学习情境,有利于学生的自主学习和合作学习。

案例 6-6

"细胞分裂"这节内容,在该课程的网页上,可设计考纲要求、学习内容、重难点剖析、学科综合拓展、习题精选等五部分,点击每一部分可以链接到相关的网页上。当学生就某一共同感兴趣的问题进行网上论坛时,教师可以通过适当的方式参与其中,指导学生开展研究性的学习。①

总之,要很好地实现生物教学与信息的整合,教师就必须在以多媒体和网络为基础的信息化环境中,实施课程教学活动,并且在对课程教学内容进行信息化处理后,使之成为学习者的学习资源,并提供给学习者共享学习。因此,教师必须接受现代教育理论、信息技术能力、教学设计方法、信息技术与课程整合模式等方面的培训,才能更好地实现信息技术与生物课程的整合。

6.6 中学生物课程资源开发与利用的技能

阅读资料 6-3

与传统的教科书相比,课程资源因其具有丰富性、开放性,而对学生的发展具有独特的价值。它以其具体形象、生动活泼的特点,给学生多方面的信息刺激,调动学生多种感官参与活动,从而激发学生兴趣,使学生在愉悦中增长知识,培养能力,陶冶情操;它能密切现代社会、科技发展与学生生活的联系,促进学生主动参与、探究发现、交流合作,从而顺利地实现新课程的培养目标。②

问题与思考

1. 何谓课程资源?
2. 在日常教学中,你尝试过哪些开发课程资源的途径?

6.6.1 生物课程资源概述

6.6.1.1 课程资源的概念

课程资源的概念有广义与狭义之分。广义的课程资源是指在课程开发过程中一切可资利用的有利于实现教育目的的资源。从资源形态来说,它是指物质层面、观念层面以及制度层面的校内外各种资源。从课程开发的全过程来说,它把课程目标、课程教学活动以及课程评估等都视作课程资源。狭义的课程资源是指有利于学校课程实施的各种地域性素材,从课程实施角度来看,它侧重于课程内容层面上的地域文化资源。广义的课程资源涵盖面广,更具科学性和合理性。现代教育家认为,课程资源的开发和利用是保证新课程实施的基本条件。

---

① 井长清.信息技术和生物学教学整合的探索与思考[J].教学交流,2007(7):59.
② 邢京荣,张新力,赵吉祥.生物课程资源的开发、整合与利用[J].中国教育技术装备,2006(9):14.

关于课程资源的划分,目前已经出现多种方式:将课程资源直截了当地分为有形资源和无形资源;将课程资源划分为素材性资源和条件性资源;将课程资源划分为校内资源、校外资源和网络化资源。上述三种类型的划分有其理论的依据,但大多是学校在新课程的实践中摸索总结出来的。只要是便于学校对课程资源的利用和开发,采用何种方式划分都有其合理性。

6.6.1.2 生物课程资源的含义

根据《义务教育生物学课程标准(2011年版)》《普通高中生物课程标准(实验)》,以及《义务教育生物学课程标准(2011年版)解读》《普通高中生物课程标准(实验)解读》的有关论述,再结合相关论著,可以认为,生物学课程资源既包含了生物学的教材、教具、仪器设备等有形的物质资源,也包含学生已有的生物学及其分支学科的知识和经验、家长的支持态度和相关能力等无形的资源,具体而言,包括以下几个方面。

(1) 学校教学设备是生物学课程资源的重要组成部分,也是完成《生物学课程标准》所规定的生物学课堂教学、实验教学以及生物学科技活动等教学活动的必要物质条件。

(2) 社区课程资源,包括社区图书馆、博物馆、展览馆、动植物标本馆、动物园、植物园、少年宫、科技馆、高等院校、科研机构、良种场、养殖场以及周围的自然环境等都是生物学课程资源的有机组成部分。图书馆是生物学课程资源的重要组成部分,对于扩大学生的知识面,培养学生收集信息的能力等具有重要的作用。

(3) 学生家庭中往往也有不少课程资源可以利用。家长能够指导或参与学生的学习活动;家庭中有关生物学方面的书刊、可供学生探究使用的材料用具;家庭栽种的植物、饲养的动物等。

(4) 学生的生活经验是无形的课程资源。如:有的学生参观过动物园、植物园;有的学生领略过自然保护区、国家森林公园的风光;有的学生有过饲养家畜或种植花卉的经历等,这些都是无形的课程资源。

(5) 媒体资源包括报纸、杂志、广播、电视、互联网等。各种媒体上关于生物科学发展的信息很多,这些信息在教科书中不可能及时而全面地反映,师生应充分利用这些媒体资源。此外,媒体上关于环境问题、生物多样性问题、营养和保健问题等方面的报道,作为学生课堂讨论的素材,时效性强,容易引起学生的关注。

(6) 信息化课程资源在生物学课程资源中占据着越来越重要的地位,包括使用各种生物学教学软件、网络上的生物学教育资源等。

6.6.2 开发生物课程资源的基本方式

生物教师是开发与利用生物课程资源的主体,生物教学活动也是生物课程的一个重要资源。就这两方面而言,生物课程资源的开发与利用实际上也就是如何把生物课程资源引入到生物教育教学活动中的过程。按照段兆兵等的有关观点,结合新课程中生物课堂教学的探究性、体验性、合作性和生命性的特点,可以有如下几种模式。

6.6.2.1 "实践—体验"式

长期以来,我国中学生物课程资源的结构比较单一,几乎把教材作为唯一的课程资源,而对开发多样化的课程资源则重视不够,这样就很容易陷入单一的讲授——接受的教育教学模式,不利于学生的全面发展。我们必须看到,教材并不是唯一的知识载体,除教材外,学生的知识还可以直接来源于实践,而且有些在实践中获得的知识是无法在教材中获得的。因此,教师完全可以根据课程目标,充分挖掘当地现有的校外课程资源,有针对性地组织学生参与一些实践活动。

案例研究 6-5

有学校进行了下面的"实践—体验":学习了"无土栽培"后带领学生前往参观当地的蔬菜基地;学习了"发酵工程"后鼓励学生到当地的味精厂、啤酒厂进行实践;学习"培养基的配制原则与种类"后让学生到当地的生物学研究所亲自操作。这些都可以使学生在实践的过程中,自觉地把间接的理论知识与直接的感受和体验结合起来,不仅密切了学生与生活、与社会的联系,也满足了他们多方面发展的需要。①

问题与思考

如果你是这所学校的生物教师,你打算怎样具体设计上述的实践活动?

6.6.2.2 "问题—探究"式

教师可以组织学生围绕一定问题,利用实验室、图书馆、网络、工厂、农村、社区等丰富的课程资源,指导学生通过实验、调查、操作、观察等活动,使学生在解决问题的探究过程中,强化创新意识,提高创造能力,培养合作精神。

案例研究 6-6

在讲述"细胞呼吸"时,让学生围绕"你认为酵母菌通过哪一种方式进行呼吸?如何用实验证明你的观点?"等问题进行探究实验;在学习"细胞的全能性""细胞的癌变""人类基因组计划""神经调节的过程"时,列出相关问题,鼓励学生利用图书馆、科普读物、网络等课程资源搜集有关干细胞研究进展、恶性肿瘤防治、人类基因组或基因诊治研究、利用神经调节原理的仿生学进展等资源。②

分析

在这样的教育教学活动中,学生必然会主动参与、乐于探究、勤于动手,也培养了学生搜集和处理信息的能力、获取新知识的能力、分析和解决问题的能力以及交流与合作的能力。

6.6.2.3 "情境—陶冶"式

新课程标准指出,生物学教学的同时要注意对学生的情感、态度和价值观的教育。在中学生物学教学中,教师可充分开发与利用本地区的自然资源、文化传统等特有的生物学课程资源,创设一定的教学情境,陶冶学生的情操,培养学生正确的价值观。

6.6.3 生物课程资源的开发和整合

生物学课程资源的开发与利用,形式与途径多种多样,《义务教育生物学课程标准(2011年版)》《普通高中生物课程标准(实验)》,以及《义务教育生物学课程标准(2011年版)解读》《普通高中生物课程标准(实验)解读》中都作出了相关的论述。现结合新课程实施的一些体会和做法,再作一些展开性的论述。

6.6.3.1 科学、艺术地呈现教材资源

教师不仅要展现教材所提供的主要知识点,而且要考虑如何使教材的内容更有条理,重点更加突

---

① 刘天成.生物课程资源开发与利用初探[J].中小学教学研究,2004(6):11.
② 刘天成.生物课程资源开发与利用初探[J].中小学教学研究,2004(6):11.

出,方式更具艺术性,避免平铺直叙的呈现方式。为了解释教材中的文字材料或加深对它的理解,教师还应该适当配以图片、动画资料,特别是视频资料,这对于难点的突破,重点的强化都会起到事半功倍的效果。

6.6.3.2 最大限度地开发利用学校现有的教学资源

学校是教育教学的主阵地,教学中除充分利用图书室、实验室、校园网、文化长廊、校园广播等教学设施外,还应该积极利用校园环境资源组织教学。

6.6.3.3 联系热点话题开发课程资源

心理学家布鲁纳说过:"学习最好的刺激是对学习材料的兴趣。"恰当捕捉学生兴趣浓厚的时事热点问题进行教学是开发生物课程资源的有效途径。

小资料 6-2

热点话题资源[①]

(1) 利用央视热点教学

根据央视指南选择反映学生生活的热点话题或与同步教材相关的专题节目,组织学生收看,如"绿色空间""探索发现""人与自然""动物世界""心理访谈""今日说法"等栏目,以丰富知识、拓展视野、健康生活。

(2) 利用节日、纪念日进行教学

"环境日"通过校园广播向同学们公布一组触目惊心的数据:全世界范围内,热带雨林正以每年17万平方公里的速度消失,2 100多万公顷农田荒漠化,土壤每年流失量高达200万吨,每天超过70个生物物种从地球上永远消失,预计未来25年内地球上1/4的生物都有灭绝的危险,每年约有2.8亿人沦为环境难民,使学生强烈感受到保护环境刻不容缓,情感为之升华;"无烟日"组织学生写倡议书"愿做无烟公民";"艾滋病日"组织学生观看科教片《关爱艾滋病人》;"水利日"组织学生参观节水农业示范点……

(3) 利用生物科技信息教学

引导学生通过多种媒体查找最新生物科技信息,要求每周了解1~2条、每学年组织一次"生物科技信息竞赛",并鼓励学生以科技信息为题材开展演讲活动。这种教学资源能有效唤醒学生当科学家的梦想和科学探究的欲望。

6.6.3.4 在生活实际中开发课程资源

学习生物的终极目标是将知识与技能用于解决日常生活中的实际问题,并以此使知识不断增加,技能不断提高,增强自信心、激发探究欲望。

6.6.3.5 广泛搜集、整合网络资源

互联网是大家公认的世界上最大的知识库、资源库,它拥有最丰富的信息资源。充分利用网络资源,有机整合网上资料,使信息技术与学科教学合理结合,是信息技术应用于教育的关键,也是新课程改革的重要途径。

对于网上检索和搜集到的教学资源,教师要认真加以筛选、编排、重组,按照教师自己的教学设计思路,合理地运用,只有这样教师才不会在茫茫信息海洋中迷失自我。

6.6.3.6 大胆开发原创教学资源

教师除了可以把在长期教学过程中积累下来的试题、练习、教案等教学资料,经过整理分类后,成

---

① 邢京荣,张新力,赵吉祥.生物课程资源的开发、整合与利用[J].中国教育技术装备,2006(9):16.

为教学资源的一部分外,还可以充分使用自己手中的照相机、摄像机、录像机,收集生动的影像图片素材,经过数字化处理,变成可以长期使用的教学资源。

教师还可以自制实验过程录像。参与录制过程的"演员"可以是教师本人,也可以是学生熟悉的学生代表,原创的实验录像的突出特点是比 Flash 模拟的实验过程更加真实,不仅把实验中出现的现象真实再现,还能够把实验中的关键步骤、现象等加以强化和巩固。

课程资源的开发与利用不仅是教育专家和课程专家需要认真研究的问题,更是每一位教师时刻面对并要解决的问题。面对新课程的挑战,广大生物教师既要成为课程的成功实施者,又要成为教育课题的研究者,结合教学实践合理开发、有效利用课程资源是时代赋予教师的使命。

本章小结

1. 创设教学情境对于课堂教学起着很重要的作用,在生物教学中创设情境的主要方法有:通过提问创设情境;通过学生熟悉的生活现实创设情境;通过实验创设情境;通过实物、模型、图片等直观教具创设情境;通过表演创设情境;通过多媒体创设情境。

2. 课堂学习指导是指教师对课堂教学活动和课堂情境进行恰当地调节和引导,以便更好地完成教育和教学工作的手段。新课程中教师要从"讲授者"转型到"组织者、引领者和亲密伙伴"。

3. 教师的课堂教学基本技能是学生学习和教师教学的有效保证,主要包括教态变化、教学语言、导入、讲授、提问、板书、演示、变化、结束等基本技能。

4. 新一轮基础教育课程改革,对教师的教学基本技能也提出了新的挑战:实现知识与技能、过程与方法、情感态度与价值观的统一;统整学生的生活世界和科学世界;有效地与学生交往互动;转变角色,做学生学习的组织者、引导者、参与者;按照学生学习规律进行教学,指导学生学习;有效地进行学生学习过程性评价;充分开发和利用课程资源;实现现代信息技术与学科课程整合,为学生的学习和发展提供丰富多彩的教育环境和有力的学习工具。

5. 信息技术与生物教学整合,要充分利用网络学习资源,开发网络课程。

6. 科学、艺术地呈现教材资源,最大限度地开发利用学校现有的教学资源,联系热点话题开发课程资源,在生活实际中开发课程资源,广泛搜集、整合网络资源,大胆开发原创教学资源等都可以成为开发和整合生物课程资源的途径。

关键术语

◆ 教学情境、教学基本技能、教态变化技能、教学语言技能

◆ 导入技能、讲授技能、板书技能、提问技能

◆ 演示技能、变化技能、结束技能、学习指导的技能

◆ 信息技术与生物学教学整合的技能、课程资源开发与利用的技能

学习链接

1. 生物学在线　http://www.sw123.com.cn/Index.html
2. 教育部全国中小学教师继续教育网　http://www.teacher.com.cn/
3. K12 中国中小学教育教学网　http://www.k12.com.cn/

检测—拓展

检测

1. 在设计问题和提出问题时,应遵循哪些原则和注意事项?

2. 常见的板书设计类型有哪些？请为"光合作用"这节内容设计你认为最合适的板书。
3. 如何根据教学内容来设计合适的导入？
4. 实验演示具有什么特点，在演示实验时有哪些注意事项？
5. 如何设计结课，请根据一节课举例分析。

拓展

1. 观看优秀教师的课堂教学录像，注意他们的教态变化。
2. 教学中我们经常用手势来协同表达生物学信息，你可以创造一些这方面的手势吗？
3. 录制一段自己的教学语言的录音(10分钟)，两人一组交换听、评，并提出改进意见。

阅读视野

教师的站态技巧[①]

教师在一生的教学生涯中，有较长的时间都是在站立中度过的。站立成了教师工作中一个十分平常而又必不可少的重要部分。站态不仅是一种涵养程度的检验，而且具有很强的造型特点，对教师传达教学信息有很重要的作用。教师的站态技巧与要求如下。

1. 仪态要稳重自然

教师良好的站态不仅可以有效地起到相应的辅助教学之功效，也会使学生在从教师的教学中获取一定知识的同时得到一种形象美的熏陶，有利于学生良好的仪态行为的培养与形成。相反，如果一个教师缺乏基本的仪态行为素养，站在学生面前畏畏缩缩、作态拘谨，或大大咧咧、我行我素，不仅会给学生一种教师形象的萎缩感和庸俗感，而且从整体上破坏了教师的仪表形象，妨碍教学效果。

教师站态的主要要求是稳重自然、落落大方、优雅得体，要做到挺胸、收腹、梗颈，整个身体重心要自然均衡地落在双腿上。切忌含胸驼背、收肩缩颈、左摇右晃、站立不稳，或呆板僵硬、一动不动。

2. 站立的基本技巧

站着讲课不但有助于教师动作、表情的发挥和阐发，让学生感知到更多的内容，同时也易于使教学富有感染力。因此，没有特殊原因，教师都不应坐着授课，特别是青年教师，更应学会站态，练习好站功。在课上或课下，教师不同的站立姿势，对学生的心理会产生不同的影响。心理学研究表明，面对黑板而站说明教师的心理是封闭的，不利于阐述教学内容、抒发情感，而且会给学生留下没有修养的感觉。站时重心或左或右，被视为信心不足、情绪紧张和焦虑过度。而面对学生站姿端庄平稳、亲切自然、庄重大方，则表明教师准备充分，有信心上好这堂课，有能力控制整个教学局面。学生回答问题时，教师身体应微微前倾，以示对学生说的话感兴趣，也表明教师的注意力都集中指向学生，增强亲切感。当需要阐述、描述或分析时，教师应稍离课桌，或轻松自然地走动，或微微分开双腿……在踱步活动中求得休息，使学生既感到教师的端庄严肃，又感到教师的亲切自然。当学生埋头记笔记或做练习时，教师可以用手撑住桌沿，把重心移向某只脚上，既可得到短暂休息，又可避免造成消极影响。

在课堂上，教师消极、错误的站态有：背对学生只顾自己板书，给学生一种不礼貌的感觉；两手放在裤袋里或双手反背身后，一副师道尊严、居高临下的态势，没有一点儿亲切感；固定一种姿势在一个地方站得时间过长，给学生产生一种单调、乏味的枯燥感；伴有摸头、捂鼻、搔耳、玩弄教鞭或粉笔等其他消极的体态行为；双手撑着讲台，两肩失去平衡，低头勾腰，显得瘫软无力。

[①] 优化课堂教学方法丛书——教态变化技能.海南师范大学初等教育学院精品课程网站/课程与教学论/相关资源. http://www.hainnu.edu.cn/yuanxisz/cdjy/jpkc/xiazai/xgzy/.

3. 站态技巧的训练与掌握

站态技巧的训练要点包括：

(1) 以站在讲台中间为主，挺胸、收腹、抬头、沉肩、梗颈；

(2) 双手下垂，神态自然，手势自然；

(3) 两脚稍呈八字形，身体稍微前倾，两腿一虚一实，重心落在一只脚上，或两脚掌平时，距离与肩同宽。

参 考 文 献

[1] 俞如旺.生物微格教学[M].厦门：厦门大学出版社，2007.

[2] 刘恩山.中学生物学教学论[M].北京：高等教育出版社，2003.

[3] 崔鸿,杨华,王重力.生物课程教育学[M].武汉：华中师范大学出版社，2006.

[4] 汪忠.新编生物学教学论[M].上海：华东师范大学出版社，2006.

[5] 孙连众.中学数学微格教学教程[M].北京：科学出版社，1994.

[6] 夏志华.谈新课程理念下生物学教学技能的变化[J].当代教育论坛，2005(7).

[7] 王西平.倾听：新课程背景下教师重要的学习指导技能[J].北京教育：普教版，2006(1).

[8] 邢京荣,张新力,赵吉祥.生物课程资源的开发、整合与利用[J].教学研究，2006(9).

第7章 中学生物教育测量与评价

学习目标

1. 概述教育测量与评价的概念,说出其类型,描述其功能。
2. 概述教育评价的发展与改革方向。
3. 列举生物试题的题型,并能遵循一定的原则,编制科学、恰当的试题。
4. 概述表现性评价的概念、特点及步骤,举例说出表现性评价的方法。
5. 运用统计理论与方法,编制某班学生考试成绩的频数分布表,计算标准分。
6. 概述难度、区分度、信度及效度的概念。
7. 说明生物课堂教学评价的目的、方法,评价生物学课堂教学。

本章内容结构图

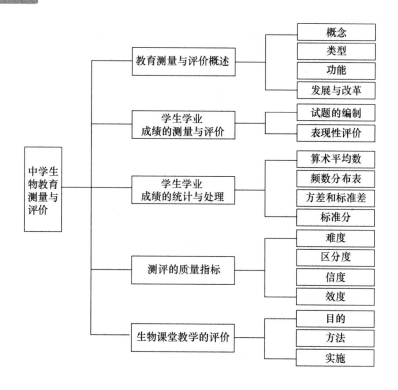

本章序幕

去年,一名高中生在参加高考时考出了一个"绝分",离重点线仅一分之差。他最后去了一个一般学校,那些仅仅比他多了两三分的同学,有很多上了重点大学。其实,这位同学的学习一直都很好,最让人感动的是,他从初中到高中五六年间常常帮助一位患小儿麻痹症的同学兼邻居。事很小,但能坚持五六年,这对一个孩子来说很不容易。

中国高校招生以高考成绩为录取的唯一标准,而美国高校招生则考虑多方面的因素:"高考"的考分、平时的成绩,再加上申请者的综合素质;大学招办还会考查学生的选修课程,从中分析学生的性格和心理。哈佛大学每年都拒收不少"高考状元",如 1996 年把 165 个"状元"拒之门外,理由就是对这个隐藏在分数后面的综合素质不满意。哈佛大学招生院院长在给申请者去信时写道:"在录取过程中,我们寻找的是各方面都优秀的学生,从而确保每年进入学校的都是充满活力的新生。"

如果在美国,如果是申请哈佛大学,一个坚持五六年帮助他人的孩子,加上平常成绩很好,只是"高考"少一分,没准儿能上……

——改编自黄全愈著的《"高考"在美国》

你可能为那位同学因一分之差而与重点大学失之交臂而感到惋惜,你也可能发现了中美两国在教育评价方面存在的差异。虽说美国的教育评价体系也并非尽善尽美,但你至少能够发现,我国基础教育评价中存在着一些问题。存在着哪些问题呢?我国教育评价的发展与改革应走向何方?在生物学科,该如何来测量与评价学生的学业成绩呢?该如何来测量与评价课堂教学活动呢?

相信通过本章的讨论与交流,你不仅会获得一些教育测量与评价的基本概念、方法和原理,更会引起你对生物学教育测量与评价的深入思考。

7.1 教育测量与评价概述

在教师组织和帮助下,全班同学用尺子测量了每个同学的身高,下面是 10 名同学的身高记录,其中有 5 名男同学和 5 名女同学:

男生 1:182 cm　　　　　女生 1:170 cm
男生 2:179 cm　　　　　女生 2:165 cm
男生 3:174 cm　　　　　女生 3:162 cm
男生 4:170 cm　　　　　女生 4:158 cm
男生 5:165 cm　　　　　女生 5:155 cm

同学们三三两两评头论足,大部分同学都认为 182 cm 的男生和 170 cm 的女生已经很高了,但极个别的同学说"比起姚明、郑海霞,他们仍是个矮子"。有的说男生长 174 cm 已属于高个子,有的则不赞同。还有的同学在讨论:"同样是 165 cm,对于男生,则属矮个子;对于女生,则属高个子。为什么对同一测量结果会有不同的评价结论呢?"

教育测量与评价也有诸如此类的问题,让我们从教育测量与评价的概念说起。

7.1.1 教育测量与评价的概念

教育测量是为了了解学生的发展,特别是为了评价学生的学习成绩而进行的测量活动。通过教育教学活动,无论是教育者还是受教育者,都需了解学生学到了什么,掌握到什么程度,学习者有哪些变化……这些都需要借助于教育测量活动来加以实现。教育测量关注的教学效果,是教与学双方共同作用的结果;教育测量反馈的是教和学两方面的信息。

> **核心概念**
>
> 教育测量(educational measurement)是针对学校教育影响下的学生各方面的发展,侧重从量的规定性上予以确定和描述的过程。

教育测量是针对学生在德育、智育、体育、美育、劳动技能以及个性、心理素质等方面的测量，与物理测量相比，具有以下四个方面的特点。

（1）测量目的的针对性。教育测量必须要为实现教育目的服务，必须要针对课堂教学效果，针对学生在知识、能力、情感态度与价值观方面的发展和达成情况，掌握学生在智力、能力、情感、方法等各方面的情况，以便改进教学方法，促进学生人文素养和科学素养的全面提升。教育测量不能脱离教育目的，要依据课程标准，参照教材，有的放矢。

（2）测量对象的复杂性。教育测量的对象主要是学生的精神属性，它们不像人的身高和体重等物理特性那样明确，我们不能直接测量，只能通过对学生的外显行为与反应的取样分析加以推断。学生的知识、实践能力、创造能力、情感、态度、价值观等会受一些主、客观因素的影响，例如学生可能会只表现出正确的道德认知，而掩饰自己真实的道德情感，这使得教育测量的对象具有模糊性和不确定性。

（3）度量单位的相对性。物理测量的单位是比较明确的。例如，测量物体的长度可用毫米、厘米、分米、米、千米等作为单位，测量物体的质量可用克、千克、吨等作为单位。教育测量中学生的学业成绩用"分"作为单位，这一单位具有相对性。首先，它的意义比较模糊。"1厘米"的含义是明确具体的，但"1分"在人们心目中的含义是不同的。其次，相同单位不等值。期中考试中的70分不等于期末考试的70分，A同学的90分并不等于B同学的45分的两倍。

（4）测量结果的间接性。物理测量具有直接性的特点。例如，课桌的长、宽、高，学生的身高和体重等，可以用测量工具直接测量。教育测量不能直接测量，只能通过人的外显行为或通过人对来自外界的一些刺激所作出的反应，作出间接性的、推断性的测量。也就是说，我们只能通过学生对测验题目的反应和一些行为表现，运用推理、判断的方法，间接地测量出他们的知识技能、思维品质、情感态度等。

教育评价（educational evaluation）是指按照一定的价值标准和教育目标，利用测量和非测量的方法，系统地收集资料信息，对学生的发展变化以及影响学生发展变化的各种因素进行价值分析和价值判断，并为教育决策提供依据的过程。

理解教育评价的概念，必须要明确以下四个方面的问题。

（1）教育评价的对象。早期的教育评价以学生的学习结果为主要对象；现代的教育评价以教育的全领域为对象，不仅包括教育结果，而且包括教育计划、教育活动、教育目的、教育程序、教育过程。教育评价的内容可以是教学，也可以是课程。

（2）教育评价的目的。教育评价的最重要的意图不是为了证明，而是为了改进。教育评价强调为学生的发展和教育决策服务。教育评价强调反馈、矫正功能，是为了诊断评价对象的现状，发现问题，使教育、教学工作不断改进、不断完善，为促进学生的全面发展和实施素质教育服务。

（3）教育评价的依据。教育方针、政策和教育目标是我们的教育价值观的集中体现，我们应当以教育方针和教育目标为依据确定评价的目标和标准。简言之，教育评价是以教育目标为标准的价值判断过程。

（4）教育评价的手段。教育评价的科学性在很大程度上取决于方法和手段的科学性。离开了科学的评价方法和手段，就不能称之为现代教育评价。现代教育评价要运用科学的方法和手段，对教育现象及其效果作出价值判断。

教育测量与教育评价既相联系又相区别。教育测量与教育评价的区别在于：第一，教育测量是对教学、课程的定量描述，而教育评价是一种定性描述；教育测量关心的是数量的多少，教育评价关心的是价值的高低。第二，教育测量是一种纯客观的过程，教育评价则带有主观性，是客观测量与主观估计的统一。第三,教育测量是一种单一的活动,教育评价则是一种综合的活动;教育评价比教育测量所包含的内容要广泛、综合。教育测量与教育评价又是密切联系的同一过程的两个不同的方面。教育测量是教育评价的依据,教育评价是教育测量的具体体现。教育测量是教育评价获得数据资料的重要手段,教育评价要基于教育测量的数据给予正确的价值判断。事实上,将教育测量与教育评价两种活动截然分开是非常困难的,教育评价也不一定非得以教育测量为基础才能进行。在一些情况下,教育测量与教育评价是同义的,许多教育测量本身就含有价值判断的作用。

活动 7-1

讨论下列结果,哪些属于教育测量?哪些属于教育评价?
1. 李明的身高有 180 cm。
2. 王丽萍的生物成绩是 85 分。
3. 张超作出假设的能力有待继续训练和提高。

7.1.2 教育测量与评价的类型

教育测量与评价的类型多种多样,依据不同的角度、不同的维度,不同学者将其分成了不同的类型。

(1) 按照测量与评价的时间与目的的不同,可以将其分为诊断性测量与评价、形成性测量与评价和终结性测量与评价三种。

① 诊断性测量与评价,亦即诊断性评价(diagnostic evaluation),是在各学年、各学期或某一教学阶段开始或结束前进行的预测性、摸底性的测量与评价;其目的是为了摸清评价对象的基础和情况,分析存在的问题,设计一种排除学习障碍的教学方案。

② 形成性测量与评价,亦即形成性评价(formative evaluation),是学习中的测量与评价;其目的是为了了解教学的结果及学生学习的进展情况和存在的问题,及时调整和改进教学,以便顺利达到预期的目的。

③ 终结性测量与评价,亦即总结性评价(summative evaluation),是教学结束后的测量与评价;其目的是为了了解学生一学期或一学年的学习是否达到了教学目标的要求,对教学成果作出较全面的综合总结和成绩评价。

(2) 按照测量与评价所参照的标准的不同,可以将其分为常模参照测量与评价、标准参照测量与评价。

① 常模参照测量与评价也叫相对评价,是以被测评的团体的平均状况作为评价标准,以评价学生在团体中的相对位置的一种测量与评价。常模参照测量与评价的标准是"常模",与教育目标没有直接的关系,它关心的是学生在该团体中的相对位置。

② 标准参照测量与评价也叫绝对评价,是以既定的教育目标或课程目标、教学目标为评价标准,衡量学生在多大程度上达到了该标准。这种测量与评价的标准就是"目标",所以也常称为目标参照测量与评价,它关心的是学生达标的程度。

> **核心概念**
>
> 常模(norm)是同一情况被试在某种行为上的分数结构模式。例如,同一年级的学生的生物学平均成绩为 70 分,70 分和高于、低于此分的分数分布情况,就是这个年级学生生物成绩的常模。

（3）按照测量与评价所使用的材料的不同,可以将其分为文字测验和非文字测验。

①文字测验是以文字来表现测评内容,学生也用文字作答,也常常称为纸笔测验(paper-and-pencil test),是一种最为普通的测量与评价方式。虽说计算机和互联网在施测中得到了比较广泛的应用,但学者们仍称其为纸笔测验。

②非文字测验是通过图形、仪器、工具、实物、模型等形式表现测评内容,学生通过指认、手工操作提供答案,也常常称为操作测验、实作评价(performance assessment)。这类评价需要实际观察和记录学生在真实或仿真的施测情境中的实际表现,根据学生实际表现行为的过程或最后的作品成果来进行评价。

> **核心概念**
>
> 测验(test)是测量的工具,用它能引起人的有代表性的行为,以便对人的行为特性或心理特征进行测量与评价。将测量与测验截然分开是困难的,人们常常以同一语义使用着测验与测量。

7.1.3 教育测量与评价的功能

教育测量与评价具有多方面的功能,如实现教育判断的功能、改进教师教学的功能、促进学生学习的功能、行使教育管理的功能。测量与评价的主要目的在于改进学习和教学,其他目的都是补充性的。

1. 测量评价的功能

教育测量与评价的直接目的就是为了客观地评价学生的学业成绩,结果可以是量化的分数,也可以是定性的描述。测评的过程要客观、公正,结果不能主观臆断,要利用测量和非测量的种种方法,系统地收集资料,对学生的行为表现作出符合事实的判断,即要按照科学准则和程序对学生的行为表现作出较为客观的测量与评价。由于资源的有限性和竞争的存在,在许多情况下要对学生的学习结果、教师的教学质量等作出区分、鉴别与选拔。

2. 问题诊断的功能

在教育过程中,人们还常常利用各种测验、各种评价表以及考试等手段,对学生的学习困难、学生心理问题、教师教学问题、课程设置、课程计划、课程实施、办学问题等进行诊断。通过大量收集资料并予以客观地分析,充分地发挥和实现教育测量与评价的诊断功能。

3. 改进教学的功能

通过测量与评价,可以使教师摸清学生的学习和发展状况,评价学生在学习之前已具有的背景知识,作为有效教学的起点。通过测量与评价,可以使教师明了自己在教学中的缺失,判断教材的可用性,判断教学方法的有效性。通过对测量结果的分析,可以使教师了解学生的学习现状、错误概念,诊断学生在认知结构上的缺失和不足,以便有针对性地提出符合个别需要的补救教学的策略与措施。教育测量与评价的最终目的在于确保教学目标的达成。

4. 促进学习的功能

测量与评价具有促进学生学习的功能。有效的学业成绩测验,能够提供学习进步的反馈信息,激发学生学习的动机;可以引导学生关注较为复杂、深奥的学习内容,促进学生的学习记忆和学习迁移,引导学生朝着教学目标作努力;可以提供反馈信息,了解自己在学习上的优点和不足,作出恰当的自我评价,以作出最佳的学习计划,采取最佳的学习策略。

教育测量与评价对教育教学的影响是多方面的,既有积极的一面,也有消极的一面。对学生进行分类和分等的教育评价,损害学生身心全面发展。教育工作者要建立促进学生全面发展的评价体系,改革和完善考试制度,这样才能最大限度地发挥教育测量与评价的积极功能。

活动 7-2

讨论我国基础教育评价中是否存在下列问题,如何改革:

(1) 评价内容:过多倚重学科知识,特别是课本上的知识,忽略了实践能力、创新精神、心理素质以及情感、态度和习惯的考查;

(2) 评价标准:过多强调共性和一般趋势,忽略个体差异和个性化发展的价值;

(3) 评价方法:以传统的纸笔考试为主,过多地倚重量化的结果,很少采用质性的评价手段和方法;

(4) 评价主体:被评价者处于消极的被评价地位,没有形成教师、家长、学生、管理者共同参与,交互作用的评价模式;

(5) 评价重心:过于关注结果,忽视被评价者的进步状况和努力程度,未能很好地发挥评价促进发展的功能。

7.1.4 教育评价的发展与改革

名师论教 7-1

发展性教育评价产生于我国新一轮基础教育课程改革的实践,它区别于选拔性评价和水平性评价,注重诊断、激励和发展。其目的在于更好地促进学生的成长,促进教师教育教学水平的提高,促进学校发展。其内容多元化,既关注学业成就、升学率,也重视被评价者多方面素养与潜能的发展。其方法多样化,除考试与测验外,还使用观察、访谈等多种科学有效、简便易行的评价方法。它不仅注重发展和变化过程,把终结性评价与形成性评价有机地结合起来。它重视学生、教师和学校在评价过程中的作用和主体地位。

——董奇

随着素质教育的全面推进,我国传统的基础教育评价与考试制度越来越不能适应素质教育的要求,突出反映在强调甄别与选拔功能,忽视改进与激励的功能;注重学习成绩,忽视学生全面发展和个体差异;关注结果,忽视过程;评价方法单一等。积极推进基础教育评价与考试制度改革势在必行。随着我国第八次基础教育课程改革的深入,新课程中的教育评价应体现以下特点。

(1) 重视发展,淡化甄别与选拔,实现评价功能的转化。基础教育课程的功能从以传授知识为主,转向注重促进学生多方面的综合发展,为学生的终身发展奠定基础。评价的功能不再只是检查学生的知识、技能的掌握情况,而是更为关注学生掌握知识、技能的过程与方法,以及情感态度与价值观的形成。评价不再是为了选拔和甄别,而是要发挥评价的激励功能,为了促进被评价者的发展。也就是说,评价是为学生的发展服务的。同时,对教师的评价也要淡化检查、甄别、选拔、评优的功能,而要实现评价促进教师发展的功能。

(2) 重综合评价,关注个体差异,实现评价指标的多元化。教育评价要重视学生的综合素质,在关注学生学业成绩的同时,也要关注学生积极的学习态度、创新精神、分析与解决问题的能力,关注学生的人生观、价值观。不仅要考查学生学到了什么,更要考查和评价学生是否学会学习、学会生存、学会合作、学会做人。教育评价要尊重个体发展的差异性和独特性,要在综合评价的基础上,实现评价指标的多元化。

(3) 强调质性评价,定性与定量相结合,实现评价方法的多样化。以量化的方式测评学生的发展状况时,易出现僵化、简单化和表面化的弊端。量化的测评把复杂的教育现象简单化,极易丢失教育中最有意义、最根本的内容。质性的评价则能够全面、深入、真实地再现评价对象的特点和发展趋势。例如,平时的课堂行为记录、项目调查、书面报告、作业等开放性的评价方法和成长记录袋、学习日记、情景测验等质性评价方法,应予以重视和认可。质性评价并不排斥量化的评价,应将定性与定量评价相结合,应用多种评价方法,更清晰、更准确地描述学生、教师的发展状况。

(4) 强调参与与互动、自评与他评相结合,实现评价主体的多元化。以往的评价者和被评价者基本上是管理者和被管理者,评价主体单一,被评价者对于评价结果处于不得不接受的被动状态。被评价者参与到评价的过程中,成为评价的主体之一,促进评价者和被评价者之间的互动,共同承担促进被评价者发展的职责。教师、学生、家长、管理者及专业研究人员都可以参与到评价的过程中;学生和家长可以参与评价体系的建立,可以对教师做出的评价结果发表不同的意见,这样可以提高被评价者的主体地位,加强评价者与被评价者之间的互动,增进双方的了解和理解,形成积极、友好、民主的评价关系。

(5) 注重过程,终结性评价与形成性评价相结合,实现评价重心的转移。传统的评价往往只要求学生提供问题的答案,缺少对学生思维过程的评价,导致学生只重结论,忽视过程,难以促使学生重视科学探究的过程,养成科学探究的习惯和严谨的科学态度与精神。新课程评价从过分关注结果逐步转向对过程的关注,将关注结果的终结性评价与关注过程的形成性评价结合起来,实现评价重心的转移,帮助学生形成积极的学习态度、科学的探究精神,实现"知识与技能""过程与方法""情感态度与价值观"的全面发展。

7.2 学生学业成绩的测量与评价

《基础教育课程改革纲要(试行)》指出,"评价不仅要关注学生的学业成绩,而且要发现和发展学生多方面的潜能,了解学生发展中的需求,帮助学生认识自我,建立自信";"完善初中升高中的考试管理制度,考试内容应加强与社会实际和学生生活经验的联系,重视考查学生分析问题、解决问题的能力"。

生物科学业考试应本着"依据课标、注重基础、提倡运用、全面评价、合理配置题型、科学严谨"的原则进行命题,杜绝设置偏题、怪题的现象,努力实现基础性、整体性和开放性的统一;教师应对每位学生的考试情况做出具体的分析指导。

7.2.1 生物试题的编制

名师论教 7-2

开放性试题是与封闭性试题相对应的一个概念。一般来说,封闭性试题具有确定的条件、方法和答案,而开放性试题通常没有确定的条件、方法与答案。如果说封闭性试题在考查学生思维的严谨性、目标的客观性、方式的规范性上独具优势的话,那么开放性试题则在考查学生思维的灵活性、创造性上更为突出。应该说,两种试题各有优势,因此在考查功能上也是互有补充。

——高凌飚

根据不同的标准,试题可以分成不同的类型。根据评分方法的不同,可分为客观性试题(objective item)和主观性试题(subjective item)。客观性试题答案的范围已被明确给出,答题者只需从中做出选择,不同的评分者可以得出完全相同的评价结果,评分极具客观性。客观性试题有选择题、判断题、匹配题等。主观性试题的答案完全由答题者给出,命题者几乎不作限制,没有标准答案(只有答案要点),评分者评分时受主观因素的影响较大。主观性试题有填空题、简答题、设计题、论述题等。不同的题型有不同的特点,要充分发挥不同类型试题的功能,命题时要注意题型结构的合理配置。

1. 选择题(choice item)

选择题是各种测评中最常用的题型,它是由题干和题枝两部分组成的。题干可以是一个疑问句,也可以是一个不完整的陈述句,有的还附加有图、表。题枝即选项,指的是备选答案。根据备选答案中正确答案(或最佳答案)数目的多少,可以将选择题分为单项选择题(individual-choice item)和多项选择题(multiple-choice item)。单项选择题简称单选题,备选答案中只含有一个正确答案或最佳答案;多项选择题简称多选题,备选答案中包含的正确答案的数目不确定,可以是一个,也可以是多个。

编制选择题应遵循如下原则。

(1) 题干要简洁。题干中不要包含不必要的信息,避免出现干扰考生正常思维的信息。

(2) 题意要明确、严谨。一道试题只测试一个问题或围绕一个中心。

(3) 尽量不使用否定式的题干。如果使用否定,应在否定词下加着重号、下划线明确标志。

(4) 备选项要简练。共同使用的词汇和短语,要放到题干中。

(5) 备选项要有迷惑性。干扰项不可拼凑,要与正确选项似是而非。

(6) 备选项在语法、语气、长度方面尽量一致,避免暗示。

(7) 各备选项相互独立,具有排他性,不交叉、不包含、不重复。

(8) 正确选项要随机排列,无规律可循。

(9) 不测试复杂的推理、计算。选择题不适合测试学生复杂的推理能力,也不宜包含繁琐的计算过程。

活动 7-3

例1. 以下四种提法,不正确的是　　　　　　　　　　　　　　　　　　　　(　　)

  A. 一个动物细胞就是一团原生质

  B. 原生质就是细胞质

  C. 原生质构成细胞的生活物质

  D. 细胞是生命活动的单位

在四个备选项中,A、B、C 都是有关"原生质"的陈述,D 是对"细胞"的陈述,D 与前三个选项的性质不同;最好也将其改为有关"原生质"的陈述,如"原生质是细胞生命活动的物质基础"。题干本身不是一个具有完整意义的句子,应将其改为"以下四种有关原生质的提法,不正确的是"。题干使用了否定式,应着重标出"不"或"不正确"。应修改为如下形式:

以下四种有关原生质的提法,<u>不正确</u>的是　　　　　　　　　　　　　　(　　)

  A. 一个动物细胞就是一团原生质

  B. 原生质就是细胞质

  C. 原生质构成细胞的生活物质

  D. 原生质是细胞生命活动的物质基础

2. 判断题(true-false item)

判断题也叫是非题、二项选择题,它呈现一个完整的陈述句,要求学生做出判断,指出正误。

编制判断题应遵循如下原则。

(1) 陈述句要简洁明了,用词正确。
(2) 围绕一个主题进行陈述。
(3) 题意明确,不能模棱两可,是非不明。
(4) 避免使用否定句,特别是双重否定。
(5) 题中不要暗示答案。
(6) 尽量不要抄书上的句子。
(7) 答案为"对"和"错"的题目大致相等,随机排列。

活动 7-4

例2.(正确的在括号内打"√",错误的在括号内打"×")

玉米种子的胚只有一片子叶,但却有胚乳,胚乳里有丰富的养料。　　　　　　　　(　)

此陈述句前后有转折,先说"胚",后说"胚乳",最好围绕一个核心概念展开陈述。而且,这一陈述照搬的是教科书上的原句(见北师大版初中《生物学》七年级上册第103页);题目不要仅考查学生的记忆能力,还应是考生经过分析思考后才能做出的判断。应改为如下陈述:

玉米种子的胚只有一片子叶,且子叶中贮存着丰富的养料。　　　　　　　　　　　(　)

3. 填空题(completion item)

填空题指的是一个不完整的陈述、图表,要求学生用文字、数字、符号填补题中的空格,使其变成完整的句子、图表。它是一种非常古老的题型,在生物学测评中经常应用。

编制填空题应遵循如下原则。

(1) 不能照搬教科书上原有的形式。
(2) 题意明确,限定严密,答案唯一。
(3) 空白处应是重要的内容。
(4) 空格不宜太多。
(5) 空格应尽量放在题目的后面。
(6) 所填内容应是学生理解归纳后才能回答的。
(7) 答案有单位时,应将单位标示出来。

活动 7-5

例3. 维生素_____与人体内_____的代谢有关,缺乏的话会产生_____病。

此填空题的空格过多,导致题意不明确,所以有许多答案存在。此题的修改,应将维生素的名称明确指出,减少空格,以限定后面的内容,使题意明确,答案唯一。修改如下:

维生素D与人体内_____的代谢有关,缺乏的话会产生_____病。

4. 简答题(short-answer question)

简答题是指要求考生进行简要论述或解答的试题。简答题可以是一个直接提出的问题,也可以由文字、图表或数据加问题而成,还可以空格的形式呈现。简答题可以考查学生对基础知识的掌握情况,测评学生的逻辑思维能力、理解能力、分析能力和文字表达能力。

编制简答题时,要注意如下原则。

(1) 问题简洁,主题范围要小。

(2) 主题鲜明,题意集中。

(3) 考查重要的内容和一定的认知水平。

(4) 避免用教科书上的原文、原图或原表简单设问,应有所变化。

活动 7-6

例4. 简述生态系统的概念。

例5. 显微镜中可以调节光亮的结构是什么?

例6. "制作洋葱鳞片叶表皮细胞临时装片"的正确步骤是＿＿＿＿＿＿＿＿＿＿＿＿＿＿。

(1) 用洁净的纱布把载玻片和盖玻片擦拭干净;

(2) 用镊子夹起盖玻片,使它的一边先接触载玻片上的水滴,然后缓缓地放下,盖在要观察的材料上;

(3) 把载玻片放在实验台上,用滴管在载玻片的中央滴一滴清水;

(4) 把撕下的内表皮浸入载玻片上的水滴中,用镊子把它展平;

(5) 用镊子从洋葱鳞片叶内侧撕取一小块内表皮。

例4单纯考查"生态系统"的概念,属于纯记忆性的知识,测评的是学生对概念的内涵的复述和再现的能力;例5考查的是显微镜的结构及其功能,属于了解水平;例6单纯考查"制作洋葱鳞片叶表皮细胞临时装片"的操作步骤,属于纯记忆性的内容。三者都未能突出重点知识和测查较高的认知水平。

5. 匹配题(matching item)

匹配题是让考生将具有某种联系的事物进行搭配,评估其鉴别科学知识之间的相互关系的能力。匹配题通常包括前提(premises)和选项(responses)两个部分,也有学者称其为问题和备选答案。这种题型一般都是将前提和选项分列左右,作答方式有三种不同的形式:①让考生用线连接前提和选项;②将前提或选项中的其一用字母标明,要求考生用注明字母代号的方法匹配;③将前提和选项分别用字母和数字标明,要求考生将字母和数字匹配。匹配题只适合于某些生物学内容,所以应注意控制该题型的试题量。

匹配题的编制要遵循如下原则。

(1) 前提和选项的个数最好不要相等,以避免一一对应。

(2) 前提和选项各自应是同质的,以避免考生猜测匹配关系。

(3) 指导语明确,使考生清楚匹配或分类方法。

(4) 试题的形式与结构简洁明了,以减少考生读题时间。

(5) 前提和选项的顺序无规律可循,避免提供暗示。

活动 7-7

例 7. 请将左右两栏中相对应的选项用线连接起来。

　　　　　袋鼠　　　　　　　老虎追逐野猪
　　　　　蝙蝠　　　　　　　两只雄鸟为占据领域而争斗
　　　　　酵母菌　　　　　　育儿袋
　　　　　乳酸菌　　　　　　馒头和面包
　　　　　攻击行为　　　　　制作酸奶
　　　　　捕食行为　　　　　能像鸟儿一样飞翔
　　　　　繁殖行为

例 7 的指导语不明确,考生不清楚是一对一的匹配还是可能有多个匹配项,应说明选项可以使用的次数。"前提"并不是同质的,袋鼠和蝙蝠属于动物,酵母菌和乳酸菌属于微生物,攻击行为、捕食行为和繁殖行为属于动物行为;六个选项也不同质。同时,本题考查的是学生的较低的认知水平,应以"课程标准"中的重要概念和基本原理为基础。

活动 7-8

以小组为单位,编制一套初中或高中生物学期末试题,要求:(1) 依据"生物课程标准",参照教材;(2) 充分发挥各种题型的功能,起到优势互补的作用;(3) 避免繁、难、偏、旧的试题;(4) 杜绝出现科学性错误。

7.2.2　表现性评价

名师论教 7-3

学生的学习成就是多领域、多方面的,有许多学习成就是无法用传统的纸笔测验来正确评价的。例如:表达交流技能、心因动作技能、运动技能、概念应用和情感态度特质等。这些成就都是强调实际的表现行为,都需要教师根据学生的表现过程的有效性或最后完成作品的成果品质,分别或合并地进行判断才能决定学生在这方面学习成就的高低。

——刘恩山

　　随着认知心理学和建构主义学习理论的发展,使得多元智能理论越来越受到人们的重视。人们逐渐认识到,学生的学习成就是多领域、多方面的,传统的纸笔测验难以正确评价学生诸多方面的学业成就。标准化测验也有许多不足,教师用标准化测验结果来表示学生的心智能力,并不能指出学生真正的能力所在。必须采用更为真实的评价方式,才能更为准确地评价学生的真实能力。在对标准化测验的批判中,人们开始了对表现性评价的探讨。

7.2.2.1 表现性评价的概念

在表现性评价中,常常运用真实的生活或模拟的评价练习来引发最初的反应,而这些反应可直接由高水平的评价者按照一定的标准进行观察、评判,其形式包括建构反应题、书面报告、作文、演说、操作、实验、资料收集、作品展示。

> **核心概念**
> 表现性评价(performance assessment)指的是测量学习者运用先前所获得的知识解决新异问题或完成具体任务的能力的一系列尝试。也被称为实作评价、表现性测验、真实评价、直接评价等。

表现性评价的内涵具有三个方面的含义:第一,学生自己必须创造出问题解决方法(即答案)或用自己的行为表现来证明自己的学习过程和结果,而不是选择答案;第二,评价者必须观察学生的实际操作或记录学业成果;第三,表现性评价能使学生在实际操作中学习知识和发展能力。

7.2.2.2 表现性评价的特点

表现性评价是一种新型的更为直接地考核学生的方法,与以多项选择题为代表的标准化测验相比,它在测查学生的高级思维能力和综合运用所学知识解决实际问题的能力,激发学生的学习动机以及优化教学过程方面有显著作用。

(1) 有助于测查高级思维能力。表现性评价有助于更直接、更真实地考查学生的学习结果,特别是高级思维能力,能较好地展示学生的口头表达力、文字表达力、随机应变力、想象力、创造力、操作演示技能。标准化选择测验对认知与领会的考查具有优势,表现性评价在高级思维能力即应用、分析、综合与评价方面的优势是极为明显的。

(2) 有助于测查综合运用所学知识解决实际问题的能力。表现性评价强调在模拟真实或完全真实的情境中运用所学的知识解决实际问题,反映的是问题解决与学习的真实面貌。新课程标准十分强调学科之间的联系,鼓励学生把科学、技术与社会联系起来,强调知识的实际应用。标准化测验对知识与能力的间接测量,造成测验情境、内容与现实生活不相符合,测得的结果往往与实际生活相脱节。

(3) 有助于优化教学过程,使学生的潜力尽可能得到发展。表现性评价是教学过程中不可分割的一部分。教师在教学过程中运用表现性评价,给予学生充分展示的时间与空间,给予学生及时性、鼓励性与适时性的反馈。表现性评价在校内评价中,可以整合教学过程,优化与促进教师教学与学生成长。评价本身的功能从只重视掌握结果向既重视掌握结果又重视发展过程转变,从教学的检验者向教学的促进者转变。

(4) 有助于激发学生的学习动机,为终身学习打基础。表现性评价以作品、轶事记录、展览、报告等形式展示学生的成长与进步时,学生会从中体会到成长的快乐,感受到表现性评价的建设性。它为学生创造了一种积极的学习氛围和积极的自我形象,增强了学生的学业自我效能感,使其对学习具有兴趣和责任感,从而鼓励学生进一步学习,并最终促进终身学习。

表现性评价也存在着一些不足。首先是信度的问题。在评分的过程中,表现性评价标准的执行可能存在很大的主观性,评分者对于某领域内一个或多个行为观察后评判的一致性程度受到质疑。其次是效度问题。由于表现性评价花费时间长,题目较少,使其在领域的覆盖性及类推性问题上遭受很多批评。第三是表现性评价的实用性问题。表现性评价覆盖面较窄,提供的是关于特定技能或领域的多维度信息,评分过程十分繁琐,且造价高昂。

7.2.2.3 表现性评价的步骤

一般而言,表现性评价的设计需要经历以下几个步骤。

(1) 确定评价的目的。要完成一个成功的表现性评价,必须要有一个明确的评价目的,只有目的明确,才能保证通过完成所设计的任务能测到所要评价的学生的能力和技能。在设计表现性评价任务时必须保证目的和任务的高度相关。如果教师只是将评价目的作一个笼统的描述,在实际的任务设计过程中就很容易出现任务与目的之间的偏差。

(2) 确定评价的内容。在评价目的确定之后,教师就应该考虑哪些智力技能和社会技能是应该评价的,也就是确定评价的内容。表现性评价主要评价那些用传统的测验不能很好地测量的高级智力技能。教师必须清楚自己想要评价哪种高级思维或解决问题的能力,这些技能是否符合评价目的。一般而言,表现性评价评价的是获得和组织信息时的认知过程、问题解决策略的应用以及表达能力等,通常可以选取多个高级智力技能,但也不宜过多,最好两至三个,不要超过五个。

(3) 设计任务及任务指导语。设计任务时必须考虑以下几点。①类推程度。学生在完成所设计的任务时的表现能否在类似任务中表现出来,如果在所设计任务上的类推表现程度很高,则说明这一任务抓住了要测量的事物的本质。②任务适宜度。表现性任务要有一定的挑战性,既要有一定的难度,难度也不能太大。③多重关注点。表现性任务的完成要能够反映多方面智力技能和教学成果,在保证主要目的的情况下,最好能兼顾多个目标。④问题解决方式的开放性。设计的表现性任务要允许学生自由选择解决问题的方式,完成这个任务的方式应该是开放的,答案应多种多样,不应该是唯一的。⑤指导语是否清楚。要让学生很容易就能清楚自己要做什么,需要注意些什么。

(4) 制订评价规则。评价规则是对表现性评价测验的评分标准和尺度的详细描述。制订评价规则时必须考虑以下几点。①确定评价标准。评价标准是评价规则中所包含的决定学生反应质量的各种指标。通过对完成任务的清楚认识,选取那些能够反映学生进步的、能够对优秀和较差的表现进行区分的标准。②确定整体评价或分项评价。整体评价是在考虑了学生在所有维度上的表现后给学生一个整体的分数或评语,是对整体行为表现水平的描述,多用于评价拓展性书面作业;分项评价则是对学生在不同评价标准上的表现分别进行评价。在实际应用当中,可将二者结合起来使用,取长补短。③制订评价规则。包括评价方式的选择和评价细则的制订。选择评价方式是选择一个合适的评价工具。由于表现性评价的目的有多重性,教师常常可能需要用到多种评价方式。评价细则是一套用来评价学生的反应和表现的标准。评价细则要使用简洁描述说明各种不同反应的质量差异,不但教师使用起来方便,学生也可以运用。

(5) 考虑实施中的重要事项。为了保证评价的有效性,有几个重要的问题需要考虑:如给学生多少时间来计划、修改及完成任务?学生在完成任务时,可以使用何种参考资料?学生在测验或完成项目时能否向同学、教师或专家求助?能否使用电脑、计算器以及其他设施?是否明确地告诉学生用来评价他们学习成果或表现的标准是什么?如何保证活动的顺利进行?学生如何参与到评价中去?

案例研究 7-1

科学探究能力表现性评价的作业设计[①]

1. 在云南热带雨林的旅行中,你发现一种花的新种。这种花有的是橙色,其余的是紫色。你想研究这种花的花色是如何遗传的,这样你就可以发表论文。你假设橙色是显性性状。研究中,你将一株橙色花和一株紫色花分开栽培繁殖,结果后代全部都是橙色花。

---

① 张海和,刘恩山.科学探究能力评价的作业设计[J].生物学通报,2006(2).

请问:这种结果是否支持你的假设?

你为了取得更多的实验数据,又做了一个实验,这次你将和前面一样的两种花放在一起栽培繁殖,在40株后代中,22株是紫色花,18株是橙色花。

请问:这种结果是否支持你的假设?

2. 一位生物学家探究植物的向光性。他的假设是植物的感光点在植株的顶端。实验中,他用不透光的帽子盖住正在生长的植株的顶端,这些植株就不会向光弯曲,那些没有盖住的植株就会向光弯曲。他得出结论认为,这些实验结果支持他的假设。

(1) 这些重复做的实验:

  a. 表明他是出色的实验者

  b. 使他对自己的解释更有信心

  c. 使他更相信自己的实验设计

  d. 使他对实验结果更有信心

  e. 使他对自己的假设更有信心

(2) 下面哪个陈述可能是这位科学家在他的实验中所作的假设?

  a. 帽子允许有些光到达植株的顶端

  b. 顶端的帽子的重量不会阻止植株的弯曲

  c. 当植株的顶端没被帽子盖住时,植株会向光弯曲

  d. 植株的顶端能感受光源的方向

  e. 科学家没有作假设

(3) 科学家后来认为,自己在前面的实验中没有进行合适的对照实验。下面哪项可能是合适的对照实验?

  a. 让植株在完全黑暗的环境中生长,观察其是否弯曲

  b. 将植株的顶端去掉,观察其是否会向光源弯曲生长

  c. 用一个透明的帽子将植株的顶端盖住,观察其是否向光弯曲

  d. 将植株放在光源来自四面八方的环境中生长,观察其是否弯曲

  e. 他所用的对照实验,即植株不用帽子盖住顶端的实验,是不用改进的

7.2.2.4 表现性评价的方法

用来收集和记录学生表现行为的工具很多,生物教育测量与评价中常用的表现性评价方法有如下几种。

1. 检核表(checklists)

检核表是一组列出表现或成果的测量维度,并且提供简单记录的资料表。一份用来评价行为表现或作品成果的检核表(见表7-1),一般包括两部分:一部分是描述行为表现或作品成果的重要维度,另一部分是检核记录。使用检核表来评价一组过程时,只要依序列出这些评价维度,然后由观察者逐一核对每个被观察者的表现是否发生或出现即可。学生的表现行为出现或发生时,观察者只要在检核记录空白处或适当空格中打个"√"号,做个评核记录即可。

案例研究 7-2

表 7-1 观察植物细胞质壁分离与复原实验操作检核表[①]

检核项目	操作行为要点	检核记录
1. 检查材料器具	（1）检查材料器具是否完好齐备（紫色洋葱鳞茎、尖头镊子、载玻片、盖玻片、显微镜、滴管、吸水纸、浓蔗糖溶液、清水等）。	
2. 洋葱表皮临时装片的制作	（2）用纱布清洁载玻片和盖玻片。	
	（3）用滴管在载玻片中央滴一滴清水。	
	（4）撕取一小片颜色较深的洋葱上表皮。	
	（5）用镊子将撕下的表皮放在水滴中。	
	（6）用镊子夹起盖玻片。	
	（7）将盖玻片的一边先接触载玻片上的水滴，然后轻轻盖在水滴上。	
3. 观察洋葱表皮	（8）将低倍物镜对准通光孔，根据光线选择适当的反光镜和光圈，获得明亮适宜的视野。	
	（9）把做好的装片放在显微镜的载物台上，用压片夹夹好，并从侧面观察，将镜筒下降到适当位置。	
	（10）通过目镜观察，旋转粗准焦螺旋使镜筒缓慢上升，直至看到物像。再旋转细准焦螺旋，进行微调，直至获得清晰物像。	
4. 观察质壁分离和复原	（11）取下临时装片，水平放在桌上。用滴管在盖玻片的一边滴加适量的浓蔗糖溶液，同时用吸水纸在盖玻片另一端吸水。重复上述操作，使洋葱表皮细胞浸润在浓蔗糖溶液中。	
	（12）静置片刻，将装片放在显微镜下观察。	
	（13）取下临时装片，水平放在桌上。用滴管在盖玻片的一边滴加适量的清水，同时用吸水纸在盖玻片另一端吸水。重复进行，使洋葱表皮细胞重新浸润在清水中。	
	（14）静置片刻，将装片放在显微镜下观察。	
5. 整理	（15）清除废物，清洁器具并放回原位，摆放整齐，桌面保持整洁。	

2. 评价量表（rating scales）

评价量表也是用来作为判断过程和成果的一种评价工具。它通常用来评价某个表现出现的频度大小，所评价的表现行为特质属于连续性变量资料，这种资料被人为地分成了少数几个等分。例如，用于测量情感态度的利克特量表，表中列出了一系列与所测的情感态度有关的陈述，要求学生对每一陈述作五级评价：非常同意、同意、不确定、不同意、非常不同意，从学生对所陈述项目的回答中可推论学生的情感态度与价值观的倾向及程度。

[①] 中华人民共和国教育部.普通高中生物课程标准（实验）[M].北京：人民教育出版社，2003.

案例研究 7-3

生物学课程态度量表[①]

指导语：这份问卷包括12个陈述，其中有的陈述是肯定句，有的陈述是否定句，请判断这些陈述在多大程度上符合你的情况，在符合你情况的选项下的括号里打"√"。你不必在问卷上写出你的名字，答案没有对错之分，请按真实情况作答。

完成之后，请主动将问卷放到讲台上的箱子里。谢谢你的支持！

陈　　述	非常符合	比较符合	不确定	不符合	完全不符合
1. 我喜欢上生物学课。	（　）	（　）	（　）	（　）	（　）
2. 看生物学实验很有趣。	（　）	（　）	（　）	（　）	（　）
3. 做生物学实验很有趣。	（　）	（　）	（　）	（　）	（　）
4. 我想学点生物学知识，这个对我有用。	（　）	（　）	（　）	（　）	（　）
5. 对生物学课，我没有太大的兴趣。	（　）	（　）	（　）	（　）	（　）
6. 做生物学实验纯粹浪费时间。	（　）	（　）	（　）	（　）	（　）
7. 与同学讨论生物学题目是很有意义的。	（　）	（　）	（　）	（　）	（　）
8. 生物学课上学的东西对我没有什么用。	（　）	（　）	（　）	（　）	（　）
9. 各种科目让我选，我会选择学生物学。	（　）	（　）	（　）	（　）	（　）
10. 这些生物学练习真烦人。	（　）	（　）	（　）	（　）	（　）
11. 课后翻翻生物学课本还是挺有趣的。	（　）	（　）	（　）	（　）	（　）
12. 要不是为了考试，我才不会学生物学。	（　）	（　）	（　）	（　）	（　）

3. 观察和轶事记录

结构化的观察通常是依据检核表和评价量表来进行的，而且在结构化的观察过程中，有许多东西被忽略掉了。不具结构化的观察和轶事记录是针对有意义的偶发事件，做扼要的事实说明和描述的记录。观察和轶事记录的内容包括被观察到的行为、发生的情境以及针对此事的个别诠释。在观察和轶事记录之前，就要确定要观察的表现行为；在事件发生之后，要立即记录；观察和记录只针对单一特殊事件；要记录下尽量多的信息，包括积极的和消极的；对事件所做的诠释或评论要与记录分开处理。轶事记录是很有必要的，它能够详细记载学生是如何进行某一项工作的，以及完成工作的专注情况和细心情况，对于评价学生在作业表现上是否达到满意的程度很有意义。

案例研究 7-4

轶事记录卡

学生姓名：李静　　　　　性别：□男　□女
观察者姓名：张朝晖　　　时间：2008年3月14日　　　地点：生物学实验室
事实实录：
李静同学在实验时，先用一块洁净纱布擦拭镜头，再在一干净载玻片中央滴一滴清水，放入一小块组织切

[①] 王晓程. 利克特量表在生物学课程情感评价中的应用[J]. 生物学教学，2004(6).

片,小心展平后,放在显微镜载物台正中央,用压片夹夹住。然后在双眼侧视下,将物镜降至距玻片标本1~2 cm处停止。用左眼朝目镜里观察,同时转动细准焦螺旋,缓缓上升镜筒。

事件解释:

李静同学在操作显微镜的过程中存在着不规范之处。第一,不能用纱布擦拭镜头;第二,临时装片的制作存在错误;第三,应把低倍物镜对准通光孔,使用粗准焦螺旋将镜筒自上而下调节,眼睛在侧面观察,避免物镜镜头接触到玻片而损坏镜头和压破玻片;第四,应先用粗准焦螺旋调节,如果物像不够清晰,可以用细准焦螺旋进一步调节。

4. 档案袋评价(portfolio assessment)[①]

档案袋评价兴起于20世纪80年代的美国。档案袋是学生作品的有目的的汇集,以反映学生在特定领域的努力、进步或成就,其内容包括档案袋内容选择过程中学生参与情况,选择档案袋作品的标准,判断作品质量的标准以及学生反思的证据。档案袋作为评价的工具,由学生和教师有系统地收集相关资料,以检查学生的努力、进步、过程和成就,并对很多正式测验的结果做出相应解释。档案袋中的材料由学生自己、教师或同伴收集,以此来评价学生在能力发展上的进步情况。例如,对生物学实验教学的评价,可由教师、学生自己或同伴依据生物学实验档案袋中的材料,对学生生物学实验学习的过程和结果进行客观、综合的评价(见表7-2)。

案例研究 7-5

表 7-2 生物学实验档案袋评价项目表

班　级:_____　　小　组:_____　　姓　名:_____
评价方式:自评_____小组评议_____　　评价时间:_____

评价项目	权重系数	评价指标	分值成绩
情感态度价值观	0.35	1. 积极参与活动,认真准备。	4
		2. 实验和活动中能遵守纪律,服从指挥,尊重他人。	4
		3. 活动中不怕吃苦,不怕累,不怕烦,努力完成自己的分工。	6
		4. 实验和活动中,认真探讨实验原理、步骤、结果。	6
		5. 实验过程不浪费、不损坏实验材料,不虐待动物。	4
知识	0.30	6. 按要求整理实验用具和清理实验台。	4
		7. 课上课下搞不懂的问题,自己想办法及时解决。	6
		8. 上课能听懂教师的讲解,活动中能理解活动的原理、目的。	7
		9. 对问题的回答基本正确,并能加入自己的理解。	6
		10. 认真、详细、实事求是地观察、记录实验、活动结果。	9
能力	0.35	11. 能正确分析实验结果,得出探索性的实验结论,比较好地完成实验报告。	9
		12. 学会搜集、整理活动的相关资料、文献。	9
		13. 实验探究设计合理,操作正确。	9
		14. 能把所学的生物学知识与生活实际相联系。	8
		15. 能及时写好心得和自我反思。	9
总评			

[①] 赵志峰,周静秋.档案袋评价在生物实验教学中的应用[J].聊城大学学报:自然科学版,2005(3).

活动 7-9

《种子发芽是否需要土壤》的表现性评价[①]

同学分组探究"种子发芽是否需要土壤",在单元教学的过程中即在探究实验的过程中,依据"种子发芽是否需要土壤实验评价检核表"(见表 7-3),师生合作完成《种子发芽是否需要土壤》的表现性评价。

表 7-3 种子发芽是否需要土壤实验评价检核表

学生姓名:_____ 班级:_____ 检核人:_____

检核表现	通过	不通过
1. 实验设计		
(1) 取两个培养皿,分别写上甲、乙。	□	□
(2) 在甲培养皿内,盛满泥土,并用水浇湿。	□	□
(3) 在乙培养皿内,放一些湿棉花。	□	□
(4) 在这两个培养皿中各放十颗绿豆种子。	□	□
(5) 同时将两个培养皿放在日照条件相同的地方。	□	□
2. 观察绿豆发芽的情形		
(1) 每天保持甲培养皿中土壤的潮湿。	□	□
(2) 每天保持乙培养皿中棉花的潮湿。	□	□
(3) 三天后记录甲培养皿中绿豆发芽数。	□	□
(4) 三天后记录乙培养皿中绿豆发芽数。	□	□

3. 作品评价	优	良	加油
(1) 甲培养皿水分的控制。	□	□	□
(2) 乙培养皿水分的控制。	□	□	□
(3) 甲培养皿中绿豆发芽数。	□	□	□
(4) 乙培养皿中绿豆发芽数。	□	□	□
(5) 甲培养皿中绿豆幼芽生长情形。	□	□	□
(6) 乙培养皿中绿豆幼芽生长情形。	□	□	□

1. 评价目标:(1)能控制变量,装置实验,检验种子发芽时,是否需要土壤。(2)能由实验结果说出种子发芽时,不需要土壤的养分。

2. 评价方法:(1)采用个别施测方式。(2)评价分成操作过程检核与作品评价两部分:操作过程检核又分成实验的设计和观察绿豆发芽的情形二项,由小组长检核;作品由教师评价。(3)操作过程检核是各组学生依次序操作检核表的各个步骤,由小组长检核。(4)小组长由教师挑选班级成绩优良者担任,在检核前进行训练。

3. 实施步骤:(1)教师对小组长进行检核与评价。(2)对小组长进行检核训练,说明检核标准与注意事项。并由一名小组长操作,其他小组长检核,核对检核结果,检讨可能的差异原因。(3)先实施操作过程检核,再请小组长将检核结果与甲、乙两培养皿送交教师,最后由教师实施作品评价,评定成绩。

[①] 赵志峰,周静秋. 档案袋评价在生物实验教学中的应用[J]. 聊城大学学报:自然科学版,2005(3).

4. 检核或评价标准：(1) 操作过程检核：各组学生在过程出现(或完成)该检核项目的动作,则在评价检核表中"通过"下面的□内打√;如果未出现(或完成)该检核项目的动作,则在评价检核表中"不通过"下面的□内打√。(2) 作品评价：教师根据下列标准(见表7-4)进行评价,教师在学生表现的优、良或加油下的□内打√。

表7-4 评价标准表

评价项目与标准	优	良	加油
(1) 甲培养皿水分的控制。	湿度恰当	土壤表面积水	绿豆完全在水中或完全没水
(2) 乙培养皿水分的控制。	湿度恰当	棉花表面积水	绿豆完全在水中或完全没水
(3) 甲培养皿中绿豆发芽数。	7颗以上	4～6颗	3颗以下
(4) 乙培养皿中绿豆发芽数。	7颗以上	4～6颗	3颗以下
(5) 甲培养皿中绿豆幼芽生长情形。	健壮(5 cm以上)	中等(0～4 cm)	没发芽、腐烂、枯萎
(6) 乙培养皿中绿豆幼芽生长情形。	健壮(5 cm以上)	中等(0～4 cm)	没发芽、腐烂、枯萎

5. 计分方式：(1) 操作过程检核占36分,作品评价占36分,基本分28分。(2) 操作过程检核共九题,每题通过者得4分,未通过者得0分。(3) 作品评价共六题,每题评优者得6分,评良者得4分,评加油者得2分。

7.3 学生学业成绩的统计与处理

某同学必修1《分子与细胞》的考试成绩是70分,必修2《遗传与变异》的考试成绩是80分,其哪一模块的成绩更好一些呢？有的同学说：80分高于70分,当然是必修2成绩好了。有的同学却说：不知道全班同学的成绩,也不知道各模块的平均分,难以判断其成绩高低。

教育测量的结果必须以数量的形式出现,要对数据进行处理。但是教育测量的结果,不同于物理测量的数据,不能直接套用物理测量的计算方法。将学生的学业成绩经过初步的统计与处理,列出统计表,画出统计图,可将大量数据的结果清晰、概括地表达出来,便于分析、比较。教育测量所直接得到的原始分数意义模糊,单位不等值,为了使不同的原始分数可以直接比较,必须要对其进行转换。

名师论教 7-4

人的素质既有量的规定性也有质的规定性,全面推进素质教育不能拒绝量化评价方法。我们极力主张的是把定性评价和定量评价有机结合,反对把素质教育与量化评价对立起来。

——黄光扬

7.3.1 算术平均数(arithmetic mean)

算术平均数指的是所有观察值的总和除以总频数所得之商,简称平均数、均数、均值,用 $\bar{x}$ 表示。它是统计学生学业成绩时最常应用的一种量的指标。若以 $x_1, x_2, x_3, \cdots, x_n$ 表示全班 n 个同学的生物学成绩,则其平均分为:

$$\bar{x} = \frac{x_1 + x_2 + \cdots + x_n}{n} \qquad 即 \bar{x} = \frac{\sum x_i}{n}$$

案例研究 7-6

高一(2)班的同学经过 36 个学时的《分子与细胞》的学习,对此模块进行了考核,50 名同学的分数如下:
56、58、62、63、64、64、65、66、67、68
69、69、72、73、73、73、74、74、74
74、75、75、75、76、76、77、77、77、78
78、79、79、80、80、81、82、82、82、83
83、84、85、86、86、87、88、90、92、96

其平均分 $\bar{x} = \dfrac{56+58+62+\cdots+90+92+96}{50} = \dfrac{3800}{50} = 76$

其实,平均分也可以通过计算机在 Excel 工作表中来统计,方法如下:

1. 将学生的分数录入 Excel 工作表中(可以横向录入,也可以纵向录入);
2. 用鼠标选择一空白单元格;
3. 用鼠标点击编辑栏左侧的 fx,插入函数 AVERAGE(如图 7-1 所示);

图 7-1 插入 AVERAGE 函数操作示意图

4. 拖动鼠标,选中所有学生的分数,单击"确定",空白单元格中显示76(如图7-2所示)。

图 7-2　计算平均数操作示意图

7.3.2　频数分布表(frequency distribution)

频数分布表是用频数表示数据分布状态的一种统计表。所谓频数(frequency),是指每个分数段所含的人数。频数分布表是对杂乱无序的数据进行整理的重要手段,通过频数分布表可以直观地看出各种数据出现的次数。频数分布表的编制步骤如下。

(1) 求全距。在全部分数中找出最大值和最小值,然后求两者之差,此差称为全距。

(2) 决定组数和组距。将全距分成若干组时,要确定组数和组距。组数就是分组的个数;组距就是每一个组内包含的距离。分组一般以10~15为宜。常用的组距为1、2、3、5、10个单位等。

(3) 决定组限。组限就是每组的起止范围。每组的最低值为下限,最高值为上限。实际上,无需写出各组的上限,数值较大一组的下限就是数值较小一组的上限。在归组时,如果有的数据正好等于某组的下限,可将之归入数据较大的一组。

(4) 登记频数。分好组之后,就可以将每个数据按所属的组一个一个地登记于表内。登记完毕,得出各组的频数,用数字记入表格。

案例研究 7-7

高一(2)班的《分子与细胞》分数的频数分布表的制作:
1. 全距=最大值−最小值=96−56=40;
2. 决定组数和组距:分9个组,组距为5;

3. 决定组限:分别为 55~60、60~65、65~70、70~75、75~80、80~85、85~90、90~95、95~100;
4. 登记频数,制成频数分布表(见表 7-5)。

表 7-5 高一(二)班《分子与细胞》分数的频数分布表

组别	组限	频数
1	55~60	2
2	60~65	4
3	65~70	6
4	70~75	9
5	75~80	12
6	80~85	9
7	85~90	5
8	90~95	2
9	95~100	1

讨论

如何通过计算机在 Excel 工作表中绘制如下频数直方图(见图 7-3)和频数曲线图(见图 7-4)?

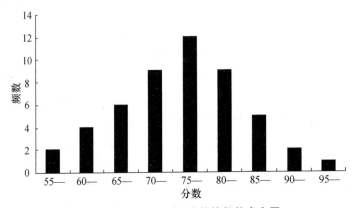

图 7-3 《分子与细胞》分数的频数直方图

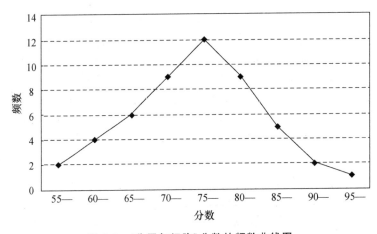

图 7-4 《分子与细胞》分数的频数曲线图

7.3.3 方差(variance)和标准差(standard deviation)

方差是指离差平方的算术平均数。具体地说,就是一组数据中每个数据与这一组数据的平均数之差,平方后求和,再除以数据的个数。计算公式为:

$$\sigma^2 = \frac{\sum (x_i - \overline{x})^2}{n}$$

公式中的 σ^2 为方差,x_i 为一组分数中的每一个分数,$i=1,2,3,\cdots,n$,n 为分数的个数,$\overline{x}$ 为这一组分数的算术平均数。方差是最常用的差异量数,由方差可以计算出标准差。

标准差是指离差平方和平均后的二次方根,即方差的平方根。标准差的计算公式为:

$$\sigma = \sqrt{\frac{1}{n} \sum (x_i - \overline{x})^2}$$

标准差是衡量算术平均数代表性程度的指标。标准差的值越大,表明这一组分数的离散程度越大,即分数越参差不齐,分布范围越广,平均分的代表性程度就越小;标准差的值越小,表明这一组分数的离散程度越小,即分数越集中、整齐,分布范围越小,平均分的代表性程度越大。

案例研究 7-8

高一(2)班的《分子与细胞》分数的方差计算:

已知全班学生个数 $n=50$,平均分 $\overline{x}=76$

则其方差 $\sigma^2 = \dfrac{(56-76)^2 + (58-76)^2 + \cdots + (96-76)^2}{50} = 73.32$

标准差 $\sigma = \sqrt{73.32} = 8.56$

通过 Excel 也可以求得方差和标准差。最方便的途径,是通过 SPSS 统计分析软件:

1. 将学生的分数逐一输入到 SPSS 各单元格中;
2. 单击 Analyze→Descriptive Statistics→Descriptives(见图 7-5);

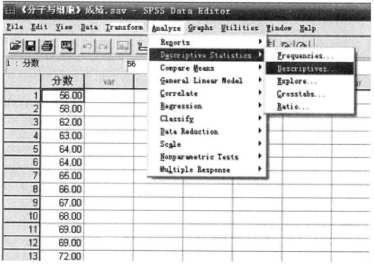

图 7-5　SPSS 计算方差操作示意图

3. 系统出现如图 7-6 所示的对话框,选中"分数",单击中间的三角箭头,将"分数"置于"Variable"栏中,单击"OK";

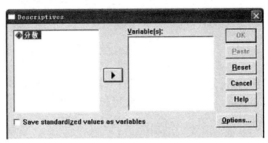

图 7-6 对话框

4. 系统输出统计结果:个体数 N 为 50,最小值 56,最大值 96,平均分 76,标准差 8.56(见表 7-6)。

表 7-6 Descriptive Statistics

	N	Minimum	Maximum	Mean	Std. Deviation
分数	50	56.00	96.00	76	8.56
Valid N (listwise)	50				

7.3.4 标准分(standard marks)

标准分数是将原始分数与平均数的距离以标准差为单位表示出来的量表。因为它的基本单位是标准差,所以叫标准分数。标准分数是不带单位的,它是一个抽象值,不受原始分数单位的影响,它是等距变量,可接受加减运算的处理。

1. Z 分数(Z score)

Z 分数是一种线性转换的标准分数,可通过下式将原始分数直接转换成标准分数:

$$Z = \frac{x_i - \overline{x}}{\sigma}$$

式中的 x_i 为某人的原始分数,$\overline{x}$ 为一组原始分数的平均分,σ 为此组原始分数的标准差。

如果原始分数的分布服从或近似服从正态分布,则经过转换而得到的 Z 分数具有以下性质:

①Z 分数的平均数为 0;

②Z 分数的标准差为 1;

③Z 分数是以标准差为单位来表示的;

④正负号表示原始分数落在平均数之上还是平均数之下;

⑤Z 分数的分布与原始分数相同;

⑥Z 分数的范围大致从 -4 到 +4。

案例研究 7-9

高一(2)班 50 名同学的《分子与细胞》分数的平均分为 76,标准差为 8.6,他们的标准分分别为:

$$Z_1 = \frac{56-76}{8.6} = -2.33$$

$$Z_2 = \frac{58-76}{8.6} = -2.09$$

......

$$Z_{50} = \frac{96-76}{8.6} = 2.33$$

2. T 分数(T score)

Z 分数也有缺点,它有负数和小数,而且单位过大,与人们所熟悉的百分制相差太远,计算和使用很不方便,不易为人们所接受,所以,常用下式将它转换成另一种形式:

$$Z' = A + BZ$$

这里,Z' 为转换后的标准分数,A 与 B 为根据需要指定的常数。加一个常数是为了去掉负值,乘一个常数是为了使单位变小,从而去掉小数。加或乘一个常数并不改变原来分数间的关系。

T 分数是由 Z 分数派生出来的一种标准化分数。将 Z 分数乘以 10,再加上 50,得到的分数即为 T 分数。

$$T = 10Z + 50$$

由于 Z 分数的大小在 -4 到 $+4$ 之间,所以,T 分数的范围就在 10 到 90 之间,比较接近百分制,克服了 Z 分数有负数和小数的缺陷。但是,T 分数与原始分数的含义不同,它的平均分为 50,标准差为 10,是一种相对位置量数。

案例研究 7-10

高二(2)班的张小嵘《生物学》三个必修模块的考核成绩分别为:《分子与细胞》78 分、《遗传与进化》68 分、《稳态与环境》80 分,全班同学这三个模块的平均分分别为 75 分、63 分和 82 分,这三个模块的成绩的标准差分别为 12 分、15 分和 10 分,问张小嵘哪一个模块的成绩最好?

由于考试的难度不同,原始分数并不能反映考试结果所包含的全部信息,而且还容易产生错觉。要回答这一问题,必须用标准分数来比较。我们可以先求出其 Z 分数,再导出其 T 分数(实际上,Z 分数就可以比较了,只不过 T 分数更直观些)。

$$Z_{必修1} = \frac{78-75}{12} = 0.25 \qquad T_{必修1} = 10Z_{必修1} + 50 = 52.5$$

$$Z_{必修2} = \frac{68-63}{15} = 0.33 \qquad T_{必修2} = 10Z_{必修2} + 50 = 53.3$$

$$Z_{必修3} = \frac{80-82}{10} = -0.2 \qquad T_{必修3} = 10Z_{必修3} + 50 = 48$$

可见,张小嵘的必修2《遗传与进化》的成绩相对最好,其次是必修1《分子与细胞》的成绩,再次是必修3《稳态与环境》。

3. CEEB 分数

CEEB 分数是美国大学入学考试委员会（College Entrance Examination Board）所采用的一种标准化分数，其平均数为 500，标准差是 100，分数的范围可从 100 分到 900 分。

$$CEEB 分数 = 100Z + 500$$

4. 标准九（stanine）

标准九的全称是标准化九级分制，是以 5 为平均数，以 2 为标准差的量表。

$$标准九分数 = 2Z + 5$$

标准分数并不是万能的。它是一种相对位置量数，实际上掩盖了原始分数的真实情况。从标准分数中，我们无法看到全体考生的整体水平的高低以及是否达到了要求的目标。如果样本容量太小，或者考试的目的比较特殊的话，没有必要将原始分转换成标准分。

活动 7-10

请同学们以 2～3 人为一小组，运用 Excel 工作表、SPSS 统计分析软件，对某中学高二(2)班的《稳态与环境》的考试成绩进行统计与处理：

49、52、58、60、60、60、62、63、64、64
65、66、69、69、69、70、72、73、73、74
76、76、77、77、77、78、78、79、79、79
80、80、81、82、83、83、85、86、87、89
90、92、92、93、94、94、95、96、97

(1) 求全班的平均分；
(2) 制作频数分布表；
(3) 绘制频数直方图、曲线图；
(4) 求标准差；
(5) 计算 Z 分数；
(6) 转换成 T 分数。

7.4 测评的质量指标

一份标准化测验必须要有鉴别能力，能将具有不同知识、能力水平和个性特点的学生区别开来。要编制一个标准化的测验工具，必须通过预测，对每一个题目进行分析，挑选出高质量的题目组成具有鉴别力的测验。一个好的测量工具，对同一事物反复多次测量，其结果应该始终保持不变。作为一个好的测验，它的结果必须可靠。

衡量测量与评价的质量如何，可以采用四个指标，即难度、区分度、信度和效度。难度和区分度主要是针对测评的试题而言的，信度和效度主要是针对整个测评而言的。

7.4.1 难度

教育测量与评价中的试题或试卷的难度，就是考生在完成试题或试卷时所遇到的困难程度。定量刻画考生作答一个试题或一份试卷所遇到的困难程度的量数，就叫难度系数，也常称为难度值。

难度系数的计算方法有多种，下面简要介绍其中的两种方法。

1. 用得分率来表示难度系数

$$P = \frac{\bar{x}}{x_{\max}}$$

式中的 P 代表试题(或试卷)的难度，$\bar{x}$ 为考生在某题目(或整个试卷)的平均分，$x_{\max}$ 为该题目(或试卷)的满分。

如果一个题目难度大，考生得高分的可能性就小；反之，如果题目的难度小，考生得高分的可能性就大。某一试题，没有学生做对，则其难度系数为 0.00；所有学生均做对，则其难度系数为 1.00。用得分率来表示难度系数时，P 值越大，试题越容易，P 值越小，试题越难。这与人们的观念不一致。

2. 用失分率来表示难度系数

$$q = 1 - P$$

式中的 q 代表试题(或试卷)的难度，P 为用得分率求得的难度系数。上式亦可表示为：

$$q = 1 - \frac{\bar{x}}{x_{\max}}$$

q 值越小，试题越容易；q 值越大，试题越难。

由于难度系数有不同的计算方法，在报告试题(或试卷)的难度时，须注明难度是指失分率还是得分率，以避免造成误解。国内绝大多数的文献，都用得分率来表示试题难度。

常模参照测量与评价的目的是为了区分学生学业成绩的高低，希望测验成绩尽可能地拉开距离，因此，试卷的难度系数(P)以接近 0.50 左右为理想；试卷中所有题目的难度系数(P)分布在 0.30 至 0.70 之间，测验具有较大的鉴别力。对标准参照测量与评价而言，要改变过于强调区分和选拔的功能，教师不能按照常模参照测量与评价的难度评价标准来命题，而应该依据《生物课程标准》的要求来命题或选题。

名师论教 7-5

试卷相对难度设计的目的是调控考生考试成绩的分布，使其尽可能接近于理想的分布状态，即正态分布。为了使考试成绩的分布成为理想的正态分布，对于满分为 150 分的试卷，成绩的平均分 $\bar{x}$ 应控制在半满分位附近，即 75 分左右，而标准差 σ 应控制在 1/6 满分位附近，即 25 分左右。

——岳伟

案例研究 7-11

高一(2)班 50 名同学参加《分子与细胞》的考核，单项选择题中的第 6 小题，只有 18 个同学做对，每人均得 1 分，其他同学未得分(0 分)；填空题的第 1 小题有 3 个空，每空 1 分，全班平均分为 2 分。求这两道题的难度系数。

第 6 个选择题的难度系数 $P_{选择6题} = 18/50 = 0.36$

其难度系数实际上就是正确作答人数的比例，也叫通过率。

第 1 个填空题的难度系数 $P_{填空1题} = 2/3 = 0.67$

有人认为，考生对选择题可因猜对而得分，因此建议用下面的公式进行校正：

$$CP = \frac{kP-1}{k-1}$$

式中 CP 表示校正后的题目的难度系数;P 表示未校正的题目的难度系数;k 表示可供选择的答案的数目(单项选择题常为 4 选 1)。

$$则 CP_{选择6题} = \frac{4 \times 0.36 - 1}{4-1} = 0.15$$

7.4.2 区分度

区分度是试题(或试卷)区别考生水平能力的量度,即对学生学业水平的鉴别能力的指数,也称为鉴别力,用字母 D 表示。区分度是衡量试题质量的重要指标,能够说明试题对于测验(考试)目的的有效性程度。区分度的计算方法很多,这里仅介绍高低分组法。计算公式为:

$$D = P_H - P_L$$

式中的 D 表示试题的区分度;P_H、P_L 分别表示高分组和低分组在该试题上的得分率。高分组和低分组是这样确定的:按照试卷的总分(不是某一试题的分数),将全体学生从高到低排序;从高分往低分找,前 27% 的学生为高分组;从低分往高分找,前 27% 的学生为低分组。为了计算的方便,还可以用如下公式:

$$D = \frac{\overline{X}_H - \overline{X}_L}{F}$$

式中 D 表示试题的区分度;$\overline{X}_H$ 表示高分组在某一试题上的平均分;$\overline{X}_L$ 表示低分组在该试题上的平均分;F 表示该试题的满分值。

区分度的实质,就是试题分与总分的相关程度。区分度的值范围在 -1.00 至 +1.00 之间。D 为正值,表示积极区分;D 为负值,表示消极区分;D 为 0,表示无区分作用。具有积极区分作用的试题,其 D 值越大,区分的效果越好。一般而言,区分度在 0.4 以上的试题非常好;区分度在 0.30~0.39 的试题为合格,如能改进则更好;区分度在 0.20~0.29 的试题尚可,用时需要改进;区分度在 0.19 以下的试题就淘汰。

案例研究 7-12

高一年级《分子与细胞》试卷第 8 小题的满分为 5 分,高一(2)班共 50 名学生,总分前 27% 和后 27% 的同学(各 14 人)在该题的得分情况如表 7-7 所示,计算此题的区分度,并予以评价。

表 7-7 得分情况表

学生类别	第 8 题得分
前 14 名	3.0 3.5 4.0 2.0 2.5 4.5 1.5 3.5 2.5 4.0 3.0 3.0 3.5 4.0
后 14 名	1.0 2.5 3.0 1.0 1.0 1.5 2.0 2.5 3.5 1.0 1.5 1.5 1.0 0.0

高分组平均分 $\overline{X}_H = (3.0 + 3.5 + \cdots + 4.0) \div 14 = 3.18$
低分组平均分 $\overline{X}_L = (1.0 + 2.5 + \cdots + 0.0) \div 14 = 1.64$
区分度 $D = (3.18 - 1.64) \div 5 = 0.31$
此题合格,如果能够改进则更好。

7.4.3 信度

信度指的是考试结果的可信程度,即考试分数的稳定性与一致性程度。信度用 r_{xx} 表示。用同一份试卷,在大体相同的条件下,对同一群体的学生测验多次,其考试成绩保持稳定,一致性程度高,说明信度高;反之,说明信度低。信度的大小是用信度系数来表示的,最大值为1,表示考试完全反映了考生的稳定水平;最低值为0,表示考试与考生的学业成绩无关。大规模的考试要求信度在0.9以上。

在实际的测评中,信度的计算方法主要有以下几种。

1. 重测信度(test-retest reliability)

重测信度又称为稳定性系数(coefficient of stability),指的是用同一份试卷对同一组学生施测两次所得结果的一致性程度,其大小等于同一组学生在两次测验上所得分数的相关系数。重测法的基本程序是:

$$测验 A_1 \xrightarrow{\text{适当时距}} 测验 A_2$$

重测法只适用于速度测验,不适用难度测验。这是因为速度测验的试题数量大,受时间限制,学生很难记住施测内容,第二次施测时较少受记忆影响。两次测验时间间距可以是几天到几个月不等,间隔长短会影响信度大小。时间间隔太短,可能会因为学生的练习与记忆、施测情境未发生改变而使信度提高;时间间隔太长,可能会因为学生的身心成长发展、遗忘、施测情境改变而使信度降低。

2. 复本信度(alternate-forms reliability)

复本信度又称为等值性系数(coefficient of equivalence),指的是两份试卷,在试题格式、题数、难度、指导语说明、施测要求等方面都相当,对同一组学生施测两次所得结果的一致性程度,其大小等于同一组学生在两复本测验上所得分数的相关系数。复本测验法的基本程序是:

$$测验 A_1 \xrightarrow{\text{最短时距}} 测验 B_1$$

复本重测法既适用于难度测验,也适用于速度测验。两次测验要尽可能在较短的时距内进行。但是,要编制出两份等值的试卷,实施两次真正的平行测验,是很难达到的。

3. 分半信度(split-half reliability)

分半信度指的是将一份试卷分成对等的两半后,所有学生在这两半上所得分数的一致性程度。分半信度属于同质性信度的范畴,即所有题目测的都是同一种特质,各题目的得分之间都具有较高的正相关。

可以把分半信度看成是一种特殊的复本信度,即把对等的两半测验看成是在最短时间距离内施测的两个平行测验。但是,分半信度计算的是两个"半实验"上得分的相关系数,必须用斯皮尔曼-布朗公式加以校正:

$$r_{xx} = 2r_{hh}/(1 + r_{hh})$$

式中的 r_{xx} 为整个测验的信度系数;r_{hh} 为两个"半测验"上得分的相关系数。

将一份试卷分成两半的方法很多,可以按照题号的奇偶分半、按题目的难度分半、按题目的内容分半。在实际测评中,试题常常是按照难度大小排列的,所以可以按照题号的奇偶分半来计算试卷的信度。如果一个测验无法分成对等的两半,则不宜使用分半法计算其信度。

案例研究 7-13

生物学教师用自编的《稳态与环境》的试卷测评高二(2)班的17名同学,学生在奇偶分半测验上的得分情况如表7-8所示。

表 7-8 学生在奇偶分半测验上的得分情况表

学　生	01	02	03	04	05	06	07	08	09	10	11	12	13	14	15	16	17
奇数题	42	36	28	33	40	39	32	29	34	36	25	38	39	30	28	29	33
偶数题	38	40	31	36	36	40	29	31	30	34	29	41	45	34	32	26	30

计算该测验的分半信度系数。

1. 启动 SPSS,输入数据;
2. 单击 Analyze→Correlate→Bivariate(见图 7-7);

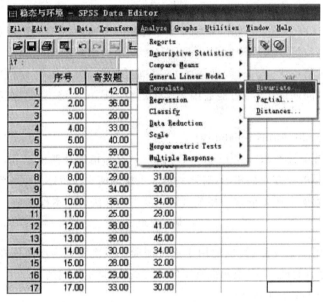

图 7-7 SPSS 计算分半信度系数操作示意图

3. 系统出现如图 7-8 所示的对话框,选中"奇数题""偶数题",单击中间的三角箭头,将"奇数题""偶数题"置于"Variables"栏中,单击"OK";

图 7-8 对话框

4. 得到如下输出结果(见表7-9)。

表 7-9 Correlations

		奇数题	偶数题
奇数题	Pearson Correlation	1	.755
	Sig. (2-tailed)	.	.000
	N	17	17
偶数题	Pearson Correlation	.755	1
	Sig. (2-tailed)	.000	.
	N	17	17

** Correlation is significant at the 0.01 level (2-tailed).

通过 SPSS 统计分析,知 $r_{hh}=0.755$

则, $r_{xx}=(2\times 0.755)\div(1+0.755)=0.86$

影响信度的因素很多,被试、主试、测验内容、施测环境等均能引起误差,降低测验的信度。为了提高测验的信度,可以适当增加测验题目的数量(题目越多,代表性就越大,但题目太多也无法操作);测验的难度要适中(测验太难或太易,都会降低测验的信度。难度水平为0.50时,测验的信度会最高);测验的内容应尽量同质(内容过于庞杂,会降低测验的信度);测验的程序应统一,包括指导语、回答问题的方式、分发及回收试卷的方法、测验时间等;评分要尽量做到客观,减少评分误差。

7.4.4 效度

效度指的是一次测量的有效程度,即一次测量实际上能够测出其所要测量的特性的程度。效度是针对一定的测量目的而言的,其有效程度如何,要看它能够达到的测量目的的程度。如果测量能够正确、真实地测量出所想测量的东西,其效度就高;反之,其效度就低。效度也是针对测量结果而言的,测量的效度如何,只有经过实际测量,才能根据结果判断它的效度。效度只有程度上的差异,要测量学生的生物科学素养,我们不会用语文、英语试题来测量,总是会用生物学试题来测量的。所以,在正常情况下,测量不会"完全有效"或"完全无效"。

中学生物学测量与评价中,可以用内容效度来表征测量的有效程度。内容效度指的是测量内容的代表性程度。学生的生物学学业成绩测验的内容效度,就是测验题目能够体现教学目标(学习目标)要求的程度。一次生物学测验,如果试题涵盖了生物学教学所要求达到的教学目标的重要内容,我们就说其具有较高的内容效度。

内容效度的分析方法有两种:一是逻辑分析的方法,二是量化分析的方法。

1. 逻辑分析的方法

逻辑分析法是分析试卷的内容效度时常用的方法,是依靠有关专家对试题与应测内容范围的吻合度作出判断。专家通过分析试卷的所有试题,把所有试题按考试内容分布,形成实际的"试题双向分类表",将其与考查目标进行分析、比较,对这次考试(测量)的内容效度的满意程度作出等级判断或评语描述。如果一份生物学试卷是依据命题双向细目表编制的,专家可以把基于实际试题分析得到的"试题双向分类表"与"命题双向细目表"进行对照分析,了解实际命题在多大程度上偏离了原命题计划。

命题双向细目表(见表 7-10)包括两个维度:教学目标和教学内容。它是一种教学目标和教学内容的联列表,以教学目标为横轴,以教学内容为纵轴。填写在双向细目表中的数字,是某一教学内容范围下要测量某一教学目标时所应该命题的试题数或分值。

表 7-10 《分子与细胞》期末考试命题双向细目表(分值)

教学目标 教学内容	识记	理解	应用	分析	综合	评价	总计	百分比(%)
细胞的分子组成	4	3	2	5			14	14
细胞的结构	2	2	6	3	2		15	15
细胞的代谢	3	2	3	3	5	6	22	22
细胞的增殖	4	4		3	6	8	25	25
细胞的分化、衰老和凋亡	4		4	6	4	6	24	24
总计	17	11	15	20	17	20	100	100
百分比(%)	17	11	15	20	17	20		

2. 量化分析的方法

量化分析的方法是将专家的判断综合为一个内容效度系数的统计方法。该方法要求两位专家在审阅教学目标(测验目标)的基础上,分别判断试卷中的每个试题"实际测量的内容"与"想要测量的内容"之间相关联程度如何,用四点量表赋值:"1"表示完全无关,"2"表示有点相关,"3"表示相关较密切,"4"表示完全相关。"1""2"为弱相关,"3""4"为强相关。

将两位专家的判定进行统计。"A"为两位专家都判定为弱相关的试题数;"B"为专家一判定为强相关,但专家二判定为弱相关的试题数;"C"为专家一判定为弱相关,但专家二判定为强相关的试题数;"D"为两位专家都判定为强相关的试题数(见表 7-11)。

表 7-11 内容效度系数量化方法表

		专家一	
		弱相关	强相关
专家二	弱相关	A	B
	强相关	C	D

内容效度的计算公式为:

$$内容效度系数 = \frac{D}{A+B+C+D}$$

量化后的内容效度系数的值介于 0 和 1 之间,值越大表示内容效度越高;值越小,表示内容效度越低。一般考试的效度应在 0.4 到 0.7 之间,大规模的考试要求效度在 0.9 以上。

案例研究 7-14

《遗传与变异》的试卷共有 46 道试题,两位专家分别对试题的内容与教学目标做了相关程度的判断,有 37 道试题都被判定为强相关,6 道试题一位专家判定为强相关,另一位专家判定为弱相关,其余 3 道试题都被判定为弱相关。计算该测验的内容效度系数。

内容效度系数 = 37÷46 = 0.80

为了提高测评的效度,首先,要保证测验的内容确实能反映测验目的;其次,题目表述要明确、简洁,试卷印制要清楚;第三,妥善组织测验,掌握好测验时间,客观、公正评分,避免错误;第四,扩充样本的容量和代表性,可以提高效度;第五,适当增加测验题目的数量,既可以提高信度,又可以提高效度。

活动 7-11

以小组为单位,分析本组在学习"7.2 学生学业成绩的测量与评价"时编制的"生物学试卷"的内容效度:
(1) 请两位专家(生物学教学论专家、中学生物特级教师、高级教师)用四点量表赋值,分别判定每个试题"实际测量的内容"与"想要测量的内容"之间相关联的程度;
(2) 将两位专家的判定进行统计;
(3) 计算内容效度。
讨论:本试卷的内容效度如何?如何进一步改进?

7.5 生物课堂教学的评价

课堂教学的评价是按照一定的标准,对所实施的课堂教学行为进行测量和评价,比较并分析通过课堂教学活动所达到教育目标的程度的过程。生物课堂教学评价既是教学工作的一个组成部分,也是生物学教育测量与评价的一个重要环节。对生物课堂教学的评价涉及教的质量、学的质量、内容的质量及媒体的质量等多个方面,不仅要考虑到教学系统的各构成要素,还要考虑它们之间的相互联系、相互作用的关系。

生物课堂教学的评价强调生物学教师对自己教学行为的分析与反思,建立以教师自评为主,校长、教师、学生、家长共同参与的评价制度,使教师从多种渠道获得信息,不断提高教学水平和教育质量。

7.5.1 生物课堂教学评价的目的

生物课堂教学是学生获得生物学知识和技能、发展科学探究能力、提高生物科学素养的主渠道。对生物课堂教学进行评价旨在研究如何形成课堂教学的合理结构,使课堂教学高效化。对课堂教学的全过程及其教学效果做出正确的判断和科学的结论,可以达到及时调整教学,采取有效的措施加强教学的薄弱环节,提高课堂教学质量的目的。但是,以奖惩为目的的评价在基础教育课堂教学评价中还是比较常见的,把课堂教学评价的结果与教师的奖励和惩罚结合起来,根据评价结果对教师做出增加或减少工资、晋级与降级、续聘和解聘等决定。这种评价导致许多教师片面追求一节课的质量而不是整体的教学水平,难以调动全体教师的工作积极性。基础教育课程改革要求生物学课堂教学的评价要以促进教师未来教学水平的提高和发展为目的。

(1) 促进教师互相学习,共同提高。生物学教师在听课的基础上,对课堂教学进行评价,是教师提高自己专业水平的有效途径,因为每个教师的课堂教学都有值得借鉴之处。通过互相听课、评课,不仅可以了解自己和其他教师课堂教学的实际情况,做到相互学习和交流,取长补短,共同提高,而且可以促进人际关系的和谐,有助于营造合作、互助的教研氛围,有利于中青年生物学教师的成长,有利于生物学骨干教师的培养。

（2）促使教师明确并达到课堂教学评价标准。课堂教学评价标准既是课堂教学的目标，又是课堂教学质量的保障，同时也是评价课堂教学的依据。听课和评课的过程，实际上就是依据课堂教学标准进行评价的过程，此过程能够促使教师明确自己教学的优势和不足，从而在今后的备课和课堂教学中扬长避短，努力达到课堂教学评价标准的要求。

（3）深化生物课程改革研究。我国第八次基础教育课程改革强调校本教研，校本教研的具体形式就是课例研讨。通过课例研讨，评价课堂教学，促使生物学教师自我反思、同伴互助、专业引领，有针对性地深入研究教学过程中的问题，使教学过程最优化。校本教研的有效开展，课堂教学的科学、公正和全面的评价，是推动和深化基础教育课程改革、巩固改革成果的重要基础。

名师论教 7-6

"应试教育"中，学生的考试成绩是评价教师教学效果的唯一标准，这导致教师强硬灌输，注重培养学生的应试技能，产生学生被动接受和强化训练的不良后果。发展性教师评价是教师作为主体参与的、建设性的或发展性的教师评价方式，目的是在顺应教育发展的大背景下促进教师成长，促进教师发展，实现以"学生发展为本"的核心理念的需求。实施发展性教师评价，要坚持全面评价和全员参与，坚持定量评价和定性评价相结合，完善评价结构，建立教师自我评价方式。

——冷宇

7.5.2 生物课堂教学评价的方法

生物学课堂教学评价的方法，总的来说有定性和定量两种不同的方法。在实践中，教育工作者常常采用定性与定量相结合的方法。课堂教学评价的具体方法多种多样，在教学实践中比较常用的有分析法、调查法、综合量表评价法等。

1. 分析法

分析法是指通过对课堂教学的有关方面进行定性分析进而评价其质量优劣的方法。评价人员运用分析法评价课堂教学的依据主要是其学识和经验，没有明确具体的评价指标和评价标准，评价结果以定性描述为主。分析法可用于自评，也可用于他评。生物学教师在课后对自己的课堂教学进行分析，找出自己教学的优势和不足。生物学教师自评课堂教学过程及其效果，对改进教学工作、提高教学水平具有积极的作用。学校领导和其他教师也可运用分析法对生物学课堂教学进行评价，在观摩课堂教学活动后，凭借自己对教学目的、教学原理的理解和积累的教学经验，分析其成功之处和薄弱环节。分析法简便易行，能突出主要问题和主要特征，是课堂教学评价中最常运用的方法。但其也有一定的局限性，主要是标准不够明确，受主观因素影响大、规范性差。

2. 调查法

调查法主要有座谈和问卷调查两种方式。座谈是指召集有关教师和学生举行专门会议，询问某教师的课堂教学情况，了解人们对其教学质量的意见，最后对其教学质量给予评价。问卷调查是通过设计专门的调查问卷，向相关人员发放问卷进行调查，收集处理问卷上的有关数据，最后对教师的教学质量作出定性或定量的评价。

案例研究 7-15

教学质量调查问卷[①]

各位同学:

本问卷的目的在于调查同学们对课堂教学的意见和对教师教学的建议,为有针对性地做好教学工作提供参考,请认真填写下面的调查问卷(见表 7-12),您真实的回答将为我们的教学提供建设性的信息,并将据此做进一步改进,谢谢您对我们工作的大力支持!

填写说明:请在每一条目后面打上自己的评分,认为老师能做到的就打高分,不能做到的就打低分,最高分为 5 分,最低分为 0 分。最后,请您对教师的教学提出建议。

表 7-12 教学质量问卷调查表

班级:_____ 教师姓名:_____ 课程名称:_____ 编号:_____

评估内容	评价结果
1. 我觉得本课程增进了我的知识和能力。	
2. 老师给我的整体印象是敬业勤勉。	
3. 老师的言传身教使我受益匪浅。	
4. 老师的授课经过了精心的准备。	
5. 老师的讲授十分清楚。	
6. 老师上课条理清楚,重点、难点突出。	
7. 老师对授课内容及相关领域十分熟悉。	
8. 老师能吸收该学科的最新成果,并对其予以评价。	
9. 老师能有效地用一些实例来讲解。	
10. 老师的讲授富于启发性,能激发学生的求知欲。	
11. 老师注重对我们思维方法的培养。	
12. 老师鼓励我们表达自己的观点。	
13. 老师能有效地调节课堂气氛,避免单调乏味。	
14. 老师能有效地利用上课时间。	
15. 我认为老师是一名优秀教师。	
16. 对老师的教学建议:	

3. 综合量表评价法

综合量表评价是一种比较精细的数量化的评价方法。运用综合量表评价法,首先,要编制专门的课堂教学质量评价表,主要是确定评价指标、各项指标的权重和各项指标评分标准(见表 7-13,7-14)。权重是加权指派的系数,分为两种:自重权数与加重权数。自重权数就是以权数作为指标的分值;加重权数是在各指标的已知分值的基础上,再设立的权数,即权上加权。其次,评价主体以听课为基础在课堂教学质量评价表上进行评价。评价人员依据自己对评分标准的理解,独立地在每个项目上对教师的课堂教学给予一定的等级或分数。最后,汇总所有的课堂教学质量评价表,运用一定的统计方法对所有数据进行分析处理,得出每个评价对象的总得分或等级。综合量表评价法注重对课堂教学活动的具体分解,评价指标比较具体;注重量化处理,结果比较准确;注重标准的一致性。其难点有二:一是项目和权重的确定,很难保证其依据充分合理;二是难以客观、公正,因为评价人员对标准的理解,仍受个人经验和价值观的影响。

[①] 杨华,崔鸿,王重力.生物课程教育学[M].武汉:华中师范大学出版社,2003:251.

案例研究 7-16

表 7-13　生物课堂教学评价量表（一）①

施教者：_____　评分人：_____　总分：_____

评价项目	权重	评价内容	权重	好 0.90	较好 0.80	一般 0.70	较差 0.60	差 0.50
教学内容	0.25	科学性与思想性	0.20					
		逻辑性与系统性	0.15					
		与社会生活的联系	0.15					
		突出重点和难点	0.25					
		三维目标	0.25					
教学效果	0.30	思维的启迪与培养	0.20					
		实验操作能力的培养	0.20					
		探究能力的培养	0.20					
		科学方法的培养	0.20					
		内容的了解和掌握	0.20					
教学方法	0.20	因材施教	0.25					
		启发思维，独立思考	0.25					
		讲授深入浅出	0.25					
		讲授与活动相结合	0.15					
		选择直观手段得当	0.10					
组织教学	0.10	集中学生注意力	0.30					
		激发学生兴趣	0.40					
		师生双边活动	0.30					
教学基本功	0.15	语言表达	0.25					
		板书、板画	0.20					
		提问技巧	0.30					
		教态仪表	0.25					

表 7-14　生物课堂教学评价量表（二）②

学　校：_____　班　级：_____　学　科：_____　课　题：_____
任课教师：_____　时　间：_____　学　时：_____

一级指标	二级指标	评价权重	得分
学生	学习生命科学的气氛	5	
	提出生命科学问题的数量和质量	5	
	讨论生命科学问题的深度和广度	5	
	讨论生命科学问题过程中的分工与合作	5	
	学习生命科学过程中"4 动"（脑、眼、手、耳）结合的程度	5	
	自主探究生命科学的时间和空间	5	
	学习生命科学内容的掌握程度	10	

---

① 张迎春，汪忠. 生物学教学论[M]. 西安：陕西师范大学出版社，2003：371.
② 杨计明. 普通高中新课程生物学教学评价的研究[J]. 生物学通报，2007(2)：46-48.

续表

一级指标	二级指标	评价权重	得分
教师	教育教学基本功	5	
	创设探究生命科学的问题情境	10	
	引导探究生命科学难点、热点的能力	5	
	对学生学习生命科学进行评价的能力	5	
教学内容	预设性生命科学三维教学目标完整、准确、具体，符合生物课程标准和学生实际，生成性目标可操作、能达成	5	
	生命科学内容容量恰当、坡度合理、精心组织	10	
	生命科学内容重点突出，联系实际，把握内在联系，抓准关键和难点	10	
教学方法和手段	启发、探究等方法的有效选择与结合	5	
	网络、实物、实验等媒体的有效运用	5	
特色加分(10分内)		10	
总评	定量评分：		
	定性评分：		
	评价等级：□优秀(90～100分)　　□良好(80～89分)　　□合格(60～79分)　　□不合格(0～59分)		

活动 7-12

下面是一份英国的课堂教学评价表(见表 7-15)，请你将其与我国的课堂教学评价表进行比较，分析二者的区别，反思我们的课堂教学评价表的不足，并提出改进意见。

表 7-15　英国的课堂教学评价表[①]

促进学习的检查　教与学的观察	
学科：××	
教师：××	检查者：××
班级：××	时　间：××
优秀 · 在所有或几乎所有的方面都表现优秀 · 在重要的方面表现出色 · 学生在学习过程中愉悦并获得发展	
良好 · 大部分学生因为好的教学取得良好进展 · 课堂总体表现良好	

---

① 何育萍.中英课堂教学评价表之比较[J].中小学管理，2008(4).

续表

促进学习的检查　教与学的观察	
学科：×× 教师：×× 班级：××	检查者：×× 时　间：××
・学生有兴趣继续学习 ・给学生创设了安全、友好的课堂环境 ・教学内容丰富，充满自信，学生参与的方式明确 ・教学非常符合学生的需要，对大多数学生有适度的挑战性 ・教学方法符合课程目标和学生的需求，非常有效 ・助教和教学资源得到充分利用 ・时间控制好 ・经常对学生进行及时评价，对学生的进步起到好的作用	
满意 　・这节课在非关键方面存在不足，但在一些方面表现良好，学生的学习过程是充满享受、令人满意的	
不合格 　・大部分学生或者是很明显某一类学生没有得到很好的发展 　・学生的整体行为或态度不能令人满意 　・学生的安全和健康受到威胁 　・教学令人不满，导致学生进步状况令人不满，偶尔有进步也不是因为教师的教而是因为学生有良好的态度。令人不满的教学通常有以下一种或多种表现： 　　不了解课程内容，导致教学不准确和目标要求低； 　　不了解学生学习的基础； 　　管理行为无效； 　　教学方法既不符合学习目标又不能引起学生的兴趣； 　　助教和时间等资源运用不恰当； 　　较少评估学生。	

7.5.3　生物课堂教学评价的实施

　　生物课堂教学评价的方法很多，采用何种方法来实施，应根据评价对象和指标的性质、特点来确定。例如，要对生物学课程教学质量进行评价，可通过审阅教学文件资料、请各类人员填写评价表格、抽样检测、调查等方法予以实施。课堂观察法是课堂教学评价最常用、最基本的方法，其他方法一般不独立使用，而作为课堂观察的补充。

　　1. 准备工作

　　(1) 了解授课教师的教学进度和教学内容。第八次基础教育课程改革中出现了"一标多本"，全国中小学教材审定委员会初审通过了多个版本的初、高中生物学教材。在听课之前，要了解师生所用的教材是哪个版本，目前进度以及所听课的内容的章节等基本情况。

　　(2) 熟悉课程标准。生物课程标准是教材编写的依据，也是教学和评价的依据。要明确课程标准对教学内容的具体要求及活动建议。通常，教材的章节顺序与课程标准中的内容主题顺序并不一致;一节课的内容常分散在不同的二级主题中。熟悉课程标准必须在听课前进行。

（3）确定听课的重点。要对某一教师的课堂教学进行评价,需要在课前确定听课的重点。重点的确定,可以根据评价对象的意见。如果评价对象认为自己的教学语言不够精练,或者认为自己课堂教学结构安排不够合理,听课者就可把教学语言、课堂教学结构确定为听课的重点。还可以根据评价者对评价对象的了解来确定听课重点。如果评价者认为该教师的课堂提问没有启发性、提问的方式不当,就可把课堂提问作为听课的重点。每次听课最多确定两个到三个重点,重点不宜过多。

（4）设计听课记录表和评价表。听课记录表和评价表都要有比较全面的表头,包括学校、班级、教师的基本情况、课题、日期等。听课记录表可以设计为左右两栏,左栏记录教学过程,右栏记录板书或投影。课堂教学评价表可以根据评价指标、评价标准自行设计,也可以运用现成的评价（量）表。

（5）了解学生和教师的基本情况。学生的基本情况包括学生对生物学课程的学习兴趣、生物学学习的整体水平、学生之间的差异等。教师的基本情况包括教师的学历、所学专业、教学经历、培训经历等。上述基本情况可以通过课前对教师和学生的访谈获得。

2．听课和记录

评价人员应该在上课之前进入教室,坐在教室的后面或角落,以减少对任课教师的心理和学生听课视线的干扰。讲课开始,评价人员即进入记录状态,将教师和学生的语言、行为、活动转换的时间记录下来。课堂观察的内容包括教学内容、教学方法、教学效果、课堂环境、课堂教学条件和课堂气氛等。听课记录的内容要根据评价的重点有所侧重和选择。一般而言,应着重记录教师的导入和过渡语、教师的提问、教师的独到见解、对学生问题的回答和完成情况的反馈,以及学生的问题、典型错误、表现、教学活动中所用的时间等。

活动 7-13

有的教师(江苏邳州市第四中学倪刚)认为,听课时应记录:(1)施教者亮点即成功之处;(2)施教者瑕点即不足之处;(3)学生的困惑;(4)学生的独特见解和发现;(5)自己听课中闪现的灵感。有的教师(昆山市实验小学张建国)认为,听课时应记录:(1)资源开发与用教材"教";(2)精彩片段和成功之处;(3)不足之处及改进办法;(4)主体体验与独到见解;(5)评价交流与反思总结。

请同学们讨论两位教师的主张,你们认为作为一名中学生物教师,在听课时应重点记录哪些内容?

3．整理听课记录、填写评价表

整理听课记录的主要任务有两个:其一是厘清课堂教学的结构和思路。听课结束后,评价者重新看一遍课堂记录,对课堂教学的过程和思路再次进行梳理,有利于对教师的教学设计和结构安排做出统筹考虑和评价。其二是把重要的细节补充完整。由于听课时间的限制,来不及把细节记录下来,听课结束后及时整理,把听课时所记的提示性的关键词补充完整。在生物学课堂教学评价中,常常采用评价表的方式,让评价者给每个指标按标准打分,或者把指标分为优秀、良好、合格、不合格几等。评价表的总分等于各项目分数之和,多人评价时,取其平均值。这种评价表中的指标及结果一目了然,是对课堂教学的定量评价,是对"质"的评价的补充。

4．评价结果的反馈

课堂教学评价结果的反馈要及时,还要根据不同对象和不同条件采取不同的反馈方式。评价结果对被评价者来说是一个极为敏感的问题,被评者的自尊心、自信心和情绪都会受到评价结果反馈的影响。否定的评价,可能使被评者处于受挫状态,造成自信心动摇,情绪不稳等后果。因此,反馈评价结果时要采取适当的方式,以避免引起被评者的心理冲突。有时,可只讲等级,给予一分为二的定性的解释和模糊性的反馈,还可以采取个别交谈,回避他人等办法,以防否定性评价结果的扩散。着眼于教师发展的评价应避免采用单一的定量评价的简单反馈。发展性评价是对教师个人的教学水平和个人的进步所作的评价,而不是与他人的比较。

活动 7-14

以小组为单位,积极准备,精心策划,深入中学,走进课堂,评价一节中学生物课堂教学活动,并完成活动报告。活动过程及活动报告中要明确如下内容:

(1) 教学内容;
(2) 课程标准中相关的内容主题;
(3) 授课教师基本情况;
(4) 学生的基本状况;
(5) 听课重点;
(6) 评价方法;
(7) 授课教师课堂教学的优点和不足;
(8) 其他教师的评价;
(9) 对自己的启发。

本章小结

1. 教育测量是针对学校教育影响下的学生各方面的发展,侧重从量的规定性上予以确定和描述的过程。教育评价是指按照一定的价值标准和教育目标,利用测量和非测量的种种方法,系统地收集资料信息,对学生的发展变化以及影响学生发展变化的各种因素进行价值分析和价值判断,并为教育决策提供依据的过程。教育测量与评价具有测量评价、问题诊断、改进教学和促进学习的功能。

2. 新课程中的教育评价应体现以下特点:①重视发展,淡化甄别与选拔,实现评价功能的转化;②重综合评价,关注个体差异,实现评价指标的多元化;③强调质性评价,定性与定量相结合,实现评价方法的多样化;④强调参与与互动、自评与他评相结合,实现评价主体的多元化;⑤注重过程,终结性评价与形成性评价相结合,实现评价重心的转移。

3. 根据评分方法的不同,试题可分为客观性试题和主观性试题。客观性试题有选择题、判断题、匹配题等。主观性试题有填空题、简答题、设计题、论述题等。不同的题型有不同的特点,要充分发挥不同类型试题的功能,命题时要注意题型结构的合理配置。

4. 表现性评价指的是测量学习者运用先前所获得的知识解决新异问题或完成具体任务的能力的一系列尝试。表现性评价的设计需要经历以下几个步骤:确定评价的目的、确定评价的内容、设计任务及任务指导语、制订评价规则、考虑实施中的重要事项。生物教育测量与评价中常用的表现性评价方法有检核表、评价量表、观察和轶事记录、档案袋评价。

5. 算术平均数指的是所有观察值的总和除以总频数所得之商,简称平均数、均数、均值。频数分布表是用频数表示数据分布状态的一种统计表,是对杂乱无序的数据进行整理的重要手段,通过频数分布表可以直观地看出各种数据出现的次数。方差是指离差平方的算术平均数,即一组数据中每个数据与这一组数据的平均数之差,平方后求和,再除以数据的个数。标准分数是将原始分数与平均数的距离以标准差为单位表示出来的量表。

6. 衡量测量与评价的质量如何,可以采用四个指标,即难度、区分度、信度和效度。难度和区分度主要是针对测评的试题而言的,信度和效度主要是针对整个测评而言的。

7. 生物课堂教学评价的目的在于促进教师互相学习,共同提高;促使教师明确并达到课堂教学评价标准;深化生物课程改革研究。生物课堂教学评价的方法有分析法、调查法、综合量表评价法。课堂观察法是课堂教学评价最常用、最基本的方法。

学习链接

推荐网站:

1. 《试卷研究》网站　http://sjyj.ntu.edu.cn/new_page_1.htm
2. 中华兴华科学教育网　http://se.cersp.com/yjzy/kxjyyj/200801/1839.html
3. 基础教育课程　http://www.jcjykc.com/Magazine/m200511/200511/102.html
4. 中国教育报　http://www.jyb.com.cn/gb/jybzt/2002zt/jysw/296.htm

推荐书目:

1. 项伯衡,郑春和.生物学教育测量与评价[M].南宁:广西教育出版社,2001.
2. [美]Ellen Weber.有效的学生评价[M].国家基础教育课程改革"促进教师发展与学生成长的评价研究"项目组,译.北京:中国轻工业出版社,2003.
3. [美]James Bellanca etal.多元智能与多元评价——运用评价促进学生发展[M].夏惠贤等,译.北京:中国轻工业出版社,2004.
4. 王孝玲.教育统计学[M].上海:华东师范大学出版社,1993.
5. 黄光扬.教育测量与评价[M].上海:华东师范大学出版社,2002.

检测—拓展

检测

1. 试分析教育测量与评价的联系和区别。
2. 教育测量与评价有哪些类型?
3. 举例说明生物学试题的编制原则。
4. 表现性评价有什么特点?
5. 请将下列分数转换成 Z 分数:
   85　96　48　52　60　78　66　52　88　89
   92　69　78　49　61　83　63　65　72　80
   90　96　77　65　45　91　84　74　81　60
6. 什么是试题的难度和区分度?
7. 如何提高试卷的信度和效度?
8. 如何评价生物学课堂教学?

拓展

1. 调查某地中学生物学教育测量与评价方法,揭示其与素质教育不适应之处,制订改革方案。
2. 编制恰当的题目,公正、客观、有效测量学生的生物科学探究能力、情感态度与价值观。

关键术语

◆ 教育测量、教育评价
◆ 诊断性测量与评价、形成性测量与评价、终结性测量与评价
◆ 常模参照测量与评价、标准参照测量与评价

- ◆ 表现性评价
- ◆ 算术平均数、频数、方差、标准差、标准分
- ◆ 难度、区分度、信度、效度

阅读视野

国际教育评价项目中的测评简介

（一）国际学生评价项目

国际学生评价项目（Program for International Student Assessment，简称 PISA）是由联合国经济合作与发展组织（Organization for Economic Co—operation and Development，简称 OECD）发起的国际比较研究，测评在即将完成义务教育时，学生在多大程度上掌握了全面参与社会所需要的终身学习能力。PISA 在 2000 年首次举行，而后每三年举行一次，每次评估的侧重点有所不同，由阅读素养、数学素养和科学素养这三项组成评估循环核心，在每一个评核周期里，有 2/3 的时间会对其中一项领域进行深入评估，其他两项则进行综合评测。2012 年首次尝试引入了基于计算机的问题解决测试。

首先，PISA 测试关注的是学生的多方面素养和能力，不局限于书本知识。有研究者对 PISA 测试深入研究后发现，"素养"是 PISA 测试的核心概念，并指出其近年来发展方向为：一是逐步纳入非认知因素和元认知因素；二是跨学科的"问题解决能力"；三是突破传统纸笔测试；四是顺应经济社会的趋势，纳入新的测评领域"财经素养"。

其次，PISA 测试的题型包括开放性题型，对学生能力检测有较强的层次性。从 PISA 测试的试题和我国一些省市学业考试试题的比较研究中不难发现，PISA 测试中通常有开放性试题，要求学生作出更复杂的解答，并且解题过程包括高层次的思维活动，它允许学生提供不同复杂程度的解题方法展示其能力水平，如数学中联系能力群和反馈能力群。事实上，PISA 测试不仅关注学生解决问题的能力，而且对其的检测是由低到高按层次分布的，它所考查的学生素质涉及高层次思维活动和解决问题能力，与素质教育下的某些要求是基本一致的，并非简单、机械的应试训练所能企及。此类开放性试题从内容到评价方式都对学生解决实际问题的能力给予足够的重视。[①]

（二）美国国家教育进展评估

美国国家教育进展评估（National Assessment of Education Progress，简称 NAEP）亦称"全国报告卡"（The Nation's Report Card），是美国唯一的全国性的评估中小学生多个学科领域学业成就的项目，旨在测量全美中小学生在阅读、写作、数学、科学、公民、科学、艺术等学科领域的学术表现及发展趋势。自从 1969 年进行第一次评估以来，四十多年来，美国国家教育进展评估一直致力于美国基础教育评估，为美国各界提供了丰富的教育信息，在美国教育领域占有举足轻重的地位。

NAEP 并不为学生个人或者个别学校提供分数报告，这是其最根本的特点。除此之外，NAEP 还有如下特点。

1. 低利害性

NAEP 的学业评价是一种针对学生总体的学业成就普查，而不是针对个人的诊断性评价，评价对象由随机抽样取得，评价科目根据不同年份抽取决定。这样既保证了研究的代表性，也降低了学校和学生的负担，因此，NAEP 是一种低利害的评价。

2. 全面性

对学生知识与技能的掌握、能力的形成、情感态度等方面都有所涉及。如 NAEP 科学素养的评

[①] 朱小虎.面向未来的参与能力：PISA"素养"概念的发展[J].外国中小学教育，2012(1)：13-16.

价框架中包括科学内容(Science Contents)和科学实践(Science Practices)两大部分,其中科学内容涉及物质科学、生物科学、地球与空间科学三大领域;科学实践则分成识别科学原理、应用科学原理、实施科学探究、进行科学设计四个维度。

3. 功能的多样性

根据 NAEP 的作用结构,NAEP 的功能可划分为本体功能和派生功能。其中本体功能包括:其一,对学生的学业成绩进行评价,NAEP 实施的基本目标是检验学生的学业成绩,掌握不同种族、不同社会背景、不同地域差异下学生的整体学业水平和变化趋势,为学校教师的教育教学改进提供数据参考;其二,对各州及学校的教育质量进行问责,2002 年《不让一个孩子掉队法》出台后,美国政府对教育的问责力度不断加大,NAEP 的州评估信息开始成为服务于政府教育问责的有力工具。随着本体功能的实现以及教育发展的不断推动,NAEP 开始在实践中逐渐延展出一些新的功能,即派生功能。具体包括:其一,为各州课程标准的制定提供参考,保障教育分权体制下联邦教育问责对各州教育质量的提升作用;其二,规范各州教育评价项目的标准设定,增加州际间不同学生评价项目结果的可比性;其三,成为国际教育比较的重要数据来源,通过与国际性重要考试项目(如 TIMSS、PISA 等)的对比找到美国基础教育的优势与不足。不断丰富发展的多样性功能成为巩固 NAEP 在美国教育评价领域优势地位的重要砝码。[①]

(三) 国际数学和科学学习趋势

国际数学和科学学习趋势(Trends in International Mathematics and Science Study,TIMSS),是由国际教育成就评价协会(the International Association for the Evaluation of Educational Achievement,简称 IEA)发起和组织的国际教育评价研究和评测活动。TIMSS 主要通过测试卷和调查问卷两种评测方式对 4 年级和 8 年级两个年龄段学生进行数学和科学两门课程的学习结果监测,从而了解影响学生学习和教师教学质量的因素,进而调整并改善教学环境和教学质量。TIMSS 自 1995 年开始评测,每四年测试一次,至 2015 年已进行了 6 次。TIMSS 的研究目标主要在于了解学生对数学和科学课程的掌握情况,即主要测量各国学生对其计划的课程的获得状况,可以分为两个子目标:(1) 对参与国课程、教学、学生成绩以及与这些方面有关的因素做一个比较详细的考察和比较;(2) 在国际教育比较这个大背景下,对各参与国的教育做一个比较清晰的描述,特别是使参与国明白自己国家在教育上的优势及弱点。[②]

在评价测试方法上,它不仅利用纸笔测试调查学生学业情况,还利用调查问卷收集影响学生学习的背景信息,了解教育系统的投入和过程,力图对学生学业成绩的差异作出说明和解释。在内容层面,TIMSS 在数学和科学内容选择上以各个国家的课程为依据,在编制测评框架之前要对各国的数学和科学内容进行调查。TIMSS 通常从内容角度出发编制试题,对于测评结果也更加着重考查课程成绩。注重对学生在课程内容中获得的成就进行解释,为此,除数学和科学测验之外,还设计了文本研究、问卷调查和深入访谈等多种信息收集方式。[③] 因此,它能够更加全面地解释产生学生成就差异性的原因。

参 考 文 献

[1] 黄光扬.教育测量与评价[M].上海:华东师范大学出版社,2002.

---

① 马健生,宋微微.美国"国家教育进展评估"的特点与局限解析[J].比较教育研究,2014(5):95-100.
② 姚霞.国际科学素养测评对我国科学学科测评的启示[J].考试研究,2013(2).
③ 黄丹凤.教育改革浪潮中的"指南针"——美国 TIMSS 研究述评[D].上海:华东师范大学硕士学位论文,2007.

[2] 胡中锋.教育测量与评价[M].第二版.广州：广东高等教育出版社,2006.
[3] 刘恩山.中学生物学教学论[M].北京：高等教育出版社,2003.
[4] 张迎春,汪忠.生物学教学论[M].西安：陕西师范大学出版社,2003.
[5] 顾明远.教育大辞典[M].上海：上海教育出版社,1990.
[6] 丁秀峰.心理测量学[M].开封：河南大学出版社,2001.
[7] 高明乾,郑明顺.中学生物学教学论[M].北京：科学出版社,2007.
[8] 郑晓蕙.生物课程与教学论[M].杭州：浙江教育出版社,2003.
[9] 全国实践毕业与变通高中招生制度改革项目组.生物2004年中考命题指导丛书[M].南京：江苏教育出版社,2004.
[10] 项伯衡,郑春和.生物学教育测量与评价[M].南宁：广西教育出版社,2001.
[11] 陈继贞等.生物学教学论[M].北京：科学出版社,2003.
[12] 周美珍.生物教育学[M].杭州：浙江教育出版社,1992.
[13] 杨华等.生物课程教育学[M].武汉：华中师范大学出版社,2003.
[14] 王燕春,张咏梅.表现性评定的利弊及启示[J].教育科学研究,2001(3).
[15] 王孝玲.教育统计学[M].上海：华东师范大学出版社,1993.
[16] 郑日昌等.心理测量学[M].北京：人民教育出版社,1999.
[17] 朱慕菊.走进新课程——与课程实施者对话[M].北京：北京师范大学出版社,2002.

第8章 中学生物教师专业发展

学习目标

1. 界定专业,并与职业区分。
2. 了解教师专业化、教师专业发展和生物教师专业化途径。
3. 了解现代生物教师专业素质。
4. 知道现代生物教师获得终身发展的途径。
5. 了解生物学教师的教学艺术。
6. 了解现代生物教师的基本素质。
7. 知道在中学开展生物学教育科学研究的目的和基本要求。
8. 理解生物教育科研对生物教师发展的重要意义。
9. 了解教育调查法和教育实验法的特点,并能熟练地运用其进行课题研究。
10. 掌握基本的教育科研方法。
11. 能够根据选定的研究课题,进行具体研究并撰写研究报告。
12. 培养成为一名优秀生物教师的意识与责任感。

本章内容结构图

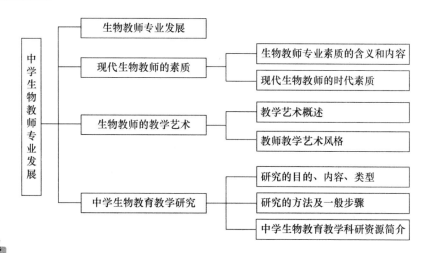

本章序幕

一个故事:

1968年,美国内华达州一位叫伊迪丝的3岁小女孩告诉妈妈,他认识礼品盒上"OPEN"中的第一个字母"O",这位妈妈非常吃惊,问她怎样认识的,伊迪丝说"薇拉小姐教的"。

这位母亲表扬了女儿之后,一纸诉状把薇拉小姐所在的幼儿园告上了法庭。理由是该幼儿园剥夺了伊迪丝的想象力,因为她的女儿在认识"O"之前,能把"O"说成苹果、太阳、足球、鸟蛋之类圆形的东西,然而从幼儿园教她识读26个字母之后,伊迪丝便失去了这个能力。她要求该幼儿园对这种后果负责,赔偿伊迪丝精神伤残费。

这是发生在美国的一件令人匪夷所思的事情,接着,事件朝着更令人困惑的方向发展了,由于家长认为这种教育限制了孩子的想象力,3个月后,此案在内华达州立法院开庭,幼儿园败诉。

为什么教孩子识字也能得到这样的结局?想当教师的你们是不是为自己未来的职业生涯有了一些思考:是不是只要有知识就能当好老师?是不是具有专业知识、掌握了教学技能的人就担当教师这一职业呢?

一个问题:教师职业是专业吗?

埃利奥特等西方学者认为,教师与医生、律师、神甫职业被并称为"四个伟大的传统专业"。但史汀内特、曾荣光、韦伦斯基等人通过对教学工作的特征与专业标准的温和程度的分析后认为,教师职业与"已确定的专业"的专业化程度的要求还有一定的差距,是一种"准专业"或"边际专业"。艾齐奥尼等人将教师、护士、社会工作者三类人员划归为"半专业"人员。[①]

那么,教师职业的专业化程度究竟如何?教师职业与专业要求的差距是什么呢?

8.1 生物教师专业发展

师者,传道授业解惑也。

——韩愈

梦想始于一个信任你的教师激发你,引导你走向另一个高峰。

——丹·拉瑟

古今中外,教师被赋予了人们的期望,特别是现在,人们期望教育者能够运用最好的教学实践,让学生学习到重要的技能和态度。如今,对于教师的角色而言仅仅对学生的热情和爱心已经远远不够了。当代教师有责任像其他职业(如医学、法律和建筑业)一样达到一定的标准,从职业化走向专业化。

那么,什么是教师专业化和教师专业化发展呢?不同的学者有不同的定义。但在诸多教育改革的政策与实践中,各地学者都认识到教师专业发展的重要性。如果要使学生取得更大进步,教师专业得到持续、高质量的发展是必要的。斯帕克斯(Sparks)和赫希(Hirsh)(1997)指出:如果要为学生在日益复杂的世界中做好生活上的准备,学校成员的专业发展以及组织的重要变革都是必要的。教师专业发展在所有教育改革策略中居于中心地位——没有它,改革策略就仅仅只是理想而不能变为现实。教师专业发展是学校发展和教育改革成败的关键(Hargreaves,1994;Day,1999)。[②]

8.1.1 教师专业化和教师专业发展

教师职业伴随着人类社会的产生而产生,是人类社会古老而永恒的职业之一。在漫长的教育史上,教师职业经历了从兼职到专职,从专门到专业,从数量到质量的过程,20世纪80年代开始,教师专业发展日趋成为人们关注的焦点和当代教育改革的主题之一。在"教师专业化"和"教师专业发展"中,"专业"(profession)是一个最基本的概念,了解专业及专业的本质特征,有助于对教师专业

---

① 教育部师范教育司.教师专业化的理论与实践[M].北京:人民教育出版社,2003:38.
② 卢乃桂,钟亚妮.国际视野中的教师专业发展[J].比较教育研究,2006(2).

发展的理解。

8.1.1.1 专业的概念和本质特征

对于"专业"这一概念,学者们的认识各有不同。

凯尔·桑德斯(A. M. Carr-Saunders)认为,专业是指一群人在从事需要专门技术之职业,这种职业需要特殊的智力来培养和完成,其目的在于提供专门性的社会服务。

日本学者石村善助认为,所谓专门职业,是指通过特殊的教育或训练掌握了已经证实的认识(科学的或高深的知识),具有一定的基础理论的特殊技能,从而按照来自非特定的大多数公民自发表达出来的每个委托者的具体要求,从事具体的服务工作,借以为全社会利益效力的职业。

1984年,曾荣光综合了维伦斯基(Wilensky)和古德(Good)的研究,提出了专业的七条核心特质和十条衍生特质。专业的核心特质是:①一套有学术地位的理论系统;②一套与理论系统相适应的专业技术;③理论与技术的效能获得证实与认可;④专业知识具有不可或缺的社会功能;⑤专业人员具有忘我主义;⑥专业人员具备客观的服务态度;⑦专业人员的服务公正不偏。其中,前四个方面属于专业知识的范畴,后三个方面属于专业服务的范畴。专业的衍生特质是:①受过长期的专门训练;②专业知识是大学中的一门学科;③专业形成了垄断的专业知识系统;④有管理控制职业群体的自主权;⑤有制裁成员权力的专业组织;⑥专业人员对当事人有极高的权威;⑦对与其合作的群体有支配权;⑧专业人员对职业投入感强;⑨有一套制度化的道德守则;⑩获得社会及当事人的信任。

综合起来,一种职业要被认可为专业,应该具备以下三个方面的基本特征。[①]

1. 专门职业具有不可或缺的社会功能

任何职业都具有一定的社会功能,每一种职业的社会功能是不同的,一般来说,专门职业对社会具有重要的作用。即它不但对社会有作用和贡献,而且其作用和贡献"更是整体社会继续存在及发展不可缺少的,倘若专业服务不足或水准低落,则会对社会构成严重的伤害"。

专业的社会功能属性,决定了其从业人员须具备较高的专业道德规范和专业素养,以更好地履行专业职责、承担社会责任,促进专业社会功能的实现。

2. 专门职业具有完善的专业理论和成熟的专业技能

专业理论和专业技能是一种职业能够被认可为专业的理论依据和技能保障。作为一门专业,必须建构起自己相对完整的理论体系,为具体的专业活动提供思想指导,从理论上指明专业发展的方向;确定专业知识的框架,明确专业活动的对象和范围,掌握从事专业工作所需要的专业知识。

专业职业对专业知识和技能的要求决定从业人员只有经过长期的专业训练,才能掌握其工作方法和实践能力,胜任专业工作。

3. 专门职业具有高度的专业自主权和权威性的专业组织

高度的专业自主权和权威性的专业组织是专业实践和发展的内在要求。由于专业活动所依赖的专业知识是"圈内的知识",是一套"高深的学术",他只能为专业人员所垄断。因此,只有业内人员才能有能力对业内事物作出判断,控制业内的裁决权,如审核职业者的资格与能力,判断执业者的专业水平与品行等。为了独揽业内的裁决权,专业内必须形成一个对从业人员具有制裁权利的专业组织。

所有公认的专业一般都有一个强大的专业组织,专业组织往往扮演了三重角色:保证专业权限,保证水准,提升专业地位。

[①] 教育部师范教育司.教师专业化的理论与实践[M].北京:人民教育出版社,2003:35-37.

活动 8-1

专业与职业的差异

活动时间
10 分钟

预期效果
通过小组学习,了解专业和职业的差异

活动用具
活动卡:专业与职业差异的表格(见表 8-1)

活动步骤
1. 组成小组(5～6 人);
2. 各组自定一位召集人、记录员和时间控制员;
3. 参与者讨论并填写专业与职业的区别表;
4. 全班分享;

表 8-1 活动卡:专业与职业的差异比较表

	专 业	职 业
工作实践		
工作过程		
自主权		
工作者是否需要接受高等教育		
从业资格获取难度		
……		

5. 讨论:依据专业和职业的主要区别以及专业的基本特征来分析教师职业的专业化程度,教师职业是否符合专业的要求。

8.1.1.2 从教师专业化到教师专业发展

1996 年联合国教科文组织(UNESCO)在日内瓦召开的第 45 届国际教育大会通过了 9 项建议,其中第 7 项建议就是"专业化:作为一种改善教师地位和工作条件的策略"。1998 年在北京师范大学召开的"面向 21 世纪师范教育国际研讨会",明确了"当前师范教育改革的核心是教师专业化问题"。教师专业发展已成为国际教师教育发展的趋势。

教师专业化是指教师职业具有自己独特的职业要求和职业条件,有专门的培养制度和管理制度。教师专业化的基本含义是:第一,教师专业既包括学科专业性,也包括教育专业性,国家对教师任职既有规定的学历标准,也有必要的教育知识、教育能力和职业道德的要求;第二,国家有教师教育的专门机构、专门教育内容和措施;第三,国家有对教师资格和教师教育机构的认定制度和管理制度;第四,教师专业发展是一个持续不断的过程,教师专业化也是一个发展的概念,既是一种状态,又是一个不断深化的过程。[1]

1980 年,《世界教育年鉴》以"教师的专业发展"为主题发表了一系列文章,提出教师专业化的目

---

[1] 教育部师范教育司.教师专业化的理论与实践[M].北京:人民教育出版社,2003:1.

标有两个:其一是把教师视为社会职业分层中的一个阶层,专业化的目标是争取专业的地位与权力及力求集体向上流动,即教师职业整体从非专业职业、准专业职业向专业性质进步的过程。这种把教学工作放在整体社会结构中的分析是社会学者研究取向。其二是指教师个体通过职前培养,从一名新手逐渐成长为具备专业知识、专业技能和专业态度的成熟教师及其可持续的专业发展过程,即把教师视为提供教育教学服务的专业工作者,专业化的目标是发展教师教育教学的知识和技能,提高教育教学的水平。这种以发展教师的专业能力为目标的取向应是教育工作者所追求的。

从广义的角度说,"教师专业化"与"教师专业发展"这两个概念是相通的,均指加强教师专业性的过程。但从狭义的角度说,它们之间还有一定的区别:"教师专业化"更多是从社会学角度加以考虑的,主要强调教师群体的、外在的专业性提升;"教师专业发展"更多是从教育学维度加以界定的,主要是指教师个体的、内在的专业化提高。

对于教师专业发展的界定,我们可以把教师专业发展理解为教师不断成长、不断接受新知识、提高专业能力的过程。即指教师在整个教育专业生涯中,依据专业组织(教师培养、培训机构),通过终身专业(专业知识、专业技能和专业情意)训练,实施专业自主发展,表现专业情意,并逐步提高自身专业素质,成为一个优秀的、充满实践智慧的、专业工作者的成长过程。它包含教师在生涯过程中提升其工作的所有活动。在这一过程中,教师通过不断地学习、反思和探究来拓宽其专业内涵、提高专业水平,从而达至专业成熟的境界。教师专业发展强调教师的终身学习和终身成长,是职前培养、新任教师培养和在职培训,直至结束教职为止的整个过程。也就是说,一个人从职前教育、入职教育、在职教育,都需要不断学习与研究,并逐步走向专业成熟的境界。教师专业发展不仅包括教师个体生涯中知识、技能的获得与情感的发展,还涉及与学校、社会等更广阔情境的道德与政治因素。

> **核心概念**
>
> 教师专业发展(teacher professional development)指教师不断成长、不断接受新知识、提高专业能力的过程。

8.1.1.3 教师专业发展阶段

教师的专业发展无疑是一个长期的发展过程,需要经历一系列的发展阶段,有时会发展迟缓,会遭遇挫折甚至陷于停顿,那么我们怎样面对自己未来的教育生涯呢?对教师专业发展阶段的了解有助于为教师提供发展的目标与努力的方向,有助于教师客观地看待专业发展道路上的成功与失败,明确自己的职业规划。

案例研究 8-1

生命的拔节

题记:在春天的田野里,能听见禾苗拔节的声音。而我的教育生命,也如同田野里的禾苗,经历一次次的拔节,努力向上生长。

迷茫之中,一个人的艰难行走

1983年,刚刚师范大学毕业的我,满怀着对教育工作的憧憬与热情来到了一所城乡结合处的初中学校。学校安排我上初二年级1—7班的《生物》,初为人师,内心充满了激动、不安和渴望,我希望能成为学生喜欢的老师,能教给学生有价值的东西。但是,怎么备课,怎么上课,如何处理学生问题,上课学生不守纪律怎么办等问题让我困扰。由于各方面的原因,竟然连个可以交流、请教的同行都没有,这是我做梦也没有想到的。

我的心被失望、焦急等情绪填满,前面没有现成的路可走,后面更没有退路,只有一个人艰难地行走。还好,大学期间认真完成的教育实习给了我很大的帮助。每天,参照着实习时备课的思路去备课和上课,努力让课堂生动、活泼一些。

慢慢的,我找到了当老师的感觉,和学生之间也越来越融洽。尽管上课的情形没有太多印象,但始终记得有次感冒发烧,满嘴起泡,学生送了我很多药,告诉我哪种可以服用、哪种可以涂抹,我为赢得了孩子们的关心而幸福不已。

教研路上,帮助了他人也帮助了自己

在工作两年半之后,我成为区教研室生物教研员。

我开始尝试着模仿其他教研员开展活动,尝试走近各中学老师的课堂,去和老师们一起探讨,尽力给老师们提供帮助。但全区二十多位生物教师,没有一位是学生物专业的,尽管老师们工作认真,但其专业知识几乎为零,怎么上课?

翻出大学的教材,把相关的科目找出来,我开始利用每周六下午的集体活动时间给全区的二十多个生物老师"上课"。除了生物专业知识和技能,老师们课堂教学的水平更亟待提高。于是,我根据老师的课表,走遍了全区的每一所学校。课后我直接和老师们细致地研讨,使得我推门听课也被广大老师所接受和欢迎。

不知不觉,我竟然在教研员岗位上工作了8年。正是这种参与式的教研工作,使得我在帮助广大老师成长的同时,也促使自身不断学习、提高,对课堂教学有了更深的理解。

爱上读书,丰盈生命的精神之旅

虽然教研员当了许多年,但说起读书却非常惭愧,无外乎《生物学通报》等专业杂志和书籍,只是从中寻找教学技巧,并没有走出"生物"的狭小天地。真正的阅读是一次无意中看到了《魏书生教育文集》,才发现当老师的丰富有趣,魏老师和学生一起寻找春天的镜头深深印在了脑海,他处理学生各种问题的方法,让我知道当老师可以这样细致、艺术!

读傅东樱《泛舟海海》,发现教师的语言可以那样诗情画意;读苏霍姆林斯基《给教师的建议》,才知道教师的工作富有艺术性和创造性;读朱永新《我的教育理想》《新教育之梦》,才感觉这么多年的工作缺失了梦想与探索;读于春祥《用脚做梦》,才发现我也可以这样写出自己的教学感想,于是开始了笔耕不辍,并一直坚持到现在;读张文质《生命化教育的责任与梦想》,让我从此踏上了生命化课堂的构建之路……通过阅读,我眼前打开了一扇扇通向外界的窗口,原本沉寂的心灵有了活力,空虚的大脑开始变得丰富。

一次培训,奠定专业成长之基

2000年,我有幸参加了北师大举办的国家级骨干教师培训班。三个月的培训让我这井底之蛙来到了陆地,眼前是全新的风景——新的教育理念,新的教学思想,新的教学方式,教师专业成长,研究性学习,课程改革,创新能力培养,人文精神与科学精神……很多字眼都是第一次接触,给我带来了全新的感受!对于我来说,那是一场彻头彻尾的灵魂洗涤,成为我教师生涯中的重要转折点,奠定了我专业成长的基础。同时北师大教师对培训学员提问的耐心态度也让我印象深刻。

通过培训,我对教师专业成长、对教师开展教育教学研究、对新课程改革的目的意义有了更深的了解,也进一步认识到教师素质提高的重要性。所以,在结束培训回到学校之后,我便带领全校老师开展教学实践与探索,开展课题研究。

网海泛舟,生命在反思与积累中升华

受于春祥《用脚做梦》的启发,2005年在教育在线论坛开始了我的网络行走,记录自己的教育教学感悟,留下思考的轨迹,并于2006年在教育在线以"生命的色彩"为题开始了对课堂的观察记录与思考。通过随时记录下课堂中生成的智慧,促使自己不断思考、研究、改进,提高了教学能力,更使自己对课堂的认识和探索上升到一个新的高度。

更让我意想不到的是,课堂随笔所引发的大讨论。……每个人思想、学识、修养以及思维方式的不同,导致观点的不一致。观点是否一致并不重要,重要的是求同存异,努力修炼自己的大见识和真性情!

正是由于网络的交流与研讨,拓展了交流学习的空间,在积累中提升了自己的教育教学水平,个人的教育生命不断提升,进而提炼总结出个人对生命化课堂探索的思考。

结语

我的探索,我的努力,只是希望能够在生物教学中,让学生认识到生命的美好,感悟到生命的伟大,体验到生命的珍贵,学会尊重,学会珍惜。……

(节选自孙明霞的博客《生命的拔节》,有删改)

讨论

1. 作为一名学习者和未来的教师,看了《生命的拔节》,你有何感触?
2. 教师专业发展有哪些特点?
3. 教师专业发展有哪些发展阶段?
4. 教师专业发展的途径有哪些?

正如孙明霞老师在《生命的拔节》中所描述的,教师专业发展具有专业发展的自主性、多样性、情境性以及阶段性和连续性。

(1) 教师的专业发展有赖于"我自己",即专业发展的自主性。教师的专业自主性是教师专业发展的前提和基础,教师本人必须把外在的影响转化为自身专业发展过程中的动力,必须具有自我专业发展的意识。在教师专业发展的生涯中,应不断寻求自我发展的机会,逐渐获得自我发展的能力。

(2) 专业发展的多样性。教学工作的复杂性决定了教师专业结构的复杂性,从而决定了教师专业发展的多样性。

(3) 专业发展的情境性。教师的许多知识和能力是依靠个人经验和对教学的感悟而获得的,教师应该不断反思自己的教育教学理念与行为,不断自我调整、自我建构,从而获得持续不断的专业发展。同时,教学情境具有不确定性,也具有挑战性,教师的专业发展必须与教学实践、教学情境相联系,并与同事、专家、家长合作,在学校中建立一种相互合作的文化,以促进教师的成长。

(4) 专业发展的阶段性和连续性。教师的专业发展过程呈现出明显的阶段性,有发展、有停滞、有低潮。[①]

有关教师发展阶段的研究大都植根于美国学者费朗斯·富勒的研究,从他的教师关注阶段论至今,已经产生了异彩纷呈的教师发展阶段论。可以将之归纳为五类:"关注"阶段论、职业生命周期阶段论、心理发展阶段论、教师社会化发展阶段论和综合阶段论。在此,我们介绍其中几种理论。

1. "关注"阶段论

富勒的"关注"阶段的研究提出了教师专业成长过程中的四阶段模式。

第一阶段为任教前关注阶段。此阶段是师资养成时期,师范生仍扮演学生的角色,对于教师的角色充满想象,没有教学经验,只关注自己;不仅如此,对于给他们上课的教师的观察,常常是不同表情的,甚至是敌意的。

第二阶段为早期求生存阶段。此阶段是初次实际接触教学工作,所关注的是作为教师的自己的生存问题,所以,他们关注对课堂的控制、是否被学生喜欢和他人对自己的评价。故在此阶段,他们都具有相当大的压力。

第三阶段为关注教学情境阶段。此阶段所关注的是教学和在这种教学情境下如何完成教学任务。所以在此阶段较重视自己的教学,所关注的是自己的教学表现,而不是学生的学习。

---

① 张素玲.教师专业发展的特点与策略[J].辽宁教育研究,2003(8).

第四阶段为关注学生阶段。虽然许多教师在职前教育阶段表达了对学生学习、社会和情绪需求的关注,但却没有实际的行动。直到他们亲身体验到必须面对和克服较繁重的工作时,才开始把学生作为关注的中心。

2. 职业生命周期阶段论

教师职业周期阶段论是以人的生命自然的衰老过程和周期来看待教师的职业发展过程与周期。其阶段的划分以生命变化周期为标准,所划分的发展阶段见表8-2。

表 8-2 职业生命周期阶段论

教师发展阶段(伯顿,1979)	求生存阶段	调整阶段	成熟阶段	
教师职业周期动态模式(费斯勒,1985)	职前教育阶段	入职阶段	能力形成阶段	热心和成长阶段
	职业受挫阶段	稳定和停滞阶段	职业低落阶段	职业退出阶段
教师生涯发展模式(斯德菲,1989)	预备阶段	专家阶段	退缩阶段	更新阶段
	退出阶段			
教师职业周期主题模式(林伯曼,1993)	入职期(求生和发现期)	稳定期	实验和歧变期	重新估价期
	平静和关系疏远期	保守和抱怨期	退休期	

3. 综合阶段论

为了更如实地反映教师专业发展的综合、复杂的过程,并为今后的研究提供更加合理的理论框架,利思伍德(K. Leithwood)等提出了综合阶段论。利思伍德认为,教师专业发展是一个多维发展的过程,专业知能发展、心理发展和职业周期发展三个维度既相互独立又相互依赖,有着密切的联系。贝尔和格里布里特(B. Bell & Gillbrert)则给出了教师专业发展中所遇到的三种情境而没有使用"阶段"划分:确认与渴望变革、重新构建、获得能力。

案例研究 8-2

新教师的 QQ 讨论

工作一年以后,毕业的学生纷纷在年级的 QQ 群里留言讨论工作。作为刚刚执教不久的年轻教师,他们中的一些仍然豪情万丈,有一些却灰心丧气了。一些人想放弃老师这个职业,另一些人虽然想继续当老师,却不愿意在为班里的孩子操心。他们坦率地倾诉了自己的感受。

琳:当了一年老师以后,我得出了一个结论:我不适合当老师。当初,我本来怀着满腔的爱和激情,可现在,我不断被打击,我的梦想破灭了,所有的爱也消耗殆尽了。对我来说,当老师不是一种职业,而是一种慢性自杀。

哲:我没有放弃教书,可教书抛弃了我。每天我备好课,情绪高昂地想要把知识传授给我的学生们。但每天班上总有人和我作对,都会发生一些事情打乱我的计划。他们的一句话、一个动作就能使课堂秩序乱成一团糟,整个教学进度都被破坏了。我简直恨死这些孩子了。

欣:我感觉到深深的失望……这就好像我们毕业的时候,我们期待飞向一个美丽的花园,去培养那些可爱的花朵,现在却不幸迫降到令人生厌的沼泽。我们本来期待着灿烂的阳光,却出乎意料地遭遇了漫长而严寒的冬天……

讨论

这个案例说明了什么问题?

8.1.1.4 教师专业发展途径

为了有效促进教师专业发展,人们进行了长期的探索,提出了许多可行的途径。概括起来,当代教师专业发展的基本途径,有"教师教育一体化""教师学习""教师参与研究""校本培训"和"专业发展学校"等。

1. 教师教育一体化

教师的专业发展,必须经过专门的教师教育,以使教师养成承担起专门职能所必需的基本知识和教学技能等素养。人们逐渐意识到教师发展是一个连续的生命过程,并掀起了持续的改革,促进了教师培养从"师范教育"与"在职教育"分离模式向"教师教育一体化"范式的转换。

教师教育一体化成为当代教师专业发展的一条基本途径,它包括:职前与在职教育一体化;学术性和师范性一体化;普通教育与特殊教育一体化;理论培养与实践训练一体化。

2. 教师学习

教师学习,是指教师基于专业发展的需要所从事的更新个体专业知识经验的各种活动。自学,是教师学习的古老而有效的基本形式。教师的专业成长是一个终身学习的过程,这种学习不纯粹是个体的学习过程,也是一个集体学习的过程。教师只有在集体与个体互动的学习中,才会有真正的专业成长。

3. 教师参与研究

教师参与研究,长期以来形成了许多有效的类型,在中小学,教师参与研究已经制度化为"校本教研",其基本类型是"行动研究"。有关中学生物教育教学研究的内容详见本章第四节。

4. 校本培训

校本教师培训(school-based teacher education/training),简称校本培训,它已成为国内外教育改革中的一个重要主题和趋势("校本"的概念,主要包括了"为了学校""在学校中"和"基于学校"三层含义)。校本培训,是指由学校和教师共同发起和组织,以学校教育教学发展和改革所面临的各种实际问题为中心,充分利用校内外的各种资源,注重教师教、学、研的有机统一,有效实现教师专业发展的培训活动。

5. 专业发展学校

专业发展学校(professional development school,简称PDS)成为教师教育与课程改革深化过程中的热点课题,成为教师专业发展的现实途径。一般来说,专业发展学校,是由中小学校与大学的教师教育一起建立一种合作伙伴关系而形成的创新性体制和功能,注重通过合作分担责任来开展新教师的培养、在职教职员的发展和教育实践的改进。它通过搭建大学与中小学校的桥梁,沟通理论与实践的联系,争取教育行政官员的支持和吸引家长与社区代表参加,应用问题探究的方式,形成学习共同体,满足所有参与者的学习需要,促进教师的专业成长,优化教育教学过程,提升学生的学习结果并改善社区文化。国内外的研究和实践表明,专业发展学校的功能至少包括促进教师职前培养、在职教师发展、教育教学行动研究、学生学习以及社区改良等五个方面。[①]

---

① 黄甫全.现代课程与教学论(上册)[M].北京:人民教育出版社,2006:226-245.

8.1.2 中学生物教师的专业发展

8.1.2.1 专家型教师专业发展的启示

活动 8-2

专家型教师和教师新手的主要区别

采访专家型教师和新教师,请他们分别介绍自己的专业发展历程、教学感受、对专家型教师和教师新手的区别的理解。

教学见习或观看教学录像:观看专家型教师和教师新手授课(课题一致)。

讨论
1. 专家型教师和教师新手的主要区别是什么?为什么?
2. 我们和专家型教师有什么差距?如何缩小这些差距?
3. 专家型教师的成长历程对我们的专业发展有何启示?

美国心理学家斯腾伯格综合了教学专长的各方面研究,对教学专长进行了定义(Sternberg,1997)。他认为,新手与专家教师的主要区别表现为他们在知识、效率和洞察力等方面的差异,知识和经验在专家型教师教学专业发展的过程中起着非常重要的作用。

1. 知识

斯腾伯格认为,教师的知识应包括内容知识(即学科知识或本体性知识)、教学法知识(即条件性知识)以及实践性知识(包括外显的和内隐的知识)。专家型教师不仅应具备丰富的本体性知识、条件性知识和实践性知识,而且还应具备丰富的关于社会政治和文化背景的社会知识,以及通过内隐学习过程获得的经验性知识,并能够将上述各种知识广泛、充分地整合在一起,运用到教学实践中。

2. 效率

效率包括教师教学技能的认知自动化、执行监控以及认知资源的再投入。

专家型教师的教学技能达到了认知技能自动化程度,丰富的知识和经验使专家型教师处理问题时具有如下特点:①在相同的时间里,比新手教师处理更多的信息;②处理相同的信息量,较新手教师付出较少的意识努力。

由于专家型教师具有在知识、经验和元认知水平等方面的优势,因而,他们在教学领域解决问题时具有较高的效率,并能够对教学行为进行有效的计划、监控和调整。

3. 洞察力

洞察力是指对问题深入透彻的分析能力和创造性地解决问题的能力。专家型教师在解决问题时,对问题的分析通常更为清晰和透彻,解决问题的方法也具有独创性、新颖性和恰当性。

专家型教师的成长经历告诉我们:所有教师都是从新手阶段起步的。一般而言,随着知识和经验的积累,大约经过2~3年,新手教师会逐渐发展成为熟练新手教师,其中大部分熟练新手教师经过教学实践和职业培训,经过3~4年可成为胜任型教师,这是教师教学专业发展的基本目标和基本归宿。此后,大约需要5年知识和经验的积累,有相当部分的教师可成为业务骨干型教师,这些教师在基层学校充当教学业务骨干。业务骨干型教师再经过更长时间的研修和反思实践,其中部分业务骨干型教师在以后的职业发展中有可能成为专家型教师。

专家型教师的特点有如下几点。

(1) "经验+反思"是专家型教师成长的基本模式。美国心理学家波斯纳提出了教师成长的著名公式：成长=经验+反思。但如果一个教师仅仅满足于获得经验而不对经验进行深入的思考，那么即使有20年的教学经验，也许只是一年工作的20次重复，以至于他永远只能停留在一个熟练新手型教师的水准上。

时代发展决定传统的"技术熟练者模式"难以造就现代专家型教师，目前国际上教师专业发展倡导"反思实践者模式"，强调反思实践能力为中心的教师成长机制。实践证明，仅仅依靠外部培训"补偿缺陷"的简单做法，其效果有限。只有注重调动教师积极的自我意识与实践，"经验+反思"才将成为专家型教师成长的基本模式。

(2) "业务专长+丰富个性"是专家型教师的核心特征。具有业务专长和丰富个性是当前教师发展的新目标。这个新目标要求教师在具备"任何时代的教师都应具备的一般素质"的前提下，还应当具备适应时代变化的特殊素质。而这个新目标在专家型教师那里应得到最完美体现。

(3) "学者型"教师是专家型教师的先决条件。所谓学者型教师，是能以自己的学科性质特点为基础，研究自己的教学个性，形成自己独特的实践操作体系、教学思想或教育理论，以及完整的教学体系、教学风格和流派的教师。其具体特征：一是拥有的知识以脚本、命题结构和图式出现，并能进行更完整的知识整合。不仅有科学知识，也有人文知识，而且实现了两者融合。二是具有较高的解决教学问题的效率。能将通过自动化而"节约"的大量认知资源集中在教学领域高水平的推理和问题解决上，依靠广泛的经验，只需少许努力就可以迅速地完成各项任务。三是富有敏锐的解决问题的洞察力。能鉴别出有助于问题解决的信息，并有效地将这些信息联系起来，找出相似性及运用类推来重新建构问题的表征，从而取得新颖而恰当的解答。

"学者型"教师是对传统知识型教师的突破和超越，因此"学者型"教师是造就专家型教师的基本前提。

阅读资料 8-1

专家型教师的评价和鉴别①

专家型教师应当具备专家型教师原型的核心特征，概括起来，专家型教师作为一个现代教育的专家可以从以下十个方面去进行评价和鉴别。

(1) 具有接受新思想、新知识、新技术的敏感性和创新教育教师的基本特征。

(2) 具有多元而合理的知识结构，包括本体性知识、条件性知识、实践性知识和方法论知识等。具有"学者"所应当具备的文理跨学科的基本学养。

(3) 具有个人的教学风格、特色和魅力。

(4) 具有领衔承担学科教育科研的能力，并不断有创新的研究成果和论文出现。

(5) 具有掌握国内外第一手文献资料的信息能力，能对有关的教育专题作全面而有见解的综述和评价。

(6) 具有一定的述著能力，能主编或独立撰写专著或教材。

(7) 具有基本的计算机应用能力，能在生物学科教育中应用文字、数据、图形和网络等基本信息技术。

(8) 具有独立思考和个人价值判断的反思实践能力。善于吸收最新教育科学成果，将其积极运用于教学中，且有独特见解，能够发现行之有效的新教学方法。

(9) 具有敏锐的识人目光，能发现学生和晚辈中尚未冒出的人才，并培养出一定数量的优秀学生和成功学生。

---

① 优秀教师和合格教师的差别[EB/OL].(2006-04-12). http://yetienet.spaces.live.com/blog/cns!FF7243302A69B5F3!111.entry?_c11_blogpart_blogpart=blogview&_c=blogpart.

(10) 具有应聘高一级学校高级职务(如中学应聘大学、小学应聘中学)的能力和基本条件。

上述标准可大致用于判断和鉴别专家型教师,但值得指出的是,专家型教师应该是一个多样性的群体,因此用于评价专家型教师还可有不同的标准或规范。事实上,专家型教师群体的特征变化具有多样性,从某种意义上说,专家型教师更应该具有个性化的特点。

8.1.2.2 现代生物教师的终身发展

活动 8-3

比较 20 年来的中学《生物学》教科书中遗传学(分子生物学)内容的变化

活动时间
10 分钟。

预期效果
体会中学生物学教科书的变化,了解生物学的迅猛发展。

活动用具
20 年来的《生物学》教科书(尽量选择同一出版社的不同版本)。

活动步骤
1. 组成小组(每组 5～6 人)。
2. 各组自定一位召集人、记录员、时间控制员。
3. 参与者比较 20 年来中学《生物学》教科书中遗传学(分子生物学)内容的变化和发展。
4. 全班分享。
5. 讨论。
(1) 20 年来中学《生物学》教科书中遗传学(分子生物学)的内容有哪些变化?
(2) 预计一下未来的 40 年,教科书的内容会有哪些变化?

当今科学正以惊人的速度向前发展,教材中增添了许多新知识,教育科学也在发展,新的教学理论和方法层出不穷,不同时代的学生也各具特色,教师在教学中会碰到很多在职前阶段从未接触的问题。同时,社会和时代的发展对当代生物教育提出了越来越高的要求。素质教育已经成为教育的主题,包含生物教育的科学教育是教育的核心内容之一,而完成这一切的关键则是现代生物教师。在这个不前进就意味着倒退的信息社会中,如何做一个优秀的教师,这就需要我们不断地学习。

2002 年 12 月,经济合作与发展组织(OECD)发表了由库拉汉(John Coolahan)起草的《终身学习时代的教学生涯和教师教育》工作文件。文件对终身教育背景下的教师教育和在职培训作了精辟的阐述,指出"在现代环境下,大家公认对于一个延续 40 年的职业,尤其是对于教学生涯来说,最初的专业培训无论如何都是不够的。为了有效地指导所遇到的大批年轻人,教师需要与知识和教学法的发展保持同步。为了帮助和促进学生成为终身学习者,教师需要以自身的行为和态度示范终身学习的特点。"

审视现代生物教师的终身发展,我们认为,以下几个方面尤为重要。

(1) 坚实的生物学师范生素质教育是现代生物教师终身发展的第一渠道。目前,大多数生物教师都受教育于生物学教育专业,因此,生物学师范生的素质教育应该成为现代生物教师终身发展的前提和主渠道。但是,目前生物学师范生的素质教育仍需大力加强(详见本章第二节)。

(2) 丰富的教育科研活动是现代生物教师终身发展的第二渠道。生物教育科研不但有助于提高教师的科研水平与教育能力,还能使研究者体会到幸福与快乐,从而有助于教师职业的稳定,实现现代生物教师的终身发展。

教师职业虽然伟大,但目前的确很难吸引到最优秀的人才加盟,其主要的原因之一是缺乏职业乐趣,而这才是职业稳定与持续发展的总动力。而丰富又有效的生物教育科研,将会使广大生物教师不断发现新领域,不断体验到生命科学进展、教育技术变革等与生物教育的互动,从而不断获得职业乐趣,推动生物教育事业的持续前进。

(3) 持续的学习能力是现代生物教师终身发展能力的核心。我们已进入了信息时代,这个时代要求社会成员终身学习,否则便无法适应。在终身发展的要素中,持续的学习能力无疑是其核心成分,也是学习型社会的基本要求。

具体而言,现代生物教师的持续学习能力与以下两方面关系甚密。

第一,人格协调是前提。强大的动机是持续学习的驱动者,健康的人格则是其前提。在人格结构中,感情与认知相结合所形成的人格倾向(即人格特质)是人格的核心。心理健康意味着适应力和自我调节能力强大,这也是包括现代生物教师在内的所有职业的普遍要求。只有认知—情绪发生谐振,才能形成强大的驱动力。如果现代生物教师对生命科学的认识深刻(包括对生命机制、生物价值等),体验丰富(包括对探索生命奥秘的浓厚兴趣、对生命科学知识的热爱、对探索人的发展规律的期望),就会形成强大的工作动力。显然,在此过程中,自我强化扮演着重要角色。自我强化本身就是重要的动力源,也是自我发展的前提。在现实中,有时中学生物学科不被重视,此时更需现代生物教师满怀信心,以行动做出回答。

第二,创新是灵魂,个性是基础。英国历史学家汤因比曾对人类文明史做过深入研究,结果发现:凡是依靠成功经验来应对新的挑战的文化都被淘汰了,而那些能自我更新、以创造性应答来应对挑战的文化则能保持旺盛的生命力。但是,说到创新能力,人们很容易与技术联系起来,但在实质上,创新更是一种追求创意的倾向,是丰满人格的自然流露,而不仅仅是一种智力过程。教学过程亦是如此。教师职业能否吸引学生及教师本身,是否充满乐趣,这与教师本身的创新精神与人格特质是分不开的。生物课堂是否具有吸引力,生物教师职业是否有乐趣并稳定下去,这与现代生物教师的创新精神与能力、人格的丰满度、个性化的水平直接相关。是否重视创新能力,也是应试教育和素质教育的根本差异。教学方法、教学形式、教学思想、教学目标都可以创新的舞台。教学之所以是科学性与艺术性的统一,之所以是一个复杂的过程,也正是其魅力之所在。

21世纪的生命科学将发出更加艳丽的光芒,这还需要无数有识之士,尤其是生物教育工作者的长期努力。

8.2 现代生物教师的素质

当今世界,国民的素质已经成为生产力发展的一个决定因素,而提高劳动者的素质必须依靠教育,因此,谁掌握了21世纪的教育,谁就掌握了未来世界竞争的主动地位。作为素质教育观念的先行者与实践者——教师,其素质的高低是实施素质教育成败的关键,有了高素质的教师队伍,才能培养出高素质的学生,才能不断提高整个中华民族的国民素质。

美国的调查认为,一名好教师应具备12种素质。[①]

——友善的态度:她的课堂犹如一个大家庭;

---

① 教师应具备的12项素质[EB/OL]. http://web.qtedu.net/hkxx/jky/kgzl/200509/68.html.

——尊重课堂上每一个人:她从不会戏弄你;

——耐性:她不会放弃要求;

——兴趣广泛:她带我们到课外去;

——良好的仪表:她的语调和笑容令人愉快;

——公正:她对人没有偏见;

——幽默感:她每天都会带来欢乐;

——良好的品质:她从不乱发脾气;

——对个人的关注:她会帮助我认识自己;

——伸缩性:她有错会改;

——宽容:她装作不知道我的愚蠢;

——颇有方法:忽然间我顺利念完了我的课本。

日本的研究认为,教师应具备的素质有:

——热爱教育事业,有深厚的感情、专一的兴趣和深刻的理解能力。

——性格明朗快活,精神朝气蓬勃,对所有的学生一视同仁;具有专业的权威,被学生们所信任。

——管理上能热心熟练地率领班级和学生,懂得儿童心理学和教育心理学,能够自信地开展工作。

——对教材的科学知识十分关心,认真备课,并不断掌握灵活的指导艺术。

——道德上能帮助学生发展社会性,本身又具有高尚的道德。

——有高度的创造性,能抓住目前尚未解决的课题,发挥最大的创造力。

教师专业发展是教师教育和教师专业化要实现的重要方面,教师专业化的中心由过去集中于教师地位的提高转向教学的专业化,注重教师教学品质的改善,即教师素质的提高,教师是一个专门性的职业,教师必须具备多方面的教育素质才能胜任教师的工作。随着各国对教育在促进经济发展、国力振兴中的作用的认识日益深刻,人们已经认识到:教师素质的提高是教师专业发展得以实现的本质,是新世纪教育的重要课题。作为 21 世纪的中国生物教师,我们应该具备哪些素质呢?

8.2.1 生物教师专业素质的含义

"素质"一词的初始含义是指"事物的主要成分或质量""事物本来的性质",多用于生理学和心理学。近年来,"素质"一词被广泛地应用到其他领域。其含义已经超越了遗传特征的局限。在应用范围上,它既可指个体,也可以指群体的质量或性质。在当代有关素质和教师素质的研究中,人们对"素质"的内涵和外延的解释日益扩大,逐渐泛化为对从事某一职业的人在知识、能力、情感等方面的要求,教师素质就是这样一个群体概念。

中国古代最早的教育专著《学记》对教师的素质要求是:"君子既知教之所由兴,又知教之所由废,然后可以为师也。"孔子对教师的要求是"学而不厌,诲人不倦"。苏霍姆林斯基认为:"读书,读书,再读书——教师的教育素养的这个方面正是取决于此,要把读书当作第一精神需要,当饥饿者的食物。要有读书的兴趣,要喜欢博览群书,要能在书本面前坐下来,深入地思考。"

近年来,人们在界定教师素质时都力图体现其职业特征和时代特征。如叶澜教授认为,"教师应具有对人类热爱的博大胸怀,对学生成长的关怀和敬业奉献精神,良好的文化素养,复合的知识结构,在富有时代精神和科学性的教育观念指导下的教育能力和研究能力,在实践中凝聚生成的教育智慧"。全美教师协会在其《教师应该知道什么和能够做什么》的文件中,对教师的专业素养提出了五点核心命题:教师效力于学生及学习;教师熟悉他们所教的学科内容以及如何把这些学科内容教授给学生;教师负有管理和监控学生学习的责任;教师系统地思考其教学实践并从经验中学习;教师是学习共同体的成员。

这些研究从不同的角度探讨了教师的素质,从不同侧面阐明了教师素质的本质含义。纵观有关教师素质的研究,可以看出各种研究所用的概念、采用的方法、关注的焦点各不相同。有的把教师素质称为专业素养、教师品质等;有的采用实证的手段调查分析优秀教师的素质,有的通过经验总结的形式或采用历史学的方法对优秀教师的素质进行归纳;有的研究把焦点聚集在教师的性格特征上,有的着眼于教师的认知类型上,也有的侧重于教师的价值取向等方面。实际上,教师的专业素质是以一种结构形态而存在的。所谓教师素质被看作是"教师拥有和带往教学情境的知识、能力和信念的集合,它是在教师具有优良的现存特征的基础上经过正确而严格的教师教育所获得的"。由此我们可以看到教师素质基本上是以思想、知识、能力等为中心。它具备以下的特点:首先,教师素质是一个历史范畴,具有时代特征,既要遵从于价值取向,又应有事实的判断;其次,教师素质应体现教师职业的特殊性,反映教师独特的本质,如突出教育对象的特殊性等;再次,教师素质应该是一个动态的整体,是结构与过程的统一;最后,教师素质应该是一个适应现代社会和人的发展需要的思想、知识、技能、能力等方面的身心特征和职业修养的有机结合。[①]

8.2.2 生物教师专业素质的内容

8.2.2.1 教师的专业态度

没有爱的教育是死亡的教育,没有良好的专业态度的教师永远当不了好老师!专业态度要比一般心理学意义上的愿意、喜欢、向往的态度有更深的含义和更高的境界,这是基于对所从事专业的价值、意义深刻理解的基础上,形成奋斗不息、追求不止的精神。它包括专业理想、专业情操、专业性向和专业自我。

教师的专业理想是教师对成为一个成熟的教育教学专业工作者的向往与追求,它为教师提供了奋斗的目标,是推动教师专业发展的巨大动力。

教师的专业情操是教师对教育教学工作带有理智性的价值评价的情感体验,它包括:理智的情操,即由于对教育功能和作用的深刻认识而产生的光荣感与自豪感;道德的情操,即由于对教师职业道德规范的认同而产生的责任感和义务感。

教学工作的专业性向是指教师成功从事教学工作所应具备的人格特征,或者说适合教学工作的个性倾向。

教师的专业自我是教师个体对自我所从事教学工作的感受、接纳和肯定的心理倾向,这种倾向将显著地影响到教师的教学行为和教学工作效果。专业自我包括以下几个方面:①自我意向(self-image):对"作为一个教师我是谁?"的回答。②自我尊重(self-esteem):教师对自身的专业行为和素质作出的个人评价。③工作动机(job motivation):是促进人们进入教学职业、留在教学工作岗位的动机。④工作满意感(job satisfaction):指教师对他们的工作情况的满意程度。⑤任务知觉(task perception):指教师对工作内容的理解。⑥未来前景(future perspective):教师对其职业生涯未来发展的期望。[②]

---

① 陈时见.学校教育变革与教师适应性研究[M].北京:商务印书馆,2006:182.
② 教育部师范教育司.教师专业化的理论与实践[M].北京:人民教育出版社,2003:67.

活动 8-4

讨论：教师的专业态度

2008年5月12日，汶川地震震惊了全国，短短的三分钟，无数家园瞬间成废墟，无数亲人生离死别，无数孩子成为孤儿。灾难面前，教师们作出了不同选择：

第一位教师：范美忠，"在这生死抉择的瞬间，只有为了我的女儿我才可能牺牲自我，其他的人，哪怕是我的母亲，在这种情况下我也不会管的。"地震后他如此"表白"，"我瞬间反应过来——大地震！然后向小楼梯冲过去。"地震发生后范美忠第一个到达了足球场，等了好一会儿才见学生陆续来到操场。当学生问他为什么不带着大家一起跑的时候，他说："我从来不是一个勇于献身的人，只关心自己的生命！"

第二位教师：谭千秋，他用自己的身体作支撑，挽救了4个学生的生命。

第三位教师：袁文婷，为了最大限度地减少孩子们的伤亡，她一次又一次冲进教室，柔弱的双手抱出了一个又一个孩子。当她最后一次冲进去后，三层的教学楼轰然倒塌，将青春永远定格在20岁。

2008年汶川大地震，我们记住了那些教师，他们用自己的身躯为孩子们撑起生的希望，为自己的教师生涯写下了浓墨重彩的篇章；同时，我们也不得不看到有的人将自己的生命放到首位，把学生们抛在脑后，他还能被称之为"教师"吗？他具备教师的基本素质吗？

讨论

1. 作为一名未来的生物教师，你如何评价以上提到的几位教师？
2. 作为一名未来的生物教师，你是否在教师的专业态度方面做好了准备？
3. 新课程改革对专业情意有何要求？

8.2.2.2 教师的专业知识

毫无疑问，教师作为一个专业人员必须具备从事专业工作所要求的基本知识，但是，专业教师究竟应该具备哪些方面的专业知识，学者们有着多种不同的看法。

在关于教师专业知识的研究中，较具影响的当首推舒尔曼所建构的教师专业知识的分析框架。他认为教师必备的知识至少应该包括以下几个方面：

(1) 学科内容知识；
(2) 一般教学法知识，特指超出学科内容之外的有关教室组织和管理的主要的原则和策略；
(3) 课程知识，特指掌握适用于教师作为"职业工具"的材料和程序；
(4) 学科教学法知识，指学科内容知识与教育专业知识的混合物；
(5) 有关学生及其特征的知识；
(6) 有关教育脉络的知识，包括班级或小组的运转、学区的管理与财政、社区与文化的特征等；
(7) 有关教育的目的目标、价值、哲学与历史渊源的知识。

舒尔曼认为在上述知识范畴中，学科教学法知识是特别重要的，因为它确定了教学与其他学科不同的知识群，体现了学科内容与教育学科的整合，是最能区分学科专家与教师的不同的一个知识领域。

有关教师知识分类的研究很多，其中有代表性的研究归纳如下（如表8-3所示）。

表 8-3 有关教师知识分类的研究

研究者	教师知识分类
舒尔曼	1. 学科内容知识；2. 一般教学法知识；3. 课程知识；4. 学科教学法知识；5. 有关学生知识；6. 有关教育脉络知识；7. 其他课程的知识。
斯腾伯格	1. 内容知识；2. 教学法的知识（具体的，非具体的）；3. 实践的知识（外显的，内隐的）。
格罗斯曼	1. 学科内容知识；2. 学习者和学习的知识；3. 一般教学法知识；4. 课程知识；5. 情景知识；6. 自我的认识。
申继亮、辛涛	1. 本体性知识；2. 实践性知识；3. 条件性知识。
甄德山	1. 教育理论知识；2. 所教专业科学知识；3. 普通文化知识。
默里	1. 广泛的普通教育；2. 所要任教的学科内容；3. 教育文献；4. 反省的实践经验。

虽然关于教师知识的分类体系具有多样化特点，但是，作为一名生物教师，应该具备精深的生物学专业知识、广博的综合文化知识和丰富的教育科学知识三个大的方面，而且这三个方面的知识应该是相互结合和交融的。

1. 精深的生物学专业知识

精深的生物学专业知识是生物教师科学素质的重要组成部分，也是生物教师素质与其他学科教师素质的本质区别。作为21世纪的中学生物教师应扎实地掌握生态学、细胞生物学、微生物学、动物学、植物学、遗传学等专业基础理论和基础知识，了解本学科的基本结构、发展、现状及趋势。

生物学专业知识大致包括两个方面：理论知识、实验知识。

生物理论知识是生物教师教学的基石。当前生命科学迅猛发展，全世界的生物学知识大约每七年翻一番，生物教师就要不断丰富自己的生物学知识。"给学生一碗水，老师要有一桶水"，而且要有源源不断的活水来满足教学的需要。教师在掌握传统生物学科的基础理论知识外，还要把握当前基础研究领域中分子生物学、细胞生物学、遗传学、脑生物学及生态学等方面的动态以及生物技术和工程在社会领域方面的应用知识。

实验知识主要包括实验认知和实验技能。实验认知包括实验设计的知识，实验统计与分析的知识以及实验态度与价值观等。我国化学教育家卢嘉锡教授提出的C_3H_3实验观对我们具有一定的启发性，这就是 Clear Head（清醒的头脑）、Clever Hands（灵巧的双手）、Clean Habit（清洁的习惯）。由于生物科学是一门实验科学，因而实验技能就显得特别重要了。陆建身教授将中学生物教师的专业技能归类如下：

(1) 生物实验仪器的操作、调试技能；
(2) 生物标本的采集、培养和制作技能；
(3) 动植物标本的解剖、观察技能；
(4) 显微标本的制作和观察技能；
(5) 生物实验的操作和指导技能；
(6) 生物的养殖、栽培技能；
(7) 生物图的绘制技能；
(8) 生物学教学的教具制作和电教手段运用技能。

关于加强生物学专业知识，一方面，我们认为理论知识与实验知识密不可分，或互动促进，或恶性循环。另一方面，无论加强理论知识还是实验知识，都是一个长期的、反复提高的过程，二者是不可能一蹴而就的。

2. 广博的综合文化知识

21世纪的中学生物教师应是全能教师、通才教师。当今科学发展显示出了高度综合的趋势,自然科学与人文科学相互渗透、交叉、融合,人类已越来越趋向从整体上认识和把握客观世界。随着现代科学技术、文化出版事业的发展,电视的普及,互联网的兴盛,当代青少年通过多种渠道接受了大量的生物科学信息,他们常在课堂上提出大量问题,因此没有广博的综合文化知识的生物教师是不能胜任教学工作的。

知识渊博的教师更易赢得学生的信任和爱戴。教师丰富的文化知识不仅能扩展学生的精神世界,而且能激发学生的求知欲,事实上,学生的全面发展在很大程度上取决于教师具有广泛而深刻的文化背景知识。具体说,教师的文化知识包括:基本哲学理论知识,包括辩证唯物主义和历史唯物主义的知识;现代科学和技术的一般常识,包括现代学科的一般原理和现代技术的本质内涵;社会科学的理论和观点,例如法律的知识、民主的思想、经济学的观点和社会学的方法。

当然,教师的文化知识修养具有很大的差异性,教师不可能掌握所有的文化知识,为此,我们主张每一位教师都要发挥自己的一技之长,以获取最佳教学效果。可以说,教师广博的文化知识和其精深的生物学专业知识具有同等重要的地位。

3. 丰富的教育科学知识

对于21世纪中学生物教师来讲,仅仅具备精深的生物学专业知识和广博的一般文化知识是不够的,现代生物学教师还应具备扎实的教育科学知识。教育科学知识主要包括教育学和心理学以及与之相关的分支学科知识,具体来讲,它包括教育基础类知识(如教育学、心理学、教育心理学、教育史等)、学科教育类知识(如学科课程论、学科教学法)、教育工艺类知识(如电化教育技术、计算机辅助教学、教育测量和评估、班级管理等)和教育工程类知识(包括教育社会学、教育经济学、教育行政学等)。

具备扎实的教育科学知识对现代生物教师是非常重要的,因为它关系到教师如何把学科知识以学生最容易接受的方式转达给学生,即解决如何有效地教的问题。教育科学知识对于教师职业专业化地位的确立、对于教师提高教育效能和工作能力是非常必要的,也是作为有能力主导教与学的全过程的专家型教师所必备的。每个致力于成为专业工作者的生物教师都应该自觉地加强对教育科学知识的再学习。

8.2.2.3 教师的专业技能

专业化的教师必须具备从事教育教学工作的基本技能和能力。关于教师技能的研究盛行于20世纪60~70年代,在关于教师技能和能力的研究中,存在着诸多的概念表达,如教师基本功、教学技能、教学技巧、教学能力、教学才能等。这些概念有的在意义上非常接近,有的则在层次上有所差异。这里我们将教师的专业技能理解为教学技巧和教学能力两个方面。

1. 教师的教学技巧

教学技巧的功能在于引导学生的学习活动,并控制课堂气氛与学生的注意力,使教学活动能顺利进行。在教学过程中,教师经常需要的教学技巧可归纳为以下几个方面。

(1) 导入的技巧:唤起学生的注意力,刺激学生的学习兴趣。

(2) 强化的技巧:适时对学生正确的学习行为给予奖赏。

(3) 变化刺激的技巧:变换感觉的途径,变换交流的模式,变换语言的声调。

(4) 发问的技巧:训练、改善学生的反应,增强学生的参与程度。

(5) 分组活动的技巧:组织小型的学生小组,指导咨询,鼓励协作。

(6) 教学媒体运用技巧:板书的设计,教具的使用,现代化教学手段的掌握。

(7) 沟通与表达的技巧:书面语言的使用,口头语言的表达,体态语言的运用。

(8) 结束的技巧：总结学习的表现，提出问题的要点，复述学习的重点。
(9) 补救教学的技巧：学生的个别辅导，学生作业的指导。

2. 教师的教学能力

教师的教学能力历来受到人们的广泛关注，优秀的教师必须具备良好的教学能力。我们认为良好的教学能力包括如下几个方面。

(1) 教学设计的能力。教学设计能力指教师在具备基本的专业知识与教学技能的基础上，能够综合运用这些知识和技能，根据课程标准的要求设计出适当的年度和单元教学计划的能力。具体来说，教学设计的能力包括：理解和运用课程标准的能力，把握和运用教材的能力，制订教学计划的能力，编写教案的能力等。

(2) 教学实施的能力。教学实施能力是教师在一般教学情况下有效地实施所设计的教学计划，并能根据实际情况控制教学情境的能力。教学实施能力也是多种具体能力的综合，如选择和运用教学方法的能力，因材施教的能力，课堂教学组织的能力，运用各种教学技巧的能力和教学机智等。

(3) 教学评价的能力。教学评价能力是指教师在教学过程中收集资料，运用各种评价方法了解学生的学习状况，以判定教师是否完成了预定的教学目标，学生是否达到了预定的学习目标，从而根据反馈的信息来补救或改进教学工作的能力。如设定评价目标和评价标准的能力，收集评价资料的能力，选择和运用评价方法和评价工具的能力，分析或解释评价资料与结果的能力以及反馈矫正的能力等。

8.2.3 现代生物教师的时代素质

我们的时代充满危机与挑战，尤其是环境危机、生态失衡、粮食和资源短缺等等状况之严重程度远远超过了公众的理解，这就要求现代生物教师不仅仅是完成传授知识、培养人才的任务，而且还要为我们这个时代负更多的责任，做更多的工作。因此，我们认为，大力探讨现代生物教师的时代素质颇有必要。

8.2.3.1 更新教育理念，积极转变角色

随着科技的发展和社会的进步，关于人才素质的要求也发生了变化。现在对人才素质的要求侧重的首先是高度的社会责任感；其次是创新意识；再次是继续发展的能力，学习的能力，对不断变化的世界的即时反映能力，新知识的实时吸收能力，知识的迅速更新和创新能力。根据社会对于人才的需求，教师应该具有以下的教育理念：教育要面向全体学生；教育要关注学生全面和谐的发展；教育要注意学生的可持续发展；教育要尊重学生的个体差异和自主发展；教育要培养和促进学生的创新精神。

随着教育理念的更新，生物教师所扮演的角色也在悄然发生着改变。这种改变主要表现在：由知识的输出者转变为人文关怀者；由知识的移植者转变为学习方法的给予者；由知识的灌输者转变为学生科学素养的培养者；由教学资源的垄断者转变为学生探求教学资源的引导者；由学生的领导者转变为学生的合作者；由统一施教者转变为因材施教者；由课程开发的执行者转变为教学行动的研究者。每一位生物教师都要积极转变教育理念，在对教育观念的解构、反思和整合中使自身角色得以新生。

8.2.3.2 坚持终身学习，主动迎接"学习型社会"的挑战

所谓"学习型社会"，是指在这个社会中，每一个人必须持续不断地学习，受教育不仅是权利，也是责任和义务。学习型社会的到来已是一个不争的事实。而身为现代生物教师，又该怎样面对呢？

首先，现代生物教师应密切关注生物科学、教育科学的进展，生命科学已成为现代科学中最活跃的学科之一，尤其是与健康密切相关的免疫机理、探索大脑奥秘的神经生理、关于全球气候问题、海洋

问题等环境危机的生态机制等等,都必将极大地影响我们的生物教育观和生物价值观,甚至影响我们的文明观,因为在工业文明之后将要出现一个新的文明——生态文明。另外,我们更应密切关注教育的改革动向,目前我国全面推行的新一轮课程改革对整个教育产生了深刻影响,同时也对教师的教育观念与教育素质提出新的挑战。在生物学新课程中,就要求重视探究性教学法,注重"主动,探究,合作"的学习理念,关注学生的发展(尤其是自主性发展)。所有这些,都对生物教师提出了全新的要求。

其次,现代生物教师应密切关注社会的全面进步。信息社会、知识经济、多媒体电脑、网络技术等每时每刻都在影响着这个世界,亦震撼着教育过程的每个环节。而中国社会又正处于传统社会向现代社会的转型期,许多规范亟待民众所接受,法律意识即是其中心环节,作为现代生物教师,应主动加强自己的法制观念,注重学习与自身工作密切相关的《教师法》《教育法》《环境法》《森林法》等有关法律知识,从而持续而全面地提高自己,并教育学生共同推动社会的全面进步。

8.2.3.3. 坚持在现代生物教育中贯穿可持续发展的思想

可持续发展是一种思想、一种思维方式、一种原则、一种行动的根据。那么,为什么要在生物教育中贯穿可持续发展的思想呢?

首先,教育是可持续发展思想进行传播的主要途径。联合国环境与发展大会(巴西,1992)通过的《里约环境与发展宣言》中指出:"环境问题只有在相关层次上所有有关公民的参与下,才能得以有效解决"。大会通过的《21世纪议程》又指出:"教育有助于促进可持续发展和提高人们解决环境和发展问题的能力。"而国际人口与发展大会(开罗,1994)更是明确指出,"教育是可持续发展的一个关键因素",所以,我们认为,可持续发展与教育有着密切的关系。

其次,可持续发展的基础是生态学理论,它与生物科学有着特殊的渊源,这就要求现代生物教师担负起特殊的教育责任。自然状态的生态系统都是经历长期的自然选择进化而来的,因而生物圈的物质循环和能量流动也基本上是平衡的,而自从人类这个营养级的出现和发展后,一切都改观了。由于人类控制自然的能力迅速增大,生活、生产方式复杂又多变,使得地球这个生态系统的负担成倍地增加,同时也变得更为脆弱,因为先用用以应付环境变化的自动调节能力在人类面前已经是无能为力。

> **核心概念**
>
> 可持续发展(sustainable-development),是指在处理人类与自然关系基础上进行的长期的、可持续的发展。具体而言,人类应珍惜共有的资源环境,有节制地向大自然索取,为后代提供良好的生存发展空间,在此基础上进行长期的、可逆的、可循环的和可持续的发展。

总之,推进可持续发展战略与现代生物教育有着天然的联系,尤其是生物教育中的环境教育和人口教育——这正是现代生物教师神圣的职责,当然也是发挥生物教育重大功能的天赐良机。

8.2.3.4 坚持面对时代发展,积极参与社会进步

当代中国和世界的剧变正冲击人们的教育观和人才观,我们以为,未来的人至少具有这两方面的特征:第一是强烈的主体精神,因为时代多变、信息爆炸,于是人的自主能力就成为生存的必要条件;第二是强烈的参与精神,因为人类社会面临的危机与挑战日益增多,日渐严峻,而唯有发动全社会的力量方能克服,所以,我们要将参与精神纳入现代生物教师的职业素质之中。如何培养学生的参与精神呢?首先,要在教学中培养学生的参与精神。未来社会应由具有负责精神,参与精神的社会成员组成,因此,施行教学民主,从培养学生做学习主人入手培养其民主参与意识。其次,注重从多方面、多环节进行渗透教育,例如课外活动就是对学生进行参与教育的重要途径之一。第三,言教不如身教,现代生物教师自身的参与精神和参与行动无疑对学生极有感染力,生物教师的亲自参与(比如《森林法》《环境法》的宣传,对义务植树、义务献血的支持)不仅能够体现参与精神,而且身为社会一员,积极参加社区活动和履行社会职责,也真正体现了与时代共发展的大教育观。

活动 8-5

制订读书计划

活动时间
30分钟

预期效果
通过制订读书计划,为教师专业发展和素质提高做好准备

活动用具
推荐书目

活动步骤
1. 讨论书籍在教师发展中的作用。
2. 制订自己的读书计划,并完成一份读书笔记。
3. 全班分享。

推荐书目

第一类 生活智慧/实践智慧类
1. [美]哈伯德.自动自发[M].陈书凯,编译.北京:机械工业出版社,2004.
2. [美]卡耐基.人性的弱点[M].北京:海潮出版社,2003.
3. [美]彼得·圣吉.第五项修炼——学习型组织的艺术与实务[M].郭进隆,译.上海:上海三联书店,1994.
4. 夏中义.大学人文教程[M].桂林:广西师范大学出版社,2003.
5. 鲁迅.鲁迅杂文精选[M].北京:人民文学出版社,2003.
6. ……

第二类 教育理论类
1. [美]加德纳.多元智能[M].沈致隆,译.北京:新华出版社,2003.
2. 联合国教科文组织国际教育发展委员会.学会生存[M].北京:教育科学出版社,1996.
3. 顾明远,孟繁华.国际教育新理念[M].海口:海南出版社,2001.
4. 叶澜."新基础教育"探索性研究报告集[M].上海:上海三联书店,1999.
5. 朱小蔓.教育的问题与挑战[M].南京:南京师范大学出版社,1999.
6. 袁振国.教育新理念[M].北京:教育科学出版社,2002.
7. 朱永新.新教育之梦[M].北京:人民教育出版社,2002.
8. 郭思乐.教育走向生本[M].北京:人民教育出版社,2001.
9. ……

第三类 教育随笔、手记类
1. 凌志军.成长[M].海口:海南出版社,2003.
2. 张文质.唇舌的授权:张文质教育随笔[M].福州:福建教育出版社,2001.
3. 肖川.教育的理想与信念[M].长沙:岳麓书社,2002.
4. 周国平.守望的距离——周国平散文集[M].北京:东方出版社,1996.
5. [加]范梅南.教学机智——教育智慧的意蕴[M].李树英,译.北京:教育科学出版社,2001.
6. [苏]苏霍姆林斯基.给教师的建议[M].杜殿坤,编译.北京:教育科学出版社,1984.
7. 王晓春.今天怎样做教师(点评100个教育案例:中学)[M].上海:华东师范大学出版社,2005.
8. ……

8.3 生物教师的教学艺术

教育的旋律如此动听
——电影《放牛班的春天》观后感

"黑夜,你为大地带来神秘,你的影子,多么动人……世上有什么比梦境更旖旎?世上有什么真理比希望更甜美……"优美、舒缓的旋律轻轻地飘荡在耳边,仿佛来自于天籁,深深地打动着我们的心。而长久停留着我们心里的是什么,是克莱蒙特·马修那发自内心的美妙的教学艺术,那触动心灵的每一个眼神,每一段话语……他们弥足珍贵,长留在我们的心底,足够在我们的教学生涯中不断反复地品味它:原来,教育的旋律也可以如此动听,教学艺术有如此独特的魅力……

教学艺术是一个古老而历久弥新的命题,也是一个人所熟知而又知之不深的课题。什么是教学艺术?教学艺术有哪些特点?常用的教学艺术有哪些?教师怎样形成自己的教学艺术风格?生物学教师如何运用教学艺术?认真地探索以上问题的答案,有助于深化对教学艺术的认识,提高我们的教学水平。

8.3.1 教学艺术概述

8.3.1.1 教学艺术的含义

教学艺术至少有两层含义:一是指教师力求达到审美化、艺术化的教学境界;二是指教师运用教学技能技巧,按照美学的规律所创造的艺术化的活动。前者是一种高水平的、高层次的教学,是从事教学工作的人所追求的最高境界;而后者强调如同艺术家从事艺术创作一样,教师应当从艺术的角度来设计与进行教学。如果说前者关注教学艺术的目的层面,那么后者则关注教学艺术的过程层面。这样的教学,不但有益于学生身心的全面发展,而且犹如一件艺术品,能给人带来全方位的美的享受,让人回味无穷,也让教师体会到自我实现的愉悦。

无论对教学艺术持何种理解,人们在以下方面存在着共识:从效果上看,教学艺术的效果是最佳的;从方式上看,教学艺术所使用的方法与手段,是灵活多样和形象生动的;从过程上看,教学艺术在遵循教学规律的基础上,蕴涵丰富的创造性和美感;从教师素养上看,追求教学艺术的教师,应当熟练地把握教学的方方面面,不断地提高自己的教学技能,充分地发挥自己的创造性,最终形成自己的风格。①

8.3.1.2 教学艺术的特点

案例研究 8-3

一位生物老师的诗意课堂②

"过了一个寒假,我十分想念您,想念您活泼生动的课堂;想念您那头乌黑飘逸的秀发;想念您不厌其烦地为我讲解问题。我以往不喜欢把心里话说出来,但自从您教我们生物之后,我总有一种倾诉的欲望。"这是学生在作业本上写给孙明霞的信。

---

① 黄甫全.现代课程与教学论(上册)[M].北京:人民教育出版社,2006:853-854.
② 茅卫东.一位生物老师的诗意课堂[N].中国青年报,2007-05-16(1).

孙明霞说,知识来源于生活,生物知识更应该是充满了生机与活力。让知识活起来,就要使教学过程充分联系学生的生活实际,让学生感受到知识就在自己身边。比如,学习青春期的内容,孙明霞不是让学生简单记住青春期的特征,而是让学生分析自己从小学到现在,身体发育上有哪些变化、心理上产生了哪些变化、有什么困惑的问题。

"人的生殖发育"这一内容经常被很多老师跳过不讲或者让学生自学。但孙明霞说,这个内容不仅要上还要上好,让知识活起来。她从被子植物的繁殖入手,以动物生殖为过渡,自然引入人的生殖这一学习内容。

讲到受精过程的时候,孙明霞对照投影图片讲道:"一般情况下,一位成熟健康的男性一次可以产生几亿个精子,它们争先恐后地通过女性的阴道游向子宫,向输卵管进发。绝大多数的精子在这个过程中衰竭而亡,只有数百个健壮的精子可以到达输卵管,能够到达卵细胞周围的更是只剩下几十个,而能够和卵细胞融合的只有一个最健壮的精子。那么,最终形成的受精卵就是一个非常伟大的生命。试想,要是父亲的另外一个精子与妈妈的卵细胞结合了,坐在这里上学的还是你吗?"

形象生动的阐述,学生明白了,每一个生命都是这个世界上独一无二、最了不起、最伟大的生命。无论长相如何,个性怎样,他们都是父母的唯一,也是世界上的唯一。

不仅如此,孙明霞给学生布置了一道特殊的作业:回家访问自己的父母(以母亲为主),了解母亲在怀孕之前、怀孕之后的早期、中期、后期以及自己出生过程中、出生后各个时期母亲的心理、生理变化,饮食的变化,妈妈是顺产还是难产,出生时的体重等,写出访谈录或调查报告。学生纷纷写道:"过去只知道生日有礼物、吃蛋糕,现在生日会想到母亲的辛苦。""妈妈生我经过了艰苦的奋斗,我们应该更加爱护尊重我们的母亲。"

讨论
你是否体会到了案例中孙老师的教学艺术?它有什么特点?

苏霍姆林斯基深刻地指出:"实践教育学就是已经达到的熟练水平,并且提高到艺术高度的知识能力。"这就是说,教学艺术具有实践性的特点。因为整个教学艺术过程都是与教学实践紧密联系不可分割的,像教师的备课,是为教师作为教学艺术家的课堂表演创造活动"运筹帷幄"的,上课则是教师教学艺术"决胜千里"的实践,只有取得了丰富的实践经验,才能使教学艺术既符合教学规律,又符合师生的个性特长和心理特点,教学艺术是实践性非常鲜明的艺术。

教学艺术具有形象性,运用生动、鲜明、具体的形象来达到教学目的。

教学艺术具有情感性,师生双方的教学活动是情感交流、心灵碰撞的过程。

教学艺术具有审美性,教学设计美、教态美、教学语言美、教学过程美、教学意境美、教学机智美、教学风格美、教师人格美等既是以提高教学质量为最终目的,又使教学具有审美价值。教学艺术的美是内在美与外在美的有机统一。教学艺术的内在美主要是教师所讲授的教学内容富有科学美。教学艺术的外在美主要是教师表达的形式美,诸如:字字珠玑、抑扬顿挫的教学语言美;层次清晰、简洁明快的板书、简笔画的美;水到渠成、天衣无缝的衔接自然美;有张有弛、劳逸结合的教学节奏美;起伏有致、疏密相间的课堂结构美;启发诱导、虚实相生的教学方法美;突破时空、回味无穷的教学意境美等。

教学艺术具有表演性,机智幽默的语言、惟妙惟肖的表演和恰如其分的笑话等表演手段,使教育教学寓于娱乐之中。

教学艺术具有创造性,教学的新颖性、灵活性能解决教学中出现的各种复杂问题,教师独特的教学风格使教师具有吸引学生的独特魅力。

此外,教学艺术还是一种追求科学性的教学境界。尽管教学艺术非常注重美的形式、积极的情感氛围和娴熟的技能技巧等,但是它也非常讲求科学性。教学科学是教学艺术的基础和依据,教学艺术必须立足于教学科学所揭示的规律,否则,师生的自由创造就成为盲目的冲动。教学艺术是教学科学的升华,教学科学所揭示的规律,只有通过师生的自由创造才能成为自觉的力量,只讲科学不讲艺术,教学就失去了个性、灵活性和创造性。因此,在实际的教学中,应当立足教学的科学性去追求教学的艺术性,力求将二者完美地结合起来。

8.3.1.3 教学艺术的分类

至今人们已经分别从"影响因素""教学环节""审美对象"等角度,将教学艺术划分为不同的种类。

从教学影响因素的角度,教学艺术可分为教学环境艺术、教学技术艺术和教学态度艺术。教学环境艺术强调教师创设艺术的教学环境,使学生置身于其中,获得美的享受;教学技术艺术强调教师灵活而巧妙地运用各种教学技术,进而达到教学目标;教学态度艺术强调教师以艺术家的审美态度对待教学,运用自己的全部情感和智慧创造艺术性的教学。

从教学环节和教学手段的角度,教学艺术可分为备课艺术、教学过程艺术(包括导入的艺术、访谈的艺术、问答的艺术、设置悬念的艺术等)、教学组织与管理的艺术、课外辅导的艺术、教学的语言艺术、教学的非语言艺术和板书艺术。

从审美对象的角度,教学艺术可分为情境美、机智美和风格美。情境美指设计教学情境、组织教学内容所产生的美;机智美指面对个性不同、气质各异的学生,处理各种意外棘手问题的应变技巧所产生的美;风格美指教师形成独特教学风格所产生的美。[①]

此外,为尽量全面地反映教学艺术的整体面貌,我们可采用多种分类标准来描绘教学艺术的大致谱系。有学者提出,按照六种标准维度对教学艺术进行分类,这些标准维度是教学艺术的时间和空间、教学技术的级别和类别、教学艺术的学科和对象、教学艺术的结构和功能、教学艺术的内容和手段、教学艺术的方式和方法。

案例研究 8-4

> **生物教师的教学幽默故事[②]**
>
> 幽默是人类智慧火花的闪现,它往往比严肃的说教更具说服力。德国著名学者海因·曼麦说:"用幽默的方式说出严肃的真理,比直截了当地提出来更能为之接受。"特级教师吴举宏在自己的教学实践中就有不少的幽默故事。以下是他的自述。
>
> 1. 在导入高二生物"遗传和变异"一章时,我的开场白是:"曾有一个问题一直困扰着我,为什么刘德华长得那么帅,而我却长得这么寒碜? 今天我终于明白了,这不是我的错,全是遗传惹的祸!"听了我这略显夸张的自嘲,学生朗朗地笑开了,上课的兴趣也来了。
>
> 2. 在讲"有丝分裂"时,我把有丝分裂中期和后期中姐妹染色单体的变化比做是姐妹俩的分离后各自成家。姐妹俩感情深厚,不舍分离,所以在各自成家分离(后期:姐妹染色单体分开,分别成为染色体,移向细胞两极)前,姐妹俩特意跑到赤道上去合影留念(中期:染色体在纺锤丝的牵引下排在赤道板上)。这样,不仅避免了讲述有丝分裂过程平铺直叙的枯燥,而且让学生在笑声中加深了对知识的理解和记忆,并且把学生上课的疲劳感也消除了。
>
> 3. 在讲"矿质元素的利用"时,我把"不可再度利用的元素"说成是"痴心不改",而"可再度利用的元素"是"喜新厌旧"。在"光能在叶绿体中的转换"中,有一段讲述是:"少数特殊状态的叶绿素 a 失去电子,心理不平衡,变成了强盗(强氧化剂),然后从水分子身上夺得电子,使水分子妻(氢)离子(氧)散。"

---

① 黄甫全.现代课程与教学论(上册)[M].北京:人民教育出版社,2006:857-858.
② 吴举宏.生物教师的教学幽默[EB/OL].(2007-03-28). http://www.uublog.cn/blog/more.asp? name=msgzswjh&id=9172.

4. 一次我去上课,上课铃响了,但教室的前门却紧关着。我用力敲了几下,依旧没人开门,而且里面明显有幸灾乐祸的笑声。我转身从教室的后门进去,教室里顿时鸦雀无声,似乎在等待我"电闪雷鸣"的表演。我环视一周说:"社会上走后门的风气很盛,但我强烈反对。今天我走了一回后门,是被逼的。希望同学们别再做这样不礼貌的事了。"紧张的气氛缓和了,学生也在幽默中受到了教育。

5. 在上"性别决定与伴性遗传"时,我很奇怪地发现班上的女生显得更为积极。每逢问题,频频举手的都是那些女同学,而男同学举手发言的少之又少。我灵机一动,说:"女同学发言积极,男生到现在为止动静太小。难道举手回答问题也与性染色体有关?是因为女生多了一条 X 染色体而更积极,还是因为男生有了一条 Y 染色体而更拘谨呢?"学生听了哈哈大笑起来。我接着说:"在科学研究尚未有结论时,希望男同学们多加努力哦!"随后,课堂上那种"女男失调"的情况果然大有好转。

讨论

案例中的吴举宏老师运用的幽默体现了教学艺术的哪些特点?它们在教学艺术的分类中属于哪些类群?教学艺术的功能有哪些?

8.3.1.4 教学艺术的功能

对教学艺术功能的研究,可以使人们了解教学艺术存在的价值和意义,从而激发教师自觉地探索、追求教学艺术。

1. 陶冶功能

教学艺术的陶冶功能,在于有效地淡化了教育的痕迹。在融洽民主的师生关系、生动活跃的教学气氛、频繁多向的人际交往、教师出色的课堂表演等高超精湛的陶冶教学艺术中,那"无为"的表象深层尽是"有为"的匠心,但是又不露任何斧凿的痕迹,给人以"无为"的自然感受,让学生在不知不觉中受到深刻的教育。

教学技术的陶冶功能,还在于教师自觉地增强了教书育人的意识。为了使教育深入学生的心灵,教师加强自身修养,以其高超的教学艺术渲染了高涨情绪的教学气氛,创造出引人入胜的教学情境,有效地鼓励学生学习的动机、兴趣、情感、意志等动力系统,使课堂教学始终贯彻着紧张、活跃而又愉快的智力活动。

2. 转化功能

教学的实质就是引导学生把人类已知的科学真理转化为学生的真知,把知识转化为能力。教学艺术高效率的转化功能,标志着教师本质力量的对象化。因为精湛的教学艺术可以迅速高效地完成知识的传授、技能的培养、智力的开发、品德的形成等教学任务。教学艺术的转化功能使其具备了其他艺术创造过程所不可比拟的重大意义。

3. 谐悦功能

吉尔伯特·海特在其《教学的艺术》一书中谈到教学艺术的谐悦功能,他说:"如果我们不能获得一声出(发)自内心的笑,那么这一天的教学就白费了。"听一堂好课,我们如沐春风,加一点幽默的"作料",还可以消除由紧张的思维运动带来的心理疲劳,调节由单调重复的学习活动带来的生理疲劳,淡化情绪的焦虑。教学艺术的谐悦功能的运用,使得教学在一张一弛、劳逸结合中获得寓教于乐的功效。

4. 整体功能

教学艺术是一个相对完整的系统,它是依靠其整体发挥巨大的教育作用,其整体功能的发挥依靠其内部结构的最优化组合。如教师和学生的知识结构互补,师生关系融洽,教学内容与教学方法相应,知识训练序列与学生思维认识能力一致,备课、讲课、评改、辅导、考核等各个环节密切配合等。[①]

8.3.1.5　教学艺术的掌握原则

教学艺术的掌握原则,是指根据教学艺术论的基本原理提出的,可以有效地指导教学艺术的掌握,在教学艺术形成过程中教师应该遵守的一系列要求。[②]

1. 立美和审美统一原则

所谓"立美",就是建立美的形式的实践过程,即对教学艺术的追求或创造。所谓"审美",就是认识美之所在或对美的形式的愉悦感受。

一般认为,教师教的活动应该是立美活动,学生的学习应该是审美活动。但在实际教学中,立美和审美往往是交叉性的。在以教师立美为主导的教学艺术形成过程中,学生在完成审美任务的同时,也要成为立美的主体,他们立美主体性的发挥需要教师的激发和调动。当学生感受到教师渐趋艺术化的教学对他们产生良好的影响时,会表现出浓厚的学习兴趣和明显的向师性,全神贯注地参与整个教学,学生对教师产生了配合作用。在这个过程中,学生行为的改变程度、思维的发展水平对教学艺术有检验作用。因此,学生的审美活动本身也有审美主体的立美创造。

教学中,教师既是"剧作者",又是"剧中人",他们在创造美的同时,也在欣赏自己创造的美。因此,教师立美也包含了立美主体的审美活动。在教学艺术形成中,要坚持立美和审美统一的原则。这个原则体现了"教为主导、学为主体"的教学规律,具有三种含义:第一,教师立美和审美的统一;第二,学生立美和审美的统一;第三,教师立美和学生审美的统一。教师尤其要重视学生主体性的立美,在他们的积极配合下,形成教学艺术。

2. 借鉴创造并重原则

借鉴创造并重原则指吸收优秀教师的先进经验和教学中的独创结合起来,形成具有个性风格的教学。

教学艺术的形成一般要经历模仿、借鉴、独立、创新四个阶段。古人云:"大匠诲人必以规矩,学者亦必以规矩。"任何技能、技巧的获得,都要经过模仿这个阶段。借鉴,指在拥有自己的观点和做法的同时,博采众长,吸收消化,为我所用。独立阶段是"规范化特色"阶段,这时教师已经完全可以自己设计、组织、评价教学,是学校教学的骨干力量。创造性是教学艺术的灵魂,教学中有了创造行为则说明教学艺术已初露端倪。在独立、创新阶段,教师需经常借鉴他人的先进经验,模仿也是低层次的借鉴。所以,借鉴行为贯穿于教学艺术形成的始终,是教学艺术形成的重要手段。创造性包括创造精神和创造能力两个含义。创造精神是教师产生教学艺术掌握行为的心理基础,在教学艺术形成的四个阶段当中都必须有创造精神。"始于学步,终于创新",这个意义上的"创新"指创造能力,是教学艺术表现的前提之一。因此,创造性也贯穿于教学艺术形成的始终。

3. 知、情、意三位一体原则

知、情、意三位一体原则指在教学艺术形成中,教师要把对教学科学、教学艺术规律的认识,对教育事业、对学生的感情和克服困难、不断拼搏的顽强意志结合起来,以实现教学艺术的掌握和运用。

科学性和艺术性是教学的两大属性。教学的科学性是教学艺术形成的基础,教学艺术是教学科学个性化的表现,它们统一于教学过程之中,从而使教学达到"真"与"活"的效果。

列宁说,"没有'人的情感',就从来没有也不可能有人对真理的追求"。情感性是教学艺术的突出特点。在教学艺术形成中,教师应当将情感的培养放在重要地位。首先,要认识到教学的主体是富有感情的人,师生的交流是知识交流和情感交流的统一,教学艺术所创造的教学美是师生用真情厚谊交融而

[①] 裴娣娜.现代教学论(第二卷)[M].北京:人民教育出版社,2005:303.
[②] 王升.试论教学艺术掌握原则[J].教育评论,1996(5).

成的。其次,教学行为本身就是"从善",教师应淡泊名利,将奉献放在首位。走进课堂时,须将一切苦恼置于教室之外,以忘我的精神向学生传授知识。最后,培养爱憎分明的个性,以自己对人、对事的态度作为学生情感的导向,以自己的学高身正赢得学生的爱戴和尊敬,这会使他们更加热爱教育事业,热爱学生。

4. 分层分步原则

分层分步原则指在教学艺术形成中,教师根据自己的实际,制订近期、中期、长期奋斗目标,循序渐进,逐步掌握教学艺术。

教学艺术形成在水平上因时因人而异,具有一定的历时性和个体差异性,据此,我们可以将教学艺术划分为初级教学艺术、中级教学艺术、高级教学艺术、超级教学艺术等不同的层次。教学艺术每一个层次都应当有一定的标准,教师达到了规定的标准,就标志着对该层次教学艺术的掌握。然后,应提出更高层次的要求,为实现下一个目标而努力。

教学艺术的形成实非一朝一夕所能成,教师要在分化的基础上综合,即先分步掌握教学艺术不同方面的能力,对己之长采用大步子快速提高,对己之短采用小步子逐渐内化,在完成分化掌握任务之后要综合贯通,学会用已有的各种素质服务于教学艺术的创造,使教学艺术达到真、善、美的统一。

5. 课内课外结合原则

课内课外结合原则指教师在教学艺术形成中,既要做到在课堂上尝试、调整、改良教学技能、技巧,不断提高教学水平,又要重视课后练习、思考、理论学习,为教学艺术的形成创造条件。

课堂是教学艺术形成的关键,这是因为:第一,课堂是教学行为产生的主要场所,在课堂上,教学目的、内容最明确,组织最严密。第二,课堂是教学技能和技巧形成、完善、运用的主要场所,课堂上,教学技能、技巧能得到最大限度的发挥,教师对教学的得意或困惑有深刻的感受。第三,课堂是师生合作最频繁的地方,教师有责任使自己的教学成为"教技有进步的教学",充分利用课堂在教学艺术形成上的优越性,反复练习,认真思考,使每一节课都有所进步。

课后也是教学艺术形成不可缺少的环节。首先,教师应写好"教学后记"。它可以帮助教师明得失、解困惑、知学生、优化教学。教学后记一般包括课后随记、单元的系统小结、专题研究总结、拾贝式的资料积累。其次,练好教学艺术基本功。教学艺术的表现离不开一些基本功,教师要在课后补好这一课,经常听、讲普通话,使教学语言发音准确,用词规范,讲话思维连贯,逻辑性强。练好"副语言",做到表情温和乐观,动姿稳健大方。练好粉笔字,板书做到简洁、明了。培养创造精神,凡事不盲从,有自己的见解,这种求异思维习惯的养成必然迁移到教学当中。第三,学好理论。教师应该有扎实的专业理论、教育教学理论知识,它们是教学科学化的基础。缺乏科学性的教学不可能有艺术性,教师应"教到老,学到老"。除了学好这些基本理论以外,教师还应谙熟教学艺术理论、审美理论。

案例研究 8-5

案例 1:批评与惩罚①

英国科学家麦克劳德,上小学的时候偷偷杀死了校长的狗,这在西方国家显然是难以原谅的错误,但麦克劳德遇到了一位高明的校长,惩罚是画出两张解剖图:狗的血液循环图和骨骼结构图。正是这个包含理解、宽容和善待心怀的"惩罚",使小麦克劳德爱上了生物学,并最终因发现胰岛素在治疗糖尿病中的作用而走上了诺贝尔奖领奖台。

---

① 王营. 由麦克劳德杀死校长家的狗想到的[EB/OL]. (2007-05-06). http://blog.cbe21.com/user1/145/archives/2007/23907.shtml.

案例 2：生物课还是作文课[①]

杏树的自述　初一(1)　苏晓旭

我是一棵杏树，经过整个冬天的休息，现在的我精力充沛，要向人类展示我的生命。

阳春三月，我开花了。我的花是漂亮的粉红色，里面有雌蕊和雄蕊，靠昆虫传粉。昆虫在雄蕊的花药中将花粉带到了雌蕊的柱头上，慢慢的，我的花粉会长出一个花粉管，它穿过花柱进入子房，一直到达胚珠。花粉管里的精子与胚珠内的卵细胞结合，就完成了受精作用，形成了受精卵。我的果实可供人们食用。

白天，我通过叶绿体，利用光能，把二氧化碳和水转化成储存着能量的有机物，并且还释放出一些氧气。到了暗处，在见不到光时，我要消耗一部分体内的有机物，这又不得不让我想起小的时候。

当我还是一颗种子即将萌发时，我利用氧气将有机物分解成二氧化碳和水。而现在，我变了，我要把以前用的有机物和氧气加倍地还回来。

这就是我——杏树，一株普通但快乐的种子植物。

文章很短，但却是一篇杏树的成长史，好似一个小女孩在欢快地唱着歌，讲着自己的人生故事。

这样的文章，孙明霞的学生写了很多。学习了光合作用、呼吸作用等知识后，孙明霞让学生写《小麦的成长自述》；学习了生物对环境的适应等知识，让学生写了《仙人掌求水记》；学习了人体的消化系统，学生写出了《西瓜子历险记》……

案例 3："为什么受伤的总是'我'?"[②]

学习"输血""传染病"等内容，孙明霞举例："假如我受伤了，失血过多需要输血，我的血型是 AB 型，谁能给我输血？""假如我得了严重的流感来上课，你是否赞同我的行为？假若我坚持来了，结果会怎样？"

分析与讨论

1. 以上案例中各自蕴含了哪些教学艺术？
2. 以上案例是如何体现教学艺术的美？
3. 以上案例对我们未来的教学有何启发？

8.3.2　教师教学艺术风格

如果说教学艺术特点表现出教学艺术的共性，那么教学艺术风格则彰显出教学艺术的个性。经过锻炼和升华，教学艺术就会与教师本人融为一体而逐渐个性化，从而形成有鲜明特色的教学艺术风格。

8.3.2.1　教学艺术风格的含义

教学艺术风格是教师教学成熟的重要标志，教师的教学风格直接影响着学生的个性发展和学习风格的形成。一般认为，教学风格具有独特性、多样性、稳定性和发展性等特征。

> **核心概念**
>
> 教学艺术风格(teaching artistic style)指教师个体在一定的理论指导下和在长期的教学实践中逐步形成的独具个性的教学思想、教学技能技巧和教学风度的稳定性表现。

8.3.2.2　教学艺术风格的形成

教学艺术风格的形成，受到许多因素的影响，必然经历一个相当长的过程，因而需要教师在教学实践中不懈地自觉追求。

1. 教学艺术风格形成的影响因素

教学风格的形成既受客观因素的影响，也受主观因素的制约。

（1）客观因素。影响教学艺术风格形成的客观因素，主要包括时代的要求、教学内容和学生状况等。

不同的时代要求，影响着教学艺术风格，使其具有鲜明的时代特点。如中国古代社会，教人修身、

[①] 茅卫东.一位生物老师的诗意课堂[N].中国教师报,2007-05-16(1).
[②] 同上注.

齐家、治国、平天下,为师者要尊、要严,教学就会突出讲述翔实、治学严谨的风格;而现代社会,注重张扬个性,教师必须尊重学生的主体地位,尊重学生的个性特点,教学就不仅要求系统和严格,还要突出生动、活泼和有趣等特点。

教学内容对教学风格的影响也较为明显。比如一般来说,理科教师倾向于"理智型"教学艺术风格,教学往往以严密的逻辑以及简练朴实为特征;而文科教师则倾向于"情感型"教学艺术风格,教学可以高度文学化,声情并茂,以清新、鲜明和形象生动取胜等。

学生状况因年龄、地域、城乡以及文化不同而异,影响到教师的教学艺术风格类型。如受小学生欢迎的、使他们感到亲切和慈爱的风格,运用到中学去,中学生可能会觉得矫揉造作和装腔作势;使初中生体会到的恬静之美的风格,对高中生来说可能会过于平淡,不能吸引注意力,等等。

(2) 主观因素。制约教学艺术风格形成的主观因素,主要包括教师的品德修养、知识结构、思维特点、个性特征以及主动追求等。

教师的品德修养,对教学艺术风格的形成起着决定性作用。只有对教学工作充满热情和责任感,对学生充满热爱和关切之情的教师,才能形成为人师范的教学艺术风格。合理的知识结构,为教师在教学中广征博引和深刻论证提供基础性条件。教师的思维特点和个性特征也与教学风格的形成密切相关。比如有的教师的教学以"情"动人,情味深长,委婉含蓄,和风细雨;有的教师的教学则以"理"服人,理顺意达,直截了当,言简意赅;性格沉静、稳重的教师的教学往往有板有眼、十分沉稳;性格热情、奔放的教师的教学则轰轰烈烈、跌宕起伏。教师的品德修养、知识结构、思维特点和个性特征构成了教学艺术风格形成的心理基础。

同时,教师对教学艺术风格的主动追求,是主观因素中最为活跃的因素,它带动着心理基础层面的诸多因素,使教师积极主动地投身到形成与创造教学艺术风格的过程中。[①]

2. 教学艺术风格的形成阶段

教学艺术风格的形成过程,一般要经历模仿、独立、创造和个性化四个阶段。

(1) 模仿阶段。教师刚开始从事教学工作时,需要学习别人成功的教学经验和教学艺术,这种学习带有很强的模仿性。比如,学习他人的教案或教学设计,模仿他人的教学语言和教学风度,借鉴他人的教学方式方法等。这是一个尝试、辛劳而勤勉的阶段,其特点是缺乏创造性。

(2) 独立阶段。经过一段时间的模仿学习后,教师逐步摆脱模仿的束缚,将他人的经验和艺术消化吸收并运用到自己的教学之中,独立地完成教学工作的各个环节,这时教学艺术风格的形成开始进入独立阶段。这是每位老师都能达到的阶段,其特点是教师能驾轻就熟地开展教学了,并具有自己的个性特点,但教学艺术的创造水平不高。

(3) 创造阶段。在能够独立承担教学任务的基础上,教师的创造性开始显现出来。首先是有了明确的教学指导思想,其次是能根据实际情况创造性地处理教学内容,创造并运用适合自己、适合学生的教学方法,积极主动地进行教学改革,提高教学效率。在这一阶段,教师本人逐步成长为有个性的教学艺术的自觉追求者和创造者。

(4) 个性化阶段。当教师的创造性逐步稳定下来,教学的各个方面都显示出独特的个性色彩,教学从内容到形式,从方法到效果都日趋完美,这时教学艺术风格就已经形成。随着时间的推移,教学经验的不断丰富,教师在教学过程中会日趋减少刻意追求的痕迹,而逐渐做到言为心声,收发自如,使得教学魅力不断增强,教学艺术风格也就日趋成熟并持续升华。[②]

---

① 黄甫全.现代课程与教学论(上册)[M].北京:人民教育出版社,2006:879-881.
② 同上注.

3. 对教学艺术风格的自觉追求

形成教学艺术风格是教学的理想境界,每位教师都应当自觉地、坚持不懈地加以追求。这就要求教师达到以下五个方面的基本要求:第一,具有高度的教学热情。高扬"乐教"精神,把教学当作一项艺术性的事业而为之奋斗。第二,苦练教学基本功。系统学习教学理论,掌握教学规律,形成高超的教学技能技巧。第三,清醒地认识自我。根据自己的个性特点来形成相应的教学艺术风格,注意扬长避短,发挥个人优势。第四,处理好学习与创新、继承与发展的关系。切忌邯郸学步,故步自封。第五,勇于实践、知难而进。教学艺术风格的形成,不是一蹴而就的,而是曲折艰辛的,其间会遭遇无数的反复和失败。只有那些不断克服困难和战胜挫折者,才有可能形成鲜明的教学艺术风格。①

8.4 中学生物教育教学研究

> 如果你想让教师的劳动能给教师一些乐趣、使天天上课不至于变成一种单调乏味的义务,那你就应当引导每一位教师走上从事研究的这条幸福的道路上来。
> ——苏霍姆林斯基

随着新课程改革的不断深入,越来越多的教师意识到第一线的教师必须努力提高专业意识和水平,努力使自己成为教育教学实践的"研究者",即教师除了应当具备传统上所界定的专业特征(诸如理解本学科的知识及其结构、掌握必要的技能等)之外,还必须拥有一种"扩展的专业特性"——有能力通过较系统的自我研究和对别人经验的研究,通过在实践研究中对有关理论的检验,实现专业上的自我发展。②

在教师进行教育教学研究之初,或多或少会感觉到茫然和不知所措,特别是年轻教师,对教育教学科研充满着向往,但却不知如何研究。曾在一个特级教师的博客上看到一位教师留言求教:"我还年轻,也在研究,而且还在坚持。我需要经验,希望老师能在百忙之中指点一下,老师也需要'顿悟',期待……"

那么一线的教师如何进行研究呢?教师的教育教学研究的目的、要求、方法有哪些呢?

8.4.1 教师的教育教学研究的目的

名师论教 8-1

教学研究——教师专业化成长的必由之路③

影响教师专业化发展的因素有很多,其中教学研究是不可或缺的方面。一个教师如果不重视研究,或许他可以成为一个经验型的教师,但定难以成为学者型、专家型的教师。有的教师认为,自己整天埋头备课、上课、批改作业等事务,没有时间与精力从事研究。其实我觉得,只要我们有进行教学研究的意识,就可以让研究贯穿于我们的教学过程之中,从而不仅有助于提高教学的效率,也可加速自身的专业化发展。

---

① 黄甫全.现代课程与教学论(上册)[M].北京:人民教育出版社,2006:881.
② 郑慧琦,胡兴宏.教师成为研究者[M].上海:上海教育出版社,2004:4.
③ 林祖荣.教学研究——教师专业化成长的必由之路[J].中学生物教学,2007(12):22-23.

1. 教学反思——教师成长的重要途径

有两个美国科学家做过一个有趣的实验。他们在两个玻璃瓶里各装进5只苍蝇和5只蜜蜂。然后将玻璃瓶的底部对着有亮光的一方,而将开口朝向暗的一方,过了几个小时之后,科学家发现:5只苍蝇全都在玻璃瓶后端找到了出路,爬了出来,而那5只蜜蜂则全部撞死了。蜜蜂为什么找不到出口?观察发现它们一味地朝着光源飞,被撞后不吸取教训。而苍蝇为什么找到了出口呢?它们在被撞后知道回头,知道另想办法,甚至回头向后看。

虽然教师不注重反思不至于像蜜蜂那样有生命危险,但不善于反思则会窒息他的创造,阻碍其专业的可持续发展。因此,教师的专业化成长是离不开教学反思的。

我有意识地进行教学反思,始于成长过程中的高原期。由于我学的是化学专业,初改教生物的几年中觉得自己进步很快,从低起点到迅速适应生物教学,很有成就感。但后来我明显地产生了一种止步不前的感觉,我意识到自己走到了一个高原期。如何突破自己的高原期?我开始尝试进行教学反思。

我的反思主要从两个方面进行:一是实践反思。对自己的课堂教学进行回顾,分析课堂教学的成败得失,思考可以改进的方法与措施。同时,我将这种思考以文字的形式记录下来,并整理成论文,投寄各报刊。我希望通过文章是否能发表,来检验自己的反思效果。二是理论反思。在实践反思中,我发现不少自己在实践中总结的经验,在教育心理学理论中早有论述,如果能够直接借鉴这些理论,就可以使自己在实践摸索中少走弯路。但理论转化为实践的过程是需要教师进行认真反思的。因此,我通过学习,用所学到的理论,对自己过去的某些固有观念、想法及教学行为进行重新审视,找出差距,寻出原因,拿出对策,再把自己的思考和分析写出来。此外,我还注意加强与教师同伴之间的交流,听同行或专家的课,借他山之石来攻己之玉。

2. 教改实践——教师成长的契机

改革开放以来,我国的教育改革也一直没有停止过。教育改革带来的是教育思想观念以及行为的改变,积极投入到教学改革之中,站在改革的前列,就能使我们跟上时代的步伐。教学改革实践为教师提供了成长的契机。

20世纪90年代初,我国开始进行九年义务教育课程的改革试验,当时我所在的宜兴的一个镇有幸成为人教社的教材试验区。从原来的《植物》《动物》以及《生理卫生》,到义务教育的《生物》教材,可以说教材编写的指导思想与原则发生了质的变化,从单一的强调知识的系统性过渡到了知识与能力并重上。面对新的教材,许多教师表现出了极大的不适应。我抓住这个机会,与实验学校的教师一起学习理论,一起实践,探索新的教学方法与思路,圆满完成了实验任务。伴随教材实验过程,我的理论水平以及教学能力都迈上了一个新的台阶。

21世纪初,新一轮课改开始实施,我利用这个机会,从生物大纲到教材都进行了全方位的研究,并在研究大纲的基础上撰写了一些文章。此后,课程改革启动,我又抓住了这个难得的机会,认真研读课程标准,做了大量研究工作。

3. 课题研究——教师成长的助推剂

课题研究是一种有计划的研究。围绕课题研究的理论学习、实践探索、问题解决以及反思等,都会引领教师的专业化成长。

1991年,我从学校调到教研室,教学研究成为主要的工作职责,也因此有机会更多地从事课题的研究。我参加江苏省重点课题《高中青年教师培训的实践研究》,在研究过程中,与教师们一起学习理论、上研究课,进行同伴交流,与参培教师一起共同成长。

2002年调入北京后,我参加了学校《新课程下校本课程的实践研究》的课题研究。借此机会,我在高一年级开设了《生物科学的发展历史与研究方法》的选修课程,着眼于让学生通过生物科学的发展历史,领悟科学发展中的思想、方法和精神,受到学生的欢迎。同时,我参与研究性学习的实践研究,在指导学生进行研究性学习方面进行了积极的探索,取得了良好的效果。

> 近几年,我连续担任高三生物复习教学工作。我认为,高考应试与发展学生全面素养间既存在着一定的矛盾,也有统一的方面。在高三复习中,提高学生的应试成绩是不容回避的,但我们也需要从学生全面发展的角度,通过复习给学生更多的收益,由此我进行了《高考复习与全面发展学生素养的实践研究》的课题研究,探寻高考复习与发展学生素质的结合点。
>
> 研究考纲。我每年都对考纲作认真的分析解读,并且每年高考结束,我都对高考试题作出较全面的分析与评价,同时对复习方法也倾注了很多的精力进行研究。
>
> 二十多年来,我从一个不懂生物的"门外汉"成长为一名中学生物特级教师,先后参与了十多本教学专著及辅导用书的编写,发表了二百多篇教学研究论文,完成了多项省市级的课题研究,录制了十多套教学实录及讲座光盘,担任了《中国考试》《网络科技时代》等多家报刊的编委及顾问,在全国二十多个省(市)为教师与学生作各类讲座一百余场。
>
> 回顾自己的成长历程,我深深体会到,影响我成长的因素是多方面的,但坚持不懈的教学研究,在研究中学习,在研究中实践,无疑是我成长的最主要和最直接的因素之一。教学研究,是教师成长的必由之路。

中学生物教育教学研究是中学生物学教学工作者发现问题和解决问题的活动,其起点是教育、教学问题,是按一定步骤进行的一种系统的科学探索,探索生物教学的规律,丰富、完善和发展生物学教学法理论,并用以指导生物教学实践。它能使教师从"教"到"善教",从"善教"到"乐教",从"乐教"到"创造性地教"。教育教学研究不仅有利于提高生物教师和教学研究人员的创新能力、综合分析能力和教学水平,使教师形成自己独特的教学风格和技巧,形成和发展教学思想,提高研究和应对未来的能力,加速自身的专业化发展,而且能为国家制订教学计划、确定教学内容、培养人才提供宝贵的信息,从而提高全民族素质,多出人才,出好人才。

8.4.2　中学生物教育教学研究的内容

活动8-6

活动时间

课前40分钟分组阅读,课堂10分钟交流。

预期效果

通过研究不同的杂志上生物教师的文章,了解中学生物教师教育教学科研的研究内容。

活动用具

近几期中学生物教学研究杂志,如:《教育研究》《教育研究与实验》《教育科学》《课程·教材·教法》《生物学通报》《生物学教学》《中学生物学》《中学生物教学》等。

活动步骤

1. 组成小组(5~6人),抽签决定不同小组阅读不同的杂志。
2. 各组自定一位召集人、记录员、时间控制员,以后由本组成员轮流担任这些角色。
3. 参与者在召集人的组织下课前阅读某份刊物,总结目前中学生物教师教育教学科研的研究内容。
4. 全班分享。

讨论

1. 研究者们在研究哪些内容?
2. 中学生物教师教育教学研究的类型有哪些?

中学生物教育教学研究内容包括：解决生物教育教学中的实际问题；教育学理论怎样指导学科教学的具体工作；教育改革发展的前瞻与探索以及解决教师自身发展提高的问题。归纳起来，研究内容主要包括以下几个方面。

(1) 中学生物教学目标的研究。20世纪50年代和60年代，中学生物教学目标主要是使学生掌握生物学基础知识和基本技能。随着科学技术的发展，生物教学目标还应更加重视学生能力的培养，使学生有自我更新知识的能力；也要重视生物科学与社会、生产发展和经济建设关系的教育，使学生认识生物科学是与社会、生活息息相关的；在新世纪基础教育课程改革中，还应研究新课程中如何通过生物科学的教学去完成培养学生的情感态度、价值观这样一个维度的课程目标。总之，有关我国中学生物教学目标的内容，中学生应掌握的生物学基础知识、基本技能的范围，思想教育的内容，能力培养应达到的要求，以及国外中学生物的教学目标及其发展趋势等，是中学生物教学目标研究的主要内容。

(2) 中学生物课程教学内容的研究，包括生物课程的科目设置，生物教材的选材原则，教材中知识结构与编排体系，生物教材的编写和乡土教材的编写，中学生物教材与大学、小学生物教材衔接问题的研究，教材内容如何密切联系社会、生活的实际，教材中实验内容的探讨，实验的设计、教案、练习题的编制，生物与其他学科比较、交叉渗透的研究，国内外中学生物教材的比较研究等。

(3) 中学生物教学方法的研究。一方面是"教"的研究，如启发式教学的运用，优秀生物教师教学经验的总结，适合学生实情的教学方法的研究，国外先进教学方法的引进，生物学科学生的学业成绩评定和标准化考试问题的研究，直观教具的应用研究，现代教育技术，如多媒体、网络教育、电化教学等在生物教学中的应用。另一方面是"学"的研究，即对学生"学习方法"的研究，如指导学生读书的研究，指导学生观察、分析和科学探究能力培养的研究，指导学生掌握知识规律的研究，指导学生对所学知识融会贯通，合理记忆的研究等。

(4) 中学生物课外活动的研究，包括生物课外活动的内容、形式；农村中学生物教学怎样适应农村经济发展，与科研生产相结合的研究；校办产业的研究，产、学、研一体化的研究；生物科技尖端人才的培养等的研究。

8.4.3 中学生物教育教学研究的类型

中学生物教育教学研究大致可以分为三种研究类型：基础理论研究、应用性研究和开发性研究。

1. 基础理论研究

生物教育科学研究的基础理论研究是指把中学生物教育、教学看作一个整体，从理论上研究其目的任务、教学原则、历史演变及其在中学教育中的地位、作用等问题。生物教育、教学的基础理论研究的特点是探索面广、不确定因素多、研究周期较长。例如，中学生物教育、教学的培养目标的研究；高中和初中生物教育、教学目标分类的研究；高中和初中生物教育、教学中的德育研究；高中和初中生物教学中能力培养的研究等。

2. 应用性研究

应用性研究注重探索中学生物教育、教学中的具体问题，包括教学内容、教学方式、方法和教学手段等问题，以及探索如何将自己的或他人的基础理论研究的成果应用到教育、教学实践中来。应用性研究的特点是实践性强、实用性强。这类研究不仅有利于提高中学生物的教育、教学质量，也有利于基础理论研究成果的检验与深化。工作在教学第一线的中学生物教师从事这类研究最为适宜。例如，中学生物具体教学目标的研究、中学生物教材体系的研究、中学生物教学方法的研究、中学生物实验教学方法的研究、中学生物教育测量与评估方法的研究、中学生物课堂教学的评估方法的研究、中学生物课外活动的研究、中学生物复习方法的研究和中学生物考试命题的研究等。

3. 开发性研究

开发性研究注重生物仪器、装备、教具、学具以及生物教学视听材料、计算机辅助教学软件和硬件的开发等。例如，中学生物实验仪器改进的研究、中学生物实验组合仪器制作的研究、初中生物教具、学具制作的研究、中学生物计算机辅助教学软、硬件制作的研究等。

8.4.4　中学生物教育教学科研的方法

教育科学研究的方法一般有以下几种：考察法、调查法、实验法、历史研究法、比较研究法、行动研究法等。

8.4.4.1　考察法

考察法可分为全面考察和抽样观察两种形式。全面考察的特点是具有长期性、系统性和综合性。例如，为了总结某一地区或某所中学生物教学的经验，通过考察收集大量的事实材料（包括听课和评课记录、教研组活动的记录等），从中分析归纳出特点，便于提升为理论认识。这种方法常用于总结优秀教师或教学群体的教学经验。考察时还可以采用座谈、访问、专家评定等方法，使收集到的材料与信息得到更准确的说明和补充。考察对象可以包括校长、教师、家长和学生等。抽样观察可以选定在某一特定时间进行观察，可以有意识地选择某些特定场面进行观察，也可以选择特定的典型人物（如教师或学生）进行观察。

考察对研究中学生物教育实践具有十分重要的意义。由于身临其境，考察者能够亲自感受到中学生物教育、教学工作中某一方面的现实情况。

为顺利完成考察，一般应订制周密的考察计划。对于每一项考察项目都必须拟好考察提纲，制订好考察标准、记录表格、速记符号等。在具体观察时要做好观察记录，观察后应及时整理所获得的材料，将观察到的现象数量化、系统化和本质化。

考察人员在观察中必须坚持观察的客观性和全面性，以提高观察的信度和效度。

8.4.4.2　调查法

教育调查法是间接地搜集有关研究对象的现状及其历史的材料，弄清事实，借以发现存在的问题，探索教育规律的研究方法。教育调查的主要目的是对学生、教师、教学工作、管理工作、学校办学条件等各种情况或信息资料进行全面或局部的搜集、整理、分析和研究，从中找出规律，总结经验，做出客观的结论。教育调查的主要手段有问卷、访谈、测试等。

1. 教育调查的特点

教育调查具有三大特点，即时空因素的非限制性、调查对象的自然性和调查手段的多样性。

（1）时空因素的非限制性。调查研究不是直接感知现实，而是通过谈话、座谈、问卷等手段间接地把握研究对象。它不受时间、空间因素的制约，运用范围比较广，不仅可以考察研究对象发展的现状，而且可以了解它的历史，借以推测它的未来。这是其与观察法的区别。

（2）调查对象的自然性。调查研究不干涉研究对象的正常活动，在自然状态中进行，并获得较为详细的资料，这是与实验法相区别的。

（3）调查手段的多样性。调查研究中，既可选择访谈法、座谈法、问卷法、测验法、评价法等常用的方法，也可借助现代科学技术手段，如录音机、摄像机、计算机等，搜集、整理各种信息资料。

教育调查也存在一些不足之处：如调查研究双方的主观偏见所造成的调查结果的偏差、不真实。因此，在调查研究时，应尽可能避免调查者和被调查者双方主观偏见的干扰，严密控制，周密设计，使调查活动取得预想效果。

2. 教育调查法的步骤

教育调查法的步骤有五步,分别是拟订调查计划、搜集材料、整理材料、分析结果和结论与建议。

第一步:拟订调查计划。在调查计划中,应详细地说明调查的目的、内容、对象、方式以及调查工作所需要的人员、时间、经费等。

第二步:搜集材料。搜集材料时要注意材料的可靠性,要以调查目的为选择的标准。至于搜集材料的工具和方法,也是调查工作要非常注意的问题。

第三步:整理材料。搜集到的材料分两种,一种为叙述材料,一种为数据材料。叙述材料的整理,要条理分明,准确分类使读者容易明了。数据材料的整理,则必须运用统计方法。

第四步:分析结果。搜集的事实材料,经过整理清楚明了,对于所得到的事实材料,就可以考虑其优点是什么?缺点是什么?是什么原因和背景?加以详细的论证和分析,作为以后作出结论和建议的依据。

第五步:结论与建议。教育调查的目的,在于求得对现在教育上存在的问题加以改革,所以要根据课题研究的结论提出适宜的改革建议方案。

3. 教育调查法的具体方式

教育调查法所采取的方式是多种多样的。如希望被调查的人作口头回答,就采取访问或座谈会的方式;如要求被调查的人提供书面材料,那就采取问卷的方式。教育调查法的各种不同方式,经常是结合进行的。其主要方式有问卷调查、访谈调查、调查表、检查、评价、书面材料的分析等。下面重点介绍前两种方式。

(1) 问卷调查

所谓问卷是设计一组与研究有关的问题,通过调查对象的回答来收集人们对教育的意见、态度方面的资料。问卷法具有简便易行、省时、省力、调查面广、信息量大、真实性强的特点。特别是无记名问卷,调查者与调查对象不用面对面地谈论有强刺激性的问题,调查对象消除了心理方面的顾虑和障碍,可得到客观真实的材料。问卷调查的质量主要取决于问卷题目的质量,若问卷题目设计不当,则难以收到有效的信息资料。

问卷通常是由问卷说明(引言)、注释和问卷本文组成。

问卷说明也称引言或封面介绍词,它对于问卷调查是至关重要的。它的主要目的是向调查对象说明所进行的研究是合法的、科学和正当的。它应包括如下内容:说明调查者的身份、说明本调查的重要意义、说明调查对象客观回答问题的重要性、向被调查者保证回答无所谓对错,他们的身份、姓名不会被透露,以及调查原始资料的处理是秘密的等问题。问卷说明一般印在问卷的封面或封二上。

注释一般指对填写问卷的具体要求,有时也包括对条款及措辞的进一步诠释。如:"请您选出一个您认为最佳的答案","请尽可能多地进行选择"等等。注释一般应包括以下几个内容:①对选择答案所使用符号的规定;②对计算机代码表格的解释;③对回答者署名与否的说明;④对返还问卷形式(面交、邮寄还是其他方式)、时间等的说明。

问卷本文一般指问卷题。问卷题目设计的科学性、合理性、针对性如何,是调查成败的关键。问卷题设计主要有两种类型:开放式问题和封闭式问题。开放式问题要求应答者提出自己对某个问题的回答。封闭式问题则由研究人员提供对该问题的若干种答案,由调查对象在这些答案中进行选择。不过,更多的问卷调查则是上述两者的结合,这样既可以尽量节省时间和费用,又可以不放过任何一种问卷所列答案之外的重要答案。问卷题的设计编制通常有是非题、选择题、等级式、并列式、填空题、问答题、排序题、顺序式量表几种题型。

活动 8-7

设计一份关于"高中生物学习动机"的调查问卷

活动时间

课堂外 4 周,课堂 20 分钟。

预期效果

了解调查问卷的组成和几种常见的调查问卷题型。

活动用具

教育科学研究类书籍。

活动步骤

1. 组成小组(5～6人)。
2. 各组自定一位召集人、记录员、时间控制员。
3. 制订小组研究方案。
4. 按研究方案和任务分工,查阅书刊,制订调查问卷内容。
5. 全班交流。

讨论

1. 在制订调查问卷的过程中你碰到了哪些困难?有哪些收获?
2. 调查问卷中几种题型分别适合调查什么类型的问题?
3. 你觉得在制订调查问卷时应注意哪些问题?

(2) 访谈调查

访谈调查是调查者通过与调查对象面对面的交谈来收集材料、了解情况的一种方法。其特点是能使调查者及时得到反馈信息,随时调整谈话内容,有充分的机会观察对方反应。其主要优点:①可以保证较高的回答率(面对面的直接交谈);②具有较强的灵活性(根据具体情况随时调整一些问题);③可使调查对象更好地合作(用自己的语言和感情);④适用范围广(不同性别、年龄、职业、文化程度等,如对幼儿园的儿童进行调查)。不足之处是:受访谈人员个性影响很大,费时、费钱、调查信息量狭窄等。

一般而言,制订访谈计划要遵循如下程序。

首先,确定研究的主要内容。如:调查的课题是"中学生课业负担的问题",这个课题可能涉及一系列具体问题,一般要用到问卷、测查、访谈等多种方法。首先要明确用访谈的方法解决什么问题,这是进行访谈准备的前提。这里有些问题可以通过调查表的形式就可以解决了,如学生每天在校的上课时间、作业时间、活动时间等。有些就用访谈的方式解决好,如学生对于这个问题的态度、家长对这个问题的看法等。明确了这些问题,才有可能制订具体的访谈内容。

其次,拟定访谈问题。在拟定访谈问题时,要注意拟定的问题要紧紧围绕研究的目标,语言应通俗易懂,措辞不能带有倾向性,要准备不同层次的问题,而且问题呈现要有一定的次序,先易后难。

第三,要确定访谈的方式和程序。方式有单独访谈和不同规模的分类座谈。具体的访谈程序也要作适当安排。座谈和个别访谈的次序、个别访谈中先找哪些人访谈等要事先明确,这样,研究者在实施过程中就可以做到心中有数。有时还需要制订访谈记录卡,给访谈记录带来方便。

访谈时应注意的事项:①取得被访问者的信任。征得同意,说明目的。②访问的时间和地点,事先约定好。③访问的提纲。谈哪些问题,写一个提纲。④访问的问题多少。不宜太多,大概七八个为最多。⑤访问的态度。尊重对方,忍耐和虚心,诚恳和灵活。⑥注意轻松自然,随机应变。⑦简明扼要,掌握时间。⑧随时做好记录。

8.4.4.3 实验法

实验法是通过主动变革、控制研究对象来发现与确认事物间的因果联系的一种科研方法。

实验法主要具有以下特点：第一,主动变革性。观察与调查都是在不干预研究对象的前提下去认识研究对象,发现其中的问题。而实验却要求主动操纵实验条件,人为地改变对象的存在方式、变化过程,使它服从于科学认识的需要。第二,控制性。科学实验要求根据研究的需要,借助各种方法技术,减少或消除各种可能影响科学性的无关因素的干扰,在简化、纯化的状态下认识研究对象。第三,因果性。实验以发现、确认事物之间的因果联系为直接宗旨和主要任务,本质上是按因果推论逻辑设计与实施的,它是揭示事物之间的因果联系的有效工具和必要途径。

在实验研究中,至少要对一个自变量进行有目的地处理或改变。这个自变量就叫作实验变量。因此实验研究的核心问题就在于如何控制实验变量以外的其他各种变量,即其他各种干扰因素。实验的方法是多种多样的。在实验前先要根据实验的目的和提出的问题设计出一套切实可行的实验方案。

8.4.4.4 历史研究法

历史研究法是指借助于已发表的论著和资料,从历史发展的角度来研究中学生物教育、教学现象。运用历史方法探究中学生物教育、教学的本质,揭示和掌握中学生物教育、教学发展的客观规律也是中学生物教育、教学科学研究的方法之一。历史研究的基础是研究资料齐全,否则即使选定了很好的课题也无法进行。

中学生物教育、教学的历史研究法还应处理好教育、教学领域中广大教师的智慧和某些教育家个人贡献的关系以及教育、教学的普遍规律和特殊规律的关系等。

8.4.4.5 比较研究法

教育、教学的比较研究是从比较国家、地区、学校的各种教育现象中发现其间的类似性和差异性开始的。但比较研究的意义不仅在于指出其异同点,还要探明造成这种异同的原因,发现共同的原理。

比较教育研究包括：广泛搜集有关研究对象的资料,客观地描述事实,其中最重要的是直接进行考察；对所了解到的教育情报资料进行解释,以便了解事物是什么和事物为什么等；将已经判明的事实加以整理,按可以比较的形式排列起来,确定比较的项目并设立比较的标准、提出假设；通过全面的比较研究,验证所提出的假说,得出结论。

8.4.4.6 行动研究法

行动研究法是一种适合于广大教育、教学实际工作者的研究方法。它既是一种方法技术,也是一种新的科研理念、研究类型。行动研究是从实际工作需要中寻找课题,在实际工作过程中进行研究,由实际工作者与专业研究者共同参与,使研究成果为实际工作者理解、掌握和应用,从而达到解决实际问题、改变社会行为目的的研究方法。

行动研究作为一种研究类型是20世纪40年代在美国的社会科学研究中开始出现的。目前,已成为广大教育实践工作者从事教育、教学研究的主要方法之一。长期以来人们一向将"行动"和"研究"作为两个不同领域的概念。在教育、教学研究领域中,长期以来"行动"与"研究"处于分离状态。许多专业的教育、教学研究者选择的课题严重脱离教育、教学实际工作的需要。而在教育、教学第一线工作的教师在实践中积累了大量的经验,有着取之不尽的研究课题。因此,工作在教育、教学第一线的生物教师参加教育、教学研究,有利于提高他们的教育、教学理论水平,能更有效地将研究成果运用于自己的实际工作中去。

8.4.5　教育教学研究的一般步骤

8.4.5.1　课题的选择

研究课题的选题至关重要,它不仅仅是给研究定个题目和简单地规定个范围。选题的过程,是初步进行科学研究的过程,选择一个好的题目,需要经过作者多方思索、调查检索、互相比较、反复推敲、精心策划,题目一经选定,也就表明作者头脑里已经大致形成了研究的轮廓。

那么,在忙碌的教学生涯中,我们的研究课题由何而来?我们又如何来进行选题呢?

1. 研究选题的来源

教育教学研究选题非常广泛,归纳起来主要有六条途径:由研究部门或学校布置、安排的课题;在教育实践中仔细观察、经思考和感触提炼产生的课题;在阅读报纸杂志、书籍、生物教育相关网站时,受启发形成的课题;与同行专家交谈、探讨、争论问题时,触发灵感产生的课题;参加学术活动、经验介绍、专题报告受到启示而产生的课题;参加观摩课、公开课或各种教研活动时,有感于教者的"教"和学者的"学"所产生的选题。

2. 选题的方法

选题的方法主要有五个:选择理论研究的空白;用新的视角审视同样一个课题;对于重大课题,先集中精力,打开一个缺口,然后逐步扩大研究范围;选择研究课题,注意扬长避短,充分发挥自己的优势;小中见大,小题大做。

3. 选题的原则

在进行选题时,我们通常遵循五大原则:实用性、可行性、新颖性、针对性和时代性。

所谓实用性,即选题的价值问题。也就是要思考:这个课题有意义吗?它涉及重要的原理吗?研究的课题是否能对教育实践或者教育理论有一定的意义;

研究课题的可行性主要取决于研究者的客观和主观条件。如:这个问题通过研究能够有效地解决吗?需要的数据和材料能够获得吗?研究课题的经费、人员、时间是否得到有效的保障?这个课题是否符合研究者的能力、水平和兴趣等;

新颖性或独创性是选题的原则之一。初拟的课题是一个新课题吗?是否已有相似的工作?若已经有人研究过这个课题,重新研究是否有意义等都是选题时需要进一步考虑的;

针对性和时代性也是选择课题时所需注意的原则。选择的课题是否能针对目前急需解决的问题,是否是这个时期的中学教学所面临的难题等。

8.4.5.2　查阅有关文献

1. 文献信息的收集

选题时,要求资料"全"而"新";做实验时,要求资料"全"而"精";分析实验结果时,要求资料"全"而"准";撰写论文时,要求资料"全"而"可靠";准备答辩时,要求资料"全"而"有理"。

2. 文献信息的整理

文献资料的整理是继搜集之后,作为科学研究程序的继续,也是对有价值信息的加工与管理。整理的目的是为了便于保存和应用,所以在开始收集资料时,就要按类别、编号、资料名称、作者、发表日期、资料来源、存档日期等项来整理。

8.4.5.3　制订研究方案

确定了研究课题之后,只能说有了主攻方向,至于下一步该如何走,我们必须周密地制订研究方案。研究方案的制订包括五个方面:研究对象的选择、研究手段和方法的确定、研究步骤和进度的安排、资料收集途径和范围的确定、经费的落实。在这一过程中应注意两点：制订研究方案应有重点、有中心，制订研究方案既需要继承更需要创新。

8.4.5.4 搜集、整理、分析资料

搜集整理的资料主要包括三大类：直接资料、间接资料和发展性资料。直接资料是指从实践、实验、观察中得到的客观记录、发现和总结获取的材料。间接资料是指从文献、报刊、书籍、计算机网络系统中研究获取的材料。发展性资料是指从实践研究和文献研究中经过思考、分析、推理、创造得到的材料。

搜集到的资料，必须经过适当的归类、处理，才能进行分析，得出结论。事实上，在搜集资料之前，就要思考如何分析搜集到的资料，若需要用统计方法分析，还必须根据研究意图和需要的不同，选择不同的统计方法。

在分析资料和统计结果的时候，除了要解释与预期结果相符的资料外，对与预期结果不符的数据也要阐述、解释甚至讨论。[①]

8.4.5.5 教育研究论文的撰写

1. 撰写教育研究论文的原则

教育研究论文的撰写应遵循六大原则：思想性原则、科学性原则、创新性原则、客观性原则、可读性原则和规范性原则。

2. 教育研究论文的形式

（1）调查报告。调查报告是针对某个问题展开调查，然后对搜集到的资料加以分析和总结之后写成的研究报告。一般来说，调查报告主要包括题目、前言、正文、总结四个部分，有些调查报告还有附录，以便对调查工具、原始数据等做进一步说明。

（2）综述。综述是对已有的文献资料、信息、经验、教育理论的观点、方法、思想、制度等方面进行局部或全局的系统收集梳理，深层次的分析、概括总结，提出规律性，提示内核。

（3）专著。专著是针对某一方面加以研究论述的专门著作。著作全面、深刻、逻辑严密、细致完整、字数至少十万字以上。

（4）论文。论文主要有两种类型：科研性论文和教研性论文。

科研性论文是指通过实验、实践、观察等方法，把得到的大量事实、数据、资料进行"消化""锤炼"和处理，用严密的逻辑推理，提出新观点，得出新结论，其论点需明确、论据需充分、论证应科学。

教研性论文是指从自身教学工作的实际出发，通过观察和实践，收集实例，总结经验，从中找出新的规律，并将其上升到一定的理论高度。它包括经验型、学法指导型、教材研究型和教改型教研论文。

3. 教育研究论文的撰写

（1）初创教育研究论文

教育研究论文的初创要注意以下几点。

首先应注意论点的把握。总标题（中心论点）的设定应简洁、精练、概括、新颖、巧妙、有力度，忌讳大、俗、长、绝、隐、混。小标题（分论点）的设计有三种：递进式、对比式、并列式。

其次是注意论据的引用。论据可分为两类：事实论据和理论论据。事实论据主要是一些具有典型性、代表性和真实性的论据。而理论论据则主要是一些公理、名言、成语、经典言论等。引用的方法应当恰当、充分、权威、新颖、注意出处。

再次是注意论证的方法。论证的方法包括归纳论证和演绎论证。归纳论证是指由典型个别事物的分析与研究推出一般结论，而演绎论证则是指由一般事物论证个别事物，推导出新的结论。

---

① 刘恩山.生物学教育研究方法与案例[M].北京：高等教育出版社，2004：21-22.

（2）修改教育研究论文

修改教育研究论文主要是修改论题、材料和结构。其中修改材料是指注意材料使用数量是否得当、材料运用详略是否得当、材料来源是否准确真实。修改结构则是指综观全局,适当把握文稿的完整性、和谐性及统一性;切入文中,审查位置是否恰当,过渡是否自然。而修改语句则是注意语句的精练、流畅、优美和准确。

活动 8-8

模 拟 研 究

活动时间

课堂外 4 周,课堂 20 分钟。

预期效果

了解几种教育教学研究的方法,经历研究过程。

活动用具

若干种教育类核心期刊。

活动步骤

1. 组成小组(5~6人),选择自己感兴趣的研究内容。
2. 各组自定一位召集人、记录员、时间控制员。
3. 查阅文献,拟定研究课题。
4. 制订研究方案。
5. 模拟开展研究,将阶段性的工作和规划与相似的科研文献比较。
6. 全班交流。

讨论

1. 模拟研究采取了哪些研究方法?
2. 模拟研究中有何感悟(困难、收获等)?
3. 比较自己拟定的课题、设计的研究方案与文献中所记录的有何区别?为什么?

8.4.6 中学生物教师怎样深入教育科研领域

1. 树立现代教育观念

教育要面向全体学生;教育要关注学生全面和谐的发展;教育要注意学生的可持续发展;教育要尊重学生的个体差异和自主发展;教育要培养和促进学生的创新精神。

2. 掌握科学研究的方法

教育科研的方法很多,如文献研究、历史研究、调查研究、比较研究、教育实验研究等。

3. 充分利用信息

在如今这个信息"大爆炸"的时代,中学生物学教师应当懂得信息获取的方法和渠道,充分利用信息资源,深入教育科研领域。

4. 勇于实践,排除科研障碍

教师在教育科研领域应当勇于实践,在实践中发现问题、解决问题,力求排除科研的一切障碍。

8.4.7 中学生物教育教学科研资源简介

8.4.7.1 国内相关刊物简介

(1)《教育研究》(月刊)。《教育研究》是教育部主管,中央教育科学研究所主办的全国性综合性教育理论刊物。该刊反映我国教育科学理论研究与教育改革成果,探讨有中国特色的社会主义教育理论体系,发表关于教育思想与办学方向、教育史、教育评估、教育管理体制改革等方面的文章。办刊宗旨是:刊登教育科学论文,评介教育科研成果,传播教育教学经验,宣传教育实验成就,开展教育学术讨论,报道教育研究动态。《教育研究》杂志创刊于1979年,是我国改革开放后第一份教育理论学术刊物。

(2)《教育研究与实验》(季刊)。全国中文教育学类核心期刊《教育研究与实验》系教育部主管、华中师范大学主办的综合性教育理论学术期刊。主要开辟有教育纵横谈、教育心理研究、教育实验研究、学校专栏等栏目。

(3)《教育科学》(季刊)。由辽宁省教育厅主管、辽宁师范大学主办的教育理论刊物,为全国教育类核心期刊,中国人文社科核心期刊,CSSCI来源期刊。《教育科学》创刊于1985年,2002年改为双月刊,面向国内外发行。办刊宗旨:以马克思主义、毛泽东思想和邓小平理论为指导,为繁荣教育理论研究,促进教育科学发展,介绍和推广国内外成功的教育经验、实验和理论,继承民族教育遗产,为推动教育改革和发展服务。栏目简介:教育基本理论研究、课程与教学研究、教育管理研究、教师教育研究、高等教育研究、学前教育研究、职业技术教育研究、比较教育研究等。

(4)《课程·教材·教法》(月刊)。1981年创刊,由教育部主管,人民教育出版社、课程教材研究所主办。该刊被权威机构评为全国中文核心期刊、全国教育类核心期刊;多次获得国家级大奖:1995年被评为全国优秀社会科学期刊,1999年被评为第二届全国百种重点期刊,2001年入选为国家期刊方阵双百期刊,2003年获第二届国家期刊奖百种重点期刊。

(5)《生物学通报》(月刊)。《生物学通报》是1952年由政务院文化教育委员会指示创办的综合性学术刊物,现由中国科学技术协会主管,中国动物学会、中国植物学会、北京师范大学主办。该刊为全国生物科学类核心期刊,被国内多家数据库收录。其主要读者对象为全国中等学校生物学教师、各大专院校生物学系师生和一般生物学工作者。50年来,刊物以其"综合、基础、新颖、及时"的特点,深受广大读者的喜爱,在全国生物学教育界享有较高声誉。辟有科学家论坛、生命科学进展、课程教材改革、课堂教学设计、新教师园地、高中总复习、命题与考试、教学专题研究、探索引航、问题解答、实验与技术、生物学史、生物奥林匹克竞赛等栏目。科学家论坛主要由中国科学院院士或资深教授、研究员撰稿,使读者及时了解生命科学发展的前沿动态。

(6)《生物学教学》(月刊)。该刊创办于1958年,教育部主管,华东师范大学主办,为面向中学及其他中等学校的生物学教学专业期刊。其办刊宗旨是为基础教育服务。该刊主要栏目有:生物科学综述、教育教学研究、课堂教学、信息技术应用、国外教育动态、实验教学、考试与答题、科技活动。

(7)《中学生物学》(双月刊)。《中学生物学》杂志是由南京师范大学主办的一本面向中学生物教学改革和发展的杂志,始创于1985年。其主要读者对象是全国中等学校生物学教师,师范院校生物教育专业的在读学生等。该刊具有鲜明的特色,主要表现在:关注中学生物课程与教学改革的方向,提供可资借鉴的教学改革理论和实践经验,倡导进行科学探究实验和研究性学习,探索现代教育技术在中学生物教学中的应用,分析研究高考动向等。该刊设置的主要栏目有:生物学基础知识和参考资料、生物学教学研究、生物学实验技术和科技活动、生物学习题与练习、生物学教育硕士论坛、中学生物课程改革等栏目,栏目体现知识性、实用性、创新性和超前性的统一。

(8)《中学生物教学》(双月刊)。《中学生物教学》杂志是由教育部主管,陕西师范大学主办的一份中等教育类教学期刊。该刊自创刊以来,始终秉承为中学生物教学服务、为提高中学生物教师的专业化水平服务的办刊宗旨,坚持导向性、科学性、实用性和时效性的办刊方针,立足于基础教育改革前沿,兼顾教育理论的探索与应用研究,倡导学术争鸣与创新实践,注重新课程资源的开发与考试评价的研究,全方位展示基础教育改革的进程,为指导和提高中学生物教学质量,促进生物教学改革,全面推进素质教育发挥了巨大的作用。主要栏目版块:高考研究、教研教改、教师进修园地、教学点滴、实践教学、教材问题讨论、多媒体教学、生物科学史、教学设计、调查报告、教学资料、实验改进、中学生小论文。

8.4.7.2 国外相关刊物

Journal of Biology Education Institute of Biology　　UK
The American Biology Teacher　　NABT,USA
The Science Teacher　　NAST,USA

8.4.7.3 生物学教育网站

1. 综合网站
(1) K12教育论坛(生物论坛)(http:∥sq.k12.com.cn/discuz/forum-23-1.html)
(2) 生物苑(http:∥www1.dhgjzx.com:6080/ljf/2j.asp?id=2)
(3) 生物引擎(http:∥www.biososo.com.cn/)
2. 图片网站
(1) 生物网园(http:∥www.ghzx.com.cn/geren/gxr/g05.htm)
(2) 中学生物教育教学网(http:∥www.qderzhong.net/homepage/shengwu/)
3. 课件资源网站
(1) 中学生物园地(http:∥61.142.114.242/biology/biology/index.htm)
(2) 中国基础教育网—生物(http:∥www.cbe21.com/subject/biology)
4. 试题资源网站
(1) 中学生物资源网(http:∥swzy.sdedu.net/)
(2) 中学生物教学资源网(http:∥202.121.7.7/person/jscszzh/index.htm)
5. 竞赛资源网站
(1) 中国教考资源网(http:∥www.jkzyw.com/Sorting.Asp?sortid=72)
(2) 中国考试资源网(http:∥www.jkzyw.com/)

本章小结

1. 教师专业发展指教师不断成长、不断接受新知识、提高专业能力的过程。当代教师专业发展的基本途径有教师教育一体化、教师学习、教师参与研究、校本培训和专业发展学校等。

2. 生物教师专业素质包括专业态度、专业知识和专业技能。其中专业态度包括专业理想、专业情操、专业性向和专业自我;专业知识包括精深的生物学专业知识、广博的综合文化知识和丰富的教育科学知识;专业技能包括教师的教学技巧和教师的教学能力两方面。

3. 掌握教学艺术应遵循立美和审美统一原则,借鉴创造并重原则,知、情、意三位一体原则,分层分步原则和课内课外结合原则。

4. 教学艺术风格的形成要经历模仿阶段、独立阶段、创造阶段和个性化阶段。

5. 教育科学研究的方法一般有考察法、调查法、实验法、历史研究法、比较研究法、行动研究法等。

6. 教育教学研究的一般步骤是:课题的选择,查阅有关文献,制订研究方案,搜集整理资料和教育研究论文的撰写。

关键术语

- 教师专业发展、教师专业化
- 教师素养
- 教学艺术
- 行动研究法、比较研究法、历史研究法、文献研究法

学习链接

推荐网站

1. K12中国中小学教育教学网　http://www.k12.com.cn
2. K12教育空间　http://space.k12.com.cn

推荐书目

1. 钱爱萍,吴恒祥,赵晨音.教师怎样做课题研究[M].北京:中国轻工业出版社,2007.
2. 潘海燕.教师的教育科研与专业发展[M].北京:中国轻工业出版社,2006.
3. 陈晓萍.中学科学类课题研究与论文写作[M].杭州:浙江大学出版社,2008.

推荐影片

1.《放牛班的春天》　　2.《蒙娜丽莎的微笑》　　3.《小孩不笨》
4.《乡村女教师》　　5.《十六岁的花季》

检测—拓展

检测

1. 试分析职业与专业的区别。
2. 什么是教师专业化和教师专业发展？
3. 举例说明教师专业发展的途径和特点。
4. 现代生物教师的素养有哪些？
5. 什么是教学风格？教学风格是如何形成的？有何特点？
6. 中学生物学教育教学科研的课题来源有哪些？
7. 中学生物学教育教学科研的研究方法有哪些？请举例说明。
8. 中学生物学教育教学科研的一般步骤是什么？

拓展

1. 根据教师发展的S特点，制订自我发展的计划方案。
2. 回忆自己了解的优秀生物学教师，分析该教师的教学风格。
3. 根据教育教学研究的内容，尝试进行教育教学研究的选题和研究。

阅读视野

美国NBPTS(全国专业教学标准委员会)认证过程[①]

提交档案记录：申请NBPTS认证的教师必须提交4份档案记录，其中3份是基于课堂教学的，包括课堂教学录像和学生作品样本，另一份反映教师在课堂教学之外的成就以及对学生学习的影响。

在电脑上的测试：申请NBPTS认证的教师必须在电脑上完成6个有关专业知识的测试，每个测试的完成时间是30分钟。全美国共有300个实施机上专业考试的考试中心。

评分：申请NBPTS认证的教师在提交了档案记录并完成测试后，一个由至少12人组成的评估

---

① 李茂.教师专业认证：来自美国NBPTS的经验[N].中国教师报,2008-06-25(A4).

小组,将按照 NBPTS 的专业教学标准对申请者进行评分。所有评估小组成员都必须接受严格的培训,具备相关评估资格。

我国现行教师资格考试方案

1. 考试对象与形式

各地参加资格考试的对象为学历层次符合教师法要求的非师范专业毕业人员;考试形式为笔试加面试,先对考生进行笔试,成绩合格者参加面试。

2. 考试标准

笔试主要考核学生掌握教育教学基础知识状况及应用这些知识分析和解决教育问题的基本能力;面试主要了解考生撰写教案及实际课堂教学的能力与水平。

3. 考试组织与管理

教师资格考试采用教育行政部门政策管理与考试机构具体组织相结合的组织管理方式。各省级教育行政部门(教师资格认定指导办公室或人事处)负责全省教师资格考试政策规定、规定协调、宏观管理等工作,委托省教育考试机构进行考试命题、组织实施等工作,授权师范教育机构负责考生教育培训工作。

参 考 文 献

[1] 教育部师范教育司.教师专业化的理论与实践[M].北京:人民教育出版社,2003.

[2] 刘恩山.中学生物学教学论[M].北京:高等教育出版社,2003.

[3] 汪忠.新编生物学教学论[M].上海:华东师范大学出版社,2006.

[4] 崔鸿等.生物课程教育学[M].武汉:华中师范大学出版社,2006.

[5] 鲁亚平.生物教学论[M].合肥:安徽人民出版社,2007.

[6] 陈时见.学校教育变革与教师适应性研究[M].北京:商务印书馆,2006.

[7] [美]贾隆格,伊森伯格.是什么让青年教师不断进步[M].北京:中国青年出版社,2007.

[8] [美]哈蒙德,斯诺顿.优秀教师是这样炼成的[M].葛雪蕾,王军,译.北京:中国青年出版社,2007.

[9] 杨光泉.新课程课堂教学艺术[M].成都:四川教育出版社,2006.

[10] 胡继飞,郑晓慧.生物学教育心理学[M].广州:广东高等教育出版社,2002.

[11] 郑慧琦,胡兴宏.教师成为研究者[M].上海:上海教育出版社,2004.

[12] 裴娣娜.现代教学论(第二卷)[M].北京:人民教育出版社,2005.

[13] 朱慕菊.走进新课程——与课程实施者对话[M].北京:北京师范大学出版社,2002.

[14] 王力,朱光潜.怎样写学术论文[M].沈阳:辽宁教育出版社,2006.

[15] 黄翔.论中学生物教师的文化素质和艺术修养[J].广西师范大学学报,2000(2).

[16] 王升.试论教学艺术掌握原则[J].教育评论,1996(5).

[17] 王升.教学艺术功能的双向性表现[J].教学科学,1997(5).

[18] 卢乃桂,钟亚妮.国际视野中的教师专业发展[J].比较教育研究,2006(2).

[19] 杨四耕.关于教学艺术几个理论与实践问题的思考[J].中国教育学刊,1997(5).

北京大学出版社 教育出版中心 精品图书

21世纪特殊教育创新教材·理论与基础系列

特殊教育的哲学基础	方俊明 主编	29元
特殊教育的医学基础	张 婷 主编	32元
融合教育导论	雷江华 主编	28元
特殊教育学（第二版）	雷江华 方俊明 主编	39元
特殊儿童心理学（第二版）	方俊明 雷江华 主编	39元
特殊教育史	朱宗顺 主编	36元
特殊教育研究方法（第二版）	杜晓新 宋永宁 主编	39元
特殊教育发展模式	任颂羔 主编	33元
特殊儿童心理与教育	张巧明 杨广学 主编	36元

21世纪特殊教育创新教材·发展与教育系列

书名	作者	价格
视觉障碍儿童的发展与教育	邓 猛 编著	33元
听觉障碍儿童的发展与教育	贺荟中 编著	29元
智力障碍儿童的发展与教育	刘春玲 马红英 编著	32元
学习困难儿童的发展与教育	赵 微 编著	32元
自闭症谱系障碍儿童的发展与教育	周念丽 编著	32元
情绪与行为障碍儿童的发展与教育	李闻戈 编著	32元
超常儿童的发展与教育（第二版）	苏雪云 张 旭 编著	39元

21世纪特殊教育创新教材·康复与训练系列

特殊儿童应用行为分析	李 芳 李 丹 编著	29元
特殊儿童的游戏治疗	周念丽 编著	30元
特殊儿童的美术治疗	孙 霞 编著	38元
特殊儿童的音乐治疗	胡世红 编著	32元
特殊儿童的心理治疗	杨广学 编著	32元
特殊教育的辅具与康复	蒋建荣 编著	29元
特殊儿童的感觉统合训练	王和平 编著	45元
孤独症儿童课程与教学设计	王 梅 著	37元

自闭谱系障碍儿童早期干预丛书

书名	作者	价格
如何发展自闭谱系障碍儿童的沟通能力	朱晓晨 苏雪云	29元
如何理解自闭谱系障碍和早期干预	苏雪云	32元
如何发展自闭谱系障碍儿童的社会交往能力	吕 梦 杨广学	33元
如何发展自闭谱系障碍儿童的自我照料能力	倪萍萍 周 波	32元
如何在游戏中干预自闭谱系障碍儿童	朱 瑞 周念丽	32元
如何发展自闭谱系障碍儿童的感知和运动能力	韩文娟 徐芳 王和平	32元
如何发展自闭谱系障碍儿童的认知能力	潘前前 杨福义	39元
自闭症谱系障碍儿童的发展与教育	周念丽	32元
如何通过音乐干预自闭谱系障碍儿童	张正琴	36元
如何通过画画干预自闭谱系障碍儿童	张正琴	36元
如何运用ACC促进自闭谱系障碍儿童的发展	苏雪云	36元
孤独症儿童的关键性技能训练法	李 丹	45元
自闭症儿童家长辅导手册	雷江华	35元
孤独症儿童课程与教学设计	王 梅	37元
融合教育理论反思与本土化探索	邓 猛	58元
自闭症谱系障碍儿童家庭支持系统	孙玉梅	36元

特殊学校教育·康复·职业训练丛书（黄建行 雷江华 主编）

信息技术在特殊教育中的应用	55元
智障学生职业教育模式	36元
特殊教育学校学生康复与训练	59元
特殊教育学校校本课程开发	45元
特殊教育学校特奥运动项目建设	49元

21世纪学前教育规划教材

学前教育管理学	王 雯	45元
幼儿园歌曲钢琴伴奏教程	果旭伟	39元
幼儿园舞蹈教学活动设计与指导	董 丽	36元
实用乐理与视唱	代 苗	35元
学前儿童美术教育	冯婉贞	45元
学前儿童科学教育	洪秀敏	36元
学前儿童游戏	范明丽	36元

学前教育研究方法	郑福明 39元	学术部落及其领地——知识探索与学科文化	
外国学前教育史	郭法奇 36元		[英] 托尼·比彻 保罗·特罗勒尔 著 33元
学前教育政策与法规	魏 真 36元	德国古典大学观及其对中国大学的影响	陈洪捷 著 22元
学前心理学	涂艳国、蔡 艳 36元	大学校长遴选：理念与实务	黄俊杰 主编 28元
学前现代教育技术	吴忠良 36元	转变中的大学：传统、议题与前景	郭为藩 著 23元
学前教育理论与实践教程	王 维 王维娅 孙 岩 39元	学术资本主义：政治、政策和创业型大学	
学前儿童数学教育	赵振国 39元		[美] 希拉·斯劳特 拉里·莱斯利 著 36元
		什么是世界一流大学	丁学良 著 23元
大学之道丛书		21世纪的大学	[美] 詹姆斯·杜德斯达 著 38元
哈佛：谁说了算	[美] 理查德·布瑞德利 著 48元	公司文化中的大学	[美] 埃里克·古尔德 著 23元
麻省理工学院如何追求卓越	[美] 查尔斯·维斯特 著 35元	美国公立大学的未来	
大学与市场的悖论	[美] 罗杰·盖格 著 48元		[美] 詹姆斯·杜德斯达 弗瑞斯·沃马克 著 30元
现代大学及其图新	[美] 谢尔顿·罗斯布莱特 著 60元	高等教育公司：营利性大学的崛起	[美] 理查德·鲁克 著 24元
美国文理学院的兴衰——凯尼恩学院纪实		东西象牙塔	孔宪铎 著 32元
	[美] P.F.克鲁格 著 42元	理性捍卫大学	眭依凡 著 49元
教育的终结：大学何以放弃了对人生意义的追求			
	[美] 安东尼·T.克龙曼 著 35元	**学术规范与研究方法系列**	
大学的逻辑（第三版）	张维迎 著 38元	社会科学研究方法100问	[美] 萨子金德 著 38元
我的科大十年（续集）	孔宪铎 著 35元	如何利用互联网做研究	[爱尔兰] 杜恰泰 著 38元
高等教育理念	[英] 罗纳德·巴尼特 著 45元	如何为学术刊物撰稿：写作技能与规范（英文影印版）	
美国现代大学的崛起	[美] 劳伦斯·维赛 著 66元		[英] 罗薇娜·莫 编著 26元
美国大学时代的学术自由	[美] 沃特·梅兹格 著 39元	如何撰写和发表科技论文（英文影印版）	
美国高等教育通史	[美] 亚瑟·科恩 著 59元		[美] 罗伯特·戴 等著 39元
美国高等教育史	[美] 约翰·塞林 著 69元	如何撰写与发表社会科学论文：国际刊物指南	
哈佛通识教育红皮书	哈佛委员会撰 38元		蔡今忠 著 35元
高等教育何以为"高"——牛津导师制教学反思		如何查找文献	[英] 萨莉拉·姆齐 著 35元
	[英] 大卫·帕尔菲曼 著 39元	给研究生的学术建议	[英] 戈登·鲁格 等著 26元
印度理工学院的精英们	[印度] 桑迪潘·德布 著 39元	科技论文写作快速入门	[瑞典] 比约·古斯塔维 著 19元
知识社会中的大学	[英] 杰勒德·德兰迪 著 32元	社会科学研究的基本规则（第四版）	
高等教育的未来：浮言、现实与市场风险			[英] 朱迪斯·贝尔 著 32元
	[美] 弗兰克·纽曼 等 著 39元	做好社会研究的10个关键	[英] 马丁·丹斯考姆 著 20元
后现代大学来临？	[英] 安东尼·史密斯等 主编 32元	如何写好科研项目申请书	
美国大学之魂	[美] 乔治·M.马斯登 著 58元		[美] 安德鲁·弗里德兰德 等著 28元
大学理念重审：与纽曼对话		教育研究方法（第六版）	[美] 乔伊斯·高尔 等著 88元
	[美] 雅罗斯拉夫·帕利坎 著 35元	高等教育研究：进展与方法	[英] 马尔科姆·泰特 著 25元

如何成为论文写作高手	华莱士 著 32元	心理与教育测量	顾海根 主编 28元
参加国际学术会议必须要做的那些事	华莱士 著 32元	高等教育的社会经济学	金子元久 著 32元
如何成为卓越的博士生	布卢姆 著 32元	信息技术在学科教学中的应用	陈 勇 等编著 33元
		网络调查研究方法概论（第二版）	赵国栋 45元

21世纪高校职业发展读本

如何成为卓越的大学教师	肯·贝恩 著 32元	**教师资格认定及师范类毕业生上岗考试辅导教材**	
给大学新教员的建议	罗伯特·博伊斯 著 35元	教育学	余文森 王 晞 主编 26元
如何提高学生学习质量	[英]迈克尔·普洛瑟 等著 35元	教育心理学概论	连 榕 罗丽芳 主编 42元
学术界的生存智慧	[美] 约翰·达利 等主编 35元		
给研究生导师的建议（第2版）		**21世纪教师教育系列教材·学科教学论系列**	
	[英]萨拉·德拉蒙特 等著 30元	新理念化学教学论（第二版）	王后雄 主编 45元
		新理念科学教学论（第二版）	崔 鸿 张海珠 主编 36元

21世纪教师教育系列教材·物理教育系列

		新理念生物教学论（第二版）	崔 鸿 郑晓慧 主编 45元
中学物理微格教学教程（第二版）	张军朋 詹伟琴 王 恬 编著 32元	新理念地理教学论（第二版）	李家清 主编 45元
中学物理科学探究学习评价与案例	张军朋 许桂清 编著 32元	新理念历史教学论（第二版）	杜 芳 主编 33元
		新理念思想政治（品德）教学论（第二版）	
			胡田庚 主编 36元

21世纪教育科学系列教材·学科学习心理学系列

数学学习心理学	孔凡哲 曾 峥 编著 29元	新理念信息技术教学论（第二版）	吴军其 主编 32元
语文学习心理学	李 广 主编 29元	新理念数学教学论	冯 虹 主编 36元
化学学习心理学	王后雄 主编 29元		
		21教师教育系列教材·学科教学技能训练系列	

21世纪教育科学系列教材

		新理念生物教学技能训练（第二版）	崔 鸿 33元
现代教育技术——信息技术走进新课堂	冯玲玉 主编 39元	新理念思想政治（品德）教学技能训练（第二版）	
教育学学程——模块化理念的教师行动与体验	闫 祯 主编 45元		胡田庚 赵海山 29元
教师教育技术——从理论到实践	王以宁 主编 36元	新理念地理教学技能训练	李家清 32元
教师教育概论	李 进 主编 75元	新理念化学教学技能训练	王后雄 28元
基础教育哲学	陈建华 主编 35元	新理念数学教学技能训练	王光明 36元
当代教育行政原理	龚怡祖 编著 37元		
教育心理学	李晓东 主编 34元	**王后雄教师教育系列教材**	
教育计量学	岳昌君 著 26元	教育考试的理论与方法	王后雄 主编 35元
教育经济学	刘志民 著 39元	化学教育测量与评价	王后雄 主编 45元
现代教学论基础	徐继存 赵昌木 主编 35元	中学化学实验教学研究	王后雄 主编 32元
现代教育评价教程	吴 钢 著 32元	新理念化学教学诊断学	王后雄 王世存 48元

西方心理学名著译丛

拓扑心理学原理	[德] 库尔德·勒温	32元
系统心理学：绪论	[美] 爱德华·铁钦纳	30元
社会心理学导论	[美] 威廉·麦独孤	36元
思维与语言	[俄] 列夫·维果茨基	30元
人类的学习	[美] 爱德华·桑代克	30元
基础与应用心理学	[德] 雨果·闵斯特伯格	36元
格式塔心理学原理	[美] 库尔特·考夫卡	75元
动物和人的目的性行为	[美] 爱德华·托尔曼	44元
西方心理学史大纲	唐钺	42元

心理学视野中的文学丛书

围城内外——西方经典爱情小说的进化心理学透视 熊哲宏	32元
我爱故我在——西方文学大师的爱情与爱情心理学 熊哲宏	32元

21世纪教学活动设计案例精选丛书（禹明 主编）

初中语文教学活动设计案例精选	23元
初中数学教学活动设计案例精选	30元
初中科学教学活动设计案例精选	27元
初中历史与社会教学活动设计案例精选	30元
初中英语教学活动设计案例精选	26元
初中思想品德教学活动设计案例精选	20元
中小学音乐教学活动设计案例精选	27元
中小学体育（体育与健康）教学活动设计案例精选	25元
中小学美术教学活动设计案例精选	34元
中小学综合实践活动教学活动设计案例精选	27元
小学语文教学活动设计案例精选	29元
小学数学教学活动设计案例精选	33元
小学科学教学活动设计案例精选	32元
小学英语教学活动设计案例精选	25元
小学品德与生活（社会）教学活动设计案例精选	24元
幼儿教育教学活动设计案例精选	39元

全国高校网络与新媒体专业规划教材

文化产业概论	尹章池	38元
网络文化教程	李文明	39元
网络与新媒体评论	杨娟	38元
数字媒体导论	尹章池	39元
网络新媒体实务	张合斌	39元
网页设计与制作	惠悲荷	39元
突发新闻教程	李军	39元
视听新媒体节目制作	周建青	45元

21世纪教育技术学精品教材（张景中 主编）

教育技术学导论（第二版）	李芒 金林 编著	33元
远程教育原理与技术	王继新 张屹 编著	41元
教学系统设计理论与实践	杨九民 梁林梅 编著	29元
信息技术教学论	雷体南 叶良明 主编	29元
网络教育资源设计与开发	刘清堂 主编	30元
学与教的理论与方式	刘雍潜	32元
信息技术与课程整合（第二版）	赵呈领 杨琳 刘清堂	39元
教育技术研究方法	张屹 黄磊	38元
教育技术项目实践	潘克明	32元

21世纪信息传播实验系列教材（徐福荫 黄慕雄 主编）

多媒体软件设计与开发	32元
电视照明·电视音乐音响	26元
播音主持	26元
广告策划与创意	26元
摄影基础（第二版）	32元

21世纪教师教育系列教材·专业养成系列（赵国栋主编）

微课与慕课设计初级教程	40元
微课与慕课设计高级教程	48元
微课、翻转课堂与慕课实操教程	188元
网络调查研究方法概论（第二版）	49元